驾驶分心研究与主动干预策略

马艳丽　编著

人民交通出版社股份有限公司

北　京

内 容 提 要

本书系统地介绍了驾驶分心的相关研究方法，融合了国内外在道路交通安全领域的最新研究动态及发展趋势，认真吸收了国内外学者先进的研究成果，力求通俗易懂、先进实用。

本书可作为交通工程、交通运输等专业的本科及研究生教材，也可作为交通工程、交通运输、交通管理和城市规划等专业领域技术人员的参考书。

图书在版编目(CIP)数据

驾驶分心研究与主动干预策略 / 马艳丽编著. —北京：人民交通出版社股份有限公司，2021.12

ISBN 978-7-114-17137-6

Ⅰ. ①驾… Ⅱ. ①马… Ⅲ. ①汽车驾驶员—行车安全-安全心理学 Ⅳ. ①U471.3

中国版本图书馆 CIP 数据核字(2021)第 043376 号

Jiashi Fenxin Yanjiu yu Zhudong Ganyu Celüe

书　　名：驾驶分心研究与主动干预策略
著 作 者：马艳丽
责任编辑：朱明周
责任校对：孙国靖　魏佳宁
责任印制：张　凯
出版发行：人民交通出版社股份有限公司
地　　址：(100011)北京市朝阳区安定门外外馆斜街 3 号
网　　址：http://www.ccpcl.com.cn
销售电话：(010)59757973
总 经 销：人民交通出版社股份有限公司发行部
经　　销：各地新华书店
印　　刷：北京交通印务有限公司
开　　本：787×1092　1/16
印　　张：17
字　　数：386 千
版　　次：2021 年 12 月　第 1 版
印　　次：2021 年 12 月　第 1 次印刷
书　　号：ISBN 978-7-114-17137-6
定　　价：80.00 元

前　言

驾驶分心已经成为当今社会一个严重的交通问题。美国国家公路交通安全管理局指出，近80%的车辆碰撞和65%的临界碰撞是驾驶分心所致，驾驶分心导致的交通事故数量占重大交通事故数量的14%～33%。我国交通运输部统计，全国约47.2%的道路交通事故由驾驶员驾驶分心引起，造成了巨大的生命和财产损失。随着智能车载设备和移动互联网终端的普及，驾驶员受外界信息的干扰越来越多，驾驶分心行为呈现多样化，对道路交通安全提出了更严峻的挑战，驾驶分心问题现已成为国内外学者关注的重点。深入研究驾驶分心问题，对减少驾驶分心导致的道路交通安全事故、提高道路交通安全水平具有重要的意义，还可为交通工程、交通运输、交通管理和城市规划等领域的技术人员及车辆制造、设备供应、公安交通管理等部门的相关人员提供一定的参考与指导，具有重要的学术研究与应用价值。

当前，对驾驶分心的界定、量化分析及检测方法等尚无定论。国外对驾驶分心问题的研究成果相对较多，而我国对驾驶分心的研究尚处于起步阶段，还未形成完整的研究体系，亟须对驾驶分心理论及方法进行深入的调查和研究。本书希望实现以下目标：为了解国内外驾驶分心行为研究现状提供依据，丰富驾驶分心行为相关理论、方法，为驾驶分心行为提供新的研究手段，为车辆安全防控技术提供理论基础，为制定相关的交通管理措施和驾驶分心对策提供理论依据。

本书系统地介绍了驾驶分心的相关理论和研究方法，融合了国内外在道路交通安全领域的最新研究动态及发展趋势，认真吸收了国内外学者先进的研究成果，力求系统完整、通俗易懂、先进实用。本书可作为交通工程、交通运输等专业的本科及研究生教材，也可作为交通工程、交通运输、交通管理和城市规划等专业领域技术人员的参考书。

本著作得到国家自然科学基金项目(51108136)和黑龙江省自然科学基金项目(LH2020E056)的支持。全书由哈尔滨工业大学马艳丽编著并统稿，中国航空规划设计研究总院有限公司周少乐参与编写第 9 章部分内容。尹必清、吕志良、朱洁玉、田佳佳、秦钦、卢俊、董方琦、赵江等参与了本书的编校工作。

在编写本书过程中,参阅了大量国内外的相关文献,由于条件所限,未能与原著者一一取得联系,引用及理解不当之处,敬请见谅。在此,向这些文献的原作者表示衷心的感谢。

鉴于驾驶分心研究尚在不断发展和完善之中,且编写人员水平和手中资料有限,书中难免存在错误与不当之处,恳请读者和专家批评指正。

马艳丽

2020 年 10 月

目　　录

第1章　绪　　论

驾驶分心是驾驶员将注意力从对安全驾驶至关重要的活动转移到竞争性活动的一种常见的驾驶行为,是导致道路交通事故发生的重要原因之一。驾驶分心研究可为道路交通安全水平的提高提供理论支撑和参考依据。

1.1　概　　述

道路交通系统是由人、车、路、环境组成的复杂系统,系统中任何因素的不稳定或不平衡都可能产生潜在风险,导致交通事故的发生。在各项道路交通事故致因中,与人有关的因素占据主要地位。交通管理部门对2.8万起道路交通事故的原因进行分析,发现与人的因素相关的事故数量占96.4%,其中由驾驶员违法导致的交通事故占74%。如何从驾驶员角度预防和控制交通事故已经成为人们普遍关注的问题。

驾驶是一项复杂的多任务活动,在驾驶过程中,驾驶员除进行车辆操控、监控道路环境等驾驶主任务之外,有时还进行与驾驶无关的其他活动,例如拨打电话、发送短信等,这些活动统称为驾驶次任务。驾驶次任务产生于行车过程中的多任务需求,一项驾驶次任务会占用视觉、听觉、动作及认知等多个通道,并与驾驶主任务竞争视觉和认知等多种有限的资源,从而影响驾驶绩效。驾驶员在驾驶过程中执行驾驶次任务的现象,被称为驾驶分心行为。

心理学研究表明,驾驶分心从根本上限制了驾驶员在竞争任务之间分配注意力的能力,并且在某些条件下(即当任务非常相似、要求很高且需持续关注时),驾驶员关注某一任务的能力不可避免地会受到影响。驾驶分心可以非自愿地发生,驾驶员很可能将注意力从对安全驾驶至关重要的活动转移到竞争活动中,例如道路环境中的某项信息(如广告牌、救护车警笛)总是“迫使”驾驶员不自觉地去注意它。

驾驶分心对驾驶绩效和交通安全的影响取决于许多相互关联的因素,驾驶任务本身的某些要素,例如闪烁的仪表盘警告灯,可能让驾驶员将注意力重新转移到对安全驾驶至关重要的活动上,对驾驶分心造成的后果可以忽略不计。然而在其他情况下,例如驾驶过程中使用手机,其后果可能是非常严重的。

驾驶分心是导致交通堵塞甚至引发交通事故的主要潜在因素,据统计,我国有47.2%的交通事故源于驾驶分心。据美国国家公路交通安全管理局(National Highway Traffic Safety Administration,NHTSA)统计,美国每年有23%~30%的道路交通事故是由驾驶分心导致的。

随着智能车载设备和移动互联终端的普及,驾驶员在驾驶过程中受外界信息干扰越来越多,诱发驾驶分心的因素越来越多,其对行车安全的影响是所有驾驶员共同面对的问题。关于驾驶分心的研究,国外已经取得了一些理论和技术上的成果。与发达国家相比,我国目前对驾驶分心所引起的交通安全问题的研究还不够重视，相关法律法规对驾驶分心考虑较少，对驾驶分心的定义并不明确，而且表征驾驶分心机制、特征的理论和模型等方面的研究也存在不足。减少因驾驶分心导致的交通事故，寻找解决驾驶次任务潜在危险的有效方案，对于降低道路交通事故率、提高道路交通安全水平意义重大。

本书汇集了驾驶分心研究的大量知识，涉及安全驾驶理论与方法，具体包括驾驶分心基本特征、判定模型、影响因素、度量指标；驾驶分心对驾驶绩效的影响；预防和减少驾驶分心影响的车辆设计方法与相关标准、技术策略等。图 1-1 给出了国内外关于这一研究的研究热点，每个词的大小表示了它出现的频率。其中，频率最高的词是“驾驶员”和“驾驶”，其次是“分心”“任务”“注意力”和“电话”。图 1-1 还突显了与驾驶分心相关的结果——“风险”“事故”“撞车”“安全”“性能”，强调了导致驾驶分心的因素——“手机”“免提”“车内”“任务”“电话”“对话”“乘客”等。

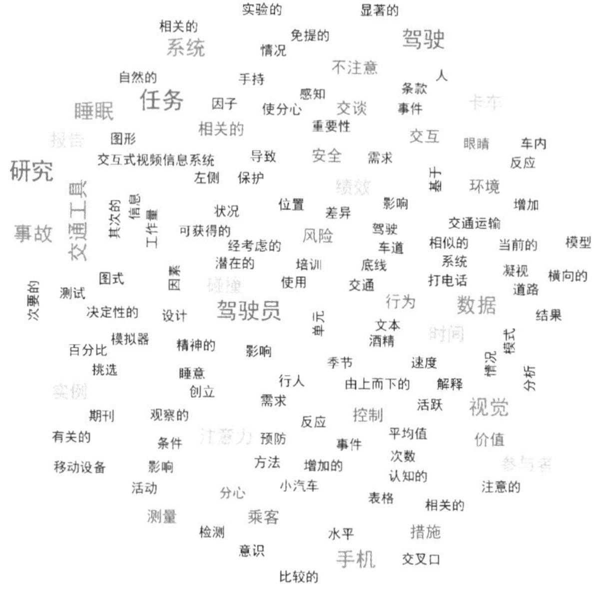

图 1-1　国内外驾驶分心领域的研究热点

1.2　驾驶分心研究进展与趋势

1.2.1　国外研究现状

国外对驾驶分心问题的研究相对成熟，取得了不少理论和技术上的研究成果。

1.2.1.1　驾驶分心界定

在驾驶分心界定方面，一些是根据对其影响因素的分析，一些是基于导致分心的活动和物体。大多将驾驶分心描述为干扰驾驶任务的活动。还有一些则考虑其与驾驶注意间的关系。

国际标准化组织将驾驶分心定义为：注意力集中在与驾驶无关的活动中，一般对驾驶行为有害。澳大利亚道路安全委员会对驾驶分心提出更广泛的定义：分心驾驶员自愿或不自愿地转移驾驶任务（不因酒精、药物、疲劳等因素），将精力集中在与驾驶无关的事物或人的活动中，这种转移任务影响了驾驶员的环境意识，使驾驶员的操作能力急剧降低。NHTSA将驾驶分心定义为驾驶员在驾驶过程中注意力由驾驶任务转移到另一项活动中的特定类型的注意力不集中，并划分为视觉分心、操作分心、认知分心3种类型。Treat等将驾驶分心定义为驾驶员的注意力从驾驶任务转移到车内活动或事件上，并且发现80%的碰撞和65%的追尾事故是由驾驶分心造成的。Patten等认为驾驶分心是指驾驶员所做的事情与安全驾驶无关，这种行为分散了安全驾驶所需要的注意力。Engstrom指出驾驶分心是由于车内及车外事件、活动、目标或人物而延误感知信息，迫使驾驶员将注意力从驾驶任务上分散的行为。Stutts等将驾驶分心定义为驾驶员注意力的另外一种形式——驾驶员对信息的延迟认知，一些事件、活动、对象或车内外人员强迫或诱导驾驶员从驾驶任务中转移注意力。Lee等将驾驶分心行为定义为：驾驶员将注意力从安全驾驶的关键性活动转移到与驾驶主任务竞争的活动上。

1.2.1.2 驾驶任务与个体差异

驾驶分心与驾驶主任务需求、驾驶员性格、不同任务的投入精力等因素都有复杂的关系。在驾驶分心研究中采用的驾驶次任务可分为真实次任务和替代次任务。Angell等以驾驶员工作负荷为对象，研究了包含拨号、地图查询、导航地址输入等在内的驾驶过程中发生的任务类型及其负荷强度。真实次任务在多数时候彼此交织，资源占用不易量化，所以越来越多的研究采用规范化的替代次任务进行特定分心类型的驾驶研究。Genya等让驾驶员通过触摸屏显示器做数学计算及数字识别筛选的替代次任务。Shulman等采用临床上被广泛应用于认知能力测试的钟表测试任务作为替代次任务。Engström等采用箭头测试，要求测试者在不同大小的箭头方阵中数出指定形态箭头的个数，通过控制方阵大小来控制次任务对视觉资源的需求。Morgenstern等采用评估箱式任务方法作为评估车载系统分心的替代次任务。

在驾驶员的个体差异方面，研究发现，驾驶分心与驾驶员的年龄、驾龄、性别、驾驶风格等有关。Haqu等对分心状态下驾驶员的年龄、性别、驾龄、车速波动等参数做了回归分析，发现车速波动情况与驾驶员的年龄和性别有关。Sullma等发现驾驶员性别与年龄在大多数驾驶次任务中都呈现显著性差异：小于30岁的人比30~50岁的人和大于50岁的人更容易产生驾驶分心。Donmez等发现无论处于何种分心形式（拨打电话、发短信、与乘客交谈或者使用车载设备），老年驾驶员的交通事故损伤严重程度均显著增加。

1.2.1.3 驾驶分心实验方法与识别模型

驾驶分心实验方法主要包括实车实验（Field Test）、驾驶仿真实验（Driving Simulation）和自然驾驶实验（Natural Driving），大部分研究基于驾驶模拟器（Driving Simulator）来获取数据。

Wester 运用仿真系统和实际驾驶方法研究驾驶次任务对驾驶员注意力分散及认知负荷的影响。Kazumitsu 利用驾驶模拟器测试驾驶员对速度的感知准确性问题。Falkmer 分别运用仿真系统和实际驾驶方法研究驾驶员在隧道中的驾驶行为特性。李辉等利用眼动设备记录不同路况环境下驾驶员注意力分配模式。Gera 应用仿真方法分析驾驶员注意力分散及危险行为(移动电话使用、疲劳驾驶、超速等)对安全驾驶的影响。

在驾驶分心识别模型方面,Liang 结合驾驶员的驾驶数据和眼动信息,建立了驾驶员认知分心识别模型。Jahagirdar 研究了车载信息系统(In-Vehicle Information System,IVIS)的使用对驾驶员认知通道资源的占用情况和对车道偏离与反应时间的影响,并建立了驾驶分心评定模型。McDonald 等用机器学习方法分析了驾驶绩效数据和驾驶员生理数据,采用随机森林算法检测和预测驾驶分心行为。Qinyu 等通过分析正常和分心两种情况下的驾驶参数,利用小波包分析提取时频特征,构建了认知分心识别模型。

1.2.1.4　驾驶分心对驾驶绩效的影响

驾驶员的驾驶能力主要通过驾驶员对车辆的控制能力、反应时间和误操作特性体现,而其注意力分配情况则主要通过生理指标(如脑电和肌电信号等)的变化和眼动行为(注视行为、扫视行为等)体现。

在车辆控制能力方面,Yan 等研究了驾驶分心对车速波动、车道位置波动及跟车距离的影响。Tova 等的研究指出驾驶员接听电话时,车辆的速度会下降,跟车距离也会缩短,但当驾驶员接听电话的时长超过一定时间后,跟车距离会变长。Caird 等人的研究指出车头时距与车速并不会因驾驶员使用电话而减小,且使用电话可使驾驶员的反应时间延长 0.25s。Virpi Anttila 等从车辆控制入手,比较不同城市环境下驾驶分心特性及其对驾驶行为的影响,表明车外环境原因所造成的分心会对驾驶员的跟踪能力产生影响,导致车道横向偏移,有时甚至会偏出车道。Godthelp 等认为车载信息系统在视觉上造成的注意力分散影响了驾驶绩效。如果驾驶员在执行驾驶任务时视觉注意力范围偏离前方道路,驾驶员会丧失所有追踪能力,在这种情况下,驾驶员的跟踪失误往往会导致车道横向偏移,有时甚至会偏出车道。Salvucci 等研究了 iPod 等车载音乐设备对驾驶绩效的不利影响,通过对音乐播放器使用者的模拟驾驶实验,发现使用音乐播放器时驾驶员的车道轨迹偏差率与驾驶员打电话时差距很小。此外,车辆跟驰速度也受到影响。

在驾驶员反应时间方面,D' Addario 的研究指出认知分心对反应时间和操作时间的影响机制不同,认知分心导致驾驶员的反应时间延长,而对驾驶员操作时间的影响不显著。Sonnleitner 等通过实车实验研究了处于听觉分心状态的驾驶员在追尾冲突时的制动反应时间,通过观测驾驶员脑电信号的变化,认为造成驾驶员制动反应时间延长的主要原因是听觉任务导致驾驶员的信息处理时间延长。Lamble 等对年轻驾驶员在追尾时的制动反应时间进行分析,指出相比于未处于驾驶分心状态的驾驶员,处于视觉分心状态或认知分心状态的驾驶员的制动时间会延迟约 0.50s。Hamish Jamson 研究乡村道路条件对驾驶员视觉和感知特性的影响,发现视觉负荷的增加会使驾驶员主动降低行驶速度。Greenberg 等发现驾驶员在行车过程中的视觉分心会降低驾驶员对关键交通事件的探测能力。Strayer 和 Drews 直接比较手机通话和酒精对驾驶绩效的影响,结果显示,与专心驾驶的对照组相比,用手机通话的驾驶员刹车反应时间延迟,交通事故增加,醉酒驾驶员则表现为跟车距离更近及刹车时用力更大。使用手机的驾驶员造成的损害与醉酒驾驶员造成的损害相似或更严重。Ma 和 Kabe 的研究发现,驾驶时使用手机会影响对周围交通状况的认知,并显著增加驾驶员的心理负荷。Haigney 等考虑了免提和手持手机对手动和自动变速汽车驾驶绩效以及驾驶员心率等生理指标的影响,结果表明使用手持或免提手机的驾驶员驾驶速度较慢,原因是在紧急情况下或驾驶任务需求增加时,驾驶员可能无法做出最佳反应。

驾驶员的眼动行为可以反映驾驶员的注意力在主任务和次任务上的分配情况。Harbluk 等分析了驾驶员在分心状态下的眨眼频率、看前方道路/后视镜/仪表盘的时长等眼动行为,指出驾驶分心越严重,驾驶员看后视镜和周围环境的次数越少。Rantane 等的研究指出处于分心状态的驾驶员视野会减少 7.8%~13.6%。Wickens 等认为驾驶员对区域的注视概率与该区域的价值和期望等因素有关,并提出可以对驾驶员注视区域进行预测的模型。Green 等分析了交通事故、驾驶员视点变化数据与 IVIS 的使用频率之间的关系,指出长时间注视 IVIS 会增加驾驶风险。Lynn 等人研究了数字广告牌对视觉分心和驾驶绩效的影响,发现停留时间、数字广告牌的位置和内容的不同均会对驾驶行为造成影响。Savage 等检测分心对受试者眼、脑电位的影响,发现眼、脑电位对危险的认知不受分心影响,危险发生之前,眼睛和脑电指标对危险的认知负荷变化敏感。

1.2.1.5 驾驶分心与交通事故风险

在驾驶分心与碰撞风险方面,Klauer 等对 100 辆车的自然驾驶数据进行分析后指出,驾驶员视点离开路面 2s 会导致交通事故风险增加 2 倍。Zwahlen 等认为,当驾驶员连续 4 次单次视线离开路面的时间超过 2s 时,发生碰撞事故的可能性极大。驾驶员单次视线离开路面的时间越长,驾驶员视线离开路面的频率越高,驾驶过程中发生交通事故的可能性就越大。Liang 等指出,交通事故风险与驾驶员视线离开路面的时间呈正相关关系。Stevens 等对英格兰和威尔士的 41817 起致死的交通事故进行了分析,将包括使用手机和进行娱乐性活动在内的车内分心行为与交通事故进行关联,发现有 2% 的死亡事故与车内分心行为有关。Greenberg 分析了使用 IVIS 时驾驶员视点变化与驾驶员发生交通事故频率的关系,指出当驾驶员的视线离开路面时,驾驶员对交通事件的感知能力会急剧下降,交通事故风险会急剧增加。Tijerina 等指出,在 IVIS 中输入信息是对驾驶员脑力资源占用最多的操作之一,有很高的交通事故风险。Regan 等认为实习期间驾龄低的驾驶员在驾驶分心时发生交通事故的风险较高。Johnson 等指出由于驾驶中使用手机导致的交通事故数是总事故数的 4 成以上,驾驶中使用手机的安全风险比酒后驾驶的风险高。调查 699 名发生交通事故的驾驶员的手机记录发现,开车时用手机通话与不用手机相比,发生碰撞事故的可能性增加了 4 倍。Violanti 等分析了 100 名在 2 年内发生交通事故的驾驶员的数据,并与 100 名在 10 年内没有发生交通事故的驾驶员进行比较,发现每月驾驶车辆时打电话超过 50min 会使碰撞风险增加 5.6 倍左右。

日本的交通事故数据显示,与使用手机相关的驾驶次任务可能会导致交通事故的发生,记录的2418起碰撞事故中,有1077起与接听电话有关,有504起与拨打电话有关。Lam对澳大利亚新南威尔士州的交通事故数据进行分析,发现各年龄段的驾驶员都容易被车内分心源影响,约3.8%的伤亡事故中出现了驾驶分心行为,而25~28岁的驾驶员是因使用手机分心而导致伤亡事故的高发群体。Przybyla等研究了驾驶分心与驾驶员发生交通事故频率的关系,建立了驾驶员处于分心状态下的风险概率模型。Lu等采用倾向评分加权方法和自然驾驶研究数据评估手机引起的分心与交通事故的因果关系,证实手机引起的分心与撞车风险有显著的因果关系,且分心对不同年龄段的安全影响存在异质性。

1.2.1.6 减少驾驶分心的策略

在减少驾驶分心的策略方面,美国汽车工程协会建议如果驾驶员不能在非驾驶过程中于15.0s内完成某一车载设备的相关操作,则该车载设备不宜被应用于车辆上。Johnso等的研究表明,驾驶时使用手提电话的安全风险高于酒后驾驶。目前全世界已经有数十个国家明令禁止驾驶员在驾车时使用移动电话。Olsson等采用综合搜索策略查找、评估关于驾驶时使用手机的法规,指出需采取更严厉的法律防止驾驶分心行为。Decina等从驾驶员培训入手,提出利用驾驶仿真的方法对新驾驶员进行培训。Engstrom等指出任何新的IVIS技术都要经过检验,并确定工作负荷在安全范围内才能投入使用。Regan提出应针对车辆新技术对驾驶分心的影响展开深入研究,并且指出随着车载信息技术的不断发展,界面整合是多种IVIS发展、并存的必然趋势。Khan等设计并开发了一种前后感知的自适应用户界面框架,以最大限度地减少驾驶员的分心。Harry Zhang和Smiss等人提出了适应性和非适应性两种缓解驾驶分心的方法。Green引入了基于工作量管理的驾驶分心解决原理。Loof等人研究了实时的静态工作量估计模型。Donmez等人提出了针对实时分心缓解策略的三维分类:缓解策略的自动程度、缓解策略的启动方式、缓解策略应对的任务种类。Shinar等的研究表明,减少车内次任务分心影响的一项重要措施是对驾驶员和乘客进行教育和培训。Verwey等人指出通过次任务练习可以增加驾驶员对自身能力的校准水平和识别、预测危险的能力,提出可利用驾驶仿真的方法对新驾驶员进行培训。美国纽约州法律禁止驾驶过程中使用手机,许多州立法规定驾驶员驾车时使用DVD播放器为违法行为。澳大利亚立法禁止驾驶员驾车时使用手持移动电话,西班牙、意大利、巴西等国家也相继制定类似法规。A. Bener等人研究使用手机对驾驶方式和驾驶技能的影响,对1139名发生过交通事故的驾驶员进行了研究,对不同性别和年龄段的驾驶员进行分组。三分之一的被调查者认为应该立法禁止开车使用电话。国际电信联盟(ITU)2010年8月发布的题为《减少驾驶员分心》的技术跟踪报告重点介绍了旨在利用车载信息和通信系统减少分心的标准、导则和举措。欧洲很多配备车载DVD播放器的车型在驾驶员启动汽车后,就会自动关闭显示装置。多项研究表明,导航地址输入任务对驾驶员的资源需求较高,容易引起注意力分散,几乎是所有IVIS操作中难度最高的一项。Regan提出随着车载信息技术的不断发展,界面整合是多种IVIS发展、并存的必然趋势。

1.2.2 国内研究现状

目前,国内对驾驶分心的研究主要集中于驾驶分心与注意分配、驾驶分心识别模型、驾驶分心检测方法、驾驶分心对驾驶绩效的影响、减轻驾驶分心的策略5个方面。

1.2.2.1 驾驶分心与注意分配

常见的驾驶分心行为可以分为4种类型:视觉分心、听觉分心、认知分心和操作分心。

国内学者多从驾驶员注意资源分配规律及影响入手。裴玉龙等分析在驾驶员换道过程中,视觉注意力资源的分配特点及驾驶员视点的变换规律。马艳丽等通过开展实验研究了驾驶员注意力资源分配与驾驶风险之间的关系,总结了驾驶员在持续驾驶后的注意力资源分配特点。陈林依据驾驶行为信息加工机理和注意分配理论,从视觉资源消耗和认知资源消耗两方面分析智能手机的使用对驾驶可靠性的影响过程。

1.2.2.2 驾驶分心识别模型

郭孜政等研究驾驶员在驾驶车辆时的视觉注意力转移规律,构建了基于马尔可夫过程的驾驶员视觉注意力转移模型。王加等通过运用高斯混合隐马尔可夫模型,并将车辆偏航角与转向盘转速标准差作为分类的主要指标,建立了驾驶分心的识别模型。马艳丽等基于IVIS操作条件下的驾驶绩效指标,利用支持向量机分类算法建立了驾驶分心判定模型。冷雪研究了IVIS对驾驶员各个通道(视觉、听觉、动作、认知)资源的占用情况,建立了驾驶分心评价模型。廖源提取了驾驶员在低速和高速行驶条件下的认知分心和视觉分心特征,设计了驾驶分心监测算法。罗毅等分析驾驶员在正常驾驶、手持接听电话和免提接听电话状态下执行车辆换道操作时的驾驶行为,构建了基于最小正交二乘法的神经网络驾驶分心识别模型。肖遥建立了考虑驾驶分心行为发生概率的双车道交通流模型,量化分析了驾驶分心行为对交通效率的影响。李晨采用Relief F算法从18项驾驶行为特征指标中筛选出重要度较高的7个特征指标作为驾驶员驾驶分心状态判别指标,建立了基于随机森林组合算法的驾驶分心状态判别模型。

1.2.2.3 驾驶分心检测方法

施臻彦等将分心的度量方法总结为眼动度量法、视觉遮挡度量法与外周视觉任务检测法(PDT)3种。任有等基于驾驶模拟器采集的数据,结合驾驶员调查问卷,建立了追尾碰撞前反应时间预测模型,认为驾驶员反应时间越长,驾驶员发生追尾事故的风险越大。王颖等的研究表明,在视觉分心研究中,仿真方法对驾驶员视觉注意信息的度量和驾驶绩效指标具有非常理想的相对效度和绝对效度。王加等以使用手机作为次任务,诱导驾驶员分心,具体做法包括阅读与回复短信、从通讯录中找到指定联系人并完成拨号。孙悦采用探针法、自我报告法、眼动指标法和行为分析法相结合的方法,基于驾驶模拟器对心智游移现象的发生规律和运行机制进行检测分析。党珊基于车辆横纵向控制指标差异性分析结果,构造了驾驶分心检测参数集，运用支持向量机理论搭建了驾驶分心检测模型。徐鹏等基于车辆实时硬件数据与行车记录视频数据融合的驾驶行为提取方法，基于机器学习的人工神经网络与反向传播算法对驾驶分心行为进行识别。

1.2.2.4 驾驶分心对驾驶绩效影响

李平凡等研究在手持接听电话干扰条件下的驾驶行为与脑负荷差异，结果表明，驾驶员在驾车时使用手机，心理工作量会显著增加，进而直接影响驾驶员获取信息和操作车辆的能力。武安娜等研究使用手机对驾驶绩效的影响，认为干扰的脑力资源需求程度会对驾驶绩效造成明显影响，使用手机所需的体力分配并不是行车风险的主要来源，使用无须手持的车载设备和免提电话等驾驶次任务与手持通信设备对驾驶绩效的影响几乎相同。杨萌等分析了驾驶员收听音乐与驾驶分心特征之间的关系，认为车速、驾驶员注视等驾驶绩效受音乐内容与形式的影响明显，当音乐内容为驾驶员熟悉的语言时，行驶速度降低、错误操作数增加。肖遥量化了3种主要分心行为对驾驶绩效的不同影响，包括车辆运行数据和眼动仪数据的差异，明确了其对交通事故风险的影响程度。马艳丽等研究操作车内音频娱乐系统对驾驶绩效的影响，指出执行较难 iPod 操作会导致驾驶绩效变差，驾驶员对危险事件的感知反应时间增加，注视前方道路的时间减少，注视车内的时间增加，车辆发生交通事故的概率明显增加。刘奇研究了操作型次任务与驾驶绩效指标的定量关系，揭示视觉-操作分心对驾驶绩效的影响规律。吴邵斌等应用周边任务检测法（PDT）评估分心行为的心理资源需求及其对驾驶绩效的影响，结果表明操作触摸屏分心与操作按键分心相比，驾驶员反应时间延长，速度保持能力和车距保持能力下降。高岩等分析了可能导致驾驶分心的4类车载智能终端（手机、导航设备、收音机与唱片播放机）对行车安全的影响。潘姝讨论了手机使用行为对驾驶绩效的影响，发现驾驶时使用手机通话情况下的平均反应时间比正常驾驶时延长0.16s，编发短信情况下的平均反应时间比正常驾驶时延长0.3s，驾驶分心状态下车辆发生追尾冲突的可能性增大。

1.2.2.5 减少驾驶分心的策略

王荣本等通过检测驾驶员执行驾驶任务时的眼、头、嘴等器官的运动特征和规律，基于机器视觉对驾驶安全系统提出了建议。李洪强等在现场观测的基础上，研究了驾驶分心对交通运行及交通安全等方面的影响特点，总结了其对交通安全水平的不利影响，给出对驾驶员不良驾驶行为的管理制度和经济处罚标准建议。顾高峰依据 IVIS 引起的分心特性及其对驾驶绩效影响特点，从 IVIS 操作、驾驶分心预警、交通管理法规、驾驶员教育及培训等方面给出了驾驶分心对策。冷雪通过驾驶员评估方法，结合 IVIS 造成的驾驶分心影响程度评价结果，提出不同交通环境复杂度情况下减少 IVIS 引起的分心的建议和对策。马艳丽在分析已有自适应技术研究项目的基础上，评估实验道路交通条件下的驾驶任务需求，给出基于驾驶任务需求的分心干预策略及基于驾驶员扫视行为的分心预防策略。周晓研究了 AR-HUD（增强抬头显示器）辅助系统对驾驶行为的影响，验证了 AR-HUD 技术在提高驾驶安全性、改善驾驶行为方面的作用。

1.2.3　驾驶分心研究发展趋势

目前，驾驶分心研究的热点主要集中在以下 4 个方面：

①真实驾驶研究。由于驾驶分心实车实验具有潜在危险性，目前大部分研究都是基于驾驶模拟器或在道路交通状况良好、外界干扰较少且对驾驶员进行基本培训的条件下开展实验，但实际的交通场景复杂多变，驾驶员在实验中的驾驶状态与在真实道路环境中的驾驶状态相比存在一定偏差，需要进一步研究实验控制条件对驾驶员造成的分心影响。

②驾驶环境和非驾驶任务之间的相互作用。为了避免将日常驾驶误认为是分心驾驶，需要更准确地理解驾驶环境和可能分散驾驶员注意力的非驾驶任务之间的相互作用。在许多情况下，正是这种互动，将分心驾驶员与未分心驾驶员区分开来。未来的研究需要对实证数据进行大量的建模和分析，以充分了解驾驶任务和非驾驶任务之间的相互作用是如何使驾驶员分心的。

③调和相互矛盾的经验结果。当前，调查研究并解决驾驶分心的各种科学方法包括自然观察、在模拟机和测试场地上的受控实验以及部分任务评估工具等。使用这些研究方法得出的结果之间往往存在一定的差异，这些差异突出了调和不同统计方法（方差分析和优势比分析）与结果的挑战。例如：一些研究表明，使用手机通话会引起较为严重的驾驶分心；而另外一些研究则表明在可控范围内使用手机通话不会产生太大的危害，反而会带来安全效益，这些研究给出的解释是使用手机通话可在一定程度上提高驾驶员对驾驶主任务的重视程度。未来的研究方向是将这些差异与多种方法的融合证据相结合，以加深对分心的理解，为系统设计和政策制定提供更坚实的基础。

④政策引导。引导驾驶员在面对分心风险时保持安全是一项重大挑战。仅对驾驶员进行安全教育或者制定交通法规是远远不够的。安全行车有赖于对驾驶员状态和道路状态的实时感知，并将其反馈给驾驶员，这不仅需要检测分心，还需要检测影响驾驶安全的其他形式的分心因素。

1.3　本研究的攻关目标与关键技术

1.3.1　攻关目标

1.3.1.1　总体目标

提出适合我国道路交通状况的驾驶分心分析方法及其相关的干预策略，为交通仿真、主动安全预警技术的研究及有关部门进行交通管理、控制与道路规划设计提供依据。

1.3.1.2　具体攻关目标

具体攻关目标为：

①界定驾驶分心与分心驾驶的内涵，确定驾驶分心与心理负荷的关系，评估与度量驾驶分心程度。

②确定车外与车内驾驶分心源，评估与度量驾驶分心对驾驶绩效的影响，对不同调查方法下的驾驶分心活动进行评估。

③确定驾驶分心与IVIS、老年驾驶员及疲劳驾驶等关键影响因素的关系，利用多种分析方式评估各个关键因素对驾驶分心的影响。

④确定人车交互驾驶分心预警对策，从人-车-路的角度进行驾驶分心预警设计，建立实时分心自适应预警系统。

1.3.2 关键技术

本研究的关键技术为：

①驾驶员多通道分心及驾驶绩效等指标的现场测试甄别技术。

②驾驶分心程度和驾驶绩效的量化方法及其评价模型。

③基于视觉行为和事件探测的驾驶分心评估方法。

④基于多源信息融合技术的驾驶分心行为识别与评估。

⑤减少驾驶分心的策略与主动预警技术。

第2章　驾驶分心界定、理论和模型

本章探讨了驾驶分心的背景，根据驾驶员社会角色与驾驶角色的多重身份，界定了驾驶员分心与驾驶分心的区别与联系，给出驾驶分心的定义以及驾驶分心的形成机理。驾驶分心与车辆的多级控制密切相关，首先对驾驶分心与注意力的关系进行阐述，然后从多级控制失效的角度解释驾驶分心，最后对与驾驶分心相关的问题、模型进行介绍。

2.1　驾驶分心界定

2.1.1　基于哲学的驾驶分心

2.1.1.1　驾驶分心与交通安全

减少驾驶分心以及解决驾驶分心问题是交通安全领域的热点问题，针对这一问题，学者们提出了一些重要的基于人机工程学以及法律法规的解决方案。如驾驶分心易导致追尾碰撞，由此催生了针对驾驶分心导致追尾碰撞的预警技术；使用IVIS会导致驾驶分心，由此催生了一系列人机交互技术；驾驶过程中接打电话也是重要的驾驶分心源，因此各国政府出台了相关的法律法规。从哲学的观点来看，“分心”这个词本身就暗示着某种形式的“控诉”，意味着一定存在某种“驾驶分心源”，导致驾驶员把注意力转向驾驶分心源。NHTSA指出，驾驶员注意力不集中与驾驶分心间存在紧密的联系，注意力不集中是造成机动车碰撞及交通伤亡事故的一个重要因素。驾驶员注意力分散可以定义为对驾驶员安全操作车辆所需的信息处理能力产生负面影响的任何事件或活动。注意力的引导是驾驶员的一种自愿和有意的行为，要解决注意力分散问题，驾驶员必须寻求分散其注意力进而导致驾驶分心的分心源。

2.1.1.2　驾驶员的社会角色与驾驶角色

从哲学的视角来看待驾驶分心，可以进一步理解驾驶分心，进而识别驾驶分心的影响因素。从哲学的视角来看，驾驶员的驾驶角色是从使用车辆的意图开始的，坐在转向盘后面、启动车辆并使其移动的人，是一个具有多重角色的个体。人的社会存在性意味着驾驶员在不同时间通过不同方式被赋予多重角色，而驾驶员的驾驶角色仅仅是其整体社会角色中的一个。社会责任的融合意味着驾驶员多重角色的冲突有时是不可避免的。

一些特定交通环境下的驾驶任务需要驾驶员全神贯注，任何轻微的失误都可能导致交通事故。然而,驾驶并不是一项需要驾驶员持续保持最佳反应的任务,实际上,大多数时间,驾驶员不必将全部注意力投入驾驶任务中,投入能保持安全驾驶的注意力资源即可。驾驶过程中的分心有两种基本表现形式:一是"驾驶员分心",即驾驶过程中,驾驶员的"社会角色"取代"驾驶角色"的首要地位;二是"驾驶分心",即个体保留"驾驶员"的主要角色,但交通环境会将驾驶员的注意力从驾驶主任务转移到其他驾驶次任务中。

在解释驾驶分心问题时,应用较多的是控制理论,关于驾驶分心问题的控制理论模型见图 2-1。

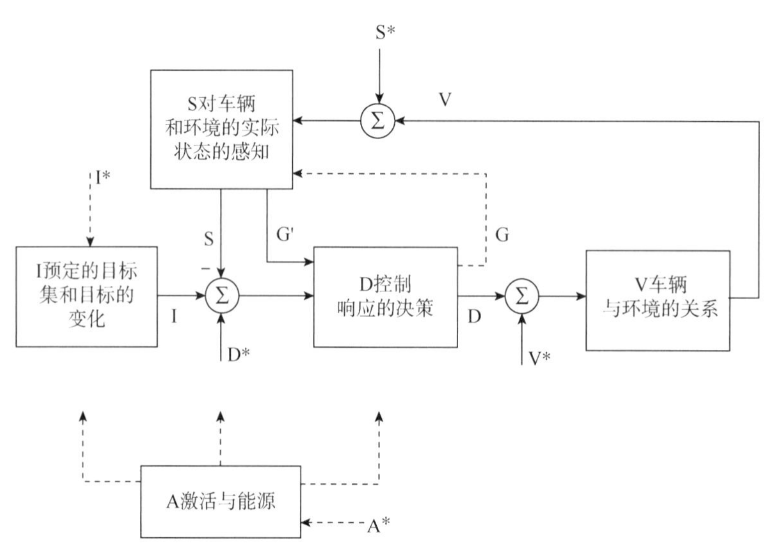

图 2-1 驾驶分心控制理论模型

在进行交通事故调查时,通常将"分心的驾驶员"这一称谓附加到所描述的特定事件上。在进行交通事故责任认定时,必须对与驾驶主任务竞争的驾驶次任务的价值做出判断。例如以下两个场景中,驾驶次任务的价值会影响交通事故责任认定结果。

场景一:在驾驶过程中,驾驶员因刮胡子、化妆、玩手机或看杂志等造成交通事故。在这些情况下,驾驶员是自愿执行这些可能导致交通事故的驾驶分心任务的,因此,在进行交通事故责任认定时,驾驶员一般会承担主要事故责任,因为与控制高速行驶车辆的要求相比,刮胡子、化妆、玩手机或看杂志等事件的重要性可以忽略不计。

场景二:驾驶员在驾驶过程中突发疾病,驾驶员拿驾驶座旁边的药物造成交通事故。因为疾病发作是一种非自愿的突发事件,因此,在进行交通事故责任认定时,该驾驶员一般不必承担该事故的主要责任。

一般来说,"驾驶员分心"是"社会角色"之间的相互影响造成的,是一种高于实际车辆控制水平的影响。然而,"驾驶分心"情况下,从事车辆驾驶这一活动的个体的主要社会角色仍然是驾驶员,但是选择在执行驾驶主任务时从事某些不恰当的驾驶次任务。将后一种类型称为“驾驶分心”，与“驾驶员分心”相反，“驾驶分心”是“社会角色”效应。

对于有意识地转移自己对车辆控制责任的驾驶员和无意且在某种意义上是非自愿地转移自己对车辆控制责任的驾驶员进行严格的划分，对交通事故责任认定具有重要意义。因为前者总是意味着自愿、有意的行为，而后者则可能受突发的客观事件或物体的影响，其中有些事件或物体甚至会影响驾驶员的自愿行为。在交通事故责任认定时，必须认识到自愿分心和非自愿分心的区别。

2.1.2　驾驶分心定义

随着学者们对驾驶分心研究兴趣的增加，许多关于驾驶分心和相关现象的定义也随之出现，这些定义对于评估驾驶员注意力分散问题的严重程度和识别注意力分散源具有重要意义。到目前为止，学界对驾驶分心没有一个明确的定义。

John D.Lee 等将驾驶分心描述成一个多层控制程序遭到破坏的过程。Sheridan 在 20 世纪 70 年代提出驾驶任务是一个由操作层、战术层、战略层组成的 3 层控制过程。一些学者对驾驶分心的多层控制开展了后续研究，认为操作层上，驾驶员认知和车辆自身约束决定着驾驶性能，影响驾驶分心；战术层上，驾驶员的态度和意向决定着驾驶行为，影响驾驶分心；战略层上，社会标准和文化习俗影响着驾驶员采取的准则，这些准则也决定着驾驶分心的可能性。

以下是近 20 年来关于驾驶分心的相关定义，其中多数是从驾驶员注意力分散角度进行定义的：

①因车内活动或事件而导致驾驶员将注意力从驾驶主任务中转移。

②驾驶员将注意力从对安全驾驶至关重要的任务转向与安全驾驶无关的任务。

③使驾驶员的注意力从驾驶任务中移开的任何事件、活动或物体。

④当驾驶员因车内或车外的某些事件、活动、物体或人员强迫或倾向而转移注意力，无法识别安全完成驾驶任务所需的信息时，驾驶员就会分心。

⑤驾驶员的注意力从驾驶任务转移到其他事件或物体上。

⑥驾驶分心因素包括车辆内部以及车辆外部的物体或事件，这些物体或事件将驾驶员注意力从驾驶主任务中转移，从而导致驾驶员没有足够的注意力资源来完成驾驶主任务。

⑦驾驶分心意味着驾驶员所做的事情与驾驶主任务无关，这些事情分散了安全驾驶所需的注意力。

⑧注意力分散可以被定义为注意力分配不当。

⑨由于驾驶员暂时将注意力集中在与驾驶无关的物体、人员、任务或事件上，从而降低了驾驶员的意识、决策或表现，增加了交通事故风险。

⑩对驾驶员处理安全驾驶车辆所需信息的能力产生负面影响的任何事件或物体。

有些定义是从影响驾驶表现的角度来考虑驾驶分心，而另一些定义则从导致驾驶分心的事件或物体来描述驾驶分心，大多数将驾驶分心描述为干扰驾驶主任务的事件或活动。

表 2-1 列出了诱发驾驶员注意力分散的 4 个要素及其对应元素。

驾驶分心常见要素及其对应元素　　表 2-1

分心要素	位　　置	过　　程	结　　果
物体	驾驶员自身	影响操作	响应延迟
人	车内	注意力转移	横向和纵向控制能力退化
事件	车外	注意力分配不当	决策意识减弱
活动	—	注意力分散	事故率增加

使用不同的驾驶分心定义会给研究人员和交通安全专业人员带来许多问题。首先,研究中缺乏一致的定义会使研究结果的对比变得困难;其次,不一致的定义也可能导致对交通事故数据的不同解释,并最终导致对驾驶分心在交通事故中作用的不同估计。假如将占用时间不当的驾驶活动作为驾驶分心的一种形式,会使驾驶分心在交通事故中的参与度估计值增加约 30%。因此,有必要给出一个可以被普遍接受的驾驶分心定义。

本书将驾驶分心定义为:驾驶分心是驾驶员将注意力从对安全驾驶至关重要的活动转移到与之竞争的驾驶次任务上的一种危险驾驶行为。

2.1.3 驾驶分心形成机理

驾驶分心是由于驾驶员保持安全驾驶所需注意力与驾驶员投入的注意力不匹配而产生的。

安全驾驶所需注意力反映了驾驶任务需求的变化,驾驶员投入的注意力反映了驾驶员对安全驾驶所需注意力的变化。安全驾驶所需注意力分布以及驾驶员投入的注意力分布情况见图 2-2。

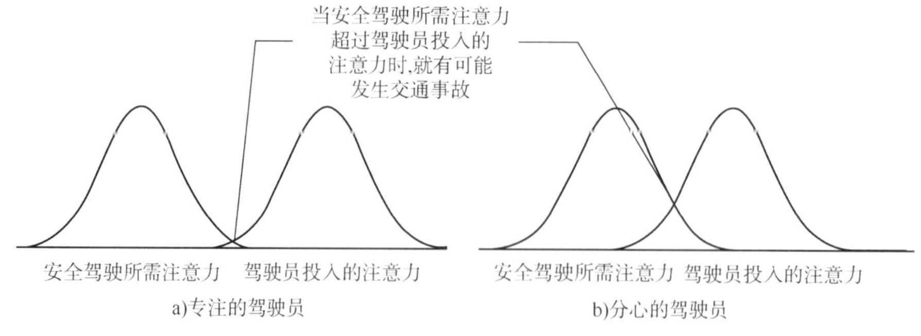

图 2-2　安全驾驶所需注意力与驾驶员投入的注意力分布情况

即使驾驶员自认为在驾驶过程投入了足够的注意力,安全驾驶所需注意力和驾驶员投入的注意力的分布也会重叠,重叠部分表示驾驶员投入的注意力无法满足安全驾驶的需要。

当安全驾驶所需注意力和驾驶员投入注意力分布的尾部不重叠时,驾驶员可主观上避免与驾驶分心相关的交通事故。根据这一观点,驾驶分心意味着安全边界的缩小,这取决于分布尾端的重叠程度,重叠越多,驾驶任务需求超出驾驶员响应能力的可能性就越大,这样就会出现安全驾驶所需注意力超过驾驶员投入的注意力的情况,从而可能引发交通事故。

因此,即使驾驶员自认为已投入足够的注意力也可能存在驾驶分心,例如,与 IVIS 交互的驾驶员将视线从道路上移开,此类情况是不可避免的。因此,驾驶分心的定义描述了注意力分配不当,即分心的驾驶员在一段时间内因不适当地分配注意力而导致发生交通事故的概率更高。驾驶主任务与驾驶次任务注意力需求的竞争关系见图 2-3。

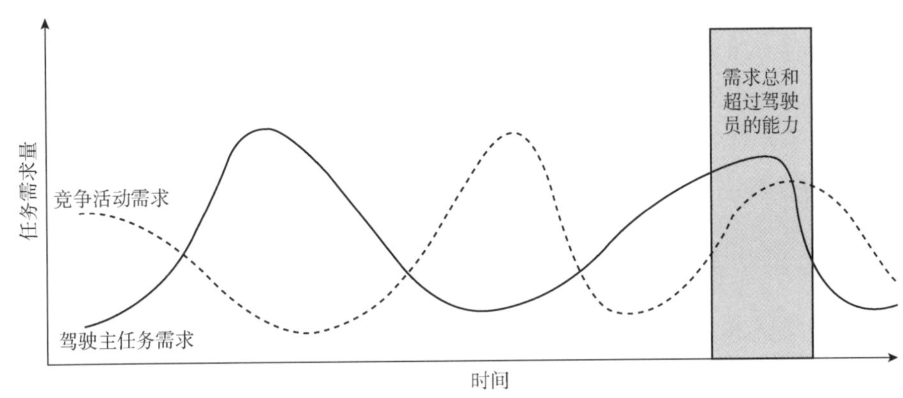

图 2-3　驾驶主任务与驾驶次任务注意力需求的竞争关系

图 2-3 中横轴代表时间,纵轴代表任务需求量,实线代表驾驶主任务需求变化量,虚线代表竞争活动需求变化量。竞争活动需求和驾驶主任务需求随时间而变。驾驶分心反映在任何一个时间范围内,驾驶主任务和竞争活动之间的注意力分配不当。图形右边阴影部分代表驾驶主任务需求与竞争活动需求之和超过驾驶员所能提供的注意力,表明此时驾驶员处于重度分心状态,驾驶危险性极高;如要保证安全驾驶,驾驶员必须减少对与驾驶主任务无关的竞争活动的注意力投入,以保证满足驾驶主任务的注意力需求。

2.1.4　驾驶分心与注意

2.1.4.1　注意力

“注意力”是一个心理学概念,是人在认知过程中产生的一种“过滤性”的心理特征。它伴随着感知、记忆、思维及想象等的发生,是大脑对接收到的事物刺激进行选择性的加工,同时忽略其他事物刺激的过程。注意力具有以下特征:

①注意力具有选择性。当外界刺激较多时,驾驶员会选择性地注意到自己需要的信息而自动忽视其余信息。

②注意力具有持续性。驾驶员对同一事物的注意力会在一段时间内保持稳定,但持续时

间有限。

③注意力具有转移性。在新任务的指引下,驾驶员对事物的注意力可以从一个事物转移到另一个事物。

④注意力具有分配性。在特定条件下的同一时间内,驾驶员可对多个事件或者物体产生注意行为,这就是注意力的分配性。但若要进行注意力分配,需满足一定的条件,一是需要注意力分配的事件或者物体间互有关联,这样才会形成注意力分配,否则不会形成注意力分配;二是如果针对多个事件或者物体的操作都是熟练或已形成习惯的,则容易形成注意力分配,反之则不易形成。

⑤注意力具有指向性。当某一事物由于其本身的特征使得其产生的刺激远远大于其他事物产生的刺激时,人们会首先注意到刺激量较大的事物。能够引起注意力的事件或者物体主要通过颜色、大小等对比进行刺激,比如人们会更加容易注意到在众多数字中最大或最小的数字。注意力受人对事物预期的影响,人们会对大概率发生的事件或者心中期待的事件发展加以注意,对在意料之外的事情往往不会注意,从而导致“错过”的发生。

2.1.4.2 注意力选择过程

要理解驾驶分心,必须了解驾驶员的注意力分散源,进而理解其分心行为。在驾驶过程中的某个时刻,与驾驶无关的对象可能在下一时刻成为注意力分散源,驾驶员的注意力分散源是动态变化的。

驾驶员注意力不集中不同于注意力分散,注意力不集中涉及一种明确的活动(如拨打手机),这种活动与导致驾驶员注意力下降的认知状态(如困倦或疲劳)相比是一种明显的行为。而注意力分散则是驾驶员被动地响应驾驶主任务和与之竞争的驾驶次任务的要求,这可以解释驾驶次任务之间干扰程度的重要认知约束,但无法解释驾驶员如何在这些任务之间分配注意力、随时间分配任务或选择参与驾驶次任务。驾驶员注意力选择过程见图 2-4。

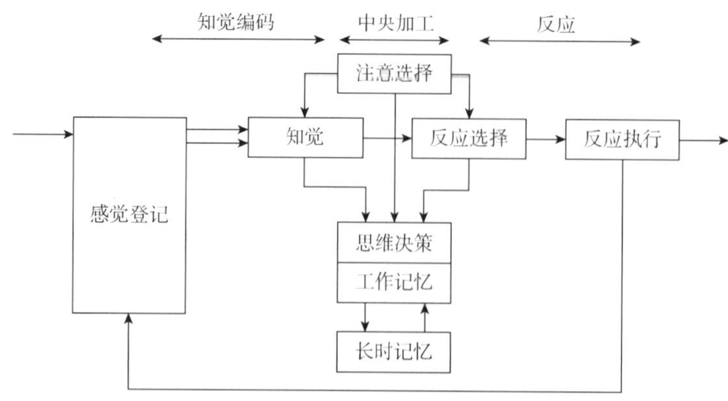

图 2-4 驾驶员注意力选择过程示意

从图 2-4 可以看出，驾驶员注意力选择过程分为 3 个阶段：

①刺激感知阶段。驾驶员注意力选择过程的第 1 个阶段是对外界刺激的感知阶段，在这一阶段，驾驶员接收到外界传来的刺激。在这一阶段中，刺激反应兼容性是驾驶员进行刺激感知的重要因素，刺激反应兼容性通常是指刺激与反应方式之间的关联程度。通常，拥有更高水平刺激反应兼容性的外界事件或物体，对驾驶员所需的刺激感知时间更短。当刺激反应任务拥有相似类型的模态时，其兼容性级别更高。例如，与听觉-手动类型的驾驶次任务相比，听觉-语音类型的任务的响应时间更短。

②加工处理阶段。驾驶员注意力选择过程的第 2 个阶段是大脑中枢对感知到的刺激的加工处理阶段。当驾驶员感知到刺激后，首先对其进行编码，然后做出决策。根据工作记忆的运行方式，驾驶员的大脑中枢可以处理两种不同类型的信息——空间信息和语言信息。空间信息表示与几何对象相关的信息，而语言信息则与语言、数字或符号有关。

③注意力反应阶段。研究发现，在各种刺激反应任务中，听觉-语音类型任务的响应表现最佳；视觉-手动类型任务的响应表现最差；视觉-语音类型反应和听觉-手动反应的响应表现无明显差异。无论是何种任务类型，当驾驶员分心时，制动反应时间均会增加，造成驾驶风险。通常来说，在执行单个任务时具有更高性能的刺激反应模式，在执行双重任务时有更高的效率。

驾驶员在交通事故发生（避免）中的注意力选择过程见图 2-5。

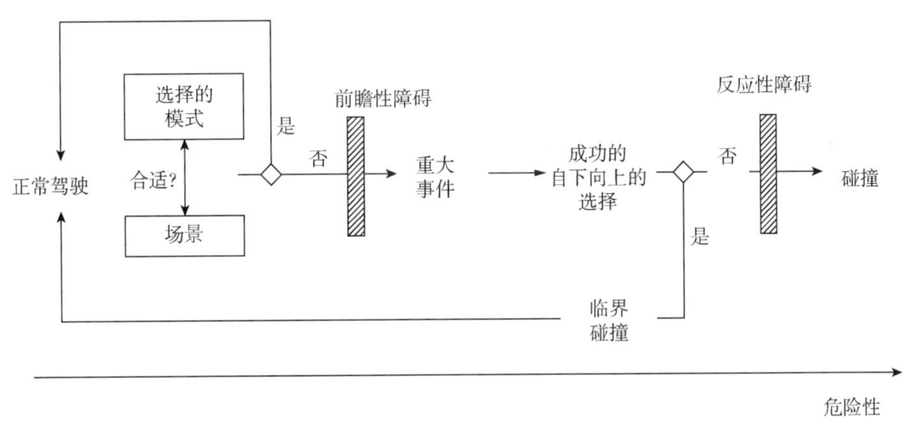

图 2-5　驾驶员在交通事故发生（避免）中的注意力选择过程

在驾驶过程中有驾驶次任务参与时，驾驶员对驾驶主、次任务的协调与选择至关重要，因为不同的选择可能会导致不同的驾驶结果。

此外，驾驶任务的优先级对驾驶员的驾驶表现有显著影响。在现实中，优先考虑驾驶安全是人们的一贯做法，也就是说，当威胁生命的驾驶次任务与驾驶主任务之间存在冲突时，大多数驾驶员会将注意力集中在驾驶主任务上，放弃执行次任务。

在自然驾驶情况下，注意力选择通常是选择模式之间动态交互的结果。例如，特定刺激的自上而下的选择会影响其他原本是自下而上吸引注意力的刺激。研究表明，当注意力被分配给一个需要有意识选择注意力的强感知负荷任务时，与该任务无关的外部刺激吸引注意力的可能性会大大降低。

2.1.4.3 注意力分散与情景意识

驾驶次任务很容易引起注意力分散，从而威胁行车安全。注意力分散是指驾驶员转移了其视觉、听觉、认知或动作资源上的注意力，导致对危险交通事件应激反应的延迟。

注意力分散分为不可避免的和可避免的。不可避免的注意力分散包括不受驾驶员控制的情形，如看突然滚到路上的足球、高速公路旁边的广告牌，以及一些必须完成的车内次任务（如看车辆仪表）。可通过适当的培训，提高驾驶员的辨别和应对能力，减少不可避免的注意力分散。可避免的注意力分散是由于驾驶员对于其危害性没有足够的认识引起的。

情境意识是指驾驶员对交通环境中动态变化的事件或物体的意识，它对于感知一定时间和空间环境中的要素，从而理解其意义并预测将来状态具有非常重要的作用。驾驶员的信息处理与情境意识模型见图 2-6。

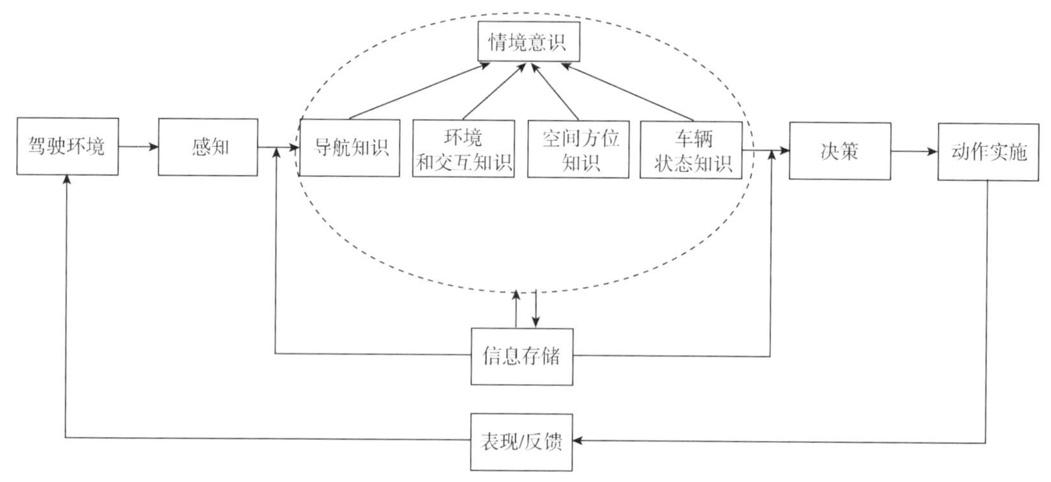

图 2-6 驾驶员信息处理与情境意识模型

情境意识是一个反馈过程。在驾驶过程中，驾驶员时刻感知驾驶环境，然后根据车内导航系统、对驾驶环境的已有认知、对空间方位的认知以及对驾驶车辆的认知等产生特定驾驶情境意识，存储信息，然后对感知到的情境进行判断，作出驾驶决策，最后实施动作，根据实施后的驾驶环境进行反馈。以上构成一个在驾驶行程中持续往复的情境意识过程。

2.1.4.4 SEEV（Salience-Expetancy-Effort-Value）注意力分配模型

SEEV 模型可预测驾驶员在各种环境中的视觉注意力分配区域。视觉扫视的目的是将任务关键信息带入中心凹视觉。视觉扫视是由4个因素引导的：显著性、期望、努力和价值。

①显著性。显著性是最直观的一个因素，即注意力通常通过视觉区域中的显著事件来捕捉。视觉对象或事件的显著性随其在视网膜上的位置而变化。许多研究记录了在不同程度分心情况下不同类型刺激的视觉检测阈值。

②期望。期望表征观察者更频繁地查看。驾驶员经常观察道路，因为其希望看到更多与安全驾驶相关的信息。然而，视觉记忆任务会争夺这种视觉注意力，这种视觉注意的程度会随着所传递信息的数量和频率发生变化，即使它与驾驶主任务本身无关。

③努力。努力是一种阻碍因素，它阻止驾驶员在两个相距很远的位置之间进行扫视。一般来说，随着两个信息源之间的物理距离或访问信息所需时间的增加，扫视的可能性降低。研究表明，视觉扫视的广度在心理负荷增大的情况下趋于减少，这表明信息获取努力是一种有限的资源，受到来自并行任务的竞争。

④价值。观察者倾向于对任务更有价值的信息源。

每一个因素都可以单独量化和定义，可以用期望值模型表示，见式(2-1)：

$$p(A) = s(S) - ef(EF) + ex(EX) + v(V) \tag{2-1}$$

式中：$p(A)$——扫视给定地点或感兴趣区域(AOI)的概率；

S——显著性；

EF——任意两个AOI之间的距离；

EX——期望值；

V——AOI执行的待执行任务的价值或重要性；

s、ef、ex、v——各影响因素权重系数。

根据SEEV模型，自上而下、知识驱动的因素(期望值和价值)可以被认为是“对如何最佳分配注意力的影响”，是驾驶员心理模型的组成部分。相反，自下而上的因素(显著性和努力程度)可以被认为是“消极因素”，除非它们与期望值和价值直接相关，否则不会对扫视行为产生影响。

SEEV模型在预测驾驶环境下的视觉注意分配方面已经得到多次验证，其预测结果与不同感兴趣区域的实际扫视行为之间存在高度的相关性。

SEEV模型可以在动态模拟中运行，可创建驾驶环境中的各个AOI的扫视轨迹，这些轨迹可以提供“平均扫视时间”数据。此外，可改变模型中驾驶环境和车内次任务的特征，以评估车内次任务对驾驶安全的影响。

尽管SEEV模型可以用来描述扫视行为相关信息，但在预测车道保持方面的能力相对较弱。原因在于视觉活动间的区别：扫视行为主要由视网膜中心凹视力起作用，用于物体识别；车道保持由整个视网膜的活动提供服务，因此可显示车道外围系统信息，但车道保持不一定需要焦点视觉。基于眼部注视方向物体的相对位置的探测和变化结果见表2-2。

基于眼部注视方向物体的相对位置的探测和变化结果　　表 2-2

类　别	物体或事物的位置	
	视网膜中心凹视力内部	视网膜中心凹视力外部
有分心存在	分散注意力失败:非注意力盲视(在看但没有看到)	集中注意力失败:改变/非注意力盲视
无分心存在	正确探测	光学扫描失败:改变/非注意力盲视

T 形交叉口驾驶员视觉分配案例见图 2-7。驾驶员在接近一个 T 形交叉口时,右侧有自行车靠近,左侧有机动车靠近。驾驶员的视觉扫视范围为图中阴影部分,其视觉注意力主要分配给 4 个区域——前方道路环境、左侧接近交叉口的机动车、右侧接近交叉口的自行车以及右侧视觉阻塞障碍物。

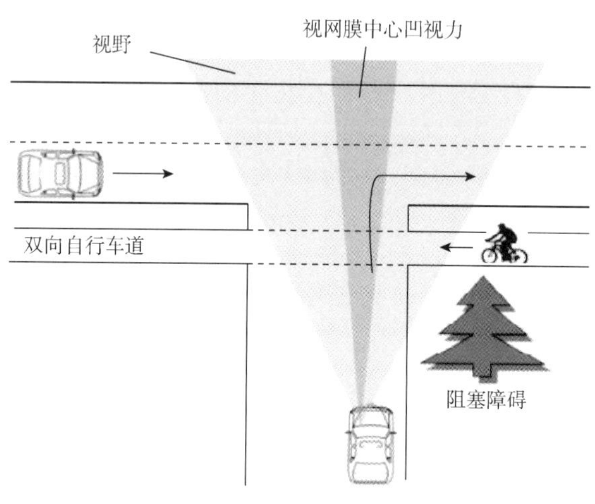

图 2-7　视觉分配案例

2.2　驾驶任务多级控制理论与驾驶分心

2.2.1　驾驶任务多级控制理论

驾驶任务是一个车辆控制过程,可以将其描述为 3 个控制层次——操作控制层、战术控制层和战略控制层,3 个控制层次均适用于解释驾驶分心。

①操作控制层涉及车辆的横向和纵向控制,发生在毫秒到秒的时间尺度上。该层上,驾驶员的驾驶状态及车辆性能易受到驾驶员认知水平及操作水平的限制,进而影响驾驶分心。

②战术控制层涉及车道和速度等的选择,发生在秒到分钟的时间尺度上。该层上,驾驶员的态度及意向能够决定其自身的驾驶行为,进而影响驾驶分心。

③战略控制层涉及路线和行程模式的决策,发生在几分钟到几小时的时间尺度上。该层

上，驾驶员在驾驶过程中所采取的驾驶行为准则受到社会标准、社会文化以及法律法规的影响，这些行为准则也会提高发生驾驶分心的可能性。

操作控制层、战术控制层和战略控制层也可以描述驾驶员对与驾驶主任务竞争活动的注意力控制：

①操作控制层的驱动因素控制驾驶员对投入驾驶任务及竞争活动的资源的分配。操作控制层是一个比较具体、微观的控制层面，例如驾驶员在驾驶过程中对看手机和保持车道位置分别投入了多少注意力。

②战术控制层控制驾驶任务以及竞争活动的时间安排等。战术控制层是一个介于操作控制层与战略控制层的控制层面，例如驾驶员在驾驶过程中，在保持安全驾驶（如车道保持，车头时距保持、速度控制等）的驾驶任务中投入了多少注视时间，在其他所有驾驶次任务中又投入了多少注视时间。

③战略控制层控制潜在的驾驶分心情况，战略控制层次是一个比较宏观的控制层面，例如驾驶员如何选择行驶路线、行驶速度等。

驾驶任务三级控制见图2-8。

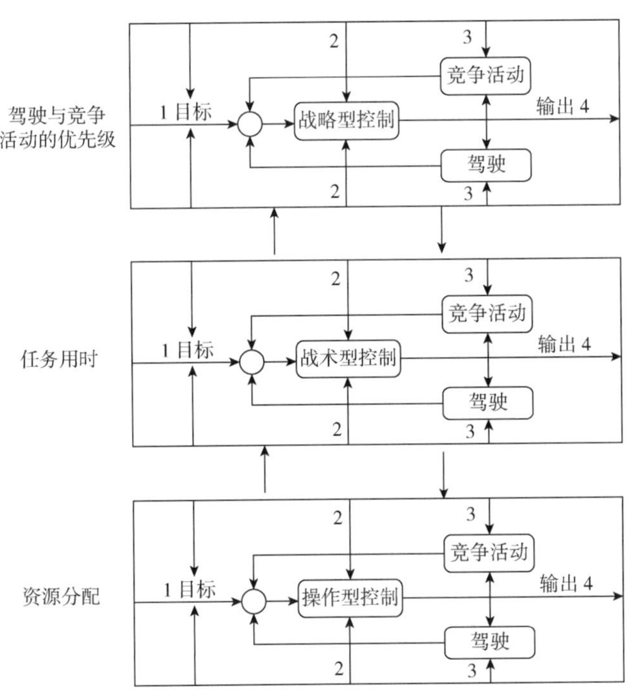

图2-8　驾驶任务三级控制示意图

图2-8中，“1”代表自适应控制，表明一个层次的输出影响另一个层次的目标；“2”代表前馈控制，表明其中一个层次的输出影响另一个层次的期望和适当的反应模式；“3”代表联级效应，表明其中一个层级的输出影响另一个层级的控制动态；“4”代表给定层级的反馈控制和其他层级的自适应控制。

驾驶员驾驶分心导致交通事故源于任意控制层面的控制失效,各层面出现的控制问题在各个控制层面传播时会交互叠加,进而导致整体驾驶控制失效,引发交通事故。

以驾驶员操作车载导航系统与前车发生碰撞事故为例,在这种情况下的驾驶控制失效,一个主要原因是操作控制层的控制失效,车载导航系统对驾驶员的视觉和认知需求干扰了驾驶员对道路的注意;另一个原因是当驾驶员在操作控制层操作车载导航系统时,启动了联级效应,导致该项任务持续时间超过预期,进而导致了持续的交互作用,并抑制了驾驶员根据不断变化的交通状况调整其速度和车头时距的能力,破坏了战术控制层的控制。

多数情况下,操作控制、战术控制和战略控制是一个联级控制过程,主要有以下 3 种控制形式:

①反馈控制。反馈控制是一种基于结果的反应性控制。反馈控制使用目标状态和当前状态之间的差异来指导驾驶行为。要想使车辆控制过程成功完成,反馈控制依赖及时、准确的当前状态和目标状态之间差异的信息。此外,为了使反馈控制有效,驾驶员对误差信号的响应时间必须比驾驶员处理该项次任务的时间短,以便在系统偏离期望状态达到不可接受的程度之前做出响应。

②前馈控制。前馈控制是一种基于预期状态的主动性控制。前馈控制使用控制系统的预期状态指导驾驶行为。前馈控制对驾驶安全至关重要,可以使有经验的驾驶员以积极主动的方式预测、检测和应对未知的驾驶危险事件或物体。与前馈控制相关的期望对驾驶员对事件或物体的响应时间有很大的影响。前馈控制要求控制系统的预期状态具有精确的内部模型。驾驶状况和驾驶次任务的不确定性、驾驶任务需求的固有可变性都会限制前馈控制的有效性。

③自适应控制。自适应控制是一种基于期望、目标状态和任务特征的源控制。自适应控制通过重新定义目标状态来减少目标状态和当前状态之间的差异。传统研究的重点是反馈控制和前馈控制,但自适应控制是驾驶员的一个重要选择。通过自适应控制,驾驶员可以根据自己的能力调整对驾驶任务需求的响应。

不同控制类型在不同控制层级可能失效的原因见表 2-3。

不同控制类型在不同控制层级的失效原因 表 2-3

控制类型	操作控制层	战术控制层	战略控制层
反馈控制	驾驶员的响应时间长于驾驶任务需求的时间	反馈延迟太久以致无法指导驾驶行为	不当的驾驶选择不会影响驾驶绩效
前馈控制	驾驶任务需求不可预测	驾驶任务用时不可预测	潜在需求不可预测
自适应控制	驾驶任务缺乏准确性的权衡	没有按照任务重要性校准生理及社会需求	驾驶主、次任务间的交互作用校准不足

除了联级效应,饱和效应是另一个可能导致控制失效的重要因素。当控制限值和安全度减小时,饱和效应就会发生,有效控制易受小扰动影响,随着饱和度的增加,在给定的水平上发生控制失效的可能性增大,可能会导致各层面的联级效应。在不同的控制层面有不同的关

于“饱和”的解释：

①在操作控制层，可以用空闲容量来定义“饱和”。

②在战术控制层，“饱和”反映了驾驶员资源利用率，即驾驶员忙于响应 IVIS 或驾驶主任务需求的时间百分比。

③在战略控制层，“饱和”反映了驾驶主任务需求和竞争活动需求分布的重叠，即驾驶主任务需求和竞争活动需求超过驾驶员可投入资源的概率。

2.2.2　操作控制与驾驶分心

当驾驶主任务资源需求和与其竞争的驾驶次任务资源需求分布重叠时，容易出现驾驶分心现象。多资源理论为描述驾驶主任务和驾驶次任务资源提供了一个有用的理论视角，它从模式、代码和阶段 3 个方面描述了注意力资源。当驾驶主任务和驾驶次任务都需要相同类型的驾驶资源时，其中一个或两个任务的性能会受到影响；如果驾驶主、次任务涉及不同的资源，则驾驶性能将相对不受影响。

多资源理论可以使用与驾驶主任务和驾驶次任务相关的需求向量进行阐述，资源需求的重叠程度取决于这两个任务的表现。驾驶员通过在驾驶次任务间的资源分配策略调节驾驶员在不同任务间的表现。

在操作层面，有 2 个因素破坏了驾驶员对分心的控制：

①反馈控制出现问题，驾驶员收到关于其分配策略成功与否的误导性反馈。

②自适应控制的有效性，当驾驶员无法改变与任务执行相关的需求时，该任务被认为不可调整。

一项研究对操作层面的驾驶员资源需求进行分析，主要研究了车载收音机、车载 CD（激光唱片）播放器、车载 MP3 播放器和车载导航设备操作对驾驶员动作资源的占用情况，见表 2-4。

驾驶员操作 IVIS 的动作分心情况　　表 2-4

指标	车载收音机	车载 CD 播放器	车载 MP3 播放器	车载导航设备
单次操作时间（s）	1.33	2.78	0.65	2.25
完成操作总时间（s）	9.41	14.58	12.62	30.02
手离开转向盘时间增加比例	1.37%	11.06%	8.56%	15.53%
操作差错增加比例	1.47%	12.13%	9.72%	28.17%

结果表明，IVIS 的操作复杂程度不同，对驾驶员的动作资源占用时间也有所区别，操作时间越长，对安全驾驶越不利。

2.2.3　战术控制与驾驶分心

战术控制失效导致必须同时执行多个任务时，很可能会分散驾驶员的注意力。排队论为从战术层面研究驾驶分心问题提供了有用的理论视角。根据驱动的排队论，驾驶员充当服务器,按顺序处理任务,如果服务器正在处理另一任务,则其他任务等待,等待服务器的任务累积在队列中。上述表示法在人因绩效建模中普遍存在,为解读驶分心问题提供了一个新的视角。在这一理论中,驾驶分心在注意力方面的表现体现在驾驶主、次任务的时间安排,而不是对多个资源的竞争。与分散注意力的多资源观点不同,排队论的观点描述了对驱动程序的要求,包括排队任务策略、任务定时以及任务中断的难易程度,为考虑驾驶员如何计划、管理驾驶主任务和竞争活动的交互提供了一个新的研究思路。

排队论中一个常见的度量是服务器的利用率,即处理任务所花费的时间除以任务的总时间。在驾驶分心研究中,利用率可以被视为对关键驾驶任务和与竞争活动做出反应所花费的时间。排队论关于驾驶分心的一个重要观点是,任何非零的利用率都会对传入任务产生一定百分比的延迟。这意味着,即使需要驾驶员对相对不频繁、较短的任务做出响应,也会延迟其对驾驶主任务需求的响应。具体而言,预期延迟随利用率的增加而增加,随任务处理速率的增加而减小。假设新任务按照泊松分布到达,预测延迟的计算公式见式(2-2):

$$d = \frac{\rho}{\mu(1-\rho)} \tag{2-2}$$

式中:d ——延迟;

ρ ——预期延迟的利用率;

μ ——任务处理速率。

竞争任务的以下3个特点可能会破坏战术层面的控制:

①当某项任务十分紧迫或对驾驶员要求很高,以至于驾驶员不能延迟参与时,说明该任务是不可忽视的。

②当无法预见某项任务持续时间和需求时,说明该任务是不可预测的。

③当某项任务不易中断或中断后无法恢复时,说明该任务是不可中断的。

排队论认为,减少驾驶分心的策略应该减少占用驾驶员注意力的任务数。这意味着在可能的范围内,驾驶员应该对需要执行的驾驶次任务的用时进行预估,以避免与即将到来的驾驶主任务需求相冲突。多资源理论可以定义多项任务同时执行时性能下降的程度,而排队论则定义多项任务同时执行的可能性。

2.2.4 战略控制与驾驶分心

在战略层面控制注意力的分配时,一个根本性的挑战是驾驶过程中的安全边界不明显,驾驶压力会逐渐影响驾驶员的驾驶行为,使其进入越来越不安全的状态。向安全边界的转移反映了反馈控制的失效,造成这种行为的一个原因是,驾驶过程提供的反馈很差,尤其是在不恰当地参与竞争性任务方面。提供更好的反馈会使驾驶员采取更安全的行为。

在战略层面上,前馈控制受到驾驶环境固有可变性的影响。即使是相对复杂的驾驶环境(如在拥挤的高速公路上行驶),也不一定会对驾驶员提出关键要求。驾驶要求的内在可变性和估计驾驶情况下典型需求的挑战会削弱前馈控制的有效性,特别是对于新手驾驶员来说,其对各种驾驶环境和各种竞争任务的需求没有形成统一认识。新手驾驶员不仅没有认识到驾驶主任务和竞争活动的相关需求，而且没有认识到自己是否具有满足这些需求的能力。

在战略层面上，自适应控制在一定程度上取决于社会对可接受风险和安全驾驶的定义。驾驶员是否被允许携带手机或者是否被允许在驾车时接打电话取决于驾驶文化和与可接受驾驶行为相关的社会规范。这样的社会规范可能是控制驾驶分心的最有利因素，但也是最难量化的因素。与社会规范的变化相比，在行为操作层面上减少驾驶分心的细微设计对驾驶安全的影响可能要小得多，因为社会规范会影响战略层面。

例如，在战略层面中，驾驶分心的一个典型场景是驾驶员操作 MP3 播放器播放列表，该场景中驾驶员注意力分散取决于在危险性较高的驾驶环境中驾驶员是否可以使用 MP3 播放器，也取决于驾驶主任务与该项次任务交互的特定时间以及交互的资源需求。在具有挑战性的驾驶环境中使用设备的决定取决于以下因素：

①驾驶员对在驾驶环境中使用设备的安全意识。

②驾驶员在使用设备时能保持安全驾驶的能力。

③驾驶员的冒险倾向。

④是否存在允许在这种情况下使用该设备的法律规定。

2.3　驾驶分心理论

2.3.1　驾驶任务与驾驶行为理论

驾驶是一个复杂的多层次任务，Michon 用计划层、策略层和操纵层 3 个层级来分析驾驶的复杂性，见图 2-9。

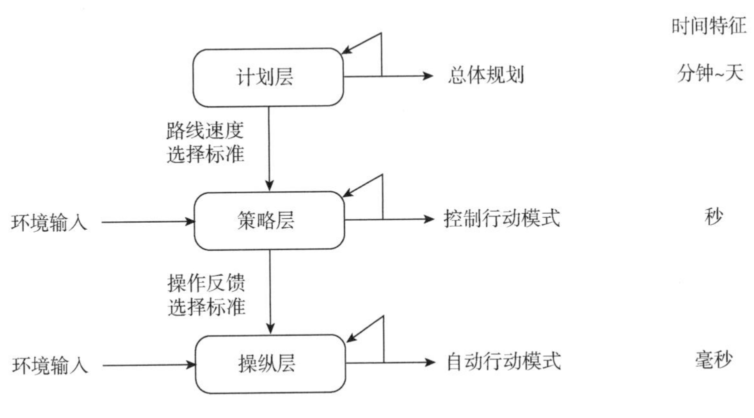

图 2-9　驾驶任务的层级结构

计划层指驾驶全过程中驾驶员的阶段性目的和其最终目的，如驾驶的目的地、出发时间、到达时间及中途经停的地点等计划。

策略层任务主要指在驾驶过程中对于驾驶行为的策略选择,如行驶速度大小、是否跟车、是否超车、是否换道以及是否转弯掉头等。

操纵层任务主要指对汽车的具体操作,包括换挡动作、转动转向盘、控制制动器和油门、开关转向灯等具体动作。

其中,计划层以分钟或天为时间单位,策略层和操纵层以秒或毫秒为时间单位,策略层和操纵层的各任务会产生竞争,进而影响驾驶主任务绩效。

驾驶主任务通常为保持车道和监控道路危险,这两者都需要依赖信息加工过程中的主要视觉注意力带(Primary Visual Attention Lobe,PVAL)。驾驶安全和人因学设计关心的重点是使视觉注意力离开 PVAL 区域的因素。驾驶员的信息处理任务特征见图 2-10。

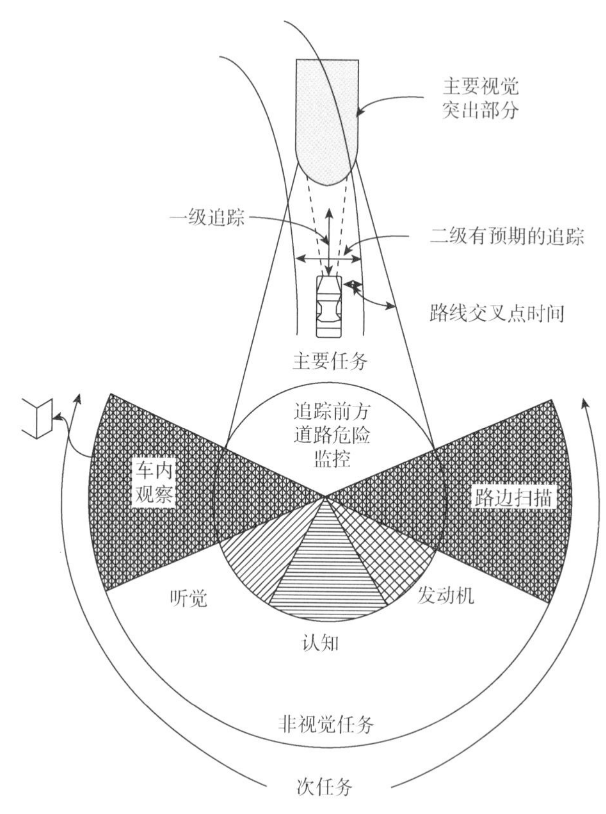

图 2-10　驾驶员的信息处理任务特征

图 2-10 上部描述追踪和注视道路危险的监控任务,下部描述其他导致视觉资源竞争的驾驶次任务。与视觉注意力产生竞争的既有视觉次任务(如看地图、收发短信、找东西),它们与驾驶主任务在视觉通道上直接产生冲突,也有非视觉次任务(如打电话、听收音机、喝饮料、思考问题)。

驾驶行为是指驾驶员在接收到复杂的信息后,大脑中枢神经做出的一系列操作决策与动作反应。根据人的行为刺激动机反应经典模式,在道路交通系统的信息单向传递与处理过程中,驾驶员的驾驶行为包括感知、判断决策和操作 3 个阶段,见图 2-11。

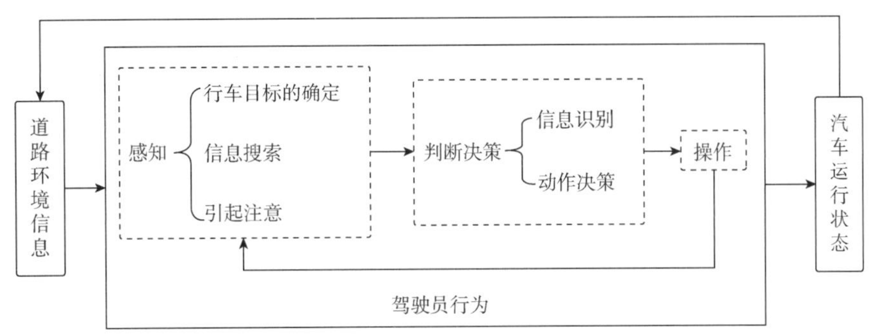

图 2-11　驾驶行为的 3 个阶段

驾驶时的信息加工过程由刺激感知、判断决策和刺激解释 3 个阶段构成,见图 2-12。

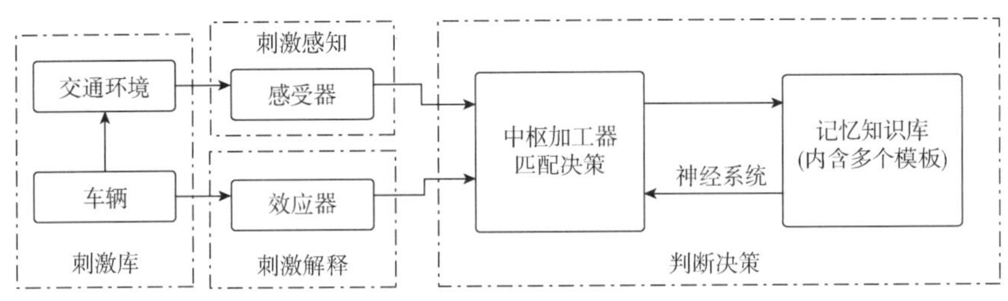

图 2-12　驾驶行为信息加工系统

驾驶员的眼、耳等感官构成了感受器,可以接收刺激信息,所有的刺激信息形成刺激库。感知是感受器、传导神经及大脑中枢加工器共同活动的结果。感受器通过神经系统将接收到的刺激信息传送到大脑(中枢加工器),对外界输入的刺激信息进行分析、识别,产生对刺激信息的感知,然后进行匹配及决策。这些功能需要储存在大脑中的长时或短时记忆(知识库)的参与。处理加工后的信息会存入记忆中。最后,通过反应子系统中的效应器(手、脚等器官)操控车辆,车辆行驶的新状态会直接作用于交通环境,形成新的刺激信息,被驾驶员重新感知。

驾驶员主要通过视觉、听觉感知外部驾驶环境,并优先注意与驾驶主任务相关的刺激信息,比如行驶速度、车间距离、路面情况等。超过 90% 的车辆行驶信息都是通过视觉通道传递给驾驶员的,所以信息感知主要占用视觉资源。对接收到的刺激信息进行处理而做出相应的驾驶决策,主要依靠驾驶员的认知资源,包括过去累积的驾驶经验和对专业技术的把握,这是进行任务决策时主要依靠的资源。与视觉分心不同,认知分心在监测上更具挑战性,这是因为认知分心主要发生在大脑中,没有明显的外部特征(如头部、视线偏离),但它能显著降低驾驶员对于突发事件的响应速度。

2.3.2 多资源理论

驾驶员由于被某些车内外的事件、物体或人吸引，会造成其视觉、听觉、认知以及动作通道资源被占用，而不能将自身资源全部投入到安全驾驶活动中。针对此现象，Wickens 提出了多资源理论，建立了多资源理论模型。多资源理论在阶段、通道和编码 3 个维度上将人的加工资源假设为一个立方体结构，见图 2-13。

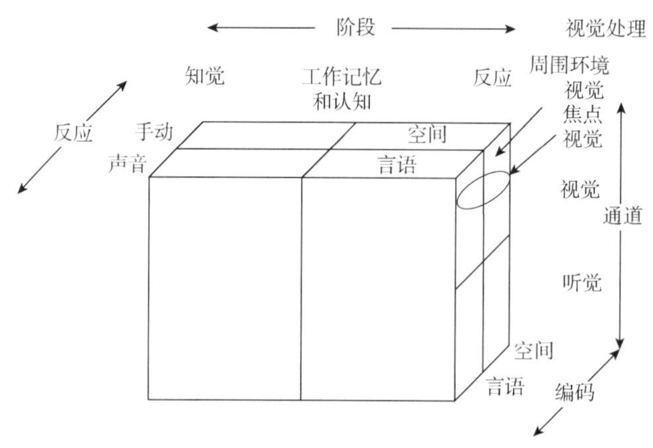

图 2-13 多资源理论模型

多资源理论模型的第 1 个维度是阶段，包括知觉、认知和反应；第 2 个维度是通道，分别为视觉通道和听觉通道，视觉通道又分为焦点视觉和周围环境视觉；第 3 个维度是编码，主要包括空间编码和言语编码。3 个维度相互独立，但同时发生。视觉通道和听觉通道的区分只在知觉阶段体现，而言语和空间的编码维度则在所有阶段都有所体现。

多资源理论模型显示，如果 2 个任务在 1 个或更多维度上有共同的需求水平，时间共享性就会变差，绩效水平也随之下降。如在驾驶过程中，看手机短信等需要占用驾驶员较多视觉资源的次任务会与驾驶主任务直接竞争视觉通道资源；即使同样是驾驶主任务——保持正常行驶和监控道路危险，也有许多视觉信息需要在同一时间进行处理。因此，一般驾驶操作系统更倾向于支持听觉呈现，但这并不意味着听觉呈现的效果一定比视觉呈现效果好，因为改变信息显示的结构可能改变资源需求，这也是影响多任务驾驶绩效的首要因素。

驾驶中使用手机通话是典型的认知次任务，通常假设通话与驾驶分别占用驾驶员两个独立的通道，即听觉-语言编码通道和视觉-空间编码通道，从而占用不同的认知资源，这两个通道之间几乎没有干扰。尽管通话任务是听觉输入，驾驶任务主要是视觉输入，两项任务看似相互独立，但当通话的内容引发驾驶员的视觉记忆时就会干扰视觉输入，导致驾驶员产生一定的视觉盲区。研究证明语言交流可以使驾驶员驾驶操作稳定性下降，并且理解语言内容对驾驶操作的影响比组织语言内容对驾驶操作的影响更大。

人的视觉、认知和动作通道之间是互相影响的，当某一通道被占用时，往往会影响其他通道的可用程度。因此，在实际驾驶过程中，驾驶员和 IVIS 之间的互动一般同时需要两个及以上的通道共同完成。多数情况下，一项次任务的产生会伴随着多个通道的注意力分散，如使用手机通话，同时涉及听觉（听对方声音）、动作（手持电话）、认知（语言编码以完成说话的任务）3 个通道，同时，视觉通道也会由于其他通道被占用而减少总资源的分配，降低对 PVAL 的监测能力。根据多资源理论，强认知或听觉信息加工活动同样会与视觉通道在视觉资源上产生竞争，从而影响驾驶员对 PVAL 的有效跟踪和判断。

2.3.3　任务冲突理论

基于多资源理论模型，Horrey 和 Wickens 提出驾驶任务冲突模型（Task Interference Model）。将不同的驾驶任务按资源维度的各个水平定义需求向量，如对某项资源完全无需求，则需求量为 0；若有一般需求，则为 1；若需求较高，可取 2；若需求极高，可取 3 以上的整数值；将全部单元赋值相加即为需求总量。任务冲突模型给出了资源的适应冲突矩阵（Adapted Conflict Matrix），当驾驶主次任务在同一资源上有需求竞争时，则根据竞争的强度定义冲突量。当完全无冲突时，冲突量为 0，当某项资源完全不能被共享时，冲突量为 1。驾驶次任务对驾驶员的总干扰量用式（2-3）计算：

$$T_{\mathrm{i}} = T_{\mathrm{c}} + T_{\mathrm{d}} \tag{2-3}$$

式中：T_{i} ——总干扰量；

T_{c} ——次任务的总需求量；

T_{d} ——次任务与主任务的冲突量。

2.3.4　认知心理学理论

广义上讲，认知心理学是指所有研究人类认知过程的科学；狭义上讲，认知心理学是指信息加工科学，即将人类对外界信息的认知过程比作计算机对数字信息的加工，主要研究人类对信息的接收、解析、储存、记忆、加工、分类、提取等过程，也称信息加工心理学。美国著名学者 Allen Newell 和 Herbert Simon 于 1972 年提出，人类的信息加工系统由感受器、加工器、存储器和效应器组成：

①感受器，指人的感觉及知觉器官，如耳朵（听觉）、眼睛（视觉）、手（触觉）等，主要用于接收外界环境的刺激。

②加工器，指人的中枢神经系统，主要负责将感受器收集到的刺激转化为身体相应的信号，然后传递给人的大脑皮层，或将大脑皮层的相应反馈指令传递给效应器。

③存储器，指人的大脑，主要负责对中枢神经系统传递来的信号进行存储（记忆）、分类及提取等。

④效应器，指人的各类反应系统，负责进行某种动作、发出声音等。

人类对信息认知的过程涉及 4 个系统，分别是感知系统（主要指感觉、知觉、注意等）、记忆系统（主要指长期记忆、短期记忆等）、控制系统（主要指反应时间等）以及反应系统（主要指人对环境的感知反应作用）。

认知心理学认为，人在完成一项心理任务时，认知资源是有一定限度的，这种限度使人们必须把有限的资源有意识地分配到不同的活动中。

2.3.5 计划行为理论

计划行为理论(The Theory of Planned Behavior, TPB)是由 Ajzen 于 1991 年在理性行为理论的基础上进一步引入“感知行为控制”(Perceived Behavior Control, PBC)而提出的。计划行为理论是以期望价值理论(Expectancy-Value Theory)为基础构建起来的心理学模型,多用于解释一般人类行为的决策过程。

计划行为理论有 3 个关键要素——行为态度、主观规范和知觉行为控制。这 3 个要素由中介变量(行为意向)间接决定,而行为态度、主观规范、知觉行为控制 3 项心理特征又由各自的信念函数得出。

计划行为理论认为个人在实施某行为前,脑海中存在大量有关此行为的信念,但在具体的时间和环境下,仅存在相当少量的行为信念能被有效抽取,这些可被抽取的行为信念在心理学中被称作突显信念。个人属性以及社会环境文化等因素都会对行为信念产生深层影响。计划行为理论示意见图 2-14。

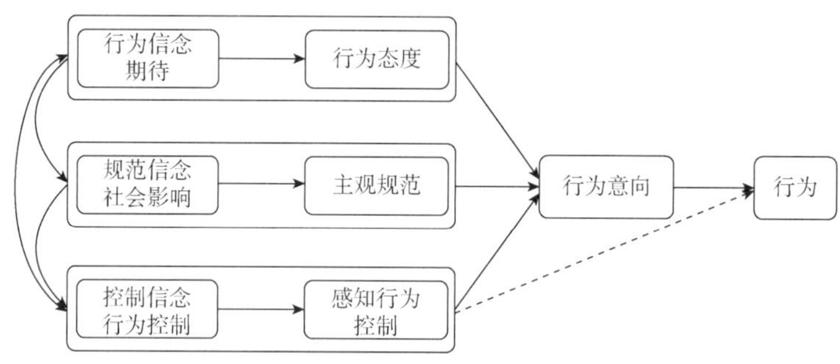

图 2-14 计划行为理论示意图

行为态度反映行为信念及规范信念,即个体在“重要的他人对该行为的规范性期望及依从这些规范或期望的动机”方面的预期;感知行为控制反映控制信念,即个体对“推进或阻碍该行为发生的因素及感知行为控制这些因素的能力”方面的预期,该变量也可以直接作用于实际行为。如果个体对某行为的态度越正面、形成主观规范越积极,对该行为的感知越强烈,则其实施该行为的意向就越强。

计划行为理论被广泛地运用于解释和预测道路安全领域的相关行为及其决策过程。近年来,随着驾驶分心研究的发展,计划行为理论也被用于解释驾驶分心过程中驾驶员的行为意志以及决策过程。

根据计划行为理论,行为态度、主观规范和感知行为控制是预测和决定行为意向的主要因素,而行为意向是影响实际行为决策的直接因素。行为意向能够直接决定个体的行为决策,而其他因素都是通过行为意向这一中介变量间接地影响个人的行为决策。

2.3.6　注意力分配理论

由于交通环境、车辆系统的不同及驾驶员的个体差异，驾驶分心从来源上可分为 4 类：

①视觉分心：驾驶员查看导航设备、寻找道路中的目标物等。

②操作分心：驾驶员调节 MP3 播放器等车载设备。

③认知分心：驾驶员回忆或者思考问题等。

④听觉分心：驾驶员在开车过程中听音乐和语音通话等。

这 4 种驾驶分心分别对应着 4 种次任务资源，通常认为，视觉分心和认知分心是造成交通事故的主要原因，二者分别对应注意力资源中的次任务视觉资源和次任务认知资源。驾驶员处于正常状态和分心状态时的注意力分配见图 2-15。

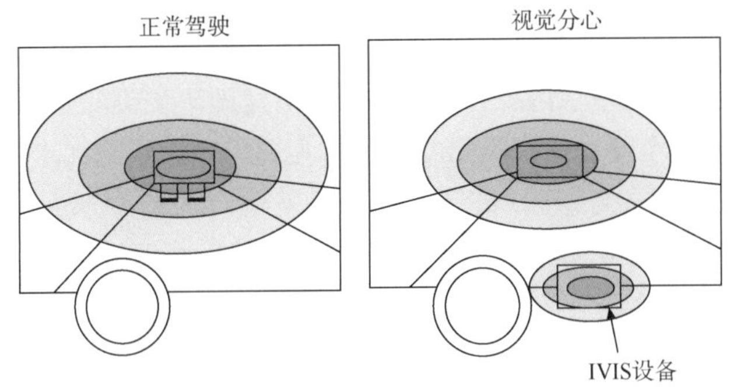

图 2-15　驾驶员在不同状态下的视觉资源分配

当驾驶过程中驾驶主、次任务并行时，驾驶员会对其自身资源进行相应分配。一旦驾驶任务的资源需求超过驾驶员可以投入的总资源，驾驶主、次任务就会竞争驾驶员资源。由于驾驶员在驾驶过程中需要根据自己的经验进行判断、做出决策、操作车辆以改变其行驶状态，驾驶分心会对驾驶员产生影响，导致其容易做出错误判断与决策，进而威胁驾驶安全。即使驾驶主任务竞争到的资源足够自身使用，在高负荷作业下，驾驶员的信息处理速度也会有所减缓，从而导致驾驶绩效下降。根据注意力分配理论，手机使用行为对驾驶可靠性的影响过程见图 2-16。

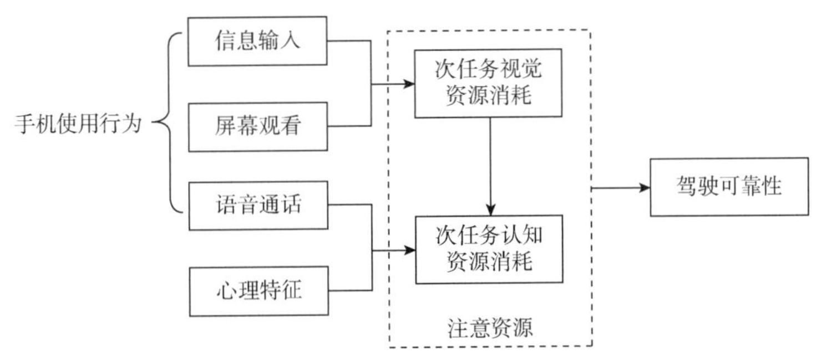

图 2-16　手机使用行为对驾驶可靠性的影响过程

不同驾驶员的注意力分配能力存在明显的差异,注意力分配能力较好的驾驶员在协调驾驶主、次任务操作时所使用的额外资源较少。在不同操作之间进行注意力分配的难度也有明显的差异,通常情况下,注意力分配的难易程度取决于操作本身的特性、结构(输入、加工方式输出等)的兼容性等因素。

2.4 驾驶分心模型

对驾驶过程中驾驶分心的发生次数、间隔时间、分心时长、分心风险等进行识别与预测,对于预防由驾驶分心造成的交通事故具有极其重要的意义。目前研究中,常用的驾驶分心模型主要有以下几种。

2.4.1 驾驶分心行为随机发生模型

驾驶员的异质性实际上包括两类:空间上的异质性,即不同驾驶员驾驶车辆的行为差异;时间上的异质性,即同一个驾驶员在不同时间的行为差异。导致时间上的异质性的一个主要因素是驾驶员的驾驶分心行为,驾驶员在分心时的驾驶行为会明显异于无分心时的驾驶行为。驾驶分心行为包括两个重要特征:发生的随机性、持续时间的不确定性。

2.4.1.1 驾驶分心发生次数分布

在一段时间内驾驶分心行为发生的次数是一个计数过程,假定驾驶分心行为的发生次数是持续稳定增长的,忽略短时间内两个驾驶分心行为同时出现的情况,可以将驾驶分心行为的发生次数看作是一个泊松分布。在时间 t 内驾驶分心行为发生次数 $N(t)$ 的分布为:

$$p\left[N(t)=k\right]=\frac{(\mu t)^{k}}{k!}\mathrm{e}^{-\mu t} \tag{2-4}$$

式中:μ——参数;

k——发生次数,$k=1,2,\cdots$。

2.4.1.2 驾驶分心发生时间间隔分布

由式(2-4)可见,$N(t)$是参数为 μt 的泊松分布,计数过程$\{N(t),\ t\geqslant 0\}$是一个参数为 μt 的泊松过程。令 $S_0=0$,S_n代表第 n 个驾驶分心行为发生的时刻,令 X_n代表第 $n-1$ 个驾驶分心行为与第 n 个驾驶分心行为的时间间隔,即:

$$X_n=S_n-S_{n-1} \qquad n\geqslant 1 \tag{2-5}$$

根据泊松过程的性质,可以得到驾驶分心行为发生的时刻 X_n的分布函数为:

$$p(X_n\leqslant t)=1-e^{-\mu t} \qquad t\geqslant 0 \tag{2-6}$$

即任意两次驾驶分心行为之间的时间间隔都服从于参数为 μ 的指数分布。需要指出的是,绝大多数驾驶分心行为的持续时间都是比较短的,两个驾驶分心行为同时出现的可能性极低。

2.4.1.3　驾驶分心持续时间

每个驾驶分心行为的持续时间同样是一个随机变量。一般来说,持续时间越长的驾驶分心行为发生的概率越低,而持续时间很短的驾驶分心行为发生的概率会比较高,即驾驶分心行为持续时间的概率密度函数是单调递减的。

通过驾驶分心行为的发生函数和持续时间函数,可以计算一段驾驶时间中驾驶分心行为出现时间所占的比例。假定每次驾驶分心行为的持续时间都是相互独立同分布的,在驾驶时间 t 内发生了 $N(t)$ 次分心行为,令 $N(t)=k$,则驾驶分心行为的总时间为:

$$Z_k = \sum_{i=1}^{k} \tau_i = \tau_1 + \tau_2 + \ldots + \tau_n \tag{2-7}$$

式中:Z_k ——驾驶分心行为的总时间;

τ_i ——第 i 次驾驶分心行为持续的时间。

2.4.2　基于目标-操作-方法-选择规则的驾驶分心时长预测模型

目标-操作-方法-选择规则(Goals-Operators-Methods-Selection Rules,GOMS)模型是由 Card 等人于 1983 年提出的,主要用于研究人机交互界面,包括目标、操作、方法以及选择规则 4 个方面。GOMS 的 4 种变体模型如下:

①KLM(Keystroke-Level Model,按键级别模型)模型是 GOMS 模型的一个简单版本,只基于任务操作,没有目标、方法和选择规则,所以该模型非常简单,易于掌握。KLM 模型是用于预测人机交互时间的模型,主要功能是预测特定任务操作时间,把操作分解到按键级水平。一系列操作单元及其时间参数、放置规则组成 KLM 模型,虽然次任务的操作步骤不同,但构成次任务的基本操作单元相同。KLM 模型的原理是将次任务按照规定的放置规则排列,然后对各操作单元时间参数求和,完成次任务操作时长的预测。目前已有较多研究证明 KLM 模型具有良好的预测性,应用比较广泛。KLM 模型的操作单元包括物理操作单元和心理操作单元。物理操作单元包括按键、触屏、滑屏等物理层面上的操作;心理操作单元主要包括准备、验证、决定等心理层面上的操作。

②CMN-GOMS 主要研究如何表达层次关系、方法、操作以及准确选定规则。

③CPM-GOMS 以不同类型操作代表并行活动,更适合描述基于窗口的图形用户界面。

④BHR-GOMS 模型,即行为层次量化 GOMS 模型,行为层次量化模型是对用户执行情况进行量化测量,它可以用来比较使用不同策略完成任务的时间。

国内外研究虽然完善了驾驶分心时长预测模型,但是这些模型依然不能直接实现对驾驶过程中并行任务分心时长的预测,即不能直接应用于视觉-操作型分心时长的预测,也不能研究视觉-操作型次任务是否同时占用驾驶员的视觉和操作资源。为了预测视觉-操作型次任务分心时长,基于现有时间预测模型,利用多元对数线性回归方法建立新的预测模型。

诸多研究发现驾驶员年龄影响驾驶分心时长,而且获得驾驶员年龄数据也比较方便。视觉-操作型次任务会同时占用驾驶员的视觉和操作资源。为预测平行任务驾驶分心时

长,可以将驾驶员年龄作为一个预测因子,利用多元对数线性回归方法建立新的预测模型,见式(2-8):

$$\ln t \sim \beta_1 n_{\mathrm{F}} + \beta_2 n_{\mathrm{S}} + \beta_3 n_{\mathrm{ASpred}} + \beta_4 n_{\mathrm{ASunpred}} + \beta_5 n_{\mathrm{AGEPart}} + \varepsilon \tag{2-8}$$

式中:n_{F}——完成触屏操作的次数;

n_{S}——完成滑屏操作的次数;

n_{ASpred}——完成搜索已知列表的次数;

n_{ASunpred}——完成搜索未知列表的次数;

n_{AGEPart}——驾驶员的年龄;

β_i——参数,$i=1,2,3,4,5$;

ε——误差项。

2.4.3 基于支持向量机的驾驶分心模型

2.4.3.1 支持向量机模型

支持向量机(Support Vector Machine,SVM)模型最早由 Vapnik 提出。支持向量机模型相对简单,以 VC 维(Vapnik-Chervonenkis Dimension)理论和结构风险最小化为原则。SVM 能通过尽可能多地将不同种类数据点精确地分开的平面实现数据点的分类,该平面可以使分开的数据点与分类面距离最远。支持向量即为距离最优分类超平面最近的向量。二维情况下最优分类面见图 2-17。

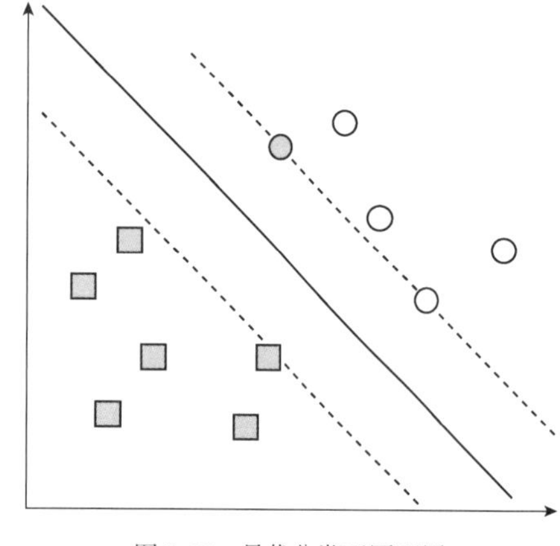

图 2-17 最优分类面原理图

图中黑色方点和空心圆点代表两类训练样本,各直线为分隔两类样本的分类线。定义经过两种样本点中最靠近分类线并平行于分类线的直线为决策线,两条决策线之间的距离为分类间隔,若某一分类线可使分类间隔最大,则为最优分类线。当空间维数增加时,最优分类线会被最优分类面所替代。

2.4.3.2 基于 SVM 的驾驶分心判别模型

基于 SVM 的驾驶分心判别流程见图 2-18。

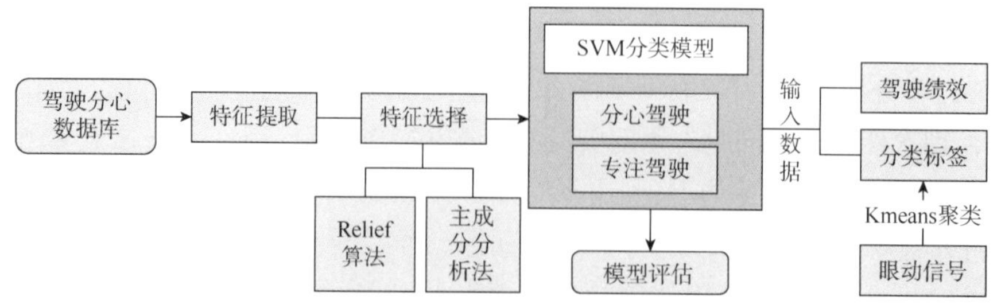

图 2-18 驾驶分心检测流程

在由各项驾驶绩效指标构成的多维空间中，线性判别函数方程为 $g(x)=W^{\mathrm{T}}x+b$，则分类面方程为 $W^{\mathrm{T}}x+b=0$，为使所有两类样本都满足 $|g(x)|\geqslant 1$，将样本归一化处理，则 $|g(x)|=1$ 时样本与分类面之间的距离最近，若分类面可将所有样本正确分类，需要满足：

$$y_i(w^{\mathrm{T}}x_i+b)-1\geqslant 0\qquad i=1,2,\dots,n \tag{2-9}$$

当等号成立时，等式左侧所对应的训练样本即为支持向量。分类空隙的间隔大小为：

$$\mathrm{Margin}=\frac{2}{\|w\|} \tag{2-10}$$

最优分类面问题的实质为约束优化问题，约束条件见式(2-11)，即在此约束条件下求函数的最小值。

$$\vartheta(x)=\frac{1}{2}\|w\|^2=\frac{1}{2}(w^{\mathrm{T}}w) \tag{2-11}$$

基于 SVM 的驾驶分心判别模型函数为：

$$f(x)=\mathrm{sgn}[(w^*)^{\mathrm{T}}\vartheta(x)+b^*]=\mathrm{sgn}\left[\sum_{i=1}^{n}\alpha_i^* y_i k(x_i,x)+b^*\right] \tag{2-12}$$

式中：$\vartheta(x)$ —— x 在高维特征空间中的映射；

sgn ——符号函数；

w^* ——多维空间中最优分类面的法向量；

α_i^* ——对偶问题的解；

b^* ——对偶问题的解；

y_i ——样本数据在空间中的简单映射。

在判别驾驶分心时，构建 SVM 模型的主要步骤为：

①构造训练样本集和测试样本集。从正常驾驶行为数据库、视觉分心行为数据库、车辆行驶状态数据库中分别随机选取合适的数据。每组驾驶状态数据中随机选出 80%的数据作为训练样本，另外 20%的数据作为测试样本，根据数据库来源标定训练标签。

②选择核函数。常用的核函数主要有多项式核函数、Sigmoid 核函数和径向基核函数(Radial Basis Function，简称 RBF)，可以分别用几种核函数计算，然后选择判别精度最高的核函数。

③惩罚因子 C 和核参数 G 寻优。采用 K-CV(K-fold Cross Validation)方法作为交叉验证的方法。具体方式为充分混合均匀样本集，将随机选出的 80%的数据组训练样本集随机划分成预训练集和预测试集，使用迭代范围内的 C 与 G 值组合及预训练集训练 SVM，同时使用预测试集测试 SVM 识别正确率，对 C 与 G 值组合进行迭代，选择出驾驶分心判别模型的最优 C 与 G 作为正式训练的模型参数。

④测试样本集分类识别。使用基于最优参数的驾驶分心行为判别模型对每类驾驶状态下抽取的测试样本进行分类识别。

⑤对得到的驾驶分心判别结果进行分析和评价。

2.4.3.3 基于SVM的驾驶分心反应时间和碰撞时间预测模型

NHTSA通过对自然驾驶数据的分析,指出碰撞时间小于3.0s时,驾驶员有很急迫的换道需求;碰撞时间大于3.0s、小于5.5s时,驾驶员应该选择换道;当碰撞时间大于5.5s时,驾驶员没有换道需求。

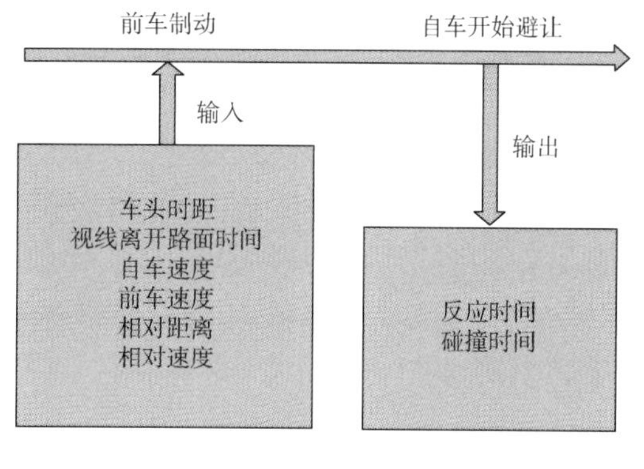

图2-19 回归模型建立与预测示意图

驾驶员的反应时间与驾驶分心程度、车头时距、视线离开路面时间、自车速度、前车速度、自车与前车的相对速度、相对距离和当前的碰撞时间有关,又因为驾驶员采取避让措施时的碰撞时间与驾驶员的反应时间有关,因此以反应时间回归模型的输入变量为碰撞时间模型的输入变量,见图2-19。

采用支持向量机对驾驶员的反应时间和避让开始时的碰撞时间进行回归建模。通过拉格朗日乘子的转化以及径向基函数的选择,反应时间和碰撞时间预测模型为:

$$f(x)=\sum_{i=1}^{n}(a_i-a_i^*)\exp[-g(x-x_i)]^2+b \tag{2-13}$$

式中:x_i——输入变量;

a_i——参数;

b——参数;

g——核参数(常量)。

2.4.4 基于模糊控制算法的驾驶分心风险辨识模型

2.4.4.1 模糊控制理论

模糊控制与对象的数学模型无关,主要依赖开发者的个人经验,通过大量实践总结出事物规则,将规则用计算机语言表达出来,从而实现自动控制。

模糊控制可以用于解决一些传统数学模型无法解决的问题。模糊控制理论主要依靠人脑对模糊事物的判定,用计算机对人类的思维进行模拟和还原,进而对模糊的事物做出判断。模糊集合试图用连续的变量度量对象在某类集合中的隶属程度,打破对象的界限,描述客观事物的不确定性。值得注意的是,模糊性不同于随机性。随机性用于表征数学概念中的概率问题,是出不出现的问题;而不确定性用于表征本身就具有模糊属性的事物,也就是说不能确定研究的对象是否符合某一特定概念,这种不确定性就称为模糊性。

实现问题的模糊控制,核心是要建立符合问题的一套模糊控制规则。模糊控制规则是采用专家经验法对相应问题进行描述,并应用到要控制的系统中。模糊控制器由输入、输出和模糊控制规则组成。它的工作过程如下:对输入变量进行模糊化,用模糊控制规则进行计算

和推理,并给出输出判定,再对输出量进行清晰化处理,反馈给被控制的对象。大致分为以下 5 个步骤:

①确定模糊控制器的结构。

②定义输入量和输出量的模糊分布,以及它们的隶属度函数。

③建立模糊控制规则。

④近似推理,输出模糊子集。

⑤对输出量进行清晰化。

模糊控制器的内部结构见图 2-20。

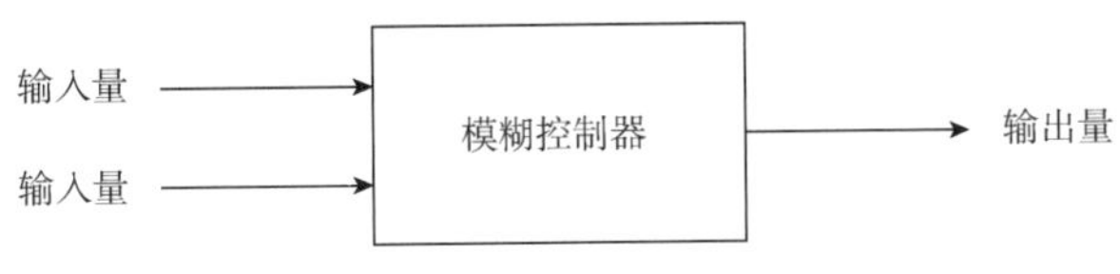

图 2-20　模糊控制器内部结构示意图

2.4.4.2　基于模糊控制算法的驾驶分心风险辨识

车内次任务的安全风险较为模糊。车辆真实驾驶情况下,交通环境随时变化,且交通环境在良好与较差之间没有明确界限。因此可以使用模糊控制理论进行驾驶分心判别。以操作 IVIS 的风险辨识为例,主要步骤如下:

(1)变量选取

通过模糊控制算法对不同交通环境下 IVIS 分心安全风险进行辨识,综合考虑道路及交通量水平,选取饱和度作为交通环境评价指标。车载设备使用安全风险识别输入量为车载信息系统操作时长和交通饱和度。经过模糊化后确定操作时长和交通饱和度隶属度,确定安全风险与车载信息系统及操作之间的模糊控制规则。经过模糊化推理和反模糊化,输出量为操作风险大小。

(2)变量模糊化

利用模糊子集的隶属度函数确定变量的隶属度。算法输入量为操作时长和交通饱和度等级,将操作时长定义为短、中、长 3 种,其模糊子集分别表示为 TS、TM、TL;交通饱和度论域的语言值定义为很好、好、中、差、很差 5 种,其模糊子集分别表示为 VW、W、M、B、VB;操作风险的论域语言值为很小、小、中、大、很大 5 种,其模糊子集分别表示为 VS、S、M、L、VL。

(3)隶属度函数确定

操作时长隶属度函数(μ_T)和交通饱和度隶属度函数(μ_H)分别如式(2-14)和式(2-15)所示。操作风险隶属度函数(μ_R)如式(2-16)所示。

$$\mu_T = \begin{cases} \mu_{TS}(x) = (4-x)/4 & 0 \leqslant x \leqslant 4 \\ \mu_{TM}(x) = \begin{cases} x/4 & 0 \leqslant x \leqslant 4 \\ (8-x)/4 & 4 < x \leqslant 8 \end{cases} \\ \mu_{TL}(x) = (x-4)/4 & 4 < x \leqslant 8 \end{cases} \tag{2-14}$$

$$\mu_{H}=\begin{cases}\mu_{VW}(y)=(0.4-y)/0.4 & 0\leqslant y\leqslant 0.4\\ \mu_{W}(z)=\begin{cases}y/0.4 & 0\leqslant y\leqslant 0.4\\(0.6-y)/0.2 & 0.4<y\leqslant 0.6\end{cases}\\ \mu_{M}(z)=\begin{cases}(y-0.4)/0.2 & 0.4\leqslant y\leqslant 0.6\\(0.8-y)/0.2 & 0.6<y\leqslant 0.8\end{cases}\\ \mu_{B}(z)=\begin{cases}(y-0.6)/0.2 & 0.6\leqslant y\leqslant 0.8\\(1-y)/0.2 & 0.8\leqslant y\leqslant 1.0\end{cases}\\ \mu_{VB}(z)=(y-0.8)/0.2 & 0.8<y\leqslant 1.0\end{cases} \tag{2-15}$$

$$\mu_{R}=\begin{cases}\mu_{VS}(z)=(25-z)/25 & 0\leqslant z\leqslant 25\\ \mu_{S}(z)=\begin{cases}z/25 & 0\leqslant z\leqslant 25\\(50-z)/25 & 25\leqslant z\leqslant 50\end{cases}\\ \mu_{M}(z)=\begin{cases}(z-25)/25 & 25<z\leqslant 50\\(75-z)/25 & 50\leqslant z\leqslant 75\end{cases}\\ \mu_{L}(z)=\begin{cases}(z-50)/25 & 50<z\leqslant 75\\(100-z)/25 & 75<z\leqslant 100\end{cases}\\ \mu_{VL}(z)=(z-75)/25 & 75\leqslant z\leqslant 100\end{cases} \tag{2-16}$$

隶属度函数图见图 2-21 和图 2-22,操作风险隶属度函数图见图 2-23。

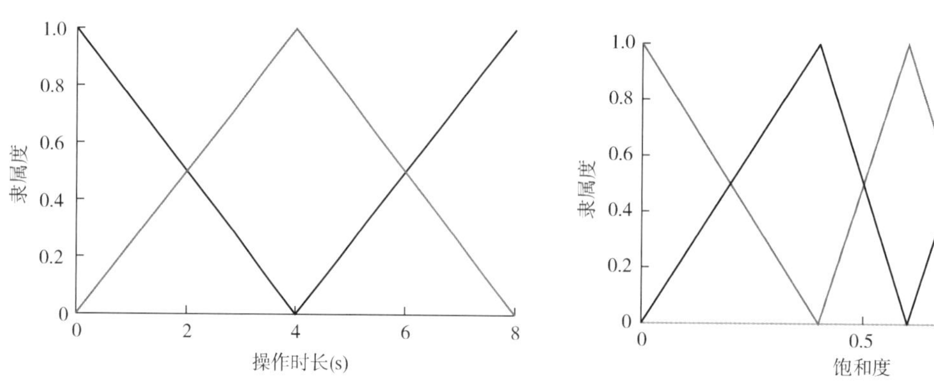

图 2-21 操作时长隶属度函数图

图 2-22 交通饱和度隶属度函数图

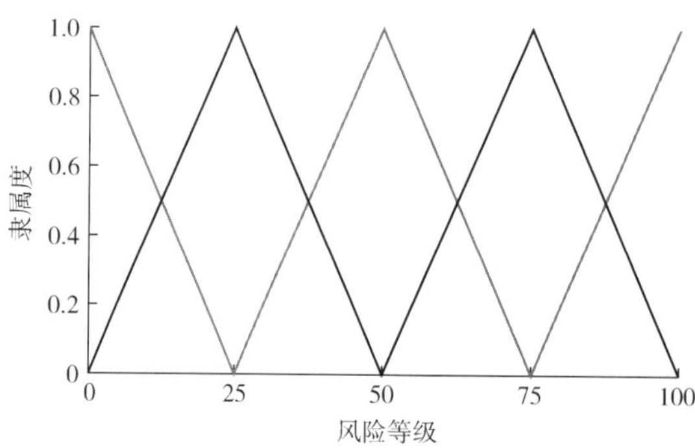

图 2-23 操作风险隶属度函数图

(4)模糊控制规则

依据驾驶员操作车载信息设备时的操作风险水平,建立模糊控制规则,如表 2-5 所示。

操作风险模糊控制规则表　　表 2-5

操作时长	交通环境				
	VW	W	M	B	VB
TS	VS	S	M	L	L
TM	M	M	L	L	VL
TL	M	L	L	VL	VL

(5)模糊推理

假定操作时长为 3s,交通饱和度为 0.7,求得隶属度为:

$$\mu_{TM}(3)=\frac{3}{4}\qquad \mu_{TS}(3)=\frac{1}{4}\qquad \mu_{M}(0.7)=\frac{1}{2}\qquad \mu_{B}(0.7)=\frac{1}{2}$$

根据所求隶属度及模糊控制规则,获得 4 条触发规则:

Rule 1:IF x is TS and y is M THEN z is M

Rule 2:IF x is TS and y is B THEN z is L

Rule 3:IF x is TM and y is M THEN z is L

Rule 4:IF x is TM and y is B THEN z is L

在同一规则内进行取小运算,得到每条规则的推理输出为:

Rule 1: $\min[1/4,\mu_M(z)]$

Rule 2: $\min[1/4,\mu_L(z)]$

Rule 3: $\min[1/2,\mu_L(z)]$

Rule 4: $\min[1/2,\mu_L(z)]$

驾驶分心风险判定系统总的输出为各输出的并集:

$$R(z)=\max\{\min[1/4,\mu_M(z)],\min[1/4,\mu_L(z)],\min[1/2,\mu_L(z)],\min[1/2,\mu_L(z)]\}$$
$$=\max\{\min[1/4,\mu_M(z)],\min[1/4,\mu_L(z)],\min[1/2,\mu_L(z)]\}$$

(6)反模糊化

采用最大平均法进行反模糊化,计算得到风险水平隶属度最大值为 1/2,利用风险水平隶属度函数计算得:

$$z^*=\frac{z_1+z_2}{2}=\frac{87.5+87.5}{2}=87.5$$

即风险水平为 87.5,可认为此时操作某一车载信息设备的安全风险较高,不建议进行该操作。类似地,依据交通环境复杂度及操作时长,可判定操作任意车载信息设备的安全风险水平。

第3章 驾驶分心度量指标与方法

驾驶分心的度量一直是交通安全领域的研究热点。本章从驾驶分心的度量入手,首先对驾驶员心理负荷与驾驶分心程度的关系进行了探讨,然后从驾驶员、车辆控制以及事件检测角度列举了驾驶分心相关度量指标,对常见的驾驶分心度量方法以及检测算法进行了详细介绍,为后续章节研究驾驶分心对驾驶绩效的影响度量等提供理论与方法支持。

3.1 驾驶分心度量指标

驾驶分心是一个多维结构,意味着没有一个单一的驾驶分心衡量指标能够度量驾驶分心程度。目前对于驾驶分心的度量主要从驾驶员角度、车辆控制角度以及事件检测角度入手,选取相关的指标对驾驶分心程度进行量化研究。

3.1.1 驾驶分心与心理负荷

驾驶分心和驾驶员的心理负荷密切相关,目前一些研究将心理负荷的增加直接等同于分心,但这并不完全正确。首先,驾驶分心和驾驶员的心理负荷受不同驾驶状况的影响,其对驾驶绩效的影响也不同;在没有车内次任务的情况下,心理负荷也会增加,而驾驶分心却总是与车内次任务相关。其次,驾驶员的动机、任务需求和努力均以不同的方式影响驾驶员的心理负荷和驾驶分心。因此,可以选用某一种心理负荷的度量指标作为潜在驾驶分心的度量指标,明确驾驶员的心理负荷与驾驶分心的关系。

De Waard 对心理负荷的概念及其评估方法进行了深入研究,分析了驾驶任务需求、任务复杂性、任务难度和心理负荷之间的联系与区别,指出:任务需求由任务的最终目标决定;任务复杂性与为了成功实现最终目标而必须完成的阶段数有关;任务难度涉及驾驶员执行任务的能力,取决于驾驶员的驾驶状态。De Waard 描述了任务需求对心理负荷的影响,见图 3-1。

图 3-1 将心理负荷与驾驶绩效的关系分为 6 个区域。在 3 个 A 区域(A1、A2 和 A3),驾驶主任务需求处于驾驶员可以实现良好驾驶状态的水平。在区域 B、C 和 D 中,驾驶员受到驾驶任务需求水平的影响,驾驶状态相对较差。

①在 A2 区域,驾驶主任务需求和驾驶员的心理负荷是最优的,驾驶员的驾驶状态可以达到安全驾驶所需的水平。

②在 A1 区域,驾驶状态良好,但驾驶员必须付出与驾驶状态相关的努力以保持良好的驾驶状态。

③在 A3 区域,驾驶员在驾驶过程中所投入的努力(即补偿努力)与驾驶任务需求相关。

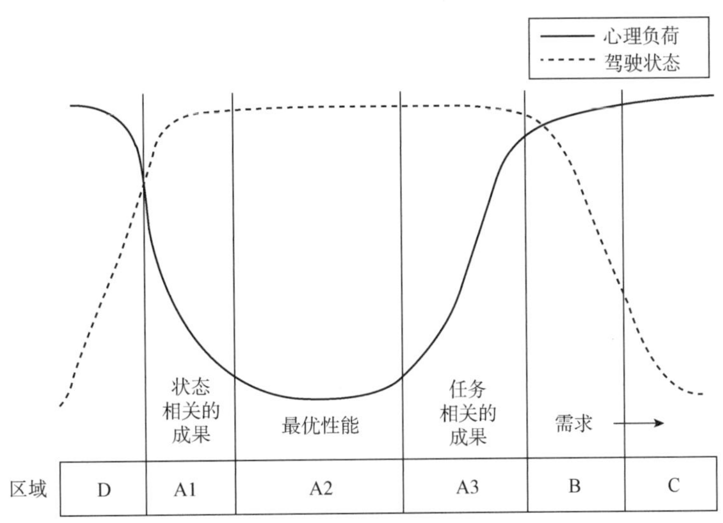

图3-1　驾驶员心理负荷与驾驶状态的关系

④在B区域,驾驶主任务需求和驾驶员的状态为:与驾驶主任务相关的努力不再提高驾驶员的驾驶状态,驾驶员的驾驶状态变差。

⑤在C区域,驾驶员的心理负荷过载,导致驾驶状态较差。

⑥在D区域,驾驶主任务需求与驾驶员无法处理的高工作负荷水平一致,因此驾驶状态很差。

由于心理负荷和驾驶分心都与驾驶次任务有关,因此探索使用多种心理负荷评估方法进行驾驶分心研究是必要的。

3.1.2　驾驶员指标

目前从驾驶员入手的驾驶分心度量指标有脑电指标和视觉行为指标。

3.1.2.1　脑电指标

脑电研究涉及神经生理学、心理学、认知神经科学、社会心理学、信息与信号处理等诸多领域。脑电信号是一种生理电信号,具有很强的随机性。脑电波的节律种类繁多,不同的情绪、心理活动或外界刺激都会影响脑电波的变化。因此,脑电信号能直观地反映人脑的生理活动,从而为研究人的记忆、语言、注意和学习等高级认知功能提供很好的依据。

脑电信号是脑细胞群的自发性、节律性的电活动,可以通过布置在头皮表面的电极进行记录。脑电信号通常划分为两种类型:自发脑电信号和事件相关电位(Event Related Potentials,ERP)。自发的脑电活动通常指不存在外部刺激情况下的脑电活动,信号的带宽通常为1~100Hz。在进行特定任务的过程中(例如,对电流、视觉、听觉或者想象刺激的反应)产生的脑电信号,被称为“诱发电位”或者“事件相关电位”,它表现为一定的、有峰值的波形,见

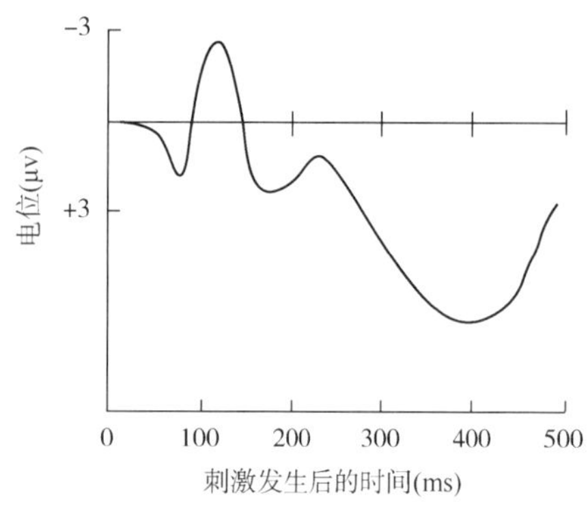

图 3-2　脑电 P300 电位波形示意图

图 3-2。

脑电图(EEG)用头皮电极记录 5 个标准的脑电通道。根据频率的不同,通常将脑电波分为 5 种不同的波,即 δ 波、θ 波、α 波、β 波和 γ 波。其中,δ 波和 θ 波为慢波,通常在人处于睡眠或陷入沉思时出现;α 波是正常人脑电波的基本节律,出现在大脑清醒且放松的状态;β 波属于快波,通常在人精神状态紧张或亢奋时出现,且容易导致疲劳。

脑电信号的各个频率范围及其表征的意义如表 3-1所示。

脑电信号各个频率范围及表征的意义　　表 3-1

频段名称	频率范围(Hz)	说　明
α 波	8~12	成年人 α 波幅度在 50μV 左右,松弛或闭眼清醒状态时明显
β 波	13~30	幅度为 5~20μV,注意力集中或情绪紧张时出现较多
δ 波	1~3.5	幅度为 20~200μV,频率较低而波幅较大。慢波通常与睡眠相关,在健康成年人深度睡眠阶段开始出现
θ 波	4~8	幅度为 10~50μV,与注意力控制机制、学习和记忆功能相关,通常随着认知活动的增加而增强
γ 波	>30	频率最高的波段,与注意力相关,清醒状态时不常见

许多基于 EEG 的驾驶分心研究中的车内次任务为认知型车内次任务,如数学计算任务、决策制定任务等。随机车辆轨迹偏移干扰和数学计算干扰实验结果表明,当驾驶员分心时大脑额区 θ 波和 β 波的功率增加。进一步研究得出额区 θ 波功率的增幅反映了实际驾驶过程中受干扰的严重程度。针对单次干扰任务和多重干扰任务下 EEG 的变化进行分析,可以得出当 2 项干扰任务同时发生时,不同驾驶员的不同优先级。

目前关于驾驶员脑电方面的驾驶分心研究如表 3-2 所示。

基于 EEG 的驾驶分心研究汇总　　表 3-2

作　者	研究目的	分心类别	脑电信号分析
Wester 等(2008)	驾驶行为及 ERP 与驾驶分心的关系	听觉分心	ERP 分心
Lin 等(2008)	EEG 与驾驶分心的关系	认知分心	ICA、FFT、ERSP
Lin 等(2010)	EEG 与驾驶分心的关系	认知分心	ICA、FFT、ERSP
Lin 等(2011)	EEG 与驾驶分心的关系	认知分心	ICA、FFT、ERSP

续上表

作　者	研究目的	分心类别	脑电信号分析
Y.Wang 等(2011)	EEG 与驾驶分心的关系	认知分心	ICA、FFT、SOM
Sonnleitner 等(2012)	判别驾驶分心的 EEG 参数	听觉、视觉分心	α 纺锤波分析 FFT
Nabaraj 等(2013)	用 ERD 和 ERS 判别驾驶分心	视觉分心	卡尔曼滤波 TVAR 模型
Sonnleitner 等(2014)	驾驶行为及 EEG 与驾驶分心的关系	听觉分心	幅值分析
Almahasneh 等(2014)	驾驶分心在大脑的具体作用位置	认知分心	幅值分析、线性判别分析
Y.Wang 等(2014)	基于 EEG 的驾驶分心 BCI 系统	认知分心	FFT
Nabaraj 等(2014)	用 ERD 和 ERS 判别驾驶分心	听觉分心	卡尔曼滤波时变自回归模型
S.Wang 等(2015)	基于 EEG 预测驾驶分心的起止时刻	认知分心	功率谱估计小波变换

注:ICA-独立成分分析;FFT-快速傅立叶分析;ERSP-事件相关的慢(波)脑电位;SOM-自组织映射算法分析;BCI-脑机接口技术;ERD-事件相关去同步;ERS-事件相关同步比。

3.1.2.2　视觉行为指标

在行车过程中,驾驶员通过视觉获取的信息占信息总量的90%以上,因此,驾驶员视觉参数是一个极其重要的驾驶分心程度度量指标。驾驶过程中,驾驶员视觉行为主要通过眼动的形式表现出来,因此对驾驶员视觉行为的研究主要通过眼动行为进行。眼动的基本形式主要有注视、扫视、眨眼和追随4种。

注视(Fixation)是指将眼睛的中心凹处对准某一物体一段时间的过程。注视行为是研究驾驶次任务过程中驾驶员眼动行为变化的重要指标。驾驶次任务过程中,注视并非意味着眼球静止,注视过程往往伴随着眼球高频微颤、慢速漂移和微跳。

扫视(Saccade)又称眼跳,指的是驾驶员搜寻目标物的过程,代表驾驶员关注点或注视区域的改变,产生于两次注视之间。扫视过程中驾驶员眼球进行跳跃式运动,而非平滑移动。在此过程中一般只获得刺激的时空信息,并不能形成刺激的清晰映像。扫视可以实现视野范围内的快速搜索和对刺激信息的选择,使感兴趣的视觉信息落入眼睛的中心凹处,从而进行充分的信息加工。

眨眼(Blink)是眼睑开合的动作,是一种不自主运动,每个人在不知不觉中都会眨眼。驾驶员在行车过程中,并不能通过眨眼获取相关信息。

追随(Pursuit)通常分为两种情况:一是保持头部固定,眼球追随某运动物体移动;另一种是注视的物体位置不变,驾驶员在车辆行驶过程中头部随着物体移动,眼球与头部和身体运动方向相反。实验统计,目标的运动速度为(1~30)°/s时,眼睛均能很平稳地捕捉到该目标物,即平滑尾随跟踪。

驾驶分心时驾驶员眼部及头部变化特征如表3-3所示。

驾驶分心时眼部及头部变化特征　　表 3-3

部　位	指　标	特　征	变　化
眼部	扫视	次数	下降
		时长	上升
		扫视点位置	变窄
	注视	时长	上升
	眨眼	幅度	下降
	追随	范围	变窄
头部	转动	频率	上升

如表 3-3 所示,当驾驶员处于驾驶分心状态时,驾驶员的视觉行为指标中,扫视次数下降,扫视时长上升,视点位置变窄,注视时间变长,眨眼幅度下降,追随范围变窄;驾驶员的头部行为指标中,头部转动频率上升。

驾驶分心研究中最常用的驾驶员视觉行为指标主要有以下 9 个:

(1)注视区域熵率

熵率是指一个随机源随时间的平均不确定性。注视区域熵率反映了行驶过程中驾驶员对各注视区域的注视概率和平均注视时长,其计算公式为:

$$E_n = \sum_{i=1}^{D} \frac{E/E_{\max}}{DT_{x_i}} \tag{3-1}$$

式中:E_n——驾驶员注视区域熵率值;

D——注视区域的划分个数;

T_{x_i}——驾驶员注视某感兴趣区域的平均时长;

$E_{\max}$——熵率的最大值;

E——离散变量 x_i 的熵信息:

$$E = -\sum_{i=1}^{D} p_{x_i} \log_2 p_{x_i} \tag{3-2}$$

其中:p_{x_i}——注视某区域的概率。

离散变量 x_i 的熵信息 E 的最大值为:

$$E_{\max} = \log_2 D \tag{3-3}$$

(2)视角标准差

水平方向视角是表征水平视觉搜索范围大小的物理量,垂直方向视角是表征垂直视觉搜索范围大小的物理量。采用水平和垂直方向视角的标准差作为评价搜索广度的指标。视角标准差越大,表明该方向上驾驶员视觉搜索范围越广,获取的外界信息量越大。复合视角标准差的计算公式为:

$$a_{\text{comb}} = \sqrt{a_{\text{pitch}}^2 + a_{\text{yaw}}^2} \tag{3-4}$$

式中:a_{comb}——复合视角标准差;

a_{pitch}——垂直方向视角标准差;

a_{yaw} ——水平方向视角标准差。

(3)视角平均扫视速度

视角平均扫视速度是指每一次扫视的距离(角度)与扫视持续时间的比值,其单位是度每秒(°/s),主要用来表示驾驶员在驾驶过程中眼球转动的平均速率。一般情况下,当驾驶员在观察某一重要目标时,眼睛角速度会有大幅变化。该指标能够说明前一次注视过程中信息加工的速度及驾驶员寻找下一个目标的速度。

(4)扫视幅度

扫视幅度是指从一次注视结束开始转移到下一次注视之前眼睛转动的范围,通常用视角度数来表示。如果一次注视能包括很多信息,经过加工后,转移到下次注视时就要转过较大的距离。如果一次注视仅能获取有限的信息,则紧随其后的扫视距离就会很小。将视线矢量均表示为单位向量,扫视幅度即为相应单位向量之间的夹角。扫视幅度解析见图 3-3 所示,其中角 α 为扫视幅度。

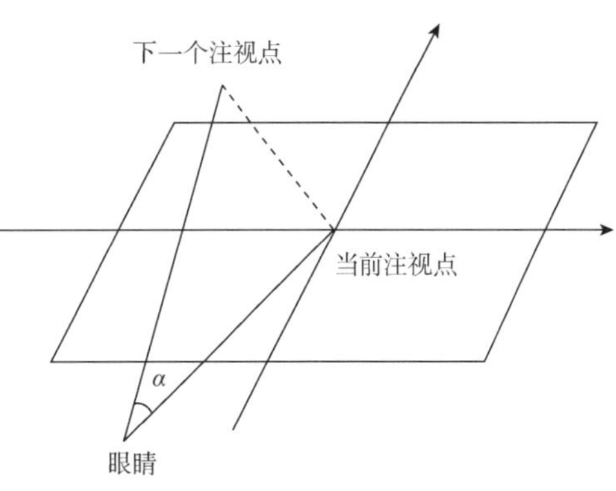

图 3-3　扫视幅度解析

执行认知次任务过程中,驾驶员的扫视幅度均值较正常驾驶时会有所减小;执行视觉次任务驾驶过程中驾驶员的扫视幅度均值比正常驾驶时有所偏大。执行认知次任务和视觉次任务对扫视幅度存在相反的影响,而正常驾驶时与触屏次任务驾驶时的扫视幅度存在显著差异。

(5)眨眼频率

正常情况下,驾驶员每分钟的眨眼频率为 10~15 次,如果频繁眨眼,证明其注意力不够集中。一些眼动追踪系统(如 Smarteye)可以根据驾驶员眼动行为数据自动记录眨眼次数。

(6)平均眨眼持续时间

人每次眨眼时间为 0.1~0.3s,当驾驶员眼睛闭合时间超过 0.5s 时则很容易发生交通事故。驾驶员执行认知次任务时的平均眨眼持续时间较正常驾驶时有所增加,而执行视觉次任务对驾驶员平均眨眼持续时间的影响不大。

(7)道路注视频率

道路注视频率是指一定时间内注视点停留在某一道路区域的总次数,注视点数目与观察者所需要处理信息的数目有关。一般来说,某一道路区域越重要,单位时间内注视次数越多,获得的信息就越多。道路注视频率反映了驾驶员细致观察某区域的频繁程度,在一定程度上体现了驾驶员对该区域的重视程度。

执行车内次任务和正常驾驶过程中的道路注视频率均值存在较大差异,其中执行认知次任务时的道路注视频率较正常驾驶增加,说明驾驶员在执行认知次任务时更多地关注了道路区域。在驾驶过程中执行以视觉需求为主的视觉次任务时,道路注视频率较正常驾驶显著下降,说明执行视觉次任务过程中,驾驶员将较多的视线转移到视觉次任务,从而导致道路注视频率的减少。

(8)视线离开道路时间百分比

视线离开道路时间百分比是指视线离开道路总时间与完成任务时间的比例,反映了车内次任务对驾驶员视觉资源的占用程度。在同等驾驶条件下,视线离开道路时间百分比越大,占用的视觉资源越多。研究表明,执行认知次任务过程中驾驶员的视线离开道路时间百分比较小;相比于操作车载收音机,操作触屏时视线离开道路时间百分比均值更大,证明触屏操作占用更多的驾驶员视觉资源;此外,驾驶过程中执行认知次任务时,驾驶员视线离开道路时间百分比均值无显著差异。

(9)长注视次数

当驾驶员视觉注意力持续离开道路 1.6s 以上时,会对驾驶安全造成较大威胁。因此将长于 1.6s 的单次注视称为长注意力分散注视(简称“长注视”)。

关于驾驶员眼动特征在不同实验条件下的指标权重分析见图 3-4。

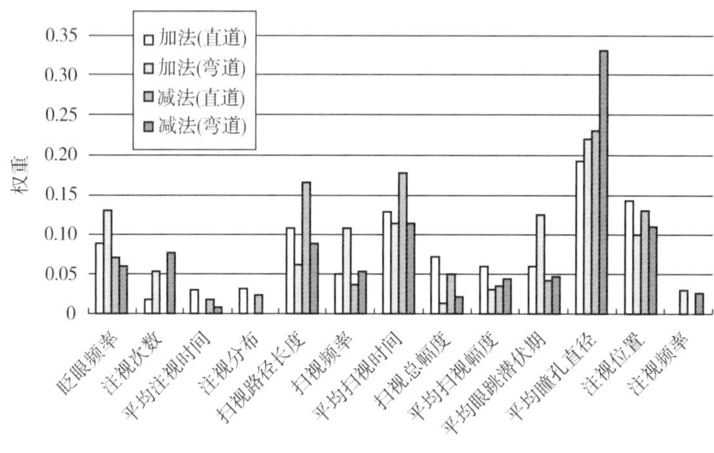

图 3-4　眼动特征在不同实验条件下的权重

图 3-4 表明,在不同实验条件下,各指标的权重有所不同。但总体来看,平均瞳孔直径所占权重最大,其余由大到小依次是平均扫视时间、注视位置、眨眼频率、扫视路径长度、平均眼跳潜伏期、扫视频率、平均扫视幅度、扫视总幅度以及平均注视时间,注视分布所占权重最小。

3.1.3　车辆控制指标

3.1.3.1　车辆横向控制指标

常用的车辆横向控制指标主要有车道保持以及转向盘指标。车道保持(或横向位置)是指车辆在道路上相对于车辆行驶的车道中心的位置。在评估驾驶分心对驾驶员驾驶状态的影响时,将横向位置的变化量作为驾驶次任务负载的度量。最常用的横向位置指标是车道偏移量。转向盘指标在许多驾驶分心研究中得到了广泛的应用。转向盘指标包括转向盘转角标准差、转向盘逆转频率、转向盘转角熵值。

常用的车辆横向控制指标主要有以下 4 个：

(1)车道偏移量

车道偏移量可反映车辆的横向位置稳定性,利用车辆的横向位置波动与车辆行驶速度的关系可以度量驾驶分心程度。车速越高,车辆的横向位置波动越大,车辆的横向运动越不稳定,表明驾驶分心程度就越高。

研究表明,在执行驾驶次任务(尤其是需要大量视觉注意力的任务)时,驾驶员在真实或模拟道路上保持横向位置的能力会受到不利影响。驾驶员在使用手机拨号或通话时,即使在交通量较小的笔直道路上行驶,也会出现更多的车道位置偏差。当驾驶员在车载导航系统中手动输入详细信息时,或在遵循视觉显示的导航指示时,会出现更大的车道偏离和超限。调节车载收音机、车载 CD 播放器、收听无线电广播也会降低驾驶性能。将车道位置保持能力作为认知负荷程度的衡量标准,中等水平的认知负荷下可以通过减少车辆在横向位置的变化实现更精确的横向控制。相比之下,视觉负荷会提高车道保持能力。

(2)转向盘转角标准差

转向盘转角标准差是横向位置波动程度的表征参数,也是车辆横向运动稳定性的表征指标之一,驾驶分心对转向盘转角标准差会产生显著的影响。无论在高速公路还是在城市道路上,驾驶员视觉分心的严重程度增大,转向盘转角标准差会随之显著增大。转向盘转角标准差的计算公式为：

$$\theta_{\mathrm{wsd}} = \sqrt{\frac{1}{N-1}\sum_{i=1}^{N}\left(\mathrm{deg}_i - \overline{\mathrm{deg}}\right)^2} \tag{3-5}$$

式中：θ_{wsd}——转向盘转角标准差；

N——测得的转向盘转角样本数；

deg_i——各测点转向盘转角值；

$\overline{\mathrm{deg}}$——转向盘转角平均值。

在正常条件下驾驶时(不执行次任务时),驾驶员会进行一些小的转向盘校正,以保持横向位置。然而,当驾驶员进行驾驶次任务(特别是视觉手动驾驶次任务)时,通常会进行突然的较大幅度的转向盘转动来校正方向。

(3)转向盘逆转频率

转向盘逆转频率表征驾驶员调整转向盘的频率。转向盘调整频率越高,车辆横向运动越不稳定。转向盘逆转频率受到驾驶分心的显著影响,车辆行驶速度越高,驾驶员对转向盘的调整越频繁。处于驾驶分心状态的驾驶员对转向盘的调整次数会显著增加,车辆趋于不稳定状态。

(4)转向盘转角熵值

转向盘转角熵值表征驾驶员的心理负荷,转角熵值越大,驾驶员的心理负荷越大。驾驶分心会影响驾驶员的心理负荷,进而影响转向盘的转角熵值。转角熵值随着驾驶分心程度的提高而出现不同程度的增大,表明驾驶分心程度越严重,驾驶员的心理负荷越大。转向盘转角熵值的计算公式为：

$$SE = \sum_{i=1}^{n} (-p_i \log_n p_i) \tag{3-6}$$

式中：SE——转向盘转角熵值；

p_i——转向盘转角值落在各区间的频数，确定各区间分布概率；

n——驾驶员从事的次任务种类数。

进行驾驶次任务过程中，转向盘转角熵值较正常驾驶显著增加。如进行触屏型驾驶次任务过程中转向盘转角熵值最大，这是因为该类任务对驾驶员视觉资源需求较多，任务难度较大，驾驶员在操作时心理负荷较大，操纵稳定性变差，容易对行车安全造成影响。相对于其他任务，交谈次任务对转向盘转角熵值的影响最小，但与正常驾驶过程相比仍存在显著差异。

一项分别在高速公路和城市道路中进行的视觉分心程度与车辆横向控制指标关系实验结果见图3-5。

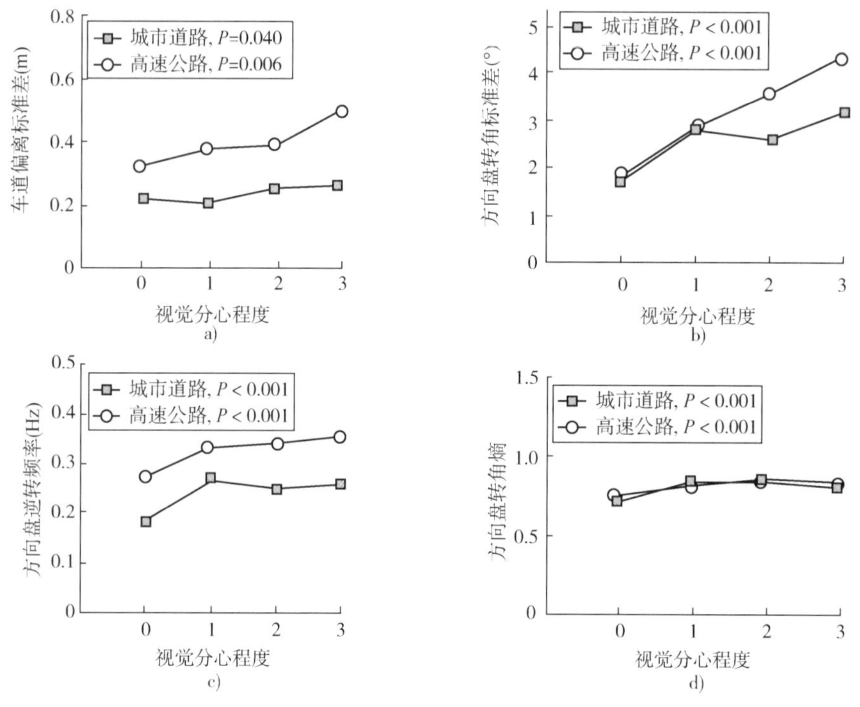

图3-5　驾驶分心与车辆横向控制指标的关系

注：P 代表显著性水平

图3-5表明，不论是在高速公路上，还是在城市道路中，随着视觉分心程度的增大，车道偏移量标准差、转向盘转角标准差、转向盘逆转频率以及转向盘转角熵值均会随之增大。

3.1.3.2　车辆纵向控制指标

常用的车辆纵向控制指标主要体现在速度控制及车辆跟驰两方面。速度与驾驶分心之间的关系在驾驶分心研究中得到了广泛的认可。车头时距也常用于驾驶分心研究，车头时距是驾驶员愿意接受的与前车之间的安全间隙的一个指标。较小的车头时距通常被用作驾驶性能下降的指示和次任务负荷较高的衡量标准。

研究中常用的车辆纵向控制指标主要有以下 5 个：

(1)纵向速度均值

研究表明，驾驶员在驾驶过程中执行较复杂的驾驶次任务时，往往会通过降低车速来提高行车安全性。驾驶员在执行认知次任务时，车辆纵向速度均值与正常驾驶相比变化不大，而在执行视觉次任务时，车辆纵向速度均值则明显减小。与正常驾驶两两比较，差异性显著。这是因为执行视觉次任务对视觉资源的需求较大，驾驶员为了保证驾驶安全，以降低车速为代价进行次任务操作；但在执行认知次任务过程中，车辆纵向速度均值变化不明显，且与正常驾驶差异性不显著。

道路实测实验和驾驶模拟研究均发现，驾驶员在使用手机时，对驾驶速度和加速踏板控制的变化更大。进一步研究表明，驾驶员在使用手机时会表现出减速的趋势，这被认为是一种行为适应，以减少驾驶主任务需求或增加安全边界。当驾驶员手动操作车载导航系统时，纵向速度均值较低。

(2)纵向速度标准差

纵向速度标准差反映车速的波动程度。纵向速度标准差受到驾驶分心的显著影响，在驾驶员处于一定等级的驾驶分心状态时才显著增加。研究发现，在低速行驶环境，车速极易受到驾驶分心的影响。纵向速度标准差的计算公式为：

$$v_{sd} = \sqrt{\frac{1}{N-1}\sum_{i=1}^{N}\left(V_i - \overline{V}\right)^2} \tag{3-7}$$

式中：v_{sd}——纵向速度标准差；

N——所测得的样本数；

V_i——各测点瞬时速度；

$\overline{V}$——速度平均值。

在执行驾驶次任务过程中，车辆纵向速度标准差较正常驾驶偏小，变化范围也较小。执行认知次任务时纵向速度标准差比执行视觉次任务时的纵向速度标准差大。执行次任务过程中车辆纵向速度标准差较正常驾驶显著减少，这是因为在执行次任务过程中驾驶员会尽量保持稳定的低车速，并将主任务负荷调整到较低状态以保证次任务驾驶过程中的行车安全。

(3)纵向加速度标准差

车辆行驶过程中，驾驶员对速度进行调整是正常的，单纯的速度指标无法体现速度选择的合理与否。而纵向加速度的变化则充分体现了交通环境对驾驶员的影响，并且表明驾驶员对车辆操控行为的结果，与车辆控制直接相关。如果纵向加速度频繁变化，则说明道路环境较为复杂。正常加速度不应该是一个定值，而应该是一个围绕均值的浮动值。通过下式可计算出某一路段的加速度标准差，进而判断驾驶员的分心状态：

$$v_{asd} = \sqrt{\frac{1}{N-1}\sum_{i=1}^{N}\left(\alpha_i - \overline{\alpha}\right)^2} \tag{3-8}$$

式中：v_{asd}——纵向加速度标准差；

N——所测得的样本数；

α_i——各测点瞬时加速度；

$\bar{\alpha}$——加速度平均值。

(4)车头间距

车头间距是驾驶员纵向控制能力最直观的反映。车头间距均值受到驾驶分心的显著影响，车头间距均值会随着驾驶分心程度的升高而显著增加，低速行驶环境下，驾驶员处于分心状态时会增大车头间距，进而降低视觉分心带来的交通事故风险。

(5)车头时距

车头时距是常用的表征驾驶员对车辆纵向控制习惯的指标。当驾驶员意识到自身处于驾驶分心状态时，通常会以频繁改变车速、增大跟车距离的策略，达到保持相对恒定车头时距的目的。

许多研究发现，驾驶员在执行车内次任务(尤其是视觉次任务时)，往往会采用更长的车头时距。驾驶员在进行视觉次任务时会增加车头时距，而且这种情况对老年驾驶员尤为明显。

一项分别在高速公路和城市道路中进行的视觉分心程度与车辆纵向控制指标关系实验结果见图3-6。

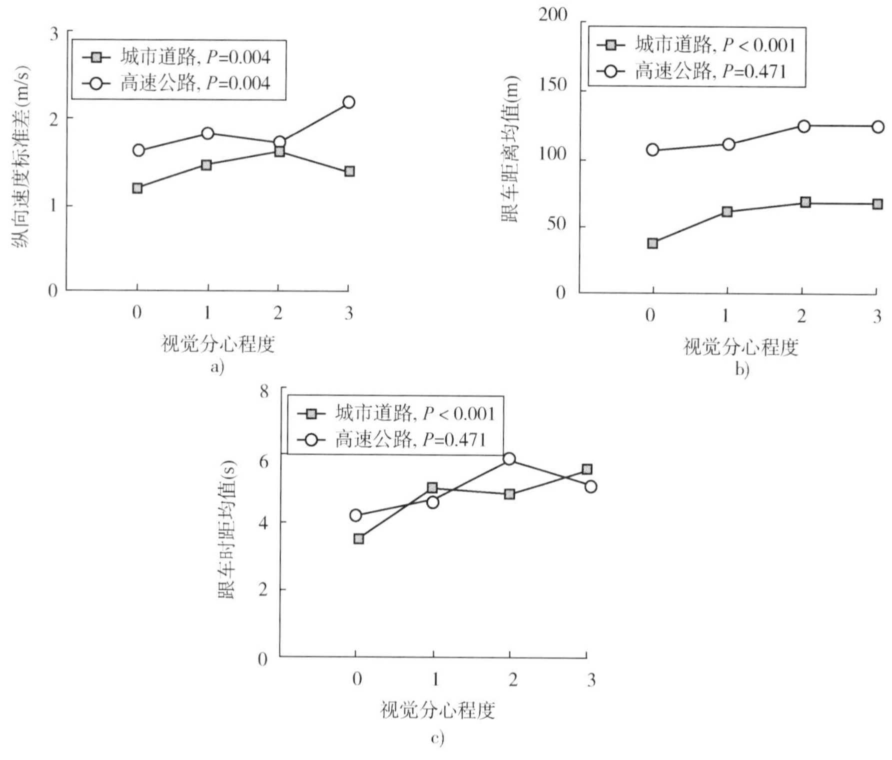

图3-6 驾驶分心与车辆纵向控制指标的关系

图3-6表明，不论是在高速公路，还是城市道路中，随着视觉分心程度的增大，纵向速度

标准差、车头间距均值以及车头时距均值均会随之增大。相对于城市道路，高速公路上的这一变化更为明显。

驾驶分心时车辆控制指标变化特征如表 3-4 所示。

驾驶分心时车辆控制指标变化特征　　表 3-4

类　别	指　标	特　征	变　化
纵向	制动	强度	上升
	纵向速度	离散度	上升
	车头间距	离散度	上升
横向	位置	离散度	上升
换道	换道时间		上升

表 3-4 表明，驾驶分心时，纵向控制指标中，制动强度上升，车速离散度上升，车头间距离散度上升；横向控制指标中，横向位置离散度上升，换道时间上升。

常用驾驶模拟实验获得车辆控制参数及驾驶员参数，其参数采集装置见图 3-7。

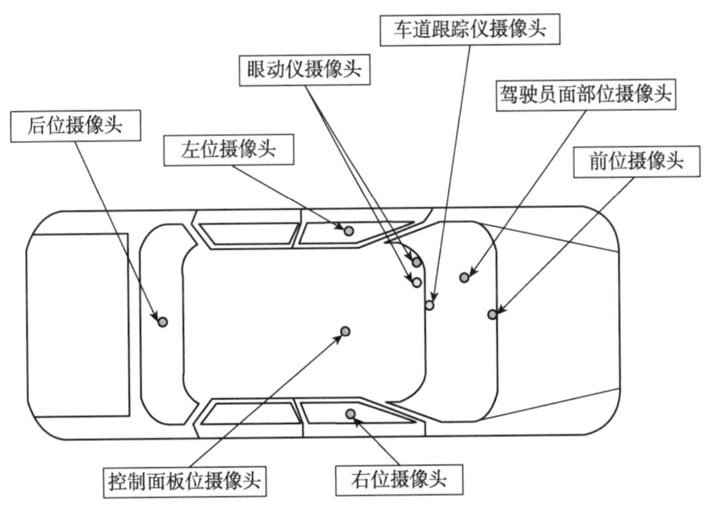

图 3-7　驾驶模拟实验车辆控制指标采集装置

3.1.4　事件检测和反应时间指标

事件检测和反应时间指标在驾驶分心的研究和评估中越来越重要，主要是因为这些指标与交通事故风险之间关系密切。可以通过事件检测和反应时间指标，包括错过/检测到的事件数、做出的错误响应数以及反应时间和距离（如检测到事件时与事件的距离）等，判断驾驶员的驾驶分心程度。

驾驶员事件检测和对外部事件或物体做出反应的能力会因执行驾驶次任务而受影响，尤其是当这些驾驶次任务比较复杂时。研究发现，使用手机可使驾驶员对危险和常见道路事件

(如信号灯变化)的反应时间增加30%;当驾驶员收听来自车载导航系统的导航指令时,他们感知交通灯变化的反应时间会增加;在模拟驾驶环境中,使用基于语音的车内电子邮件系统访问和阅读电子邮件使驾驶员对车辆制动的反应时间增加30%。

3.2 驾驶分心度量方法

许多方法可用于度量驾驶分心。然而,与其他研究领域一样,驾驶分心度量方法的选择也应遵循与所研究任务性质和方法本身相关的规则。对于选用的测量技术,其方法必须有效、可靠并且具有高灵敏度,所获得的结果必须具有外部有效性(能够推广到现实世界的情况或超出特定研究范围的情况和个人)。

目前对驾驶分心的度量主要从驾驶模拟器和道路实车实验入手。度量驾驶分心程度需要考虑4个因素:驾驶时的累积暴露量和当前事件的持续时间,与时间有关;当前事件的危险程度和驾驶员降低危险的能力,与危险程度有关。

3.2.1 驾驶分心实验方法

3.2.1.1 模拟驾驶实验

模拟驾驶实验是指依托驾驶模拟器开展的驾驶试验。这种方法的优点是实验环境安全、实验设计性强,避免了实车实验带来的驾驶风险,可进行各种不同复杂车内次任务的测试。这种实验方法具备一定的真实性,因此,在交通安全领域的研究应用比较广泛。但由于驾驶模拟器配置的不同,会导致测量结果出现差异,且测试驾驶员的心理状态不同于实车实验,所以测试结果与实际道路测试的结果存在一定的误差。

3.2.1.2 自然驾驶实验

自然驾驶实验是指在实际道路上开展的实车试验。该方法的优点是可以得到真实性较高的实验结果;缺点是实验成本较高,现场再现性和重复性差,而且有一定的驾驶风险。因此,自然驾驶实验只能测试非常简单的车内次任务,无法测量复杂性较高的车内次任务。

自然驾驶实验主要是调查驾驶员在较长时间段内的日常驾驶行为。实验中没有限制条件,驾驶员自由驾驶,因此,与特定场景实验相比更加自然。自然驾驶实验可利用摄像机等设备记录驾驶员的日常操作行为,实验完成后对视频进行处理,重点分析驾驶员的操作行为对驾驶绩效指标的影响。

3.2.1.3 简单实验室实验

简单实验室实验是指使用简单实验室配置对驾驶员进行测试。比如设计计算机程序,测试驾驶员进行次任务时对显示器画面中一些交通事件的反应时间等。这类方法的优点是方便、成本低,可以在一定程度上反映驾驶员的真实驾驶状态,如对危险状况的识别和反应时间等;但存在结果误差较大、效率较低的弊端。

3.2.2　驾驶员主观报告法

主观或自我报告的驾驶分心度量方法要求驾驶员在完成驾驶任务后不久对其感知的驾驶工作负荷进行评分,主观心理负荷量表可以衡量个人的感知工作量。在驾驶行为研究领域使用的主要量表包括 NASA(National Aeronautics and Space Administration,美国国家航天航空局)任务负荷指数(NASA-TLX)主观评定量表和心理努力量表两种。

3.2.2.1　NASA-TLX 主观评定量表

NASA-TLX 主观评定量表是多维脑力负荷评价量表,根据 6 个等级对有经验驾驶员分析情况进行主观评定。共涉及 6 个负荷维度,分别是:脑力需求(Mental Demand)、体力需求(Physical Demand)、时间需求(Temporal Demand)、业绩水平(Own Performance)、努力程度(Effort)和受挫程度(Frustration)。使用 NASA-TLX 主观评定量表步骤如下。

第一步:在认真阅读详细说明后,根据自己所执行的工作实际情况,分别在代表 6 个维度的直线相应位置做一标记。除业绩水平外,其余 5 个维度从左至右均为逐渐增加,而业绩水平从左到右为由好到差。

采用 20 等分的 10 分制直线表示各维度强弱值,每一条直线分别以低、高字样进行标示,NASA-TLX 主观评定量表典型记录见图 3-8。

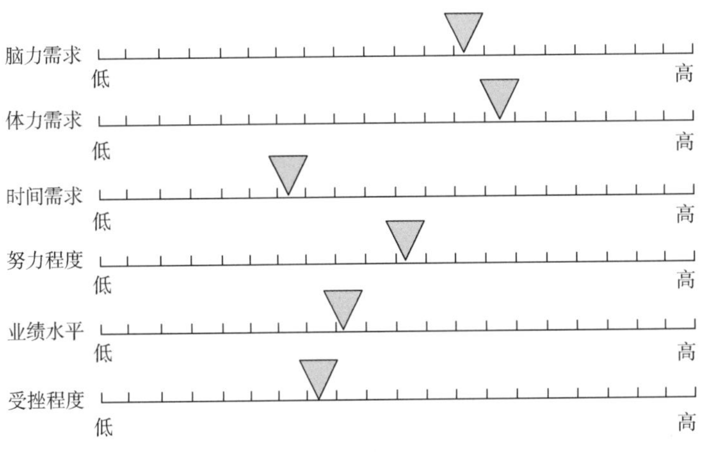

图 3-8　NASA-TLX 主观评定量表典型记录

由图 3-8 可知,脑力水平、体力需求、时间需求、努力程度、受挫程度这 5 个维度中,“低”表示脑力负荷低,“高”表示脑力负荷高,从左到右代表得分由低到高,意味着脑力负荷由低到高;而业绩水平则相反,业绩水平越低,得分越低,表示脑力负荷越高。执行任务时体力活动可能对脑力负荷大小存在潜在影响,因此,总脑力负荷的维度中还包含体力需求,但并不用于评价体力负荷。

第二步:在下列 15 组中,每 2 项间进行相互比较,选出每组 2 项中认为对工作成绩优秀贡献最大的那一维度,在相应的项目前标记。

NASA-TLX 主观评定量表比较实例如表 3-5 所示。

NASA-TLX 主观评定量表比较实例表 表 3-5

在相应项目前打■	■脑力需求	■脑力需求	□脑力需求	■脑力需求	■脑力需求
	□体力需求	□时间需求	■业绩水平	□努力程度	□受挫程度
	■体力需求	□体力需求	■体力需求	■体力需求	□时间需求
	□时间需求	■业绩水平	□努力程度	□受挫程度	■业绩水平
	□时间需求	■时间需求	■业绩水平	■业绩水平	□努力程度
	■努力程度	□受挫程度	□努力程度	□受挫程度	■受挫程度

研究表明,在真实道路上驾驶时使用任何类型的手机通话、拨号或接听电话都会增加工作负荷,特别是在谈话内容复杂或情绪化程度较高的情况下。在驾驶时将目的地详细信息输入车载导航系统也会增加驾驶员的主观工作负荷,特别是当系统需要手动操作而不是通过语音激活时。使用车内电子邮件系统(即使是语音激活系统)访问和阅读电子邮件也会增加驾驶员的工作负荷,随着 IVIS 性能的提高,工作负荷会进一步加大。

3.2.2.2 心理努力量表

心理努力量表是对投入精神努力的一个单一维度测量表。心理努力量表的主要缺点在于其主观性。此外,只有对整个驾驶系统的工作负荷进行总体评级,才能在不干扰驾驶任务执行的情况下给出心理努力量表,因此不可能专注于特定情况。自我报告的结果可以清楚地表明驾驶员所感受到的工作量水平,而且成本低,易于应用。因此,心理努力量表几乎在所有与工作量相关的研究中得到应用。

3.2.3 驾驶员状态检测法

3.2.3.1 心理负荷度量法

心理负荷增加造成的影响会因不同情况或驾驶员个体差异而不同。驾驶员状态检测结果与驾驶员心理负荷测量结果相结合,可以有效地评估心理负荷。由于任务需求的增加或驾驶员状态的改变,驾驶员可以主观感觉到心理负荷的增加,表现出由于心理负荷增加引起的生理反应信号,驾驶表现会降低,可能会降低执行次任务的能力。结合评估结果,可以确定心理负荷和驾驶员状态的总体结果。

为了获得对驾驶员心理负荷的可靠评估,必须结合不同的指标对驾驶员进行心理负荷测量。任务需求的增加和环境复杂性的增加都会影响驾驶员自我报告量表和生理测量。车内次任务(特别是跟驰行驶时的驾驶次任务)对工作负荷的增加十分敏感。

3.2.3.2　生理负荷度量法

当驾驶员的心理负荷增加时,生理指标上也会有所反映。例如,心理负荷增加,驾驶员瞳孔扩张,开始出汗,血压、心率和心率变异性也会增加。生理负荷度量法的一个重要优势是所涉及的大多数测量方法都不引人注意。然而,生理测量结果的解释十分复杂,其结果除了体现心理负荷外,还可能反映情绪和体力。心率可指示整体工作负荷,心率变异性可以确定认知和心理工作负荷。

3.2.3.3　感知反应时间度量法

感知反应时间是驾驶员在驾驶过程中保证安全驾驶最重要的指标之一,当驾驶员处于分心状态时,对交通事件的感知反应时间会发生变化。对比各种试验条件下的数据发现,随着驾驶分心任务难度的增大,驾驶员平均感知反应时间的均值与方差都逐渐增大:均值体现了该状态下驾驶员感知反应时间的平均水平;方差体现了数据的离散程度,方差越大则该状态下驾驶员感知反应时间的变化越大。在无驾驶分心的情况下,驾驶员的平均感知反应时间的方差最小,即此时驾驶员对紧急情况的处理能力是相近的;而复合驾驶分心时,平均感知反应时间的方差最大,即在该状态下驾驶员的平均感知反应时间波动最大,说明在难度较大的驾驶次任务中,驾驶员对紧急情况的反应差别较大。

驾驶员在不同类型分心情况下的感知反应时间频率分布见图 3-9。

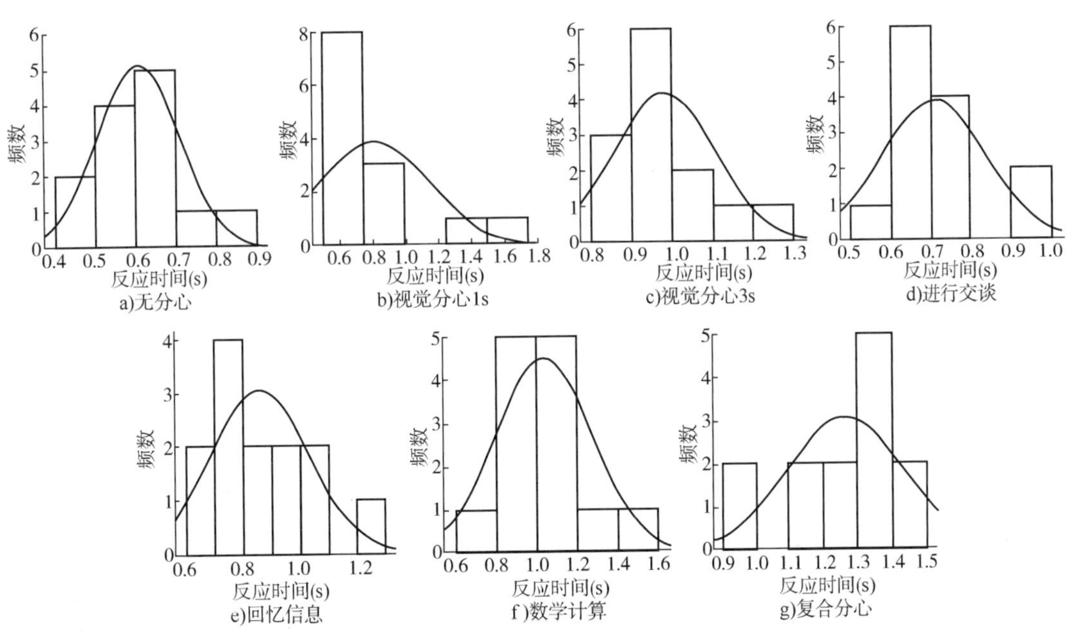

图 3-9　不同分心任务时的感知反应时间频率分布

由图 3-9a)可知，无分心时，驾驶员的平均感知反应时间较短，由图 3-9b)可知，视觉分心 1s 时，驾驶员的平均感知反应时间略有增加，驾驶员的平均感知反应时间在 0.8s 左右的概率最大。由图 3-9c)可知，视觉分心 3s 时，驾驶员的平均感知反应时间有明显增加，驾驶员的平均感知反应时间在 0.96s 左右的概率最大。由图 3-9d)可知，进行交谈时驾驶员的平均感知反应时间与无分心相比略有增加，在 0.7s 左右的概率最大。由图 3-9e)可知，回忆信息时驾驶员的平均感知反应时间比较长，在 0.87s 左右的概率最大。由图 3-9f)可知，驾驶员的平均感知反应时间明显增加且在 1.02s 左右的概率最大。由图 3-9g)可知，复合分心时，驾驶员的平均感知反应时间最长，且在 1.26s 左右的概率最大。

3.2.3.4 视觉行为度量法

驾驶员视觉行为是衡量驾驶分心的最佳指标之一，因为驾驶员的眼动指标对视觉次任务和听觉次任务以及驾驶任务要求高度敏感，具有辨别力、可重复性和预测有效性。视觉行为指标主要用于量化驾驶员在执行视觉次任务时所产生的视觉分心行为。

这种方法的一个缺点是难以测量和分析实车设置。技术难题往往与眼动跟踪器有关，包括掌握硬件和软件、设备校准、数据丢失、信号质量、信号处理和数据方法。因此，眼动指标并不像其他指标那样被频繁使用。

(1)驾驶员注视点分布

驾驶员注视点分布反映的是一段时间内驾驶员所注视的空间焦点。以 Gaze_Rot_X 表示驾驶员垂直方向上注视点位置的偏离程度；以 Gaze_Rot_Y 表示水平方向上注视点位置的偏离程度。以 X_H、Y_H、Z_H构成驾驶员头部坐标系，以 X_W、Y_W、Z_W构成地理坐标系，头部坐标系与地理坐标系的对应关系见图 3-10。

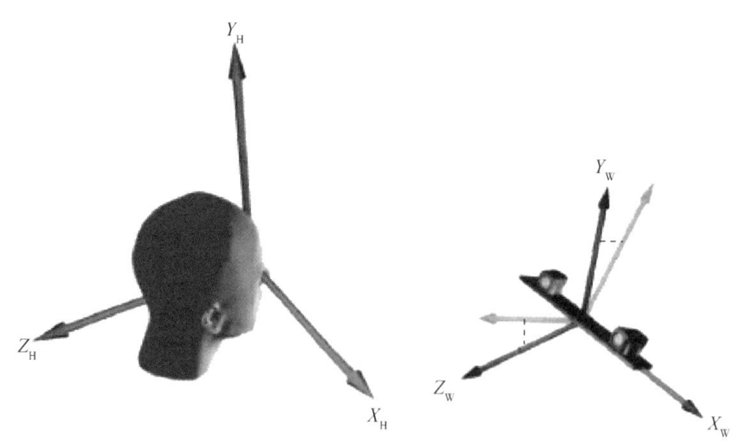

图 3-10 头部坐标系与地理坐标系对应关系

道路中心百分比指标(PRC)对车辆任务中的视觉和听觉要求以及驾驶任务要求更为敏感。PRC 的定义为 1min 内视线落在距离道路中心(前方车道)8°范围的道路中心区域内的时间百分比。该指标识别远离道路中心区域的视线,而不是朝特定目标的视线。PRC、扫视频率、总扫视持续时间和总任务持续时间与注视点高度相关。

(2)驾驶员视觉需求

在执行驾驶次任务时,所需的视觉需求 VD_{task} 定义为:

$$VD_{task} = \sum_{i}^{N} g_i^K \times E(\alpha) \tag{3-9}$$

式中:N——驾驶任务期间的扫视总数(次);

g_i——扫视 i 的持续时间(s);

K——常数;

E——偏心率惩罚函数;

α——前方道路和显示器(或需要视觉注意力的系统组件)之间的径向凝视角(°)。

单次扫视持续时间的加权是通过指数 K 来完成的。指数 K 决定了长时间注视受到惩罚的程度。偏心率惩罚函数 $E(\alpha)$ 可由视觉偏心率与检测性能相关的经验数据导出。

眼球运动指标可以使用移动窗口来计算,且不限于固定的时间间隔,例如任务持续时间。这种基于移动时间窗口的方法已在实时驾驶分心识别和预警算法中得到应用。大多数现有的视觉行为指标在量化视觉分心行为方面,主要与扫视频率和持续时间有关。

3.2.4　自然对象和事件检测法

驾驶员对驾驶过程中遇到的事物和事件的反应能力是驾驶员驾驶状态的重要体现。对驾驶环境的准确感知使驾驶员能够以平稳安全的方式驾驶。在处于驾驶分心状态时,意外出现的物体和突发事件的干扰是导致交通事故的重要因素。基于自然对象和事件检测的驾驶分心度量方法可以根据驾驶员对意外出现的物体和突发事件的反应进行检测,进而判断驾驶员是否处于分心状态。

(1)自然对象和事件检测

自然对象和事件可以在实验研究中以多种方式实现。事件或对象的选择不同,其与驾驶安全的关系也不相同。在驾驶模拟实验中,因为要检测的事件或对象通常可以包含在编程场景中,所以控制更有效。在自然驾驶实验中,数据收集、时间和协调更加困难,但驾驶员可以通过多种方式做出反应。

(2)实验方法

实验设计涉及在控制(非分散)条件下驾驶和执行辅助任务(例如操作车内信息系统)时的检测性能比较。检测时间和响应时间是主要的因变量,但实验设计和设备的差异导致对于检测时间和响应时间的操作有所不同,这对于制动响应时间尤其明显。驾驶员的制动响应由一系列阶段组成,从检测物体或事件开始,到踩下制动踏板结束,见图 3-11。

总制动响应时间可分解为 3 个主要部分——加速反应时间、移动时间和反应完成时间。延迟检测导致加速踏板延迟释放,通常会通过更快、更猛烈的制动来补偿。加速踏板释放时间（从前车制动开始到加速踏板释放的时间）是制动性能最敏感的度量指标，也与减少碰撞损失措施最为密切相关。

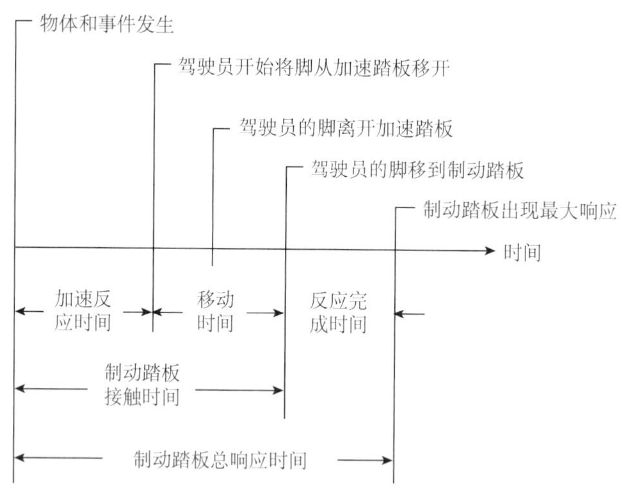

图 3-11　总制动响应时间的组成部分

（3）数据分析

对于自然对象和事件检测方法，通常的度量指标是命中率和检测延迟（响应时间）。对于响应时间数据，通常设置一个响应时间窗口（如最大 2s 的窗口），超过 200～250ms 的响应通常不在分析范围内。响应时间数据通常不是正态分布的（正偏于较短的响应时间），因此必须进行相应的分析。常见方法是在应用参数统计检验之前对数据进行对数变换。

3.2.5　人工信号检测法

3.2.5.1　周边任务检测法

用于驾驶分心评估的最常见的人工信号检测法是周边任务检测法（PDT）。周边任务检测法和其他基于人工信号检测的方法是常用的驾驶行为数据提取方法。周边任务检测法与自然对象和事件检测方法的不同之处在于，待检测的刺激不是驾驶任务的自然组成部分。当用于驾驶分心评估时，人工检测任务作为第三任务添加到驾驶主任务和待评估的驾驶次任务中，或者，检测任务可作为实验室静态条件下（无驾驶）的次任务。与自然事件检测相关的另一个关键区别是，刺激呈现通常更频繁、更规则、更可预测。从这个意义上说，PDT 可以被看作是一种持续的注意力任务。

PDT 最初由 Van Winsum 等人在欧盟资助的 In-ARTE 项目中开发。他们研究了驾驶需求对周边视觉和检测的影响，发现周边视觉检测具有一定的空间和时间随机性，对这些刺激的响应时间随着驾驶需求（特别是交通密度）的增加而增加。此外，在响应时刻视域与目标之间的距离随着驾驶需求的增加而减小。

一般干扰和隧道视觉下的视觉灵敏度分布见图 3-12。

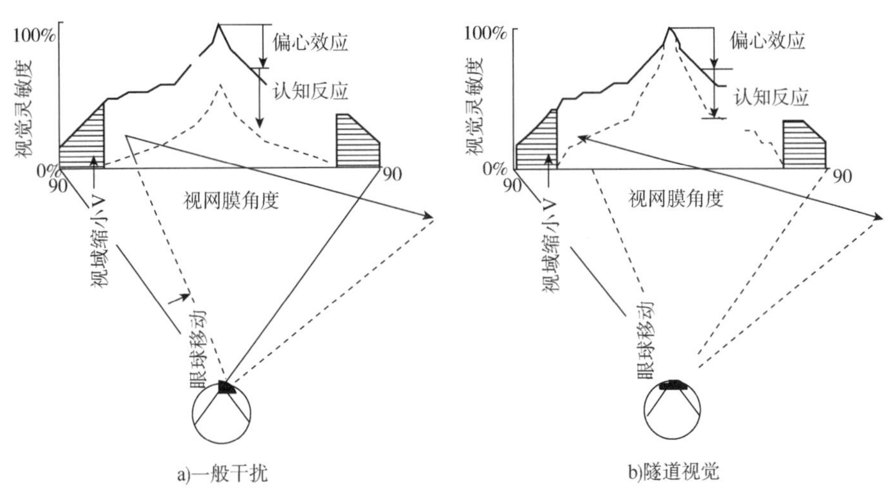

图 3-12　一般干扰和隧道视觉下的视觉灵敏度分布

图 3-12 表明,在一般干扰情况下,认知负荷导致的视觉敏感度下降在整个视觉领域是一致的,而隧道视觉假说认为边缘的退化更大,即认知负荷和偏心之间存在交互作用。视野范围变小并不意味着隧道视野狭窄,因为整个视野范围的视觉灵敏度普遍降低也会导致功能性视野范围变小。

PDT 是沿袭了双任务测量法的一种针对驾驶行为的测量方法。该方法的基本逻辑是:随着驾驶主任务对心理资源的需求增加,驾驶员剩余心理资源会大大降低,从而导致对 PDT 目标的反应变慢,感知率下降,因此,可以通过测量 PDT 任务的绩效来评价驾驶员的驾驶行为。也就是说,驾驶员在驾驶过程中对 PDT 任务的感知率越高,说明驾驶员的心理资源剩余越大,在这种情况下,驾驶员无驾驶分心或驾驶分心程度较低。

PDT 的关键思想是利用视觉区域的显著性缩小来获得一种对驾驶任务敏感但对其驾驶主任务敏感度较小的方法。视觉刺激出现在左上角,具有时空不确定性。刺激呈现区域为水平延伸 11~23°,垂直延伸 2~4°,刺激的时间间隔在 3~5s 范围内随机变化。

3.2.5.2　视觉任务检测法

PDT 的一个变体为视觉任务检测法(VDT),由瑞典 SafeTE 项目开发。人工任务检测方法中使用的响应和刺激呈现方法见图 3-13。

VDT 与 PDT 的不同之处在于 VDT 仅涉及一个位于中心视野的刺激物。单一的 VDT 刺激也比现场 PDT 刺激中所使用的 LED 更显著,决定其显著性的一个关键因素是刺激性。因此,二者之间的差异主要在于增加了刺激物的整体显著性,减少了光照条件的影响,其刺激显著性因子更容易控制,它在较大的视觉偏心度下被调整为高于阈值。VDT 在视觉-手动和纯认知次任务上得到验证,并被证明对两者都敏感。只要刺激物位于中心位置,VDT 不会显著影响视觉需求的任何标准指标。

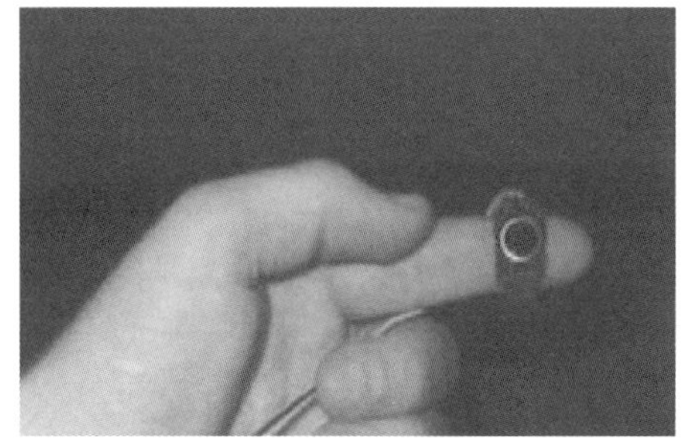
a)附在颈部的触觉振捣器

b)屏幕上的图形刺激显示

c)仪表车辆挡风玻璃中反射的LED

d)VDT中使用的单个中心定位LED

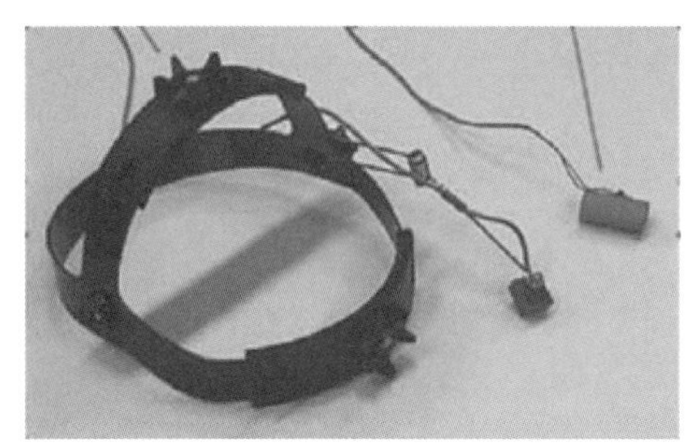
e)头戴式LED

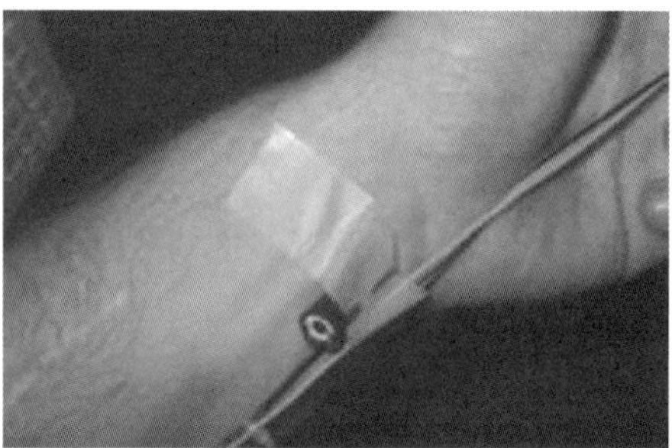
f)附在手腕上的触觉振捣器

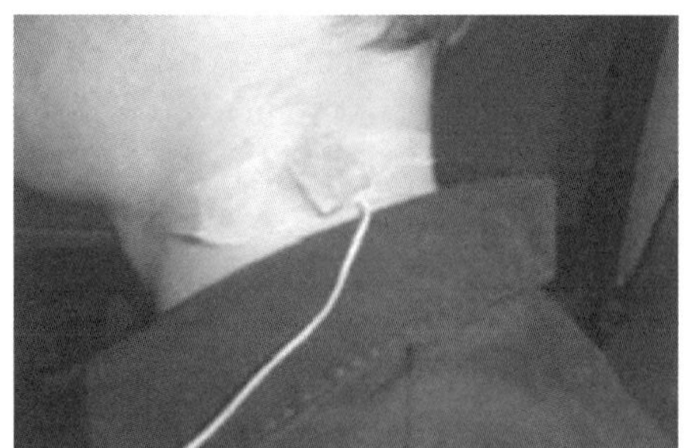
g)"标准"响应按钮

图 3-13　人工任务检测方法中使用的响应和刺激

3.2.5.3　信号任务检测法

信号任务检测法(SDT)对驾驶主任务和车内次任务需求的变化非常敏感,正如触觉和听觉检测任务,这种敏感性独立于刺激-感觉模态。因此,SDT 主要测量一般注意力选择机制中的干扰,而不是特定的知觉。

SDT 性能通常用响应时间或感知率来量化,被定义为从刺激开始后,在一定时间间隔内发生的响应。低阈值(T_1)用于防止偶然因素的作用,响应时间没有限制,而上限(T_2)定义了什么应被视为未感知。大多数研究中,将 T_1(如果包括在内)设置为 200ms,将 T_2 设置为 2000ms,然后计算命中率(命中次数除以刺激总数)。反应时间被定义为从刺激开始到反应的时间。

用于 SDT 的实验方法通常与自然对象和事件检测使用的方法相似。通常采用组内设计,将 3 种任务条件(驱动+辅助任务+检测任务)下的检测性能与双任务基线条件(驱动+检测任务)进行比较。

在驾驶主、次任务需求较高的条件下,驾驶员对于信号任务检测性能下降的原因是:这种效应的发生是由于缺乏自上而下的注意力选择偏差。神经生理学研究表明,注意力选择的驱动力一部分是由刺激特性决定的自下而上的效应,一部分是由来自大脑额叶区域的自上而下的任务相关偏差驱动的,这被称为有偏竞争假说。假定产生自上而下偏差的额叶区域也涉及认知功能,如反应选择、处理新任务、工作记忆以及对复杂视觉刺激的感知等。

在典型的 SDT 基线条件下(在交通稀少的直行道路上行驶),对认知资源的竞争很小,意味着自上而下的偏差会大大提高信号任务检测性能。然而,如果驾驶主、次任务的需求增加,导致对认知资源的竞争加剧,那么自上而下的信号会减弱。在这种情况下,SDT 刺激将根据自身的特性来竞争自下而上的注意力捕捉。

SDT 对驾驶主次任务需求的变化高度敏感。研究表明,SDT 测量的是自上而下的注意力选择和期望机制的干扰。如果车内次任务分心对 SDT 的影响主要是源于缺乏自上而下的注意力选择方面,SDT 不具备预测意外刺激的能力。这对于理解 SDT 绩效与实际交通事故之间的关系具有重大意义。然而,需要进一步的实证工作来评估这一假设和其他可能的假设,以解释 SDT 得到的结果。

3.2.5.4　PDT、VDT 及 SDT 三者间的联系与区别

(1)刺激呈现形式

PDT、VDT 及 SDT 主要不同之处在于刺激的呈现方式,而响应方法通常相似。对于模拟器设置中的 PDT,刺激通常以图形对象的形式显示在屏幕上。在自然驾驶实验研究中,刺激通常由反射在挡风玻璃中的小型 LED 来代替。在 VDT 中,使用一个高强度的单个 LED,位于中央视野。在 SDT 中,用一个附着在身体上的小振子提供刺激,不同的研究使用不同的振动器位置。

(2)驾驶需求

PDT 和 VDT 对驾驶需求非常敏感。因此,如果目标是评估驾驶次任务造成的驾驶分心,则必须仔细控制驾驶需求。改变驾驶主、次任务需求的 SDT 研究表明,这两个因素可相互叠加,它们之间没有交互作用。大多数现有研究都使用低需求驾驶场景进行实验,由于刺激物的周边位置和较低的显著性,所以需要更多的中心视觉需求,因此对眼球运动的影响也比 VDT 大。因此,在 PDT 与视觉行为测量同时使用之前,需要对 PDT 进行类似的分析。

3.3 驾驶分心检测算法

3.3.1 基于 AttenD 算法的驾驶分心检测算法

3.3.1.1 AttenD 算法原理

AttenD 算法是一种基于眼动仪的分心检测算法,可基于单次长时扫视、重复扫视以及扫视行为频繁远离驾驶关联区域检测驾驶员视觉分心。AttenD 算法中的驾驶关联区域(Field Relevant for Driving,FRD)定义为 90°扇形面和车窗之间的交叉点,见图 3-14。

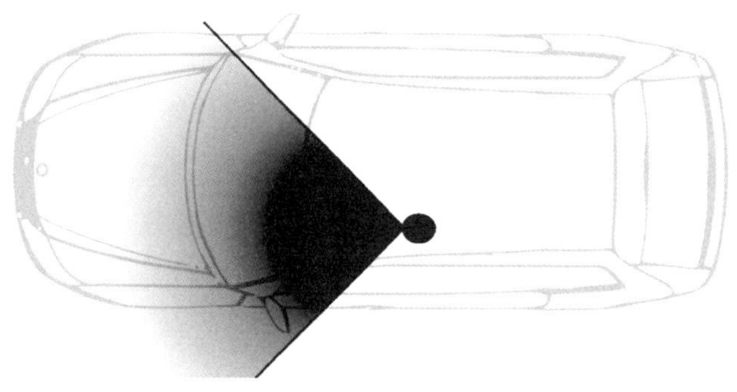

图 3-14 AttenD 算法中的驾驶关联区域

AttenD 算法的核心思想是 2s 时间的缓冲区,当驾驶员视线远离 FRD 时,该时间将减少。持续时间超过 2s 的扫视是危险的,大多数正常的扫视时间范围是从 0.7s 到略高于 1s。如果驾驶员扫视了一眼后视镜或车速表,缓冲区在第 1s 内不会减小。当注视转向 FRD 时,缓冲区经 0.1s 的延迟后开始再次增长。

当驾驶员对道路没有完全失去跟踪时,头部方向向量与失去跟踪时的缓冲值的组合决定了缓冲区的发展。如果缓冲区小于 0.4s,只要无法跟踪,它将进一步减小。在最后几秒钟内,达到 0.4s 或更低缓冲水平的驾驶员在 FRD 外注视停留较长时间。因此,失去跟踪很可能是由于扫视外围区域太远,无法可靠地检测到扫视。如果缓冲区值为 0.4s 或更大,则仅当最后一个检测到的头部方向向量位于向前 20°之外时,缓冲区才会进一步减小,否则它将保持在当前水平，直到再次恢复跟踪。

对于在跟踪丢失之前未达到最低缓冲级别的驾驶员，大概率是因为其他原因导致跟踪丢失。因此，仅当头部方向向量相对远离正前方时，缓冲区才减小。

当驾驶员视线在道路上时，缓冲区时间将增加。如果缓冲区为空，则驾驶员处于分心状态。AttenD 算法阈值和参数如表 3-6 所示。

AttenD 算法阈值和参数汇总表　　表 3-6

变量	值
缓冲区大小	2.0s
生理适应延迟	0.1s
后视镜和速度计延迟	1.0s
分隔值	0.4s
最大角度	20°
增长率	1（无单位，s/s）
下降率	1（无单位，s/s）

AttenD 算法中的参数定义如下：定义视觉缓冲区阈值为 2s；注视离开 FRD 则缓冲区减小；重新注视 FRD 则缓冲区增大，两者之间有 0.1s 生理反应间隔；注视仪表盘及后视镜 1s 内缓冲区保持不变，超过 1s 后减小；缓冲区为 0 时则判定为视觉分心。

3.3.1.2　基于 AttenD 算法的驾驶分心评估

基于视觉行为的驾驶分心检测算法应同时包含扫视周期以及重复扫视次数。在 FRD 外扫视太频繁或者扫视时间过长、计数器或缓冲区达到最大值或最小值时，则判定驾驶员处于分心状态。

由于驾驶员无视觉分心时的视觉缓冲区为 2s，因此定义不同视觉分心任务下与无视觉分心下的缓冲区差值之和代表该视觉分心任务对视觉分心的影响程度。该值越大，说明此项视觉分心任务对驾驶员的视觉负荷越大，造成的交通风险级别更高。视觉分心的影响程度按下式计算：

$$\mathrm{INC_{dis}} = \frac{\sum_{i=1}^{N}(2 - \mathrm{buffer}_i)}{60} \tag{3-10}$$

式中：$\mathrm{INC_{dis}}$——视觉分心的影响程度；

N——视觉输出的总样本量；

buffer_i——第 $i/60$s 的 AttenD 视觉缓冲区数值。

基于 AttenD 算法的驾驶分心检测算法见图 3-15。

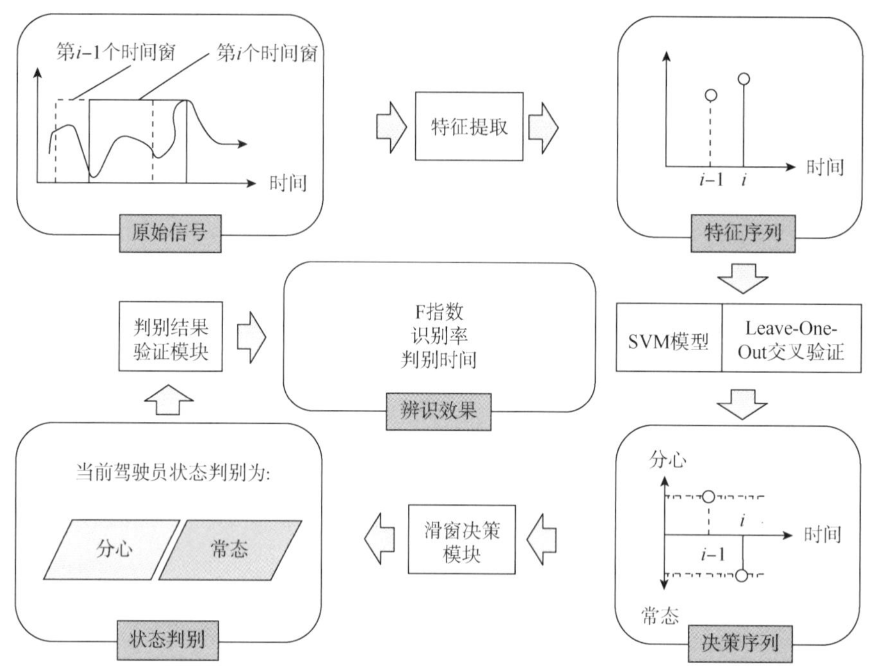

图 3-15　基于 AttenD 算法的驾驶分心检测算法

滑动窗决策模块以决策序列为输入,基本思想是在决策序列上再加长度为 Tw_2 的时间窗进行判别,时间窗每次移动 1 个决策序列,当时间窗内包含的全部决策序列一致时,则产生判定结果,如图 3-16 所示。

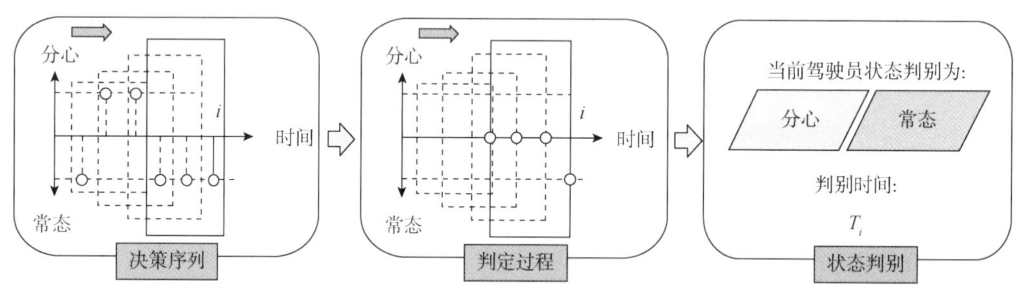

图 3-16　滑动窗决策模块

如前 3 个时间窗内决策序列不一致,而滑动产生的第 4 个时间窗内的决策序列均为常态,此刻产生判定结果,即驾驶员状态判别为常态,判别时间为 T_i。如果一直无法产生一致的决策序列时间窗,则判定失败。

在线检测驾驶员状态判定存在 2 类错误。第 1 类是“直接”判定错误,第 2 类是“偶然”判定正确。为了全面检验算法性能,设计判别结果验证模块,如图 3-17 所示。

驶分心状态的分类标签,再根据时间序列将标签与驾驶绩效数据一一对应,形成训练数据集。

研究结果表明,由驾驶绩效信息和眼动信息获得的类标签构建 BP 神经网络能有效地识别驾驶分心。当相邻窗口间的重叠率一定时,随着时间窗口尺寸的增加,检测模型的平均准确率也大体呈上升趋势。而当时间窗口尺寸固定时,相邻窗口间冗余度的增加也能提高检测模型的分类精度,且窗口尺寸越小,准确率的增加越显著。

不同时间参数下的模型检测准确率与 F 值见图 3-20。

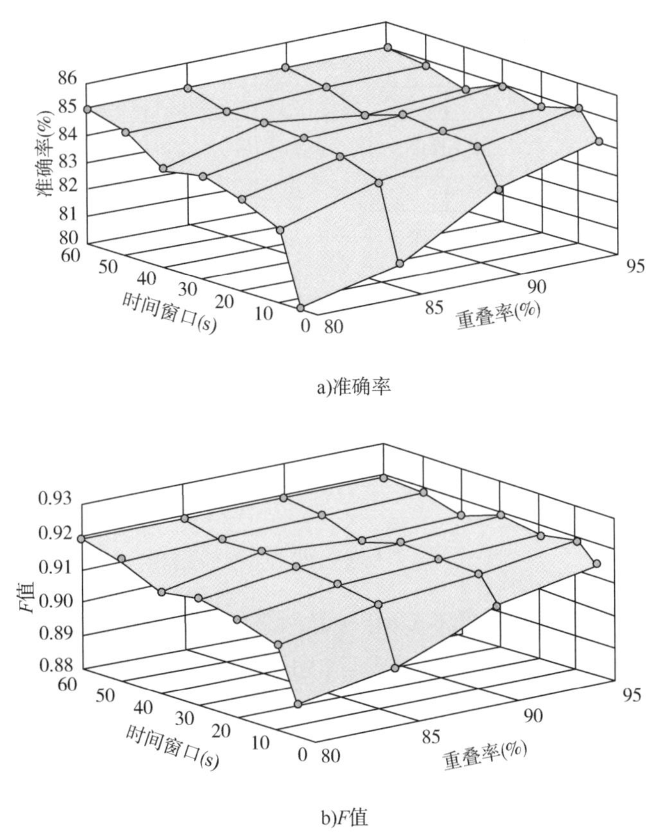

图 3-20　不同时间参数下的算法检测准确率与 F 值

由此可知,驾驶分心实时检测时,用较大的时间窗口尺寸处理的输入数据会产生更精确的驾驶分心检测结果。然而,随着时间窗口尺寸增加,检测的延迟愈加明显,因此,如何在保证模型准确率的情况下尽可能减少时间窗口尺寸是驾驶分心实时检测研究的重点。分析不同 BP 神经网络模型的平均准确率,当时间窗口为 10s 时,模型的平均准确率约为 85%。

BP 神经网络是目前应用最多的神经网络算法,在模式识别领域具有广泛的应用。但是 BP 神经网络存在着容易陷入局部最优、收敛速度较慢的缺陷,而遗传算法(GA)能够克服 BP 神经网络局部最优的缺陷,快速搜索到最优解。采用 GA 算法优化 BP 网络初始权值和阈值。

GA 算法优化 BP 神经网络的流程见图 3-21。

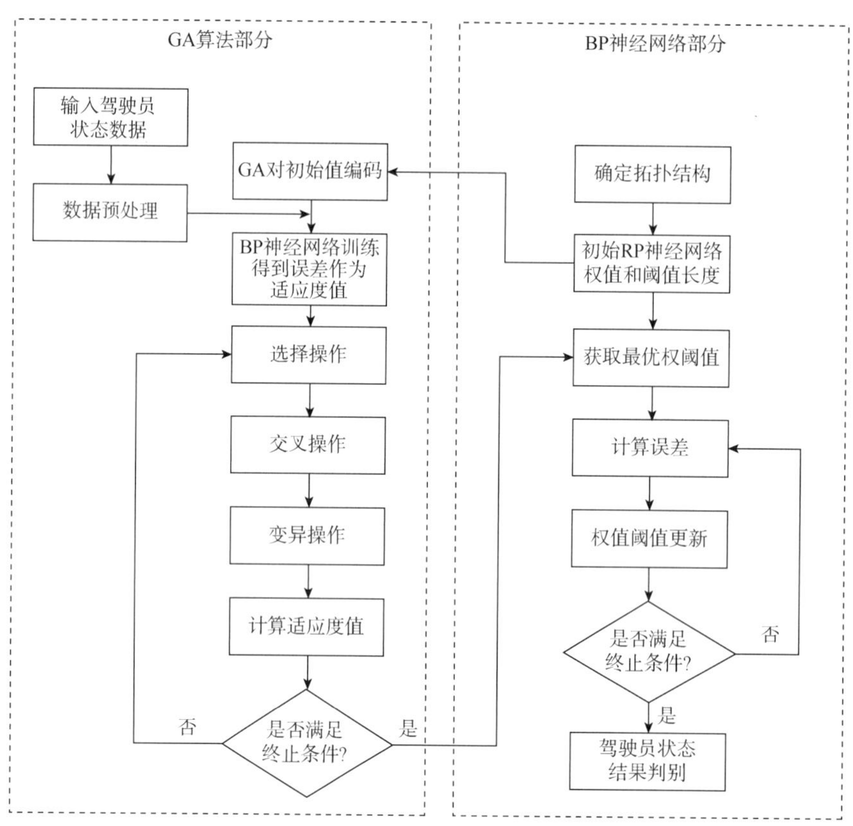

图 3-21　GA 算法优化 BP 神经网络流程图

为了增强判别效果，将优化后的 GA-BP 神经网络作为弱分类器，采用 AdaBoost-GA-BP 的思想将多个 GA-BP 分类器进行组合，建立基于 AdaBoost-GA-BP 组合算法的驾驶分心状态判别模型，算法流程见图 3-22。

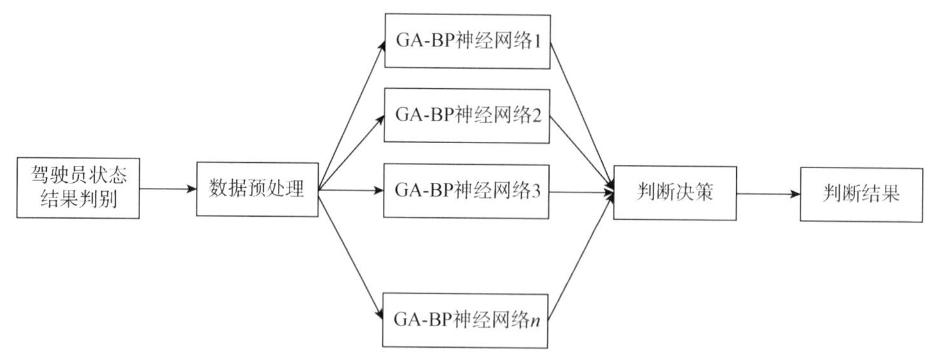

图 3-22　AdaBoost-GA-BP 组合算法流程

基于 AdaBoost-GA-BP 组合算法的驾驶分心状态判别流程如下：

①随机选取 70% 的数据作为训练集，30% 的数据作为测试集，确保训练集和测试集包含

正常状态和分心状态。

②为避免不同判别指标之间单位量纲不同的影响，消除各指标间的数值差异，采用 min-max 标准化方法的一种特殊形式，所有样本数据按照式(3-11)进行标准化，将各特征指标量纲一致化至[-1,1]区间。

$$y_i = \frac{2(x_i - x_{min})}{x_{max} - x_{min}} - 1 \tag{3-11}$$

式中：x——标准化后的值；

x_i——样本值；

x_{min}——样本中最小值；

x_{max}——样本中最大值。

③通过 GA 算法对 GA 神经网络进行优化，得到优化后 BP 神经网络的初始权值和阈值。

④GA-BP 弱分类器预测，根据预测误差调整该弱分类器的权重。

⑤利用 AdaBoost 算法建立由 n 个弱分类组合的强分类器，利用该强分类器对驾驶分心状态进行判别。

⑥模型性能评估。

3.3.3　基于随机森林算法的驾驶分心检测算法

随机森林算法是一种集成学习方法，融合了大量决策树分类模型，根据这些决策树的预测结果投票决定分类结果。随机森林算法具有自动选择的特点，模型经过训练后可输出分类任务中输入变量的重要性排序。

在建立驾驶分心识别随机森林模型前，将实验参与者在执行车内次任务时的眼动数据标记为驾驶分心，而未执行车内次任务则标记为正常驾驶。基于随机森林算法的驾驶分心检测流程如图 3-23 所示。

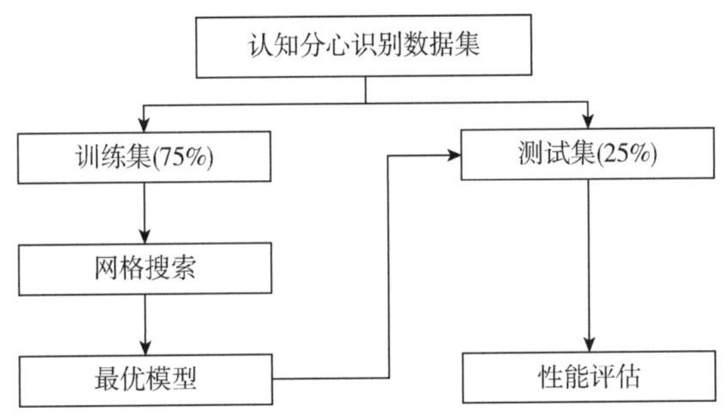

图 3-23　基于随机森林算法的驾驶分心检测流程

3.3.3.1　模型训练

采用留出法估计模型训练后的泛化能力，将数据集分为互斥的 2 部分，即训练集和测试集。在训练集中建立模型，并确定模型最优参数，根据模型在测试集上的分类结果估计模型在实际应用中的性能。通过设置随机种子,以 3∶1 的比例划分数据集,即数据集中 75%的数据作为训练集,25%的数据为测试集。

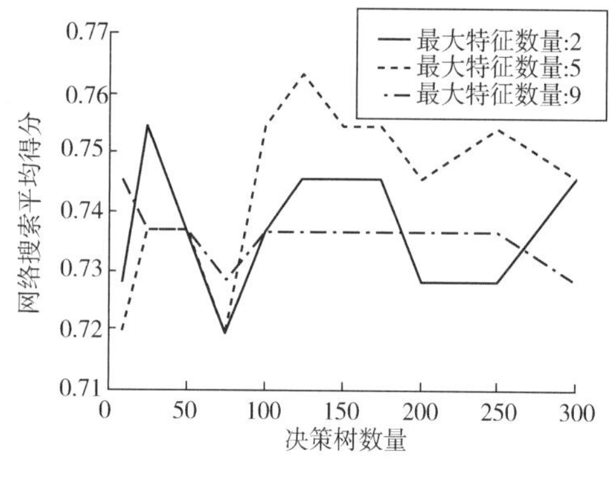

图 3-24 最优参数组合搜索

算法中有部分参数需要给定,参数的不同选择会对算法性能产生一定的影响。为获取具有最佳分类结果的随机森林模型,需通过一定方法确定算法最优参数组合。待定参数包括决策树数量、单个决策树所使用特征的最大数量等。采取网格搜索方法,穷举多种超参组合来训练模型,最终根据算法性能优劣来决定超参选择。采用网格搜索方法确定的随机森林算法最优参数组合如图 3-24 所示。

由图 3-24 可知,当决策树数量为 125、单个决策树所使用特征数为 5 时,算法在训练集上的性能最佳,因此选择该参数组合作为训练集上确定的最优模型。

3.3.3.2 模型性能评估

对训练好的模型,在测试集上评估模型的实际识别能力,评价指标选用预测准确率(P)、召回率(R)以及综合性评价指标(F_1),其定义如下:

$$P = \frac{T_P}{F_P + T_P} \tag{3-12}$$

$$R = \frac{T_P}{F_N + T_P} \tag{3-13}$$

$$F_1 = \frac{2T_P}{F_N + T_P + F_P + T_N - T_N} \tag{3-14}$$

T_P、F_P、F_N、T_N 的具体含义见表 3-8 分类结果混淆矩阵。

分类结果混淆矩阵 表 3-8

驾驶状态	预测结果	
	正常驾驶	认知分心驾驶
正常驾驶	T_P	F_N
认知分心驾驶	F_P	T_N

3.3.4 基于反向双目识别的驾驶分心检测算法

基于反向双目识别的驾驶分心检测算法主要包括信息采集、特征提取和驾驶状态判别 3 个部分,见图 3-25。

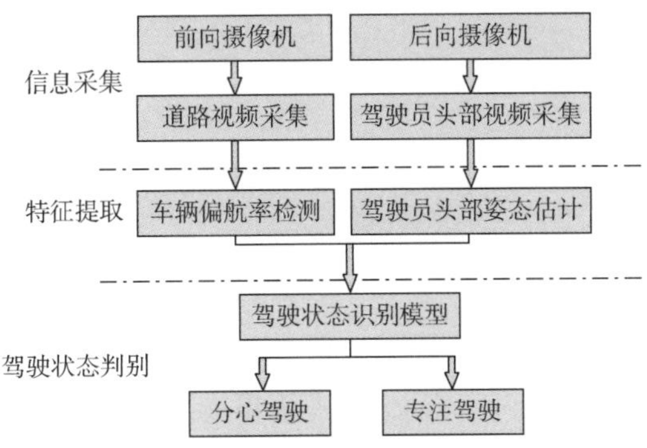

图 3-25　驾驶分心检测算法框架

基于计算机视觉技术分别对前方道路和驾驶员头部进行视频检测,见图 3-26。

为保证前后摄像头录取视频的同步性,使用 JADO 车载记录仪,同时录制前方道路视频和驾驶员头部视频,车载前置摄像头相对于地面高 1.3m,放置在车内的挡风玻璃上方,视频分辨率为 1920 像素×1080 像素,每秒 30 帧。后置头部摄像头相对于地面高 1.4m,放置在车内驾驶员的前方,视频分辨率为 720 像素×480 像素,每秒 30 帧。

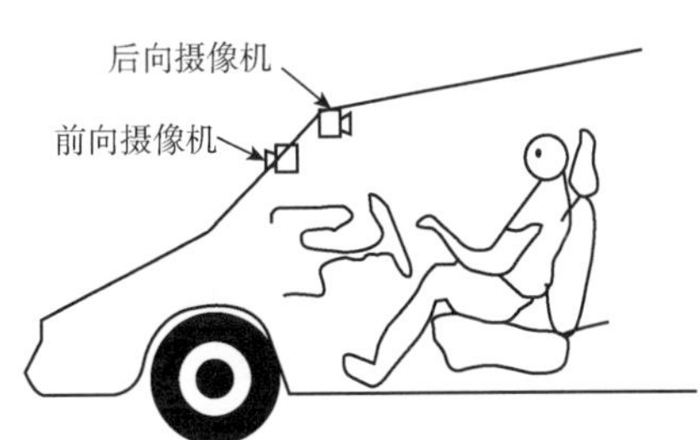

图 3-26　车载摄像头安装示意图

基于模糊规则建立驾驶状态识别模型,对提取到的车辆偏航率和头部姿态特征进行模糊化,根据实验数据建立模糊规则,对驾驶员状态进行识别。

结合车辆偏航率及头部姿态估计结果,设计驾驶状态识别模型。所设计识别模型输入量为车辆偏航率 ε 、头部偏离幅度 d 以及偏离方向 K,输出量为当前驾驶员驾驶状态 S。对于车辆偏航率以及头部偏离幅度,均采用高斯隶属度函数进行模糊划分,针对车辆偏航率 ε ,共划分为 5 个模糊集, ε =[右大幅度偏离(ε_1),右中幅度偏离(ε_2),小幅度偏离(ε_3),左中幅度偏离(ε_4),左大幅度偏离(ε_5)]。车辆偏航率的计算公式为:

$$\varepsilon = \frac{|k_{\text{left}}| - |k_{\text{right}}|}{|k_{\text{left}}| + |k_{\text{right}}|} \tag{3-15}$$

式中: k_{left} ——左车道线斜率;

k_{right} ——右车道线斜率。

ε >0 时,车辆向右偏离; ε <0 时,车辆向左偏离。所选择的高斯隶属度函数如式(3-16)所示:

$$\begin{cases} U(\varepsilon) = \mathrm{e}^{-\left(\frac{\varepsilon - a}{\sigma}\right)^2} \qquad \varepsilon \in [-1,1] \\ \sigma = \sqrt{\dfrac{-\varepsilon_{\text{step}}^2}{8\ln 0.5}} \\ \varepsilon_{\text{step}} = \dfrac{\varepsilon_{\max} - \varepsilon_{\min}}{\varepsilon_{\text{set}} - 1} \end{cases} \tag{3-16}$$

式中：a ——分布均值；

σ ——正态分布方差；

ε_{step} ——模糊集合的步长；

ε_{max} ——最大偏航率；

ε_{min} ——最小偏航率；

ε_{set} ——划分区间数。

针对头部偏离幅度，根据驾驶员实际偏离情况，d 阈值为[0,300]，共划分为3个模糊集，d=[偏离幅度小(d_1)，偏离幅度中(d_2)，偏离幅度大(d_3)]。所选择高斯隶属度函数见式(3-17)：

$$\begin{cases} U(d) = e^{-\left(\frac{d-a}{\sigma}\right)^2} & d \in [0,300] \\ d_{step} = \dfrac{d_{max} - d_{min}}{d_{set} - 1} \end{cases} \tag{3-17}$$

式中：a ——分布均值；

σ ——正态分布方差；

d_{step} ——模糊集合的步长；

d_{max} ——最大偏离幅度；

d_{min} ——最小偏离幅度；

d_{set} ——划分区间数。

头部偏离方向分为左、右、上、下，头部偏离幅度分为大、中、小，因此在空间上共有12个区间。当头部偏离幅度为大时，视线完全偏离道路区域；当头部偏离幅度为小时，视线范围仍在道路区域内，此时方向因素可以忽略；因此，只在头部偏离幅度为中时，对方向进行判别，最后将12种头部姿态合并为6种姿态，D=[幅度偏离大(D_1)，左方向幅度偏离中(D_2)，右方向幅度偏离中(D_3)，下方向幅度偏离中(D_4)，上方向幅度偏离中(D_5)，幅度偏离小(D_6)]。对于所建立的识别输出值，驾驶员的状态分为3种，S=[车道保持(S_1)，换道行驶(S_2)，分心驾驶(S_3)]。驾驶状态模糊规则见表3-9。

驾驶状态模糊规则 表3-9

头部姿态	车辆偏航率				
	ε_1	ε_2	ε_3	ε_4	ε_5
D_1	S_3	S_3	S_3	S_3	S_3
D_2	S_3	S_3	S_1	S_2	S_3
D_3	S_3	S_3	S_3	S_2	S_2
D_4	S_3	S_3	S_3	S_3	S_3
D_5	S_3	S_3	S_3	S_3	S_3
D_6	S_2	S_2	S_1	S_2	S_2

第 4 章　驾驶分心对驾驶绩效的影响

现代驾驶技术在提高驾驶性能的同时也会引发驾驶员的驾驶分心问题，进而影响行车过程中的驾驶绩效。本章在分析驾驶绩效度量指标的基础上，分析车内、车外次任务分心，评估驾驶分心对驾驶绩效的影响，最后分析公交驾驶员的驾驶分心特性。本章内容可为道路安全驾驶提供理论指导。

4.1　驾驶绩效度量指标

驾驶绩效是指驾驶员保持安全驾驶的能力，本节通过筛选驾驶绩效度量指标，判定驾驶员在执行不同的操作型次任务时对车辆的纵向控制和横向控制、事件检测与反应时间以及驾驶员视觉特性等情况，为进一步的驾驶绩效与驾驶分心关系研究奠定基础。

驾驶分心是一种多维概念，无法用单一的驾驶绩效衡量指标度量某一类分心的所有影响，应依据特定的研究问题选取特定的评价指标。实际道路和模拟驾驶研究发现，视觉和认知分心对驾驶绩效的影响不同，视觉分心对车辆的横向控制、事件检测与反应时间以及驾驶员视觉特性有更大的影响，而认知分心对视觉扫视行为的影响比视觉分心更大，因此需根据竞争任务类型选择评估度量指标。常用的驾驶绩效度量指标见表 4-1。

常用的驾驶绩效度量指标　　表 4-1

指标分类	指标名称	单　位	参数意义	数据记录方式
车辆纵向控制	速度	km/h	车辆行驶速度	速度传感器
	加速度	m/s	车辆行驶加速度	加速度传感器
	车头间距	m	前后相邻车辆之间的间距	五轮仪
车辆横向控制	横向速度	km/h	与车辆行驶方向垂直的速度分量	速度传感器
	横向位置	m	与车道中心线之间的距离	行车记录仪
	转向盘转速	°/s	驾驶员施加转向盘转角时的速度	利用转向盘转角与视频帧数计算
	转向盘转角	°	驾驶员施加的转向盘转角	转向盘传感器
事件检测	闪光反应次数	次	驾驶员检测外部闪光的次数	声光反应测定仪
	制动反应时间	s	驾驶员从发现制动信号到把脚移到制动踏板上所需要的时间	制动系统响应时间测试仪

4.1.1 车辆控制指标

常用于驾驶绩效研究的车辆控制指标主要包括车辆横向控制指标和车辆纵向控制指标。目前常用的车辆横向控制指标主要有驾驶员车道保持指标和转向盘控制指标,常用的车辆纵向控制指标主要有速度、加速度以及车头间距等指标。各指标概况见3.1.3节。

4.1.2 事件检测与反应时间

由于事件检测和反应时间指标与交通事故的发生密切相关,这些指标被广泛应用于车辆驾驶绩效的研究与评估。可测的指标主要包括未检测及检测到的事件数、错误反应次数、反应时间及事件距离(车辆检测到交通事件时与其自身距离)。使用车载设备会使驾驶员对外部事件或物体的感知与反应能力下降,特别是当车载设备操作较为复杂时,这种影响更加明显。研究表明,无论是手持通话还是免提通话都会使驾驶员对交通事件或普通路况的反应时间增加约30%。

4.1.3 驾驶员视觉特性指标

4.1.3.1 视线转移时间

驾驶员在驾驶过程中通过注视行为识别道路环境中的信息,注视点在视野范围移动速度较慢,驾驶员视线偏离前方驾驶视野的过程可以反映驾驶绩效。驾驶员视线离开前方视野的时间受多种因素影响,例如在驾驶员视野范围内突然出现的车辆、行人等刺激。此外,前车干扰、驾驶员注意力状态都会对驾驶员视线产生影响,进而引起视线的转移。

4.1.3.2 扫视行为指标

扫视产生于两次注视之间,是驾驶员搜索目标的过程,是由于注视点或注视方位的突然改变而产生的眼动行为。扫视阶段的注视点在视野范围移动速度较快。驾驶员驾驶过程中需要不断地获取环境信息,通过对驾驶情况的判断完成驾驶任务。道路交通状况及环境的好坏影响驾驶员所需处理的信息量,这些信息在视觉行为上主要表现为视线的快速转移。通过对驾驶员扫视行为进行研究,可以分析不同环境状况对驾驶员视觉的影响,进而反映驾驶绩效。

4.1.3.3 眨眼频率

眨眼频率是指每1s内眼睛的闭合与睁开次数。正常成年人每天除睡眠外,眨眼约1.5万次。眨眼频率会随着年龄的增长而相应增加,直至保持稳定。心理学家发现,一个人眨眼次数越少,说明精力越集中;如果眨眼之间的间隔时间缩短,则表明没有耐心;当眨眼频率上升时,表明大脑是活跃的,对相应的信息具有一定的兴趣。驾驶员的眨眼频率可以反映其大脑的活跃程度和对环境信息的采集能力,从一定程度上可以反映注意力的分散程度和对车辆的操控能力。

4.2　车内次任务分心

4.2.1　车内分心源

研究发现,62%的驾驶分心交通事故是由车内次任务引起的。车内次任务分心可能源于各种各样的车内分心源,包括带进车内的物体和设施、车载系统、移动物体、车内乘客和驾驶员的个人活动等。根据 NHTSA 的调查,由于车内便携式物品、设备和动物导致的分心情况见表 4-2。

车内便携式物品、设备和动物导致的分心情况　　表 4-2

分　类	分心对象	可能的行动	备　注
动物或宠物	通用	关注	不受限制的
	狗	干涉	—
	昆虫	反应	—
文件	一般	关注	—
	图书	阅读	—
	报纸	伸手	—
	地图、指示	寻找	—
	纸	书写	—
	杂志	—	—
	摘要	—	—
	邮件	—	—
饮料	—	伸手	开放式或封闭式容器
		寻找	—
		使用	—
餐具	—	伸手	与食物有关
		寻找	—
		使用	—
食物	—	伸手	有或没有器具
		寻找	—
		使用	—
梳理	通用	看	—
	化妆品	伸手	—
	剃须刀	寻找	—
	梳子、刷子	使用	—
丢失的物体	可以根据次要和特定来源指定对象	伸手	带进车内的物体和正在寻找的物品
	—	寻找	

续上表

分　　类	分心对象	可能的行动	备　　注
私人物品	通用	关注	—
		伸手	—
	手提包	寻找	—
	钱包	使用	—
	珠宝	调整	—
	钱	—	—
	隐形眼镜	—	—
	眼镜、太阳镜	—	—
	服装、鞋子	—	—
	手提袋、袋子	—	—
	药丸、吸入器	—	—
个人卫生用品	通用	伸手	—
	牙刷	寻找	—
	牙线	使用	—
	护膜	—	—
吸烟	通用	关注	—
		伸手	—
	香烟	寻找	—
	雪茄	使用	—
	烟斗	—	—
	打火机	—	—
技术设备	手机	关注	手持或免提
		伸手	手动拨号
	传呼机	寻找	—
	掌上电脑	回复电话	—
	无线电话	对话	—
	数据终端	发短信	—
	技术设备	使用	—
书写工具	笔	伸手	—
		寻找	—
		使用	—
其他设备或物体	—	关注	适用于未指定或发现的车内物品
		伸手	
		寻找	
		使用	

注:“—”表示暂无相关研究。

与驾驶员交互的车辆系统(显示器、控制器、物体和设备)导致的分心情况见表 4-3。

与驾驶员交互的车辆系统导致的分心情况 表 4-3

<table>
<tr><th>分 类</th><th>分心对象</th><th>可能的行动</th><th>备 注</th></tr>
<tr><td rowspan="8">娱乐</td><td rowspan="2">通用</td><td>关注</td><td>—</td></tr>
<tr><td>伸手</td><td>—</td></tr>
<tr><td rowspan="2">光盘</td><td>寻找</td><td>—</td></tr>
<tr><td>使用</td><td>—</td></tr>
<tr><td rowspan="2">收音机</td><td>—</td><td>—</td></tr>
<tr><td>—</td><td>—</td></tr>
<tr><td rowspan="2">盒式磁带</td><td>—</td><td>—</td></tr>
<tr><td>—</td><td>—</td></tr>
<tr><td>机械问题</td><td>—</td><td>关注</td><td>例如发动机过热</td></tr>
<tr><td rowspan="15">车辆控制器或设备</td><td rowspan="2">通用</td><td>关注</td><td rowspan="15">仪表板是指组合仪表上的主显示器(如速度计、转速指示器、温度计)</td></tr>
<tr><td>伸手</td></tr>
<tr><td>反光镜</td><td>使用</td></tr>
<tr><td>加热器</td><td>—</td></tr>
<tr><td>空调</td><td>—</td></tr>
<tr><td>遮阳板</td><td>—</td></tr>
<tr><td>手套式操作箱</td><td>—</td></tr>
<tr><td>烟灰缸</td><td>—</td></tr>
<tr><td>车辆打火机</td><td>—</td></tr>
<tr><td>车灯</td><td>—</td></tr>
<tr><td>雨刷</td><td>—</td></tr>
<tr><td>安全带</td><td>—</td></tr>
<tr><td>车窗</td><td>—</td></tr>
<tr><td>巡航控制</td><td>—</td></tr>
<tr><td>—</td><td>—</td></tr>
<tr><td>其他车辆系统</td><td>通用</td><td>—</td><td>适用于未规定或发现的车辆系统</td></tr>
</table>

注:“—”表示暂无相关研究。

由车内乘客导致的分心情况见表4-4。

车辆乘客导致的分心情况 表4-4

<table>
<tr><th>分　类</th><th>分心对象</th><th>可能的行动</th><th>备　注</th></tr>
<tr><td rowspan="6">车内乘客</td><td rowspan="2">通用</td><td>关注</td><td>前排座椅或后排座椅</td></tr>
<tr><td>伸手</td><td>—</td></tr>
<tr><td>成年人</td><td>对话</td><td>—</td></tr>
<tr><td rowspan="3">年轻人</td><td>反应</td><td>—</td></tr>
<tr><td>干涉</td><td>—</td></tr>
<tr><td>争论</td><td>—</td></tr>
</table>

注:“—”表示暂无相关研究。

由驾驶员自身活动产生的分心情况见表4-5。

驾驶员自身活动导致的分心情况 表4-5

<table>
<tr><th>分　类</th><th>分心对象</th><th>可能的行动</th><th>备　注</th></tr>
<tr><td>其他移动物体</td><td>—</td><td>—</td><td>适用于以前研究中未指定或尚未发现的移动物体</td></tr>
<tr><td>咳嗽</td><td>—</td><td>反应</td><td></td></tr>
<tr><td rowspan="2">白日梦、陷入沉思</td><td>—</td><td>—</td><td rowspan="2">例如,随意的想法、对情感问题或最近事件的思考</td></tr>
<tr><td>—</td><td>—</td></tr>
<tr><td>在座位上乱动</td><td>—</td><td>—</td><td rowspan="3">例如,驾驶员眼睛里有异物,情绪不稳定</td></tr>
<tr><td>痒</td><td>—</td><td>—</td></tr>
<tr><td>医疗、情感障碍</td><td>—</td><td>—</td></tr>
<tr><td>祈祷</td><td>—</td><td>—</td><td rowspan="2">没有音乐</td></tr>
<tr><td>歌唱</td><td>—</td><td>—</td></tr>
<tr><td>打喷嚏</td><td>—</td><td>—</td><td></td></tr>
<tr><td>说话</td><td>—</td><td>—</td><td>没有其他人在场时</td></tr>
</table>

注:“—”表示暂无相关研究。

车内分心源包括技术的和非技术的,当前的研究重点在于驾驶过程中使用IVIS对驾驶绩效的影响,这并不是因为IVIS导致驾驶分心更重要或更普遍,而是因为随着IVIS的迅速发展,通过有效的设计、法规标准和其他措施可以减轻这些分心源对驾驶绩效的影响。

4.2.1.1 基于技术的车内分心源

大部分关于车内次任务分心的研究主要集中于手机的使用,但许多其他设备在车辆中的应用也很普遍,包括可提供娱乐、信息、交流等功能的固定式IVIS(原厂配备或出厂后安装)和便携设备。许多通用式设备、同一类型的不同产品(如便携式听觉娱乐设备)会有很大差异,系统特点与人机界面设计的差异会造成不同程度的驾驶分心。

(1)便携式音乐播放器

越来越多的驾驶员喜欢把便携式音乐播放器携带到车里。据统计,约20%的18~24岁美国驾驶员驾驶车辆时会收听 iPod 上的歌曲。通常这些设备比固定音频娱乐系统(车载收音机)个性化程度更高,可提供歌曲、图片、视频库的选择与搜索功能,也可储存和选择其他音频文件,如"播客"和"有声读物"。

便携式音乐播放器可被放置在车内的任何地方,包括驾驶员正常视野范围内。非专门设计用于驾驶环境的便携式音乐播放器通常不符合车辆人机工程学设计准则与标准。然而,很少有法律规定这些设备放在车内的位置,关于这些设备对驾驶绩效影响的研究较少。

(2)便携式视听娱乐系统

固定式视听娱乐系统通常安装在前排座位的后面,用于后排乘客观看;便携式视听娱乐系统可以放置在任何车辆的任何位置(使用该设备不一定是合法的)。安装在车辆控制台的视听娱乐系统对驾驶绩效和安全的影响程度主要取决于屏幕的位置,即驾驶员在驾驶过程中是否能看到屏幕,从而造成视觉分心。

没有视觉显示的娱乐系统也会导致驾驶分心。美国和澳大利亚立法禁止在驾驶员视野范围内安装任何具有娱乐功能的屏幕。

(3)导航系统

导航系统是一种驾驶辅助系统,对驾驶绩效的影响仅次于手机。在不考虑导航系统类型的情况下,输入起点、终点信息比调节收音机和手机拨号所需时间长。在模拟和实际道路环境中,相对于语音目的地输入,手动输入对驾驶绩效的影响更大,会导致横向车道控制能力下降、平均速度降低、扫视频率增加、注意力离开路面时间增加。因此,很多导航系统不允许驾驶员在驾车时进行手动输入。

语音识别系统目标输入速度较快,造成的车辆控制能力下降较小,出现差错概率小,潜在负面影响较低。

仅有电子地图的导航系统对驾驶员的影响更大,这些导航系统处理路径诱导信息,吸引驾驶员的视觉注意,干扰驾驶主任务,会引发较多的制动差错和车道位置偏移。

导航系统对驾驶分心的影响见表 4-6。

导航系统对驾驶分心的影响　　表 4-6

分心源	对各指标的影响			
	侧向控制	速度	注视车内时间	碰撞/差错
目的地输入	侧向偏移小	平均车速较低	增加 50%	看后视镜行为增加
路径诱导	取决于系统配置	平均车速低	—	刹车操作差错多

注:"—"表示无相关研究。

(4)便携式信息与通信系统

信息和通信服务来源广泛,有的来自原厂制造商,有的来自零配件市场,还有的来自智能手机、寻呼机、个人数字助理、笔记本电脑等设备。这些设备可以提供互联网、电子邮件、传真、视频信息和电话服务,有些还提供服务站、停车场以及餐厅等信息。这些服务并非专门用来辅助驾驶任务。

最新调查显示，在诸多车内分心次任务中，使用手机及其他无线设备最容易导致车祸发生。由弗吉尼亚州科技运输协会（Virginia Tech Transportation Institute VTTI）和 NHTSA 共同完成的对 100 辆车及其驾驶员进行的自然驾驶调查研究中，可以清晰地看出驾车时使用手机的危险性。

尽管出于安全方面考虑，美国已有一些州和地方司法当局禁止驾驶员在驾驶过程中使用手机，但仍有 40% 的驾驶员在驾车时使用手机。一些研究发现，使用手机造成碰撞、剐蹭及其他交通事故的概率远远超过其他导致驾驶员注意力分散的行为，大多数交通事故出现在驾驶员接听电话和交谈而非拨号情况下。

便携式信息与通信系统具备语音提示功能和语音识别功能，可以直接将信息内容通过语音传达给用户，语音输入和输出可大大减少驾驶员的视觉资源需求。在模拟驾驶情况下，研究简单和复杂语音电子邮件系统对驾驶绩效的影响，其操作包括：打开电子邮件，阅读电子邮件，回复及退出邮件系统。当执行这些任务时，制动反应时间增加，主观工作负荷增加。对于复杂语音电子邮件系统，这一影响更加显著。

使用车载语音电子邮件系统，将电子邮件内容以语音形式呈现给驾驶员，这种与电子邮件系统的交互会导致驾驶分心，进而对驾驶绩效产生潜在影响。使用车载语音电子邮件系统会导致驾驶员的制动反应时间增加、转向盘转向修正频次减少，驾驶员常保持更大的车头间距作为其与系统交互的补偿。

（5）固定式车载音频娱乐系统

固定式车载音频娱乐系统在丰富车内娱乐生活的同时，也带来一定的安全隐患。研究发现，音频娱乐系统的使用可导致 11% 的驾驶分心碰撞事故，车载 CD 播放器的操作更会致使发生碰撞的可能性成倍增加。固定式车载音频娱乐系统包括车载收音机、车载 CD 播放器、车载盒式磁带播放器。车载收音机是大部分汽车的标准装置，其使用率在车载音频娱乐系统中位居榜首。固定式车载音频娱乐系统操作需要更多的触觉反馈，更容易吸引驾驶员的视觉注意，会显著增加驾驶员的反应时间，影响车道保持能力，进而影响驾驶绩效。

在简单和复杂的驾驶环境，收音机和盒式磁带操作造成驾驶员分心，导致车辆的平均速度减小，瞬时速度变化增大，主观脑力工作负荷增加。固定式车载音频娱乐系统对驾驶分心的影响见表 4-7。

固定式车载音频娱乐系统对驾驶分心的影响 表 4-7

分心源	对各指标影响						
	侧向控制	行驶速度	离开转向盘的时间	注视车内时间	不利驾驶事件	主观工作负荷	碰撞/差错
听	无影响	无影响	—	—	—	—	增加
操作	偏差大	下降 4 km/h	超过 1.06%	超过 19.73%	无影响	增加	—

注：“—”表示无相关研究。

(6)其他车内系统

其他固定在车辆上的系统也会引起分心,与车辆控制系统的交互会对驾驶员的驾驶绩效产生显著的负面影响,当操纵与驾驶任务无关的车辆调节系统(如温度控制)时,双手离开转向盘的时间会增加 8.55%,驾驶员注视车内的时间会增加 13.20%。

4.2.1.2　基于非技术的车内分心源

绝大多数车内分心主要来源于驾驶过程中驾驶员进行普通的、被公众接受的活动,如吃东西、修饰、与乘客交谈等。

(1)饮食

饮食是身体、意识与视觉的活动,是绝大多数驾驶员的日常行为。碰撞事故记录表明,饮食引发碰撞事故的概率虽小,但却是非常重要的因素之一。饮食包括几个步骤:准备(打开食物)、进食、处理偶尔出现的食物溅洒。驾驶员准备进食时,眼睛看车内及双手离开转向盘的时间明显增加,不良驾驶事件增多。进食和食物溅洒导致驾驶员注视车内的时间及双手离开转向盘的时间分别增加 3.63%和 4.07%。

(2)吸烟

研究证实吸烟导致发生交通事故的概率增加。吸烟包括以下步骤:点烟、吸烟、熄灭。吸烟行为本身(拿着和吸入香烟)持续时间较长(平均 261.1 s),但不会改变驾驶绩效。然而点烟和熄灭行为却会增加驾驶员注视车内的时间。相比于点烟和熄灭时,吸烟时不良驾驶事件明显减少(从每小时平均 7.83 次降到 3.02 次)。不考虑年龄、性别、驾驶经验、教育等因素,吸烟者比不吸烟者更有可能发生交通事故(不考虑交通事故发生时是否吸烟)。

(3)阅读和写作

进行阅读和写作活动时,驾驶员眼睛注视车内的时间占比达到 91.50%。相比之下,不进行阅读和写作活动时,驾驶员眼睛注视车内的时间占比仅为 2.51%。阅读和写作时,驾驶员双手离开转向盘的时间占比由正常驾驶时的 1.39%上升为 15.10%。阅读和写作平均持续约 18s,驾驶员更倾向于在相对安全的驾驶过程中阅读和写作,约 50%的阅读和写作活动发生在车辆静止状态。

(4)车内取物

车内取物会引起驾驶分心,其导致的分心程度取决于该物体与驾驶员的距离及其隐蔽性。近 3%的驾驶分心引发的碰撞事故是由驾驶员车内取物引起的,车内取物使驾驶员注视车内的时间占比由 1.24%增加到 15.10%,双手离开转向盘的时间占比由 2.22%增加到 20.10%。

(5)修饰

修饰(包括剃须、梳头、化妆或照镜子)占用驾驶员动作及视觉资源。研究表明与分心相关的碰撞事故中,修饰引起的分心仅占 0.40%;在自然驾驶过程中,该行为用时仅占总驾驶时间的 0.28%;修饰活动的平均持续时间为 11.8s,阈值为 1.0～340.0s。修饰过程中,在超过 11.05%的时间内,驾驶员双手离开转向盘,并有超过 31.96%的时间注视车内。

(6)与乘客交谈

驾驶员与乘客交谈、安抚后座的儿童等与乘客相关的行为是酿成车祸的第二大诱因。乘客行为对碰撞事故的影响很大,对年轻驾驶员的影响更大。这种影响并不完全是因为分心,同伴之间的压力、寻求刺激以及其他因素也起作用。成人、小孩和婴儿乘客可导致不同类型的分心模式,驾驶员与成年人之间交流的时间是其与婴儿或儿童交流时间的2倍。不同年龄和性别的乘客对驾驶员的影响也不同。

关于乘客对驾驶绩效的影响,存在不同的研究结论,有研究指出驾驶员由于乘客行为或与乘客交谈造成的分心均不会导致驾驶绩效下降。相反,有些研究表明与乘客交谈会对驾驶绩效产生负面影响,如反应时间增加、行驶速度下降等。基于非技术的车内分心源对驾驶绩效的影响见表4-8。

非技术的车内分心源对驾驶绩效的影响　表4-8

分心源		侧向控制	行驶速度	双手离开转向盘的时间	注视车内时间	每小时不良驾驶事件增加比例
饮食	准备	—	—	超过3.15%	超过2.91%	超过10.80%
	吃喝	偏差较大	平均车速低	超过4.07%	超过3.63%	无影响
吸烟	点烟熄灭	—	—	无影响	增加16.55%	无影响
	吸烟	—	—	无影响	无影响	少于4.81%
阅读和写作		—	—	超过13.71%	超过88.99%	无影响
车内取物		—	—	超过2.56%	超过17.88%	超过10.85%
修饰		—	—	超过11.05%	超过31.96%	无影响
乘客	交谈	—	—	无影响	无影响	无影响
	乘客行为	—	—	无影响	无影响	无影响

注:“—”表示无相关研究。

驾驶员的生理或心理状态对驾驶分心也有重要影响。驾驶员状态(如疼痛、疲劳、极端的正面或负面情绪状态)可导致分心,更容易引发由其他分心源引起的分心。驾驶员执行多个车内次任务的同时可能处于多种生理和心理状态,超过4%的驾驶分心交通事故与驾驶员陷入沉思或走神有关。道路交通安全研究证明情感分心会影响驾驶操作。新西兰交通事故分析系统将“情绪-不安-出神”作为车内分心度量标准,车内次任务分心引发的交通事故中,由于“情绪-不安-出神”造成的占10%。

4.2.2　车内次任务分心对驾驶绩效的影响

对比研究正常驾驶和视觉-操作型驾驶分心,运用方差分析法对不同驾驶过程中绩效指标进行显著性检验。国内外研究得出的车内次任务分心对各种驾驶绩效指标的影响见表 4-9。

车内次任务分心对驾驶绩效指标的影响　　表 4-9

驾驶绩效指标	驾驶分心类型	具体分心事件	显著性差异（与正常驾驶相比）	影响
纵向速度均值	视觉分心	播放音乐	有	减小
纵向加速度标准差		操作导航设备	有	减小
车道偏移量		调节收音机	有	增大
横向加速度标准差		拨打电话	无	不变
转向盘转角标准差		播放音乐	有	增大
转向盘转角熵值		调节收音机	有	增大
跟驰距离均值		拨打电话	有	增大
反应时间	视觉分心、认知分心	交谈、拨打电话	有	增大
制动反应时间	视觉分心、认知分心	发短信	有	增大
反应错误率	认知分心	操作 MP3 播放器、调节收音机	有	增大

车内次任务是影响交通安全的重要原因之一。正常驾驶时，车辆速度的变化较为平缓，驾驶员对车速的修正频次较高，大幅度的速度调节操作较少。当进行次任务时，车辆行驶速度降低，驾驶员控制车辆的频率减小。当驾驶员处于分心状态时，驾驶员对车速的控制能力降低。

驾驶员在执行车内次任务时，车道偏移量较正常驾驶时增大，转向盘转角明显增大；执行不同的车内次任务时，车道偏移量无明显变化。车内次任务引起的驾驶分心对驾驶员操纵稳定性的影响比较明显。当进行车内次任务时，驾驶员对车辆行驶方向修正次数减少，保持车辆横向位置的能力降低，为了保证安全驾驶，驾驶员需要对车辆行驶方向进行快速修正；随着车内次任务操作难度增加，转向盘旋转率增大、幅度增大。

4.3　车外次任务分心

4.3.1　车外分心源

道路上存在的视觉信息源会直接影响驾驶员对车辆的控制。有多种方法可以确定车外分心源。表 4-10 给出的是道路环境视觉信息分类法，将道路环境实体分为 4 个部分——道路工程、交通环境、自然环境和建筑环境。其他分类方法还包括调查法、驾驶员询问法等。

道路环境视觉信息初始分类 表 4-10

信息类型	示例
道路工程	道路线形
	路面
	交通标志和标线
交通环境	移动和停放车辆
	道路上或附近的行人
	天气
	环境照度
自然环境	树木和其他植被
	海洋、湖泊和河流
	小山
建筑环境	房屋和其他建筑物
	公交车站
	广告牌和其他路边广告

驾驶员询问法是分析车外分心源的最简单方法，但这方面的研究很少，最近的研究探讨了道路环境中驾驶员视觉分心等相关问题。驾驶员根据不同的道路场景，给出 4 种观点：

①一些驾驶员认为分心场景中的多个单一物体需要注意。

②阻碍驾驶员视线的物体会造成驾驶分心。

③对驾驶主任务没有太大影响的道路场景的分心源应被移除。

④与驾驶相关的物体会造成驾驶分心，驾驶员为了安全驾驶必须关注车外物体。如果驾驶员必须持续关注大量物体，可能导致视觉负荷过载，从而对驾驶安全造成负面影响。

许多驾驶员认为外部环境的某些方面会诱发驾驶分心，而道路管理部门可以对其中一些物体（例如广告牌）进行管理，尽量减少注意力分散。

另一种分析车外分心源的方法是通过眼动指标来评估视觉行为。通过模拟驾驶、自然驾驶或现场试验方式获取驾驶员视觉行为特性，获得视觉场景不同区域占总注视时间百分比。研究发现，如果道路场景中存在广告牌或其他类型的分心源，驾驶员平均超过 14%的总注视时间会被占用。相关的视觉行为指标包括注视次数和持续时间、扫视方式以及认知距离。

车外次任务分心包括 3 种类型：无意识的视觉注意捕捉（如闪光灯），无意识的精神注意捕捉（如思考刚刚通过的一个商店），有意识的视觉和精神注意（如看广告牌）。

突然出现的物体或灯光会吸引注意力。交通管理部门限制在广告标志上使用闪光灯，原因是它们可能会干扰驾驶员发现紧急车辆或重要交通信号。稳定光源背景下的荧光信号比稳定信号更容易被注意到，而闪光灯背景下的信号不容易被看到（特别是闪光信号）。

视觉辨认性显著的物体容易捕获驾驶员的视觉注意，影响因素包括背景的复杂性、对比度、偏心度（到影像中心的距离）、颜色和物体内部结构。物体的相对尺寸也很重要，如在一系列较小标志中的一个大型交通标志会更加突出。因此，建议在可能的情况下对与驾驶主任务密切相关的物体进行突显设置，对次重要物体不进行突显设置。

4.3.2 车外次任务分心评估与预防方法

道路线形对驾驶行为有重要影响。研究发现，弯曲的道路和小山对车辆运行速度和横向位置的影响最大。在特定环境中，可以通过多种方式进行车外次任务分心评估，一些技术如下：

①道路安全审计。道路安全审计是检查新建道路和交通管理规划安全性的系统性方法，主要目的是从道路设计阶段就把安全问题降到最少。安全审计阶段通常包括道路项目的设计、创建和维护。

②交通事故率和驾驶行为反应。尽管交通事故率具有很高的表面效度，但通常很难将交通事故直接归结为车外分心源。通过对驾驶员的长期观测，利用相关设备获取驾驶行为数据（如驾驶员眼动数据），可量化车外物体对驾驶分心的影响。

③居民和驾驶员意见。居民会向管理部门反映路边环境的安全性和可接受性。可以通过多种方式获得驾驶员的意见：小组讨论、问卷调查、主观意见（在开车过程中或看录像时）。

④仿真模拟。仿真模拟驾驶员行为实验涵盖了多种评估方法，其中驾驶模拟法采用一系列在真实道路上难以实施或不安全的反应措施来评估车外分心源对驾驶性能和驾驶行为的影响（如外侧车道偏移、关键事件、眼球运动、转向盘修正等）。

制定相关的道路设计指南可以减少车外次任务分心，特别是有关广告的指南。例如，依据澳大利亚昆士兰道路部门制定的指南，需最大限度地减少路边广告数量，使驾驶员在处理重要交通信号特别是在需要集中注意力的情况下（例如合流）减少驾驶分心，在一般道路上不得在重要交通标志周围半径为 $1.2V$ 的圆形区域设置广告（V 代表车辆运行速度），在高速公路上这一半径扩大到 $2.5V$；禁止在入口匝道上游 $5V$ 的距离内和高速公路出口上游 $7.5V$ 的距离内设置广告，以防止驾驶分心；在驾驶员需要进行决策的情况下，需要进一步限制，比如在 5 路或 6 路交叉口等复杂路口以及有交通控制装置（单独或组合使用）的复杂路段，需要更多时间阅读和理解标志信息。

4.3.3 车外次任务分心对驾驶绩效的影响

车外环境对驾驶分心有不同影响。研究发现，当驾驶员的眼睛离开前方道路超过 2s，发生交通事故的概率会显著上升。当驾驶员以较大视角观察前方道路区域的物体时（例如观看路边的摊贩），可能会得到和车内次任务分心一样的结果——交通事故风险增加，尤其是当目光注视超过 2s。目前对车外次任务分心的研究相对较少，主要集中在车外广告牌的分心影响。下面从车外交通环境复杂度对驾驶绩效的总体影响及车外广告牌对驾驶绩效的具体影响 2 个维度进行分析。

4.3.3.1 交通环境复杂度对驾驶绩效的影响

利用驾驶员在车辆运行过程中为了保持车辆的车道位置并监控道路危险所要投入资源

的程度来表征车辆所处的道路交通环境复杂程度。将道路交通环境的复杂度分为4个等级，并以1~4的整数表示相应的等级，主要考虑交通量、V/C（V为最大服务交通量，C为基本通行能力）比和车辆行驶自由度三个方面的影响。具体分级情况见表4-11。

交通环境复杂度分级　　表4-11

等级	影响因素			评估得分
	交通量（pcu①/前方30m）	V/C	车辆行驶自由度	
一级	≤3	≤ 0.35	驾驶员能够较自由地选择行驶速度	≤1.25
二级	3~7	0.35~0.50	驾驶员选择行驶速度的自由度受到一定限制	1.25~2.25
三级	7~11	0.50~0.65	驾驶员选择行驶速度的自由度受到很大限制	2.25~3.25
四级	≥11	≥0.65	驾驶员无自由选择行驶速度的余地	≥3.25

注：①pcu：Passenger Car Unit，标准车当量数。

在不同交通环境下，驾驶员为保证驾驶安全所需投入资源的程度不同。复杂交通环境下驾驶员能够用来进行其他活动的资源也会受到限制。当车辆运行环境较为简单时，驾驶任务对驾驶员的资源投入需求较低；当车辆运行环境复杂度增加时，驾驶任务对驾驶员资源投入需求较高，驾驶员进行IVIS操作时，会尽量减少所花费的时间，以保证驾驶安全。

分析交通环境复杂度对驾驶分心影响的显著性，得到的结果如表4-12所示。

驾驶分心双因素方差分析结果　　表4-12

项目	Ⅲ型平方和	自由度	均方	F值	P值
校正模型	8.641a	5	1.728	21.359	0.001
截距	36.575	1	36.575	452.042	0.000
交通环境	1.025	2	0.513	6.336	0.033
误差	0.485	6	0.081	—	—
总计	45.702	12	—	—	—
校正的总计	9.126	11	—	—	—

注：R^2 = 0.947（校正后 R^2 = 0.902）。

从表中数据可以看出，在 α = 0.05 的显著水平下，交通环境复杂度的影响对应的P值小于0.05，说明交通环境复杂度对驾驶分心具有显著影响。驾驶员在关注车外环境信息时，视觉资源需求增加，这一变化会使驾驶员主动降低行驶速度，可以将驾驶员这一反应看作补偿效应，即驾驶员主动降低驾驶主任务负荷来补偿车外信息对注意力资源的占用，以保证驾驶绩效在安全范围内。

4.3.3.2　广告牌对驾驶绩效的影响

（1）广告牌规格对驾驶绩效的影响

在高速公路直行和转弯路段，驾驶员驾驶车辆经过不同规格的广告牌时的实时速度见表4-13。

不同规格的广告牌对实时速度的影响($n=27$)(单位:km/h)　　表 4-13

广告牌规格	道路线形	
	弯道	直行
大	89.10(3.14)	90.25(2.06)
中	88.83(2.95)	90.42(1.87)
小	89.10(3.70)	89.87(2.02)

注:括号内为方差分析结果。

对上述实时速度的平均数进行方差分析,结果显示:道路线形主效应非常显著,弯道的实时速度小于直行;广告牌规格主效应不显著;道路线形与广告牌规格的交互作用不显著。

对驾驶员驾车经过不同规格的广告牌时的跟驰距离进行分析,如表 4-14 所示。

不同规格的广告牌对跟驰距离的影响($n=27$)(单位:m)　　表 4-14

广告牌规格	道路线形	
	弯道	直行
大	48.62(11.91)	39.99(12.31)
中	48.22(12.95)	39.37(11.59)
小	49.26(11.21)	39.41(11.60)

注:括号内为方差分析结果。

对上述跟驰距离的平均数进行方差分析,结果显示:道路线形主效应非常显著,弯道时跟车距离大于直行,这可能是驾驶员在弯道时为了保持安全驾驶而降低速度所致;广告牌规格主效应不显著;道路线形与广告牌规格的交互作用不显著。

驾驶员驾车经过不同规格的广告牌时的横向偏移见表 4-15。

不同规格的广告牌对横向偏移的影响($n=27$)(单位:m)　　表 4-15

广告牌规格	道路线形	
	弯道	直行
大	0.90(0.25)	0.73(0.29)
中	0.85(0.23)	0.73(0.26)
小	0.93(0.26)	0.74(0.31)

注:括号内为方差分析结果。

对上述横向偏移的平均数进行方差分析,结果显示:道路线形主效应非常显著,即弯道横向偏移比直行的大,广告牌规格主效应不显著,道路线形与广告牌规格的交互作用不显著。

比较左弯、右弯时,经过不同规格的广告牌时横向偏移的平均数和标准差,结果见表 4-16。

弯道处不同规格的广告牌对横向偏移的影响($n=27$)(单位:m)　表 4-16

广告牌规格	道路线形	
	左弯	右弯
大	0.96(0.30)	0.83(0.29)
中	0.96(0.37)	0.74(0.24)
小	1.00(0.34)	0.85(0.29)

注:括号内为方差分析结果。

对上述横向偏移的平均数进行方差分析,结果显示:道路线形主效应非常显著,即左弯时横向偏移比右弯时横向偏移大,这可能是由于广告牌在道路右边;广告牌规格主效应不显著;道路线形与广告牌规格的交互作用不显著。

(2)广告牌密度对驾驶绩效的影响

在高速公路直行和转弯路段,驾驶员驾车经过不同密度的广告牌时的实时速度见表 4-17。

不同密度的广告牌对实时速度的影响($n=26$)(单位:km/h)　表 4-17

广告牌密度	道路线形	
	弯道	直行
无(0 个/km)	88.25(1.46)	89.40(1.19)
低(4 个/km)	89.33(3.23)	89.90(0.60)
高(8 个/km)	88.89(2.12)	89.40(1.18)

注:括号内为方差分析结果。

对上述实时速度的平均数进行方差分析,结果显示:道路线形主效应显著,直行路段的速度大于弯道;广告牌密集度主效应不显著;道路线形与广告牌密度的交互作用不显著。

驾驶员驾车经过不同密度的广告牌时跟驰距离见表 4-18。

不同密度的广告牌对跟驰距离的影响($n=26$)(单位:m)　表 4-18

广告牌密度	道路线形	
	弯道	直行
无(0 个/km)	55.46(5.62)	45.22(14.12)
低(4 个/km)	56.69(9.03)	39.80(12.22)
高(8 个/km)	47.13(10.76)	40.71(16.00)

注:括号内为方差分析结果。

对上述跟驰距离的平均数进行方差分析,结果显示:道路线形主效应非常显著,弯道时的跟驰距离大于直行;广告牌密度主效应非常显著,无广告牌、低密度广告牌情况下跟驰距离没有差异,但都大于高密度广告牌情况;道路线形与广告牌密度的交互作用显著。

简单效应检验表明:广告牌密度在道路线形的两个水平上有差异,在弯道时,低密度广告牌与无广告牌情况下的跟驰距离差异不显著,低密度广告牌情况下的跟驰距离显著大于高密度广告牌情况下的跟驰距离,无广告牌情况下的跟驰距离显著大于高密度广告牌情况下的跟驰距离;在直行时,无广告牌情况下的跟驰距离大于低密度广告牌情况下的跟驰距离;无广告牌和高密度广告牌情况下的跟驰距离差异显著,低、高密度广告牌情况下的跟驰距离差异不显著。

驾驶员驾车经过不同密度的广告牌时横向偏移见表 4-19。

不同密度的广告牌对横向偏移的影响($n=26$)(单位:m)　　表 4-19

广告牌密度	道路线形	
	弯道	直行
无(0 个/km)	0.92(0.28)	0.67(0.34)
低(4 个/km)	0.89(0.22)	0.82(0.40)
高(8 个/km)	1.11(0.34)	0.88(0.42)

注:括号内为方差分析结果。

对上述横向偏移的平均数进行方差分析,结果显示:道路线形主效应非常显著,弯道时横向偏移大于直行;广告牌密度主效应非常显著;驾车经过无广告牌和低密度广告牌时的横向偏移没有差异,但都小于经过高密度广告牌时的横向偏移;道路线形与广告牌密度的交互作用显著。

简单的效应检验表明:道路线形在广告牌密度的 3 个水平上有差异,在无广告牌、高密度广告牌弯道的横向偏移显著大于直行,在低密度广告牌情况下,弯道和直行横向偏移差异不显著;广告牌密度在道路线形的两个水平上有差异,在弯道时,高密度广告牌情况下的横向偏移大于无广告牌情况,高密度广告牌情况下的横向偏移大于低密度广告牌情况,无广告牌情况和低密度广告牌情况的横向偏移差异不显著;在直行时,高密度广告牌情况和低密度广告牌情况下的横向偏移差异不显著,高密度广告牌情况下的横向偏移大于无广告牌情况下的横向偏移,低密度广告牌情况下的横向偏移大于无广告牌情况下的横向偏移。

4.4　公交驾驶员与驾驶分心

4.4.1　公共和商业运输部门驾驶分心相关研究

与传统的汽车驾驶员分心研究相比,针对公共和商业运输领域的驾驶分心问题研究相对较少。Hanowski 等人通过研究大约 225308.16 km 里程的公交驾驶员驾驶行为原始数据,发现发生交通事故的 3 个主要原因是判断错误、其他车辆影响和驾驶分心。与驾驶分心有关的事件包括电话交谈、调节 CD 播放器、看文件、与乘客交谈、进餐、调整座椅、调整收音机、吸烟、接听电话、拨号、看手机、梳理头发、用牙签和揉脸等。

分析高速公路车辆碰撞事故,结果显示疲劳和分心与碰撞事故死亡后果密切相关,如果不考虑其他影响因素,疲劳或嗜睡的驾驶员发生致死交通事故的可能性比正常驾驶员高 21 倍,分心驾驶员发生致死交通事故的可能性比正常驾驶员高 3 倍。

对自然驾驶数据开展研究,收集载货汽车驾驶员分心信息,从 121h 的自然视频数据(来自6个载货汽车驾驶员)中识别出4329个分心事件。结果表明:驾驶员在总的驾驶时间中大约有52%的时间(63.1h)处于分心状态。最常见的驾驶分心包括挠头、打哈欠、咳嗽、饮食、吸烟和个人修饰。长途和短途载货汽车驾驶员近50%的驾驶时间在交谈、饮食、喝酒或吸烟。

采用模拟实验法研究手机和无线通信设备对公交驾驶员的影响,结果表明:两种设备都增加了公交驾驶员对突发事件(例如前方车辆突然刹车)的反应时间。关于公共和商业运输领域驾驶分心的少量研究表明:除了传统驾驶中相关的分心因素之外,从事公共和商业运输的驾驶员还面临着与工作相关的其他分心因素,包括技术(例如无线电)和程序(例如与其他驾驶员或控制中心进行通信)。对于传统公交以及公共交通和商业运输部门分心驾驶,都需要一种综合的分心因素分类法指导数据收集、监视系统的设计以及车辆、道路基础设施、培训计划和程序设计,以最大限度地减少驾驶分心的可能性。另外,需要一种可靠且有效的方法来评估各种驾驶分心源,使分析人员可以快速有效地识别和分类分心因素,确定其影响驾驶员的程度,并评估其对驾驶绩效的影响。

4.4.2 公交驾驶员驾驶分心研究方法

澳大利亚新南威尔士州的一家大型运输公司评估公交驾驶员在开车时进行分心活动的风险,确定影响公交驾驶员的各种干扰源,并确定与每种干扰源相关的风险等级。研究过程分为3个阶段,评估方法如图4-1所示。

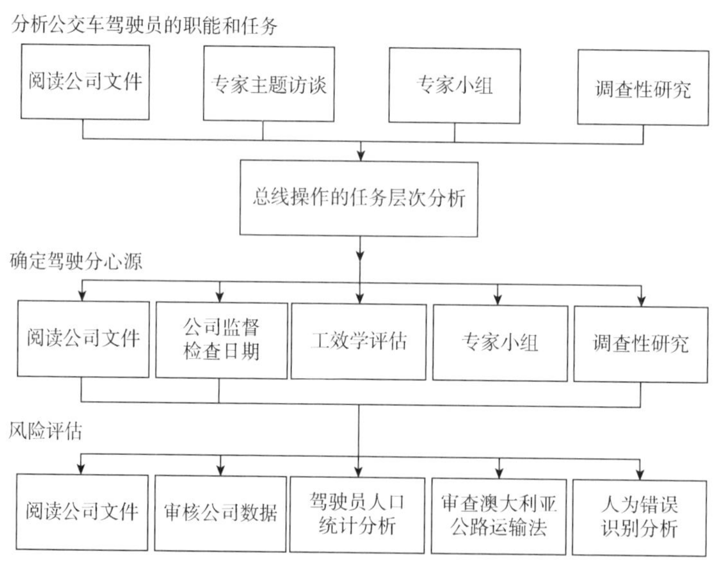

图4-1 公交驾驶员分心评估方法

(1)分析公交驾驶员的职能和任务

研究的第一阶段是识别公交驾驶员驾驶公共汽车时所承担的任务,包括驾驶和非驾驶任务。涉及对公司文件的审查(包括培训手册和标准操作程序),与各类专家(驾驶培训人员、经验丰富的公交驾驶员等)访谈,与专家小组讨论以及在典型路段进行公交车驾驶观察研究。

从中获得的信息用于指导公交驾驶员分层任务分析。分层任务分析根据目标、子目标以及行为和认知操作来描述系统，包括任务执行过程中基于目标的人机交互。以这种方式描述公交车"系统"将有助于识别驾驶分心的潜在来源，因为它将提供与每个任务相关的目标描述、与驾驶行为有关的任务以及完成任务所需的动作和认知操作。

(2)确定驾驶分心源

识别和记录公交驾驶员的各种分心源。对公交驾驶员样本进行小组讨论，对典型路段的公交车进行观察研究，对公交车分层任务分析进行审查，对公交车进行人机工程学评估，对公司文件进行检查，对公交驾驶员驾驶公共汽车时采用的技术和配置进行审查。在此阶段使用各种方法的重点都是识别公交车运行过程中存在的干扰源。

(3)驾驶分心风险评估

公交驾驶分心风险评估涉及对公交驾驶员和公司"响应车辆"(用于响应公共汽车故障和紧急情况)的人机工程学评估，对公司防范分心政策的审查，公司有关驾驶分心的最新数据及其对交通安全的影响，对公交驾驶员的资料的审查，对现行法律的审查以及基于干扰的公交车人为错误识别分析。

4.4.3　公交驾驶员任务特性

在讨论访谈和观察研究的基础上，构建公交驾驶员分层任务分析流程，见图4-2。

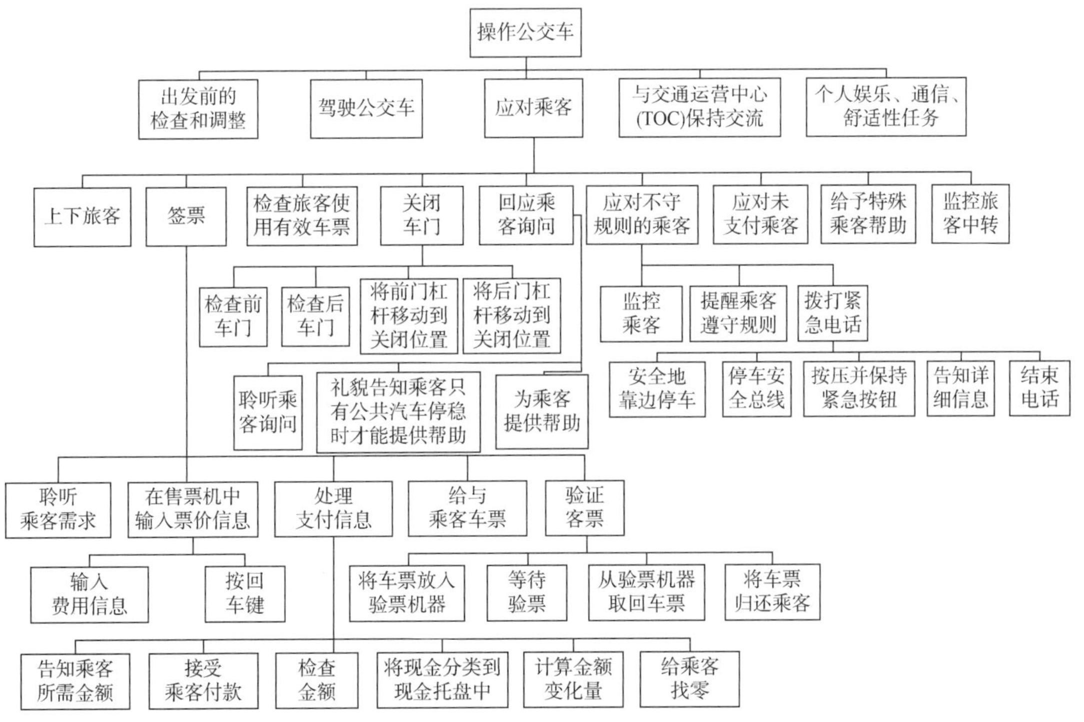

图4-2　公交驾驶员分层任务分析节选

为了总结利益相关者的分层任务，确定了公交驾驶员在操作公交车时执行的7类任务，分别是准备任务、车辆控制任务、车辆认知任务、路线/时间表任务、与乘客有关的任务、通信任务和个人舒适性任务：

①准备任务是公交驾驶员执行的准备工作，包括进行一系列出发前的检查，这些检查旨在确定公交车是否适合公路行驶以及是否可以正常运行，例如检查发动机、电气系统、车轮、负载、仪表、异物。检查完成后，公交驾驶员会进行驾驶前调整，包括调整座位、检查和调整后视镜和遮阳板、熟悉行驶路线以及修改目标板等。

②车辆控制任务是公交驾驶员在驾驶公交车时必须执行的操作任务，包括操作加速踏板和制动踏板、换挡以及操作其他车辆控制装置。

③车辆认知任务是公交驾驶员在驾驶公共汽车时必须执行的认知任务，包括执行驾驶计划、检查后视镜、监视其他道路使用者、预测其他道路使用者的行为、导航、感知、决策以及实现和维护态势感知所需的任务。

④路线/时间表任务是执行路线和时间表的任务，包括检查路线日志、规划路线、在售票机上输入分区点以及根据路线日志指定的时间检查当前时间。

⑤与乘客有关的任务包括公交驾驶员在与乘客交流时必须执行的任务，包括打开和关闭公交车门、操作售票机和售票、更改转乘点、检查车票、监控乘客并协助乘客等。

⑥通信任务是公交驾驶员必须执行的维持与运营中心通信的任务，包括收听广播、使用收音机、启动与运营中心间的通信、报告事件以及拨打紧急电话。

⑦个人舒适性任务是公交驾驶员在驾驶公交车时执行的维护个人舒适性的任务，包括调整座椅、遮阳板、后视镜、操作驾驶控制装置、饮食、使用个人娱乐设备等（例如便携式收音机）。

除了在出发前完成的准备任务之外，所标识的其他任务都可以由公交驾驶员在驾驶公交时执行。根据公司政策和规定，在驾驶公共汽车时仅应执行车辆控制任务和车辆认知任务。其他任务是驾驶员在公共汽车停车时根据公司政策和规定执行的次任务。数据表明，有相当大比例的公交驾驶员在驾车时执行一些其他次任务，是驾驶分心的潜在来源。

假设在驾驶过程中驾驶员执行次任务、通信任务和个人舒适任务可能会导致驾驶分心，公交驾驶员分心源可能是公交驾驶员在驾驶公交车时执行与乘客有关的次任务、通信任务、个人舒适性任务以及执行这些任务时使用的技术。

图4-3　公交驾驶员分心源分类

4.4.4　公交驾驶员分心原因

根据小组访谈、分层任务分析和观察研究，构建公交驾驶员分心源分类法。分心源包含研究过程中确定的所有潜在分心源。确定的潜在分心源可分为7个主要类别，具体见图4-3。

①与技术相关的分心源。与技术相关的分心源包括驾驶员在驾驶公共汽车时与之交互的任何技术设备，包括收音机、CD播放器、电台、售票机以及移动电话等。

②与操作相关的分心源。与操作相关的分心源包括

操作售票机、与运营中心通信、收听广播以及阅读或修改路线日志等。

③与乘客相关的分心源。与乘客相关的分心源包括管理乘客的各个方面，包括与乘客交谈、监控乘客、发放车票、给乘客提供帮助以及乘客大声讲话等。

④与环境相关的分心源。与环境相关的分心源包括可能导致驾驶分心的任何环境条件，例如阳光刺眼。如果环境条件诱使驾驶员进行减轻环境带来的不适感的各种活动，例如调整温度控制或遮阳板可能造成驾驶分心。

⑤与客舱相关的分心源。与客舱相关的分心源包括公交车厢内可能导致驾驶分心的任何功能，涉及声响（如车厢门，售票机）以及调整遮阳板、座椅、控制装置和安全带等。

⑥与基础设施相关的分心源。与基础设施相关的分心源包括可能会分散驾驶员注意力的道路基础设施，如公交车站边的广告、道路指示标志等。

⑦与个人相关的分心源。与个人相关的分心源包括可能使公交驾驶员驾驶分心的任何个人因素，如疲劳、疾病和药物治疗、吃喝等。

表 4-20 为公交驾驶员驾驶分心源与类别。

公交驾驶员驾驶分心源　　表 4-20

类　别	具体内容
技术	收音机*、手持电台*、售票机*、移动电话*、个人娱乐*、乘客技术
操作	发放车票*、综合广播、个人广播、收音机播放细节*、与运营中心通信、遵守时间表、阅读规定线路*、修改规定线路*、改变规定站点、公共汽车停止警报、手刹报警、打开和关闭车门
乘客	乘客对话、乘客询问、与乘客交流*、不守规则的乘客、未支付的乘客、学生、年长的乘客、残疾的乘客、带着婴儿的乘客、发放车票、监控车站、帮助乘客*
环境	天气条件（例如眩光）、调整温度控制或遮阳板
客舱	噪声、错误的防晒板、调节座位、调节安全带、调节驾驶杆、调节空调系统
基础设施	广告、车道宽度、道路布置、道路指示牌
个人	疲劳、疾病、药物治疗、缺乏经验、吃喝

注："*"代表指公司禁止在车辆行驶过程中进行的违规活动，而公交驾驶员只被允许在汽车静止时执行这些任务。

在对公交车进行人机工程学评估后发现，公交车上的各种设备可能会在驾驶员驾驶公交车时分散其注意力，包括广播电台显示屏、听筒、售票机、遮阳板。除此之外，还发现了一些人机工程学设计不佳的情况，这些情况可能影响驾驶绩效，包括车辆控制装置、公交车门、安全带以及导航辅助等设计不当。最后，确定了许多可能在驾驶时分散驾驶员注意力的声音警报，包括停车警报、轮椅坡道警报、售票机故障、广播警报以及机油压力警报。尽管这些警报是正常驾驶公交车过程的一部分，但它们可能分散驾驶员的注意力，使其无法安全地驾驶公交车。

分心检查表用于评估公交车上不同设备导致的分心程度。该检查表表明，在公交车上与驾驶无关的设备中，售票机、广播电台显示屏和手持设备可能会分散驾驶员注意力。进行公交驾驶员分心研究时可对不同装置和活动所施加的实际干扰程度进行严格的定量评估。

人为错误识别技术使分析人员可以预测在特定的人机交互期间可能出现的潜在错误，前提是理解驾驶员的工作任务和所用技术的特征，使分析人员能够提示可能由于交互作用而引发的潜在错误。系统化的减少人为错误和预测方法（Systematic Human Error Reduction and

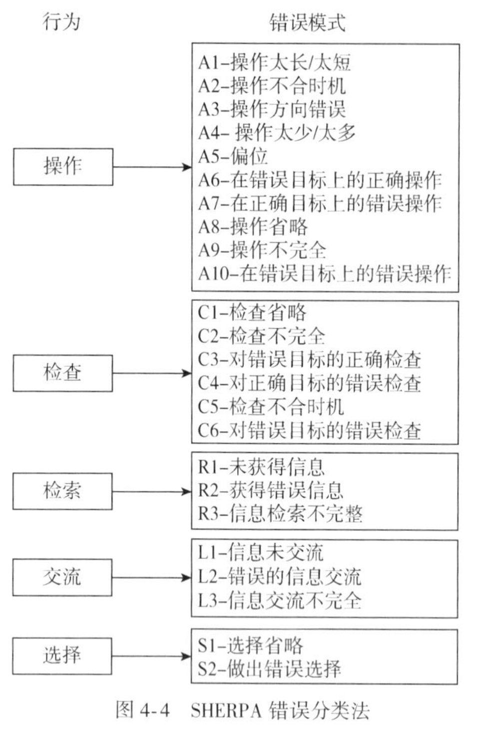

图 4-4　SHERPA 错误分类法

Prediction Approach, SHERPA）用于预测公交驾驶员分心时可能出现的潜在错误。分层任务分析的每个底层任务步骤都被归类为 5 个 SHERPA 行为类型（动作、检查、信息检索、信息通信和选择）之一。每个 SHERPA 行为分类都有一组相关的错误，如图 4-4 所示。

根据分析师的主观判断，使用 SHERPA 和专业知识确定执行任务时出现的错误。对于确定的每个可信错误，提供对错误形式的描述、分析人员描述错误后果以及在错误发生时需要采取的恢复步骤，提供序数概率（低、中或高）和严重性（低、中或高）的等级，为所识别的每个错误提供设计补救措施（修改接口或设备以消除或减少发生错误的机会）。

为了识别驾驶分心时可能出现的错误，进行了改进的 SHERPA 分析。通过分层任务预测驾驶员在分心情况下可能发生的错误。表 4-21 给出了 SHERPA 干扰分析的摘录。

SHERPA 干扰分析摘录　　表 4-21

任务	分心类型	错误模式	描述	结果	概率	临界	补救措施
分层任务一	视觉	C1	由于视觉分心，驾驶员在关闭车门前没有检查前门和后门	当驾驶员关闭车门时，车门内或周围可能有乘客	中	高	开/关门前检查门的声音提示，自动开启/关闭的智能门
	心理	C1	由于视觉分心，驾驶员在关闭车门前没有检查前门和后门	当驾驶员关闭车门时，车门内或周围可能有乘客	中	高	开/关门前检查门的声音提示，自动开启/关闭的智能门
分层任务二	动作	A3	驾驶员将车门操作杆移错方向	门一直开着而不关闭	低	中	自动开启/关闭的智能门
	视觉	A3	驾驶员将车门操作杆移错方向	门一直开着而不关闭	低	中	自动开启/关闭的智能门
	心理	A8	驾驶员在开车前没有关闭车门	车门未关时公共汽车会自动停车	低	中	自动开启/关闭的智能门
分层任务三	动作	—	—	—	—	—	—
	视觉	C1	驾驶员在开车前没有检查后视镜	驾驶员看不到离公交车很近的行人或其他道路使用者	高	高	离开前检查后视镜的声音提示
	心理	C1	驾驶员在离开车前没有检查后视镜	驾驶员看不到离公交车很近的行人或其他道路使用者	中	高	—

SHERPA 分析表明，驾驶员可能会因身体、认知或视觉分心造成许多操作失误。补救措施包括：对客舱进行设计更改，使用智能车辆系统（如智能速度自适应系统、跟驰距离警告系统、车道偏离警告系统、自动车道保持系统和路线导航系统），开展驾驶员培训，利用制度消除违规活动，开发新技术（如驾驶员支持系统、可向驾驶员提供其他道路使用者位置信息的近距离警告系统）。

第 5 章　驾驶分心与碰撞风险

道路上发生碰撞事故的风险与道路条件、分心、超速、酒后驾驶、疲劳驾驶和不利的天气条件等因素有关,其中最关键的因素为非驾驶相关分心任务和道路条件。本章首先利用流行病学方法研究驾驶分心风险因素识别方法,对常见的风险影响因素进行分析,然后进行驾驶分心调查研究,给出不同调查方法的对比结果,最后基于警方调查与自然驾驶研究分析驾驶分心与碰撞事故的关系。

5.1　基于流行病学方法的驾驶分心研究

5.1.1　风险因素识别方法

风险因素识别可以作为驾驶分心对策实施的依据,最常见的识别交通事故驾驶分心风险因素的流行病学方法是病例对照研究和病例交叉研究。在一项病例对照研究中,根据是否遭受特定的伤害结果来定义个体组,将其与提出的风险因素进行比较。如果调查驾驶员是否与交通事故风险有关,那么案例组是涉及交通事故的驾驶员,而控制组将是没有发生交通事故的驾驶员,然后比较并计算载客时发生交通事故的概率。病例对照研究可以相对及时地完成和检验罕见事件的假设(比如交通事故),而且成本较低。

病例交叉研究与病例对照研究的不同之处在于病例本身就是对照。因此,对可能影响风险但在短时间内不会改变的个体层面因素进行设计控制,例如驾驶员年龄或驾驶经验。在招募阶段或分析阶段不需要对潜在的混杂因素进行调整。

病例对照研究和病例交叉研究的潜在局限包括选择偏差和信息偏差。选择偏差是指被选中的人和未被选中的人在特征上的系统性差异,信息偏差是指由于测量不准确而产生的系统性差异。两者都会导致与真实值不一致的结果,影响研究的内部有效性,因此充分评估研究的内部有效性至关重要。

为了评估风险,流行病学方法通常采用相对风险(Relative Risk, RR)指标来评估驾驶分心风险。相对风险是驾驶分心时发生交通事故的概率与未分心时发生交通事故的概率之比。

5.1.2　常见风险影响因素

5.1.2.1　驾驶员年龄

对加拿大 30.6 万名 16~59 岁持证驾驶员的交通事故数据与出行调查数据进行比较分析,研究发现,在发生的所有交通事故类型中,年龄在 25~59 岁的女驾驶员发生的交通事故较少;年龄在25~59岁的男性驾驶员中发生致死交通事故的较少;在16~19岁的驾驶员中,交通事故率随着乘客数量的增加而上升。

采用1990~1995年美国死亡分析报告系统中的273054起涉及乘用车驾驶员的致死交通事故数据进行评估,所有在单车交通事故或多车交通事故中发生过一次或多次驾驶错误的都被设定为驾驶失误,假设无失误驾驶员的分布为研究人群中所有出行驾驶员的分布。结果发现:在16~24岁的驾驶员中,有乘客会导致更多的失误,发生致死交通事故。例如,16岁驾驶员与乘客同行时发生失误致死交通事故的可能性大概是30~59岁驾驶员的5倍(95%置信区间为4.3~5.2倍;相比之下,16岁驾驶员独自驾车时发生致死交通事故的概率是30~59岁驾驶员的2倍(95%置信区间为2.1~2.5倍);与2名或2名以上青少年乘客同行的青少年驾驶员发生交通事故的危险度较高。

1994~1996年,美国肯塔基州警方报告了超过77000名16~20岁驾驶员的交通事故,据此研究了乘客对青年驾驶员交通事故倾向的影响,使用推导法计算相对交通事故比率。结果表明:当年轻驾驶员和同龄人一起出行时,其发生交通事故的风险增加;年轻驾驶员在和成人、儿童或两者一起出行的情况下,发生单车或多车交通事故的可能性最小。

针对1993年1月~1998年6月的加利福尼亚州公路交通事故数据,研究青年驾驶员与致伤交通事故发生率之间的关系。结果发现:在单车和多车交通事故中,有10795名青年驾驶员(16岁和17岁)受伤;有12906名青年驾驶员因多辆车相撞被认定无罪;与单独开车相比,当搭载3名或3名以上的年轻男性乘客时,青年驾驶员发生致伤交通事故的风险会增加,搭载儿童、成人或少女时,青年驾驶员发生致伤交通事故的风险并不会增加。

5.1.2.2 乘客人数

流行病学研究方法证明了乘客人数对驾驶员交通事故风险的影响,搭载2名或2名以上乘客时驾驶员在周五和周六晚上发生交通事故的相对风险为2.3(与搭载1名乘客相比)。工作日的上午8点到下午9点,搭载2名或2名以上乘客的驾驶员发生交通事故的概率是驾驶员独自驾驶时的2倍。另一项研究表明:75岁及以上的驾驶员如果搭载2名或2名以上乘客,发生交通事故的风险会增加。

对美国死亡分析报告系统(Fatality Analysis Reporting System)和全国个人交通调查(Nationwide Personal Transportation Survey)数据研究发现驾驶员死亡风险随着乘客数量的增加而升高。对于17岁的驾驶员,车内有1名乘客时每1000万次行程的驾驶员死亡风险是1.5(95%置信区间为1.4~1.6),车内有2名乘客时的驾驶员死亡风险为2.6(95%置信区间为2.2~3.0),车内有3名及以上乘客时的驾驶员死亡风险为3.1(95%置信区间为2.5~3.8),驾驶员死亡风险并没有随着交通事故发生的时间而变化。

1998~1999年,新西兰奥克兰开展了一项汽车碰撞的病例对照研究,调查乘客对交通事故风险的影响,共涉及571例和588例对照数据。在这项研究中,当25岁以下的驾驶员搭载2名或2名以上乘客时,会显著增加驾驶员发生致伤交通事故的风险。搭载2名或2名以上同龄的乘客时,发生致伤交通事故风险为5.8(95%可信区间为2.3~14.3),搭载2名或2名以上其他年龄乘客时,驾驶员发生致伤交通事故风险为 5.2(95%可信区间为 1.7~16.2)。在调整驾驶员性别、夜间驾驶、饮酒量、每周平均驾驶里程和驾驶员嗜睡等因素后,对于 2 名及 2 名以上的同龄乘客和不同龄乘客,调整后的驾驶员交通事故受伤风险分别为 15.6 和 10.2。

另一种检验乘客对驾驶员影响的方法是评估新手驾驶员的驾驶经验。例如,加利福尼亚州对新手驾驶员的正式驾照颁发资格开展评估:正式驾照颁发前实施为期 6 个月的限制措施,新手驾驶员在获得实习驾照后的 6 个月内需在成人监督才可搭乘 20 岁以下的乘客;同时,需满足监管机构认证的具备至少 50h 的驾驶经历(其中,夜间驾驶 10h 以上);且符合 12 个月的时间限制(在成年人监督条件下才可在凌晨 0 点~5 点间驾驶车辆)。采用时间序列分析法,分析新手驾驶员搭载 20 岁以下乘客的月人均交通事故伤亡率情况。结果表明:这些限制措施每年可减少 816 起死亡或受伤交通事故,无成年人监督的新手驾驶员发生交通事故的比例多于有成年人监督的情况。

流行病学方法研究可以更充分了解乘客数对道路安全的重要影响。几个国家实行了分级驾驶执照制度,限制措施包括对年轻驾驶员夜间驾驶的限制,但并不是所有国家都限制年轻驾驶员搭载同龄乘客。可以利用该研究敦促政策制定者采取限制措施,减少交通参与者中弱势群体的交通事故和伤害。

综上,乘客的存在会增加青年驾驶员发生交通事故的风险,而且风险会随着乘客数量的增加而增加;在一些研究中,此风险还会随着同龄乘客和男性乘客的出现而增加。青少年乘客可能在多个方面增加青年驾驶员发生交通事故的风险,包括驾驶分心以及同龄人的影响,后者可以是直接或间接的影响。美国一项针对 16 岁驾驶员致死交通事故的研究显示,与独自驾驶相比,有乘客时单车交通事故率呈上升趋势,其中包括超速和驾驶失误。一项对青少年驾驶行为的研究表明其平均驾驶速度比独自正常驾驶要快,尤其是在有年轻男性乘客搭乘的情况下。

5.1.2.3　手机使用

采用病例对照研究法分析驾驶时使用手机与致死交通事故之间的关系。

①1992~1995 年,美国俄克拉荷马州发生了 223137 起交通事故,共有 1548 名驾驶员死亡,其中有 5 名驾驶员在交通事故发生时正在使用手机。在调整了年龄、性别、饮酒、速度、驾驶分心和偏离道路中心线驾驶等因素后,使用手机导致致死交通事故的概率比发生非死亡交通事故的概率高出 9 倍(在 95%可信区间 3.7~23.1 下为 9.3 倍)。

②美国俄克拉何马州的 206639 起交通事故报告表明,使用手机的驾驶员发生交通事故的比例较高,其发生交通事故的原因包括不安全的速度、驾驶分心、行驶方向错误等。

③美国纽约州对 2 年中发生道路交通事故的 60 名驾驶员与 10 年中未发生交通事故的 77 名驾驶员开展对照研究,评估手机在道路交通事故中的作用,发现驾驶时手机使用时间超过 50min/月的驾驶员发生交通事故的概率增加了 5.5 倍。

④对比加拿大魁北克省手机用户和非手机用户的交通事故数据,评估手机在交通事故中的作用。175000 名驾驶员中有 36078 人(20.6%)在邮件、问卷、电话记录、驾驶记录和警方报

告中指出使用手机导致分心交通事故的发生。Logistic 回归模型表明，驾驶时使用手机增加发生交通事故的风险（95%置信水平下，男性风险为 1.1，女性风险为 1.2）。在考虑年龄和年行驶里程等因素后（根据驾驶员性别和每月通话总次数，手机用户的相对危险度在 2.2~2.7），驾驶时频繁使用手机的驾驶员比不经常使用手机的驾驶员发生交通事故的风险高。

⑤采用加拿大温哥华的 3869 名驾驶员样本，路边观测调查驾驶员是否使用手机，车辆牌照、性别和年龄的详细信息用于获取保险索赔记录和撞车、违规记录。在控制驾驶员年龄、性别、酒驾、攻击性驾驶行为和非失误交通事故记录后，发现驾驶时使用手机的驾驶员比不使用手机的驾驶员发生交通事故的风险高。

⑥采用案例交叉方法对加拿大多伦多 699 名驾驶员的财产损失事故进行研究。结果表明：撞车前 10min 使用手机会使交通事故风险增加 4 倍（95%置信水平下为 4.3 倍），不考虑年龄和性别因素，驾驶员驾驶时使用手机手持通话和免提通话会使交通事故的风险增加，该种方法可以减少驾驶经验、年龄和冒险倾向等风险因素调整的需要。该研究的潜在局限性是误分类偏差，交通事故发生的确切时间可能不准确，交通事故发生后也可能使用手机，且紧急服务电话可能不是交通事故发生后的第 1 个电话，这种错误的分类方法可能会高估手机使用带来的风险。采用 3 种来源信息（自我记录、警察记录和呼叫紧急服务时间）估计交通事故发生的时间，选择最早的记录时间以减少错误分类的可能性。

⑦采用案例交叉方法分析 456 名驾驶员的手机使用情况在严重交通事故中的作用。结果表明：驾驶员在交通事故前 10min 使用手机，发生严重交通事故的可能性增加了 4 倍；无论是否在车内使用免提装置，交通事故风险都有所增加；在男性和女性及不同年龄组中，这种交通事故风险评估结果是相似的。

在一些研究中，除了确定最早的手机使用记录时间，还评估了驾驶员记录和警察记录间的一致性。部分驾驶员拒绝参与调查，可能会影响最终的评估结果，例如，由于一些驾驶员担心承认发生交通事故时使用手机需要承担一定的事故责任而拒绝配合调查，这种情况会造成使用手机导致交通事故的风险被低估。

此研究的主要局限性是很难确定驾驶员在交通事故发生时是否真的在打电话，研究结果只表明了统计上的关联性。大量基于流行病学方法的研究表明，使用手机会增加交通事故风险，这一结论与模拟环境下使用手机增加驾驶风险的实验结论一致。自然驾驶研究方法考虑了驾驶员在交通事故、临界碰撞事故或其他重大交通事故时是否使用手机的情况，克服了这一局限性。自然驾驶研究使用摄像机来监控驾驶员的日常驾驶行为，由 VITI 和 NHTSA 共同完成的对 100 辆车的自然驾驶研究结果显示，使用手机与导致驾驶分心的次任务有关。

对案例对照数据库中的交通事故、临界碰撞事故信息（案例数据）及随机时间段内未发生交通事故、临界碰撞事故或重大事件的信息（控制数据）进行分析，研究发现：拨打电话与交通事故或临界碰撞事故的风险增加相关，接听电话没有显著增加交通事故或临界碰撞事故的风险。

手机用户的交通事故风险也可能受到分心以外因素的影响，有研究表明，驾驶时使用手机的驾驶员在道路上更容易存在一系列冒险行为，包括超速、饮酒以及不系安全带等。案例交叉方法研究考虑了个人层面因素，案例本身就是控制因素。流行病学方法的研究目前没有发现不同年龄组使用手机的交通事故风险水平有差异。但青年驾驶员在驾驶时更可能使用手机，青年驾驶员使用手机导致的交通事故发生率会更高。

驾驶时使用手机会增加财产损失、受伤以及临界碰撞事故风险。使用手机导致的交通事故风险通常会比平时增加 3~4 倍。考虑到免提设备并不能消除某些干扰效应（如与交谈行为有关的干扰），无风险的设备是不存在的，所以无论是否在车内使用免提设备，发生交通事故的风险都会增加。

5.1.3　其他风险影响因素

由 VITI 和 NHTSA 共同完成的对 100 辆车的自然驾驶研究发现，在所有交通事故和临界碰撞事故中，超过 22%的交通事故是由驾驶次任务分心引起的。查看或伸手触摸车内物体导致的交通事故占 12%，与乘客相关的交通事故占 9%，无线设备导致的交通事故占 9%，这 3 种是最常见的与分心有关的次任务。为了评估某些分心活动引起的风险，将分心次任务分为 3 组：复杂次任务、中等次任务和简单次任务。复杂次任务需要多个步骤、驾驶员视线多次远离前方道路或按多个按钮。复杂次任务包括拨打电话、寻找/触摸手机、操作数字设备、查看、阅读、化妆、触摸移动物体、处理车内的昆虫。中等次任务需要视线远离前方道路 2 次或最多按 2 下按钮，包括使用电话交谈、插入或取出磁带或光盘、触摸非手持设备、梳头或固定头发、其他个人卫生活动、吃东西和看车外物体等。简单次任务不需要或仅需按下 1 个按钮或视线远离前方道路 1 次，包括调节车载收音机以及其他与车辆有关的设备、交谈、唱歌、吸烟和注意力不集中等。

执行复杂次任务会使发生交通事故或临界碰撞事故的可能性增加 3 倍，而执行中等次任务会使发生交通事故或临界碰撞事故的可能性增加 2 倍，执行简单次任务与发生交通事故或临界碰撞事故的风险增加没有显著关系。触摸移动物体引发交通事故或临界碰撞事故的风险最高。然而，由许多特殊的分心次任务引起的风险仍然未知。

自然驾驶研究存在以下局限性：

①样本相对较小、不具有代表性，很难识别某些次任务所诱发的分心类型，例如驾驶员的认知注意力水平、乘客所代表的角色以及一些外界干扰。

②在对分心活动进行编号和为交通事故以及临界碰撞事故寻找失误原因时，评估结果存在可靠性问题。

③驾驶分心导致驾驶员受伤的严重交通事故中的数据存在有效性问题。

病例对照研究分析了吸烟状态和交通事故之间的联系，研究发现，有吸烟史的驾驶员发生交通事故的风险会增加，偶尔吸烟的驾驶员发生交通事故的相对风险为 1.4（与不吸烟的驾驶员相比），经常吸烟的驾驶员发生交通事故的相对风险为 1.6。采用对年行驶里程和年龄进行修正后发现吸烟者发生交通事故的风险会增加（交通事故相对风险度为 1.5）。然而，该研究并没有给出风险增加的原因。

5.2 驾驶分心调查研究

5.2.1 电话和邮件调查

调查是快速确定驾驶分心行为及评估其对驾驶绩效和交通安全影响的方法。一些研究采取电话、邮件和面对面调查的方法,估计驾驶分心的程度和类型。此类调查大部分集中在手机使用导致的分心方面:

①一项对美国6000名机动车驾驶员的调查发现,有超过68%的驾驶员在驾驶时使用手机,近75%的人驾驶时偶尔会打电话,而23%的人驾驶时从不打电话。在驾驶时偶尔使用手机的驾驶员中,60%的人会使用手持通话,而39%的人通常使用免提通话。

②一项针对美国北卡罗来纳州驾驶员的电话调查发现,近60%的驾驶员在驾驶时使用手机,25%的驾驶员在驾驶时使用免提通话。其他国家调查显示,驾驶员在驾驶时使用手机的行为很普遍。

③一项对澳大利亚新南威尔士州和西澳大利亚州的驾驶员进行的调查显示,57.3%的驾驶员在驾驶时使用手机,近40%的驾驶员没有免提设备,12.4%的驾驶员在驾驶时写短信和发短信,1.6%的驾驶员至少在一半的行程中有使用手机的行为。

④一项在加拿大开展的电话及邮件调查显示,有20%~40%的驾驶员驾驶时使用手机,而年轻和中年男性驾驶员使用手机的比例较高。

⑤在芬兰,驾驶员驾车时使用手机的比例从1999年的68%增加到2002年的81%,年轻男性驾驶员开车时使用手机的比例高于女性和年长的驾驶员。

⑥在瑞典进行的一项邮件调查发现,有30%的驾驶员驾驶时使用手机。

⑦新西兰的一项调查发现,驾驶员驾驶时使用手机的比例为57%。

⑧西班牙驾驶员驾驶时使用手机的比例为60%。

⑨一项对丹麦重型车驾驶员的调查发现,99%的重型车驾驶员驾驶时使用手机,其中31%的驾驶员使用手持通话,尽管法律禁止驾驶员驾车时使用手机。

在这些国家中,年轻男性驾驶员驾驶时手机使用率最高,而且绝大多数驾驶员使用手持通话而不是免提通话。

虽然有很大一部分驾驶员承认驾驶时会使用手机,但许多研究发现,驾驶员驾驶时持续使用手机的时间通常很短。瑞典驾驶员驾驶时平均每天使用手机1.1次,平均交谈10min,在超过一半行程中使用手机的驾驶员占8%左右;58%的加拿大驾驶员驾驶时使用手机的时间不到10min/周;只有5%的芬兰驾驶员每天使用手机的时间在16min以上。

根据一项对手机以外其他潜在驾驶分心行为的研究,驾驶员最常见的分心行为有:注意力不集中、想其他事情(71.8%),调整车内设备(68.7%),看车外物体或人(57.8%),与乘客交谈(39.8%),伸手拿车里东西(23.1%)。加拿大95%的驾驶员驾车时经常收听广播、唱片或磁带,65%的驾驶员会在驾车时调节车载收音机、车载CD播放器或磁带。

此外,大多数研究表明驾驶员与乘客交谈以及听收音机、唱片或磁带可能对安全驾驶不利。美国的一项调查发现,虽然约有 25%的驾驶员驾驶时使用手机,但驾驶时使用个人电子助手或电子邮件的驾驶员仅占 2%,使用呼叫机的驾驶员仅占 3%;执行非技术相关车内次任务的驾驶员比例更高,81%的驾驶员有与乘客交谈的行为,50%的驾驶员有吃东西或喝酒行为,12%的驾驶员在驾驶时看地图或方向。尽管电话和邮件调查快速,但它存在一些局限性,如自我报告偏差、低回应率、样本偏差等。

5.2.2　路边观测调查

路边观测调查可以收集驾驶员在特定时间点的驾驶分心行为资料,调查者站在路边记录进行或未进行某一特定活动的驾驶员人数。与邮件和电话调查一样,该研究方法倾向于关注驾驶员使用手机的情况。2005 年,美国一项调查发现,白天有 6%的客车驾驶员驾车时使用手机,0.8%的驾驶员驾车时使用耳机,0.2%的驾驶员开车时操纵手持设备。澳大利亚的一项研究调查了驾驶员在墨尔本主干路上使用手机的情况,尽管在此地区驾驶时使用手机是违法的,调查结果显示仍有 2%的驾驶员驾驶时使用手机,而且这些驾驶员主要是年轻男性。西澳大利亚的一项研究发现,1.5%的驾驶员在驾驶时手持手机,以 40 岁以下的男性驾驶员为主。

英国的一项调查结果表明,1.85%的驾驶员在晚高峰驾驶时使用手机,在驾驶时的手机使用禁令实施 10 周后,这一比例降至 0.95%。在美国实施手持电话禁令之前,纽约 2.3%的驾驶员驾车时使用手机,华盛顿特区 6.1%的驾驶员驾驶时使用手机。2001 年和 2004 年实施禁令几个月后,两地驾驶员驾驶时的手机使用率分别下降到 1.1%和 3.5%。一项对美国密歇根州(没有实施手持电话禁令)驾驶员驾驶使用手机长达 4 年的研究显示,驾驶员使用手机的比例从2.7%增加到 5.8%。新西兰对驾驶时使用手机没有限制,驾驶时手机使用率几乎是澳大利亚墨尔本(禁止驾驶时使用手机)的 2 倍。一项调查驾驶员使用手机和进行其他分心活动的研究发现,手机是最常见的潜在分心源,约占潜在分心的三分之一(1.5%的驾驶员),其次是与乘客互动(0.7%)、调节控制设备(0.3%)、其他分心(0.3%)。

与电话和邮件调查的情况一样,路边观测调查发现,年轻驾驶员驾驶时手机使用率最高,而在 60 岁或 60 岁以上的驾驶员中,这一比例非常低;男、女驾驶员驾驶时使用手机没有差异性。

采用路边观测调查方法估计驾驶分心的程度存在一些缺陷。首先,通常只在白天和速度较低的路段收集数据,比如十字路口或高速公路出口匝道,根据调查时间的不同,采样限制范围可能导致对手机总体使用率的低估或高估。其次,只能观测在某个时间点使用或不使用某种设备,无法提供有关分心活动的持续时间或频率信息。最后,路边观测调查通常仅限于从车外直接观察到的分心。目前大多数观察性研究只调查了驾驶员使用手机的情况,确定驾驶时使用车载电话的驾驶员比例较为困难,如正在说话的驾驶员可能是在自言自语,所以观察性研究的适用性有一定局限性。

5.2.3 自然驾驶调查

自然驾驶研究可收集驾驶分心数据,通过装有多种传感器(如视频和车辆状态监测设备)的车辆,研究人员可以获得驾驶员在日常驾驶条件下进行各种分心活动的准确数据,包括这些活动的频率和持续时间、驾驶员进行这些活动的条件以及这些活动对驾驶行为、驾驶绩效的影响。

美国研究人员调查了驾驶员在自然驾驶环境中的分心活动情况,在北卡罗来纳和费城的70名驾驶员的车上安装了摄像机,记录了驾驶员在1周内驾驶分心频率和时间。被调查驾驶员中,男性和女性数量相等,年龄为18~60岁。连续记录驾驶员的脸部情况、车内以及前方道路状况,最后对随机选取每位驾驶员的3h视频数据进行分析。

结果显示,除去与乘客交谈的时间,驾驶员在行驶过程中有14.5%的时间在进行某种分心活动,所有参与者都进行了车内分心活动,包括操纵车辆控制装置(不包括无线电音频设备)和伸手拿东西(约占行驶时间的4%),超过90%的驾驶员驾驶时操作音频设备(操纵时间占总驾驶时间的1.5%),约75%的驾驶员在驾驶过程中吃、喝以及与乘客交谈,近50%的驾驶员有看书、写字和化妆行为,约34%的驾驶员在驾驶时使用手机(通话、拨号和应答)。但这项研究并没有说明驾驶员使用手机的方式是手持的还是免提的。虽然研究发现只有7%的驾驶员在驾驶时吸烟,但在总驾驶时间中有超过21%的时间用于点烟、灭火或吸烟。

在这项研究中,只有5.7%的驾驶员因车外事件或物体发生了分心,分心时间在驾驶时间中约占2.0%。调查涉及的驾驶员年龄范围较广,在驾驶员进行各种可能的分心活动方面没有发现年龄上的差异。驾驶员在停车时更可能进行某些活动,例如阅读和写字、操纵车辆控制系统、伸手去拿物体等。分心活动通常会导致较高比例的不良驾驶事件,如突然制动、侵占车道、双手脱离转向盘以及眼睛注视车内情况。研究结果显示,驾驶员在使用手机、吃、喝、操作音频和车辆控制装置、阅读、写字、化妆或伸手拿东西时,手离开转向盘的时间明显更多,视线也会转向车内。

由VTTI和NHTSA共同完成的对100辆车的自然驾驶研究中,实验车辆装有仪表,在调查期间内收集了12~13个月的北弗吉尼亚市区和华盛顿哥伦比亚特区的241名驾驶员约3218688km(43000h)的驾驶数据。参与研究的驾驶员年龄在18~55岁,5个摄像机和车辆状态传感器连续记录驾驶员、车辆、道路和其他道路使用者的行为。研究收集了驾驶员的大量分心活动以及驾驶分心对交通事故、临界碰撞事故和避险影响的数据,共记录了69起交通事故、761起临界碰撞事故、8295起偶发交通事故。结果显示,78%的交通事故和65%的临界碰撞事故与驾驶分心有关,次任务分心是4类驾驶分心占比最大的一种(其他3类是疲劳、不注意前方道路和目光扫视)。在临界碰撞事故中,导致驾驶员分心的主要原因是使用无线设备(手机和掌上电脑),其次是与乘客相关的任务(主要是交谈)和车内其他分心源(操纵各种与无线设备无关的物体、车载系统、吃/喝或者吸烟),这3种次任务分心是造成交通事故的重要原因;与无线设备和乘客相关的分心任务相比,车内其他分心源造成的交通事故比例略高。

交通事故风险最高的 3 个次任务是车内取物、看车外物体和阅读。

一项调查研究驾驶员手机使用方式(手持、免提耳机和免提语音拨号)对真实道路环境下驾驶绩效的影响,发现驾驶员平均每小时打 2.25 个电话,电话使用平均持续时间为2.4min,手持通话比免提通话更频繁、通话时间更长。同时,手机使用频率在不同的驾驶条件下也有所不同,驾驶员在交通拥挤的情况下打电话次数较少。此外,不同手机使用方式下的驾驶绩效没有显著差异;与不打电话相比,驾驶员在打电话时观察路况的时间更少,而在交谈时观察前方的时间更多,表明驾驶员在使用电话时对交通环境的感知能力会有所下降。

自然驾驶研究可以准确地收集真实交通环境中驾驶分心活动数据以及分心对交通事故影响的数据。这种调查方法也存在一定局限性:首先,数据量较大,对数据进行编码和分析耗时较长,多样化的驾驶条件会使数据分析复杂化,降低研究的敏感性,且各种数据采集设备会使驾驶员的驾驶行为发生变化,影响研究人员监测;其次,样本规模相对较小,代表性不足。尽管自然驾驶研究使用的传统视频传感器能够记录驾驶员各种分心活动,但不能准确地记录驾驶员打盹或陷入沉思时的认知分心情况。

5.2.4　调查方法对比

不同的调查方法会产生不同的调查结果,因为各方法测量的次任务参与程度略有不同。例如,路边观测调查的是驾驶员在单一时间点对某一任务的参与程度,与较长时间范围内收集更完整信息(持续时间和频率)的其他两种方法相比,所估计的次任务参与程度较低。本质上,路边观测调查是测量在任一时间点进行分心任务的驾驶员比例,而其他方法不仅确定分心任务是否存在,还包括次任务参与频率和持续时间。表 5-1 给出了不同调查方法对驾驶分心任务的最佳估计。

不同调查方法对各种分心任务的估计　　表 5-1

分心源	调查方式				
	电话和邮件		路边观测	自然驾驶	
	驾驶员占比	驾驶时间占比	驾驶员占比	驾驶员占比	驾驶时间占比
电话(未定义)①	50%~80%	8%~14%	—	34%	4%~9%
手持电话(通话、拨号)	20%~60%	—	2%~6%	—	—
免提电话(通话、拨号)	40%~80%	—	0.8%	—	—
发送手机短消息	12%~14%②	—		—	—
乘客	40%~60%	—	0.7%	75%	20%
调整车辆控制设备	65%	—	0.3%	100%	4%
收音机/CD 播放器	95%	—	—	90%	1.5%
触碰物体	23%	—	—	—	—
吃、喝	50%	—	—	70%	2%~5%
读、写	12%	—	—	40%	1.8%
打扮(化妆)	—	—	—	45%	0.6%

续上表

分心源	调查方式				
	电话和邮件		路边观测	自然驾驶	
	驾驶员占比	驾驶时间占比	驾驶员占比	驾驶员占比	驾驶时间占比
吸烟	—	—	—	7%	21%
车外分心	60%	—	—	6%	2%

注:①此研究没有指明手机类型;

②25 岁以下的年轻驾驶员。

从上表可以看出,虽然许多驾驶员进行了分心活动,但进行分心活动的时间在驾驶总时间中的占比却很低。根据电话和邮件的相关调查数据,很难对驾驶员使用手持和免提通话的情况做出最佳估计,因为在对手持通话行为进行立法和不立法的地区,使用这些设备的驾驶员比例存在很大差异。

5.3 驾驶分心事故

5.3.1 基于警方报告的驾驶分心研究

20 世纪 70 年代的早期碰撞事故研究发现,5.7%的交通事故一定源于车内分心,9%的交通事故可能源于车内分心。1974 年英国交通部估计 15.4%的驾驶失误与驾驶分心有关。最近的研究发现,在交通事故中驾驶分心的发生率低至 2%~9%,高至 25%~30%。

碰撞事故数据表明,在曲线路段上发生碰撞事故的概率是直线路段的 3 倍。此外,一项关于致死交通事故数据的统计发现,曲线路段上发生致死碰撞事故的概率是直线道路上的 1.74 倍。许多碰撞事故研究基于美国国家耐撞性数据系统(Crashworthiness Data System, CDS),CDS 数据库很大程度上仍然依赖于警方报告信息。该系统收录年度交通事故信息。每年对大约 5000 辆机动车辆进行抽样,收集和跟踪警方交通事故报告、车辆和现场信息、驾驶员和目击者的采访以及可用的医疗记录。

CDS 数据库包含与驾驶分心相关的一系列行为,涉及 5 类驾驶员注意力状态:专心、分心、扫视、疲倦、瞌睡。分心源包括 11 个子类:车内其他乘员、移动车内物品、接听电话、调整收音机/CD 播放器、吃或喝、使用车辆控制装置、调节温度、吸烟、车外人或物、其他分心、未知干扰。CDS 所涉及的分心源中只有 1 个子类涉及车外干扰。

几项针对 CDS 数据库的驾驶分心研究给出了 11 种驾驶分心特定准则下导致的交通事故分析结果。一项使用 1995 年数据的研究发现,13.3%的交通事故是由驾驶分心所致。美国汽车协会的一项研究使用了跨度为 5 年的 CDS 信息,认为 10.6%的交通事故是由于驾驶分心所致。一项跨度为 4 年的 CDS 数据统计表明,11.6%的交通事故是由驾驶分心所致。基于 CDS 系统全部数据的分析表明,11%~12%的交通事故是驾驶分心导致的。然而,在多达 40%的交通事故中,驾驶员的注意力不集中状态被记录为未知,由于数据缺失和更多分心相关的问题,驾驶分心导致的交通事故数很可能被低估。根据 CDS 数据,有人提出驾驶分心可能与 25%~30%的交通事故有关,这一估计与驾驶员注意力不集中的各项因素有关,包括驾驶分心、疲劳/困倦、扫视等。

表 5-2 为基于 CDS 和宾夕法尼亚州立大学研究的驾驶分心源的对比。车外分心源导致的分心占所有驾驶分心的 24%~29%。

驾驶分心源占比 表 5-2

分心源分类	分心源占比			
	1995 年 CDS 数据	1995~1999 年 CDS 数据	2000~2003 年 CDS 数据	1999~2000 宾夕法尼亚州数据
其他乘员	11.5%	10.9%	20.8%	10.2%
使用其他设备	1.3%	2.9%	5.2%	5.7%
移动车内物品	3.8%	4.3%	3.7%	8.2%
接听电话	1.3%	1.5%	3.6%	5.2%
调节车载收音机、车载 CD 播放器	15.4%	11.4%	2.9%	10.2%
吃、喝	1.3%	1.7%	2.8%	5.1%
调整车辆、温度控制	2.6%	2.8%	1.5%	5.2%
吸烟	1.3%	0.9%	1.0%	4.7%
车外人或物	25.6%	29.4%	23.7%	21.9%
其他分心或未知分心	35.9%	34.2%	34.8%	23.6%

弗吉尼亚联邦大学的一项研究共收集到 2792 起分心交通事故的具体信息,涉及 4494 名驾驶员。研究分析了一系列特殊的驾驶分心活动,并扩大了车外分心源的范围,结果表明:21%的交通事故原因被归为驾驶员注意力不集中(如疲劳、饮酒和驾驶员缺乏经验等),情绪或医疗损害等被归为混合分心活动;车内前 4 大分心因素是其他乘员、调收音机/换 CD/磁带、做白日梦或心不在焉以及饮食。该研究将车外分心扩展为许多来源,包括与驾驶无关的活动(例如道路环境以外的物体、人和事件)以及与驾驶相关的活动(如观察行人、路边活动、其他车辆及路牌/交通灯),最易让驾驶员分心的是观察车祸、交通事故或看风景/地标,车外分心占分心的 44%。

美国国家公路交通安全管理局根据 2001~2003 年美国 17 个州的数据,对重型载货汽车交通事故因果关系进行研究,在撞车现场收集碰撞环境、相关车辆、驾驶员和其他目击者描述等数据,样本包括 967 起撞车事故,涉及 1127 辆重型载货汽车和 959 辆其他车辆。在重型载货汽车碰撞事故中,有 9%涉及车内和车外分心,有 11%涉及客车在乘用车交通事故中,涉及 30%的驾驶员识别错误。根据重型载货汽车交通事故原因(Large Truck Crash Causation,LTCC)研究可知,车外分心占所有分心的 18%,略低于 CDS 估计的 24%~29%,远低于弗吉尼亚联邦大学估计的 44%;货车驾驶员的车外分心占比高于乘用车驾驶员。

新西兰交通事故分析系统(Crash Analysis System,CAS)记录了新西兰所有与交通事故相关的信息,包括驾驶员和目击者的采访、现场描述和图表、工作人员的评论/笔记以及其他相关文件。驾驶分心相关信息是在注意力转移条件下获取的,包括车内干扰、驾驶员状态(如情绪不安)以及一系列驾驶和非驾驶相关的车外因素。研究1964起汽车、轻型车辆、摩托车和重型车辆交通事故,将信息分为2个层次,第1层基于分心(如人物、动物或场景),第2层基于驾驶行为(例如伸手、交谈、使用车载设备)。每一种分心源都是基于注意力不集中和分心类型(车辆内部与外部,非驾驶相关与驾驶相关任务)。"驾驶员眩目(阳光照射或车头灯)"和"检查交通状况"等导致的分心占所有分心的近26%。如果把驾驶相关干扰源包括在内,比如驾驶员眼花缭乱、检查交通状况和试图寻找目的地,则约有10%的车辆事故是驾驶分心造成的。

一项对2006年交通事故信息的研究发现,在警方报告的交通事故中,超过11%涉及注意力分散。

5.3.2 基于自然驾驶方法的驾驶分心研究

基于自然驾驶方法的驾驶分心研究不依赖警察调查。图5-1为经验方法、自然驾驶方法和流行病学方法的关系。自然驾驶研究可以收集足够的数据进行流行病学分析,同时还可以收集详细的驾驶员行为和驾驶绩效数据,有利于流行病学方法和实证方法对驾驶分心事故的研究。

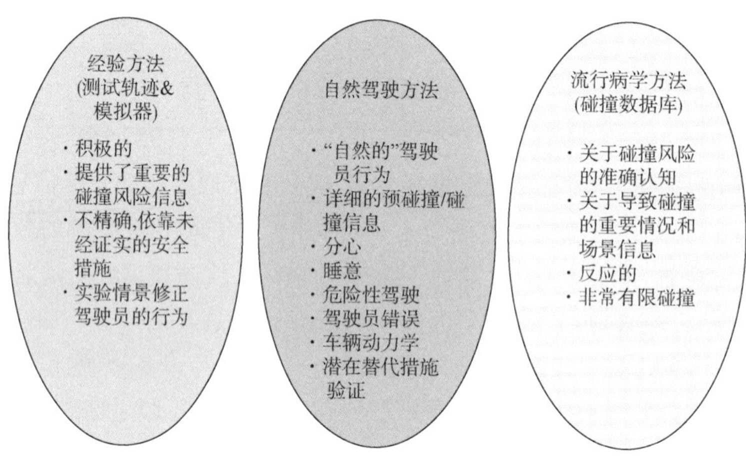

图5-1 经验方法、自然驾驶方法和流行病学方法的关系

对驾驶行为进行观察分析,能够建立驾驶分心与交通事故、临界碰撞事故之间的直接关系。使用交通事故和临界碰撞事故数据计算碰撞风险优势比,与正常驾驶数据进行比较。交通事故和临界碰撞事故的运动学特征相似,统计学上均具有一定的显著性。采用相应的人群归因风险百分比可以确定人群中由驾驶分心引起的交通事故和临界碰撞事故百分比。由特殊的次任务活动引起的交通事故风险称为人群归因风险,临界碰撞事故风险和人群归因风险为碰撞风险问题提供了有效的对比评估。优势比表征了每个人因驾驶分心增加的风险,而人群归因风险百分比表征了个人风险转化为整个人群中交通事故和临界碰撞事故百分比的评估方法。

采用自然驾驶数据库(包含交通事故、临界碰撞事故)和基准数据库进行分析。其中,自然驾驶数据库中涉及的参数包括:交通工具、事件、环境、驾驶员状态、眼动数据、观察者对发生交通事故和临界碰撞事故时的驾驶员睡意状况评级、驾驶员及交通工具状况;基准数据库根据车辆发生交通事故、临界碰撞和偶发事故数量对整个数据集进行分层,随机选择 20000 个时长为 6s 的路段驾驶数据,记录的参数包括:交通工具、环境、驾驶员状态、眼动数据、驾驶员睡意情况(标记为“是/否”)。

表 5-3 为问卷调查和计算机测试的内容。

驾驶问卷调查和计算机测试内容　　表 5-3

项　　目	测 试 类 型	简 要 描 述
基本统计信息	纸/笔	年龄、性别等信息
驾驶经历	纸/笔	违反交通规则和发生交通事故情况
健康评估	纸/笔	疾病、健康情况
危险驾驶系数	纸/笔	危险性驾驶倾向
睡眠与用药	纸/笔	睡眠习惯、药物使用、睡眠障碍等列表
驾驶员压力	纸/笔	驾驶员感受到的压力水平
生活压力	纸/笔	生活事件压力水平
视野	计算机	评估驾驶员的反应速度和注意力情况
路标	计算机	评估信息处理速度和警惕性
NEO-FFI(大五人格量表)	纸/笔	性格测试
汇报问卷	纸/笔	安全带的使用、酒后驾驶和实验管理

将驾驶分心分为以下 4 类:

①次任务参与(与驾驶主任务无关的任务,通常被称为驾驶分心)。

②驾驶时不注意前方道路(例如检查后视镜或盲点、注意力集中在非驾驶任务上)。

③驾驶员视线从前方道路移开,视野范围内的物体无法辨别。

④疲劳或困倦。

研究发现,78%的交通事故和 65%的临界碰撞事故都与 1 种或多种注意力分散因素有关。在分心导致的交通事故和临界碰撞事故中,大约有 40%的驾驶员执行了分心次任务,与驾驶任务相关的分心占 30%,驾驶员扫视四周的分心占 29%,驾驶员困倦的分心占 14%。

表 5-4 为导致交通事故和临界碰撞事故的分心次任务类型。排名前 4 位的依次是操作无线设备(主要是手机)、与乘客相关的干扰、车辆内部干扰以及饮食。

按次任务类型划分的交通事故或临界碰撞事故数　　表 5-4

次任务类型	交通事故数(起)	次任务类型	交通事故数(起)
操作无线设备	69	交谈	13
与乘客相关的干扰	59	个人卫生	13

续上表

次任务类型	交通事故数(起)	次任务类型	交通事故数(起)
车辆内部干扰(阅读、车内动物或物体)	39	思考	8
饮食	21	其他	7
与车辆相关的次任务(调节温度控制设备、车载收音机、车载CD播放器等)	18	吸烟	1
车外干扰(看行人、交通事故或其他车外物体)	15	—	—

该研究还收集了驾驶行为发生的频率和持续时间等信息,可以提供与特殊次任务相关的交通事故风险信息,根据这些信息估计人群中发生交通事故和临界碰撞事故的比例。这些交通事故是由特殊的次任务引起的,称为人群归因风险。研究发现大约23%的交通事故和临界碰撞事故与次任务相关。

表5-5为不同水平次任务的交通事故风险。

次任务优势比和人群归因风险百分比估计 表5-5

类别	次　任　务	优势比	人群归因风险百分比
简单次任务	调节车载收音机或其他设备、唱歌、与乘客交谈等	1.18	3.3%
中等次任务	手持手机通话、伸手拿东西、梳头、吃东西等	2.10	15.2%
复杂次任务	拨号、使用掌上电脑、阅读、触摸移动物体、化妆等	3.10	4.3%
单个次任务	伸手拿物体	8.80	1.1%
	观察外部物体	3.70	0.9%
	阅读	3.40	2.9%
	化妆	3.10	1.4%
	拨号	2.80	3.6%
	插入唱片	2.30	0.2%
	吃东西	1.60	2.2%
	触摸静止物体	1.40	1.2%
	手持手机通话	1.30	3.6%
	饮用饮料	1.00	0.0%
	调节车载收音机	0.60	—
	邻座乘客	0.50	—
	后座乘客	0.40	—
	梳理头发	0.40	—
	后座儿童	0.30	—

注:“—”表示暂无相关研究。

优势比为1意味着执行该驾驶任务的交通事故风险与正常驾驶处于同等水平,高于1意味着该驾驶任务风险更大,而优势比低于1意味着该驾驶任务风险更小。根据次任务的复杂性,分为3个级别(简单、中等和复杂)。随着复杂性的增加,优势比也在增加。中等和复杂次任务的优势比表明,驾驶员在驾驶时执行这类任务的风险较高。

研究考虑了优势比和执行次任务所用时间,估计了次任务的人群归因风险,计算了优势比、与交通事故风险相关的单个次任务的人群归因风险。中等次任务与15.2%的交通事故和临界碰撞事故有关,而简单和复杂次任务对交通事故的影响率相似,分别为3%、3.3%和4.3%。在讨论交通事故中分心的作用时,优势比大小和人群归因风险估计之间的差异强调了驾驶分心的影响程度。例如,对比"伸手拿物体"的优势比和人群归因风险百分比,优势比较大,因为该次任务是一个危险活动,但该次任务不经常执行,且是一个短暂性活动,因此人群归因风险较低。中等次任务具有较高的人群归因风险,因为它们更频繁或持续时间更长。

研究计算了进行各种驾驶分心活动的相对碰撞风险,结果表明,相比于正常驾驶,在昏昏欲睡的情况下驾驶会使发生交通事故的风险增加4~6倍,进行复杂次任务会使发生交通事故的风险增加3倍,执行中等次任务会使发生交通事故的风险增加2倍。驾驶时观察后视镜的驾驶行为是安全的,其优势比为0.45,因为观察后视镜的驾驶员通常比较警觉,并且会更加关注扫视周围环境。

计算人群归因风险百分比可以估算出驾驶分心相关活动在人群中造成碰撞的比例。结果表明,22%~24%的碰撞事故是由驾驶时昏昏欲睡造成的,超过22%的碰撞是由次任务分心造成的。由于优势比估计每项任务的风险,而人群归因风险百分比表示的是风险发生率,因此一些与较高碰撞风险相关的驾驶分心活动的人群归因风险百分比较低;相反,一些频繁的驾驶分心活动虽然有较低的碰撞风险,但存在较高的人群归因风险百分比。

对眼睛扫视行为的分析表明,眼睛在路外停留超过2s会显著增加碰撞事故风险,而少于2s的扫视时间相对于正常驾驶并没有显著增加风险。在驾驶过程中,驾驶员观察后视镜是一种安全驾驶行为,而眼睛盯着车内物体则不利于安全驾驶。扫视驾驶环境是一种提高驾驶安全性的活动,但前提是驾驶员的眼睛能在2s内回到前视道路状态。

驾驶员瞌睡状况随环境变化的影响研究表明,驾驶员的睡意可能会随时间或环境光照条件的变化而发生改变。在道路或交通情况良好的情况下,驾驶员的睡意会轻微增加;当处于无交叉口自由流交通环境时,驾驶员会有较大的睡意。

不同环境进行次任务的风险存在一定差异。在进行复杂次任务时,每种驾驶环境都会导致优势比大于1.0。进行中等次任务很少会导致优势比显著大于1.0,这表明进行复杂次任务不像想象的那么危险。

正常驾驶过程中执行驾驶分心活动与驾驶分心相关的碰撞事故存在明显相关性,相关性系数为0.72。经常因驾驶分心发生碰撞事故的驾驶员经常在不适当的时机进行驾驶分心活动,不经常进行驾驶分心活动的驾驶员通常很少发生与驾驶分心相关的碰撞事故。

5.3.3　驾驶分心与碰撞事故关系

5.3.3.1　研究方法对比

采用传统的碰撞后研究方法与自然驾驶研究方法,对车辆碰撞事故与驾驶分心的因果关系得出的研究结论截然不同。传统研究发现,不到一半的乘用车碰撞事故涉及驾驶分心,而对乘用车和重型载货汽车的自然驾驶研究则发现绝大多数车辆碰撞事故都涉及驾驶分心。从 NHTSA 的数据发现,有 8.3% 的乘用车碰撞事故与驾驶分心有关。相比之下,自然驾驶研究发现车辆碰撞事故中因驾驶分心导致的比例更高。一项由 VITI 和 NHTSA 共同完成的基于 100 辆乘用车的研究得出的结论是,在 78% 的碰撞事故和 68% 的临界碰撞事故中,驾驶分心是其中一个原因。两项针对重型载货汽车驾驶员的自然驾驶研究数据表明,71% 的碰撞事故与驾驶分心有关,46% 的临界碰撞事故与驾驶分心有关,关键交通事件中有 60% 涉及驾驶分心。

传统的碰撞后研究方法与自然驾驶研究方法在驾驶分心的估计上存在巨大差异,数据收集方法是产生这一差异的主要原因。驾驶分心是瞬态特征,必须根据情况推断或在碰撞后分析中由目击者证明,但在自然驾驶研究中更容易收集数据。根据美国重型载货汽车事故原因研究(Large Truck Crash Causation Study,LTCCS)和国家机动车事故原因调查(National Motor Vehicle Crash Causation Survey,NMVCCS)数据,创建一个综合的驾驶分心变量,该变量由以下 3 个单独的变量组成:

①驾驶思维分心。由于某些非强制性原因,驾驶员的思维偏离驾驶任务。在这种情况下,驾驶员通常专注于思想(如做白日梦、解决问题、担心家庭问题等),而不是专注于驾驶任务。

②车内分心。驾驶员的注意力转向车辆内的某些事件、物体、人或活动,包括调节车载收音机、调整供热/制冷系统、与乘客交谈、阅读书籍/杂志/地图/发票、使用手机及取物体等。

③车外分心。驾驶员的注意力转向车辆外部的某些事件、物体、人或活动,包括搜索街道地址和建筑、查看建筑物或风景、查看标牌、查看途经的交通事故现场等。

在解释碰撞事故的关键原因时,将驾驶分心作为自变量,而在检查导致驾驶分心的影响因素时将其用作因变量。

5.3.3.2 数据收集与编码

美国国家车辆采样系统(National Automotive Sampling System,NASS)用于对美国的死亡、伤害和仅财产损失交通事故的评估。利用 LTCCS 和 NASS 中 2001 年 4 月 1 日至 2003 年 12 月 31 日发生的 956 起碰撞事故样本进行评估,每起事故中至少 1 人死亡或 1 人受伤。样本交通事故涉及 1117 辆重型载货汽车,造成 249 人死亡,1654 人受伤。NMVCCS 选择 2005 年 7 月 1 日至 2007 年 12 月 31 日发生的 5470 起碰撞事故样本,共涉及 10494 辆车,每起碰撞事故中存在死亡、受伤或至少有 1 辆车从事故现场被拖走。在发生碰撞的 10494 辆汽车中,有 10097 辆(96.2%)是轻型汽车。

从美国 17 个州 LTCCS 和 NMVCCS 的 24 个 NASS 主要采样单元中收集数据,在 LTCCS 中收集了约 1000 个数据元素,在 NMVCCS 中收集了约 600 个数据元素。研究人员通过采访、现场图和照片收集了交通事故现场数据。在现场之外,研究人员对目击者以及死者亲友进行了电话采访,还调查了交通事故报告、紧急医疗记录、尸检报告和其他官方交通事故文件。在交通事故现场和后续采访中收集了有关驾驶员与雇主关系的数据。

交通事故案例编码人员选择导致交通事故发生的关键因素。例如,被研究人员编码为驾驶分心的驾驶员可能会被编码为关键交通事故原因,而驾驶分心被编码为特定原因。但并非每个以驾驶分心编码的驾驶员都是碰撞的关键原因,也可能只是其中一个因素。例如:

①乘用车在平曲线位置越过道路中心线,与重型载货汽车正面碰撞,重型载货汽车的驾驶员虽然分心,但碰撞的关键因素是乘用车驾驶员。

②乘用车的轮胎发生爆胎,该车辆驶离道路。驾驶员在分心情况下被编码,但关键的碰撞原因被编码为车辆故障。

在数据收集和编码之后,对案例数据进行加权以获得研究期间所有碰撞事故的估计结果。例如,根据 LTCCS 数据,美国在 33 个月内有 12 万起重型载货汽车伤亡事故,因此对 956 起致死和致伤交通事故案例进行加权,提供这 12 万起碰撞事故特征的估计结果。

在 LTCCS 中,3 种主要类型事件占关键事件的 92%;在 NMVCCS 中,3 种主要类型事件占关键事件的占 97%。具体如下:

①车辆驶出行车道、驶离道路边缘或在十字路口处转弯。

②行驶过快情况下车辆失控、货物移动、车辆系统故障、道路状况差或其他原因。

③其他车辆停车时,本车在同向车道还是在对向车道行驶。

在 55%的 LTCCS 碰撞事故中,指定了重型载货汽车碰撞的关键事件和关键原因。在 NMVCCS 中,编码了乘用车 96%的关键事件和关键原因。表 5-6 为 LTCCS 重型载货汽车和 NMVCCS 中乘用车的关键原因比较。

编码重型载货汽车和乘用车的关键原因及其占比　　表 5-6

关键原因		LTCCS 中的重型载货汽车	NMVCCS 中的乘用车
驾驶员	违规	11.8%	9.20%
	识别	28.6%	38.0%
	决策	38.0%	28.8%
	驾驶失误	5.4%	11.6%
	未知的驾驶员原因	3.8%	9.1%
车辆		10.0%	1.6%
环境		2.3%	1.7%
总计		100.0%	100.0%

注:显示的百分比基于 LTCCS 和 NMVCCS 两个研究时间段内致死和致伤交通事故中车辆的加权估计,估计值可能与真实值有所不同,因为其基于碰撞概率样本而不是碰撞事故普查。

在表 5-6 中,对驾驶员重要的原因被编码为 4 个类别:

①身体障碍。驾驶员因睡着、心脏病、癫痫发作或由于其他原因而无法执行驾驶任务,被车内或车外物体分散注意力而未能正确识别碰撞前的情况。

②识别。因为驾驶员由于车内或车外的事物分心,或未能充分观察情况,或其他原因而未能正确识别交通事故前的情况。驾驶分心是认知错误的主要原因。

③决策。驾驶员做出错误决策,例如过快驾驶、错误判断其他车辆速度、紧追其他车辆、进行非法操作或其他决策错误。

④驾驶绩效。驾驶员由于恐慌、方向控制不佳或其他错误而导致驾驶绩效变差。

关键的车辆原因包括制动故障、轮胎漏气、货物移位和其他车辆缺陷,环境原因包括不利的天气条件和道路问题。从表 5-6 可以看出驾驶因素占比最大。

车内分心和车外分心导致驾驶员对车辆监控不足,无法安全操纵车辆,对于重型载货汽车和乘用车驾驶员,44%的识别错误是驾驶分心的关键原因之一。

对于 LTCCS 中的重型载货汽车和 NMVCCS 中的乘用车,占比排前 20 位的与驾驶员相关的因素以及比例见表 5-7。

LTCCS 和 NMVCCS 中与驾驶员相关的因素 表 5-7

LTCCS 重型载货汽车		NMVCCS 乘用车	
因素	驾驶员比例	因素	驾驶员比例
使用处方药	26%	使用处方药	33%
行驶速度过快	24%	驾驶分心	29%
不熟悉道路	22%	道路监控不足	25%
驾驶分心	20%	车辆控制不足	15%
使用非处方药	18%	身体障碍	14%
道路监控不足	14%	超过 64 岁	11%
疲劳	13%	不熟悉道路	11%
非法操纵	9%	非法操纵	8%
工作压力大	9%	错误假设他人行为	8%
身体障碍	8%	疲劳	8%
避险不充分	7%	行驶速度过快	8%
跟车太近	5%	避险不充分	7%
弯腰	5%	使用非处方药	6%
错误假设他人行为	5%	酒精	5%
超过 64 岁	4%	吸毒	5%
误判他人的行为	3%	没有经验	4%
匆忙	3%	匆忙	4%
疾病	3%	烦恼	4%
烦恼	2%	疾病	4%
驾驶时间超过 11h	2%	工作压力大	3%

5.3.3.3　相对风险分析

表 5-8 为重型载货汽车行驶速度过快的情况。

重型载货汽车行驶速度过快的情况　　表 5-8

行驶速度过快	关键原因	
	是	否
是	(a)24715	(b)7811
否	(c)43274	(d)62904

对 LTCCS 中造成伤亡交通事故的重型载货汽车数量进行加权估计，相对风险比的计算公式如下：

$$\frac{a(24,715)/a(24715)\ +b(7,811)}{c(43,274)/c(43,274)\ +d(62,904)} \tag{5-1}$$

评估结果为 1.86，意味着重型载货汽车行驶速度过快而导致车辆碰撞的可能性约是正常行驶的 2 倍。

碰撞相关因素发生的频率以及该因素增加碰撞风险的程度非常重要。采用危险指数分析相关因素的碰撞风险。表 5-9 为 LTCCS 车辆碰撞相关因素的相对风险比和危险指数。

LTCCS 车辆碰撞相关因素的相对风险比和危险指数　　表 5-9

相关因素	重型载货汽车数量（辆）	占　比	相对风险比	危险指数
行驶速度过快	32000	24%	1.9	45.6
驾驶分心	28000	20%	2.2	44.0
不熟悉道路	31000	22%	1.4	30.8
监控不足	20000	14%	2.2	30.8
疲劳	18000	13%	2.1	27.3
使用非处方药	25000	18%	1.1	19.8
非法操纵	13000	9%	2.0	18.0
工作压力大	16000	9%	1.8	16.2
跟车太近	7000	5%	2.1	10.5
身体障碍	11000	8%	1.2	9.6
避险不充分	9000	7%	1.4	8.4
弯腰	7000	5%	1.6	8.0
错误假设/他人行为	7000	5%	1.3	6.5
疾病	4000	3%	2.0	6.0
吸毒	3000	2%	1.4	2.8

第 2 列是对研究期内涉及伤亡交通事故重型载货汽车数量的估算值,四舍五入到最接近的 1000 辆的整数倍,估算值易受抽样和非抽样误差的影响。

表 5-10 为 NMVCCS 车辆碰撞相关因素的相对风险比和危险指数。

NMVCCS 车辆碰撞相关因素的相对风险比和危险指数 表 5-10

相关因素	乘用车数量(辆)	占比	相对风险比	危险指数
车辆监控不足	401000	25%	1.8	45.0
驾驶分心	452000	29%	1.4	40.6
车辆控制不足	238000	15%	2.0	30.0
身体障碍	223000	14%	1.2	16.8
行驶速度过快	123000	8%	1.7	13.6
超过 64 岁	180000	11%	1.2	13.2
非法操纵	132000	8%	1.6	12.8
疲劳	125000	8%	1.5	12.0
酒精	87000	5%	1.7	10.2
没有经验	86000	4%	1.5	7.5
使用非处方药	100000	6%	1.2	7.2
疾病	56000	4%	1.7	6.8
吸毒	63000	5%	1.6	6.4
烦恼	59000	4%	1.6	6.4
匆忙	61000	4%	1.5	6.0

第 2 列是对研究期内涉及伤亡交通事故乘用车数量的估算值,四舍五入到最接近的 1000 辆的整数倍,估算值易受抽样和非抽样误差的影响。

在 LTCCS 中,对 20%重型载货汽车的驾驶分心进行编码,驾驶分心与碰撞关键原因的相对风险比是 2.2,计算出其危险指数为 44.0。

将表 5-7 中的相关因素与表 5-9 和表 5-10 中的危险指数排名进行比较,可以发现表 5-7 中记录最多的因素——使用处方药,未出现在前 15 个最危险的相关因素中。对于重型载货汽车和乘用车,服用处方药与交通事故关键原因之间没有统计意义上的相关性。对于重型载货汽车驾驶员,最危险的驾驶行为是行驶速度过快,对于乘用车则是对车辆监控不足。对于重型载货汽车和乘用车驾驶员,驾驶分心是第二大危险行为。对于乘用车,有更多的驾驶员被记录为驾驶分心,但相对危险度较低,两组数据均表明驾驶分心是导致车辆发生碰撞的关键因素。

5.3.3.4 逻辑回归分析

采用统计模型评估与驾驶分心相关的因素,逻辑回归模型的一般表达式为:

$$P(Y)=\frac{1}{1+e^{-(\alpha+\beta X_i)}} \tag{5-2}$$

式中,$P(Y)$是碰撞中指定关键原因的概率,而 X 是解释变量的向量,α、β 为模型系数。公式(5-2)可以表示为 Y 发生的概率除以 Y 不发生的概率。

$$\frac{P(Y)}{1-P(Y)}=\frac{\frac{1}{1+e^{-(\alpha+\beta X_i)}}}{1-\frac{1}{1+e^{-(\alpha+\beta X_i)}}}=\frac{\frac{1}{1+e^{-(\alpha+\beta X_i)}}}{\frac{e^{-(\alpha+\beta X_i)}}{1+e^{-(\alpha+\beta X_i)}}}=\frac{1}{e^{-(\alpha+\beta X_i)}} \tag{5-3}$$

将自然对数模型转换为线性函数:

$$\log\left[\frac{P(Y)}{1-P(Y)}\right]=\log\left[\frac{1}{e^{-(\alpha+\beta X_i)}}\right]=\alpha+\beta X \tag{5-4}$$

LTCCS 和 NMVCCS 样本来自区域独立采样,抽取方法具有代表性。表 5-11 为模型使用的数据集。

模型中使用的数据 表 5-11

原因	载货汽车				乘用车			
	未加权(N=775)		加权(N=93905)		未加权(N=2742)		加权(N=971295)	
	车辆数(辆)	占比(%)	车辆数(辆)	占比(%)	车辆数(辆)	占比(%)	车辆数(辆)	占比(%)
驾驶分心关键原因	44	5.7	5488	5.8	277	10.1	105987	10.9
驾驶分心	65	8.4	8204	8.7	297	10.8	85512	8.8
车内干扰因素	40	5.2	6150	6.5	583	21.3	210505	21.7
车外干扰因素	71	9.2	6659	7.1	293	10.7	82556	8.5
酒精	5	0.6	896	1.0	80	2.9	25726	2.6
对向车辆驶近	12	1.5	891	0.9	187	6.8	39293	4.0
交谈	18	2.3	3754	4.0	442	16.1	137554	14.2
交通事故	6	0.8	196	0.2				
车外人员	5	0.6	639	0.7				
疲劳	80	10.3	11318	12.1	265	9.7	93443	9.6
吸毒	8	1.0	1686	1.8	43	1.6	21550	2.2
疾病	16	2.1	2817	3.0	107	3.9	29393	3.0
早高峰时间	152	19.6	16563	17.6				
中午					1216	44.3	424793	43.7
乘客移动					39	1.4	17769	1.8
非处方药	142	18.3	17340	18.5	226	8.2	73291	7.5

续上表

原因	载货汽车				乘用车			
	未加权(N=775)		加权(N=93905)		未加权(N=2742)		加权(N=971295)	
	车辆数(辆)	占比(%)	车辆数(辆)	占比(%)	车辆数(辆)	占比(%)	车辆数(辆)	占比(%)
身体障碍	57	7.4	6900	7.3	402	14.7	152574	15.7
处方药	216	27.9	28725	30.6	800	29.2	327963	33.8
车内取物	4	0.5	475	0.5	37	1.3	10446	1.1
工作压力	60	7.7	8334	8.9	117	4.3	32738	3.4

为了具有足够自由度,模型不能使用非常见因素。同时,为防止变量信息丢失,将其汇总为计数变量——"其他车内分心"和"其他车外分心",这两个变量还包括最初在数据集编码的"其他"类别。LTCCS 和 NMVCCS 模型使用的自变量大多相同,因此变量被汇总在一起。

在 NMVCCS 中将驾驶时间编码为类别变量,其取值范围为 1~9,行程时间是连续测量的。图 5-2 为按小时统计的驾驶分心交通事故百分比,其中出行时间和驾驶时间几乎相同。

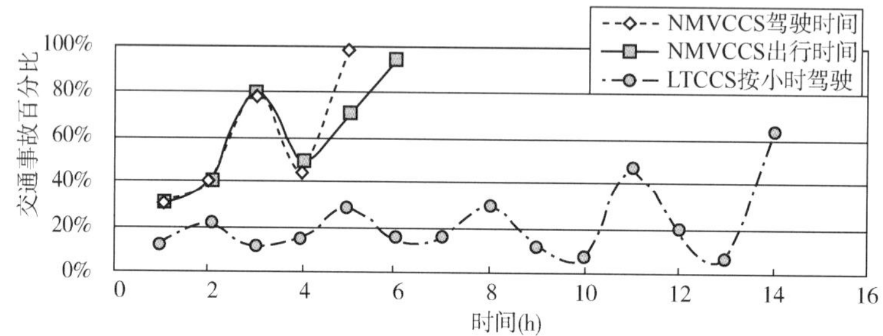

图 5-2 按小时统计的驾驶分心交通事故百分比

由于编码的驾驶时间函数在第 4h 后突然变陡,可能产生误差,故使用出行时间变量。在 LTCCS 和 NMVCCS 中,驾驶时间越长,注意力越集中,重型载货汽车驾驶员的驾驶分心概率比乘用车驾驶员低 9%。乘用车驾驶员的平均出行时间较短,驾驶分心的概率仍达到了最高水平。

分析其他影响驾驶员身体和精神状况的所有相关因素(例如疲劳、吸毒和压力)数据与驾驶分心的相关性。如果这些因素是导致驾驶分心的原因,则可以在驾驶车辆前采取补救措施。将驾驶分心因素本身作为独立变量,对 4 组模型的因变量进行估计,分别对应驾驶分心关键原因、驾驶分心因素、车内干扰因素和车外干扰因素。表 5-12 为估计的优势比和统计显著性水平。

Logistic 回归估计的优势比

表 5-12

原因	驾驶分心关键原因		驾驶分心因素		车内干扰因素		车外干扰因素	
	载货汽车	乘用车	载货汽车	乘用车	载货汽车	乘用车	载货汽车	乘用车
酒精	—	2.5	—	1.9**	—	0.9	2.4	0.6
对向车辆驶近	—	3.6*	0.3	1.3	0.6	0.9	—	—

续上表

原因	驾驶分心关键原因		驾驶分心因素		车内干扰因素		车外干扰因素	
	载货汽车	乘用车	载货汽车	乘用车	载货汽车	乘用车	载货汽车	乘用车
交谈	9.3*	4.1*	0.8	2.4*	—	—	0.0*	0.7
出行时间	1.1**	0.6*	1.0	0.9	1.0	1.4*	1.2*	1.6*
外部人员	—	—	0.7	—	—	—	—	—
疲劳	1.0	1.7	2.0**	2.0*	2.0	1.1	1.5	0.7
吸毒	—	0.7	—	0.5	—	3.0*	—	1.3
疾病	—	0.2**	2.7	3.2	—	0.6	0.0*	0.6
正午	—	2.0*	—	1.3	—	0.8	—	1.3
早高峰时间	3.3*		1.5		0.9		11.2*	
乘客移动	—	11.7*	—	2.4*	—	—	—	0.5
非处方药	3.1	1.4*	2.1	0.8	2.1*	1.2	0.7	0.6**
身体障碍	1.7	—	2.6	—	0.7	—	1.3	—
处方药	1.0	1.2**	0.6	1.1	0.7	0.8	0.8	2.4*
车内取物	124.1*	313.9*	—	2.2	—	—	—	0.4
外部	2.8*	27.6*	1.1	4.7**	—	0.5	—	—
内部	3.5	57.4*	1.4	1.6**	—	—	6.8*	0.7
工作压力	0.8	0.6	3.2*	3.7*	2.7	1.2	0.7	1.9

注：* 表示显著性水平为 5%；** 表示显著性水平为 10%；—表示没有结果。

优势比大于 1 说明其为驾驶分心关键原因或驾驶分心因素，优势比等于 1 表示对驾驶分心没有影响，优势比小于 1 表示关键原因或驾驶分心因素减少。前 2 列为驾驶分心关键原因的优势比，可以分析驾驶分心交通事故的原因。重型载货汽车和乘用车驾驶员都会因为交谈而出现驾驶分心。谈话时重型载货汽车驾驶员驾驶分心概率要高出 9 倍以上，乘用车驾驶员驾驶分心概率要高出 4 倍以上。该表后 6 列使用相同的模型，但用驾驶分心因素、车内干扰因素和车外干扰因素作为因变量（对驾驶分心关键原因有显著影响的变量）进行分析。对于重型载货汽车和乘用车驾驶员来说，药物、疲劳和工作压力都与驾驶分心显著相关，其中重型载货汽车驾驶员使用非处方药、乘用车驾驶员使用非法药物与驾驶分心的相关性更大。

重型载货汽车驾驶员车内取物的优势比是正常驾驶的 124 倍，而乘用车驾驶员车内取物的优势比是正常驾驶的 314 倍。虽然重型载货汽车驾驶员较少出现，仅出现在最终数据集中的 4 个抽样案例中，在乘用车驾驶员中也仅有 37 个抽样案例，但其在乘用车模型中的优势比与重型载货汽车模型中的优势比是一致的。

乘客移动对乘用车驾驶员驾驶分心也会产生很大影响，驾驶时间对重型载货汽车驾驶分心存在一定影响，该变量的优势比显著性水平为 10%，表明除了驾驶员疲劳或瞌睡之外，驾驶时间的增加也可能导致驾驶分心。驾驶时间不是二进制变量，以 1.1^t（t 为加权平均驾驶时间）进行估计，如：重型载货汽车驾驶员的加权平均驾驶时间为 4.0h 时，平均驾驶时间可以估计为 $1.1^{4.0}$。

第 6 章　影响驾驶分心的驾驶员自身因素

影响驾驶分心的因素较多,包括驾驶员自身因素、车内及车外因素等。本章以青年驾驶员、老年驾驶员及疲劳驾驶为研究对象,从驾驶员自身角度分析各因素对驾驶分心的影响,并给出相应的驾驶分心控制策略。

6.1　青年驾驶员与驾驶分心

6.1.1　青年驾驶员分心行为概述

我国将青年的年龄定在 14~28 周岁。本节研究的青年驾驶员指 18~25 周岁的成年人,其中目标青年驾驶员的年龄为 18~20 周岁。

与其他年龄段的驾驶员相比,青年驾驶员发生交通事故的概率较高,而且更可能发生致命交通事故。其原因主要在于青年驾驶员驾驶技能不足、危险驾驶行为较多以及对驾驶分心行为不重视,但可以通过驾驶员教育培训、驾驶证许可和法律法规约束加以规避。

研究表明,驾驶员年龄会影响驾驶分心与交通事故之间的关系。青年驾驶员是使用手机最多的年龄段群体,往往会更加积极地学习和使用新技术和新设备。随着驾驶信心的增加,更倾向于高估自己在驾驶时使用车载设备的能力,进而增加了驾驶分心发生的可能性。随着 IVIS 的日益普及,驾驶分心问题越来越令人担忧,找到缓解此问题策略的需求也越来越迫切。相比于有经验的驾驶员,驾驶分心会让青年驾驶员面临更大的威胁。对于青年驾驶员来说,其驾驶技能并不熟练,驾驶时更愿意从事非驾驶相关的活动,因此,青年驾驶员更容易因为驾驶分心而发生交通事故。对于任何年龄段的驾驶员来说,分心都会增加驾驶员的认知负荷,从而削弱驾驶员检测驾驶环境变化的能力。然而,对于青年驾驶员来说,由于他们在驾驶过程中需要投入更多的精力和注意力,其检测驾驶环境变化的能力可能更弱。研究表明,青年驾驶员比经验丰富的成年驾驶员更难有效地控制分心过程中处理突发事件的情况。

搭载同龄乘客是引发青年驾驶员驾驶分心的原因之一。研究表明,对于青年驾驶员来说,搭载乘客会大大增加驾驶分心的可能和交通事故的风险。当搭载同龄乘客时,青年驾驶员的驾驶分心等危险驾驶行为会更为普遍。而关于同龄乘客是否会刺激青年驾驶员进行危险驾驶,青年驾驶员是否只是在同龄乘客面前表现不同,以及是否只有更加激进的青年驾驶员会搭载多个乘客等一系列问题,目前尚没有定论。

最近的一项研究发现,青年驾驶员在搭载同龄乘客时,较少出现驾驶分心行为;然而,如果搭载了有不良行为的朋友,他们就容易驾驶分心,并可能会发生交通事故。从这种差异中可以看出,搭载乘客的个人特征可能是影响青年驾驶分心等危险驾驶行为的关键因素。

青年驾驶员在驾驶时使用手机也是导致驾驶分心的重要原因。在驾驶员的自我报告中，许多青年在驾驶时会偶尔使用手机。在一项针对 320 名持有驾照的青年驾驶员的调查中发现，有 45%的驾驶员说他们在最近的一次驾驶途中使用过手机；有 12%的驾驶员说他们经常在开车的时候打电话，但大多数人说因为正在开车，会尽量使通话简短；有 23%的青年驾驶员说他们经常边开车边看短信。另有研究对不同年龄的驾驶员进行了调查，与成年驾驶员相比，青年驾驶员认为使用手机等不安全驾驶行为的风险更小，对自己的多任务处理能力有更高的信心，还有一些青年驾驶员表示，他们享受在驾驶的同时做其他事所带来的挑战。

一些观察研究调查了青年驾驶员在开车时使用手机的情况，据 NHTSA 的结论，在所有年龄段的驾驶员中，16~24 岁的驾驶员在驾驶时使用手机的比例为 8%，相比之下，25~69 岁的驾驶员在驾驶时使用手机的比例只有 5%，70 岁及以上的驾驶员在驾驶时使用手机的比例只有 1%。有研究对美国超过 15000 名青年驾驶员进行了观察，发现北卡罗来纳州约 11%的青年驾驶员和南卡罗来纳州约 13%的青年驾驶员在驾车时使用手机；与载客的驾驶员相比，单独驾驶的驾驶员使用手机的概率是前者的 2 倍；此外，女性驾驶员使用手机的可能性比男性高出 70%。

迄今为止，多数关于青年驾驶员驾驶分心的研究都集中于搭载青年乘客和使用手机的风险上。几乎没有研究调查过其他潜在的驾驶分心行为，但这些驾驶分心行为在青年驾驶员中较为常见并且容易引发许多问题。本章对青年驾驶员的视频数据进行抽样和编码，研究青年驾驶员驾驶分心行为的发生规律和特性。

6.1.2　青年驾驶员分心情况调查

为了研究青年驾驶员的驾驶分心行为和分心状态，我们使用了 Goodwin 等在青年驾驶员自然驾驶实验调查研究中收集的数据。该研究在试验车辆中安装了数据记录装置，以便观察和记录车内人员在驾驶过程中的行为。本研究收集的数据主要来自独立驾驶初期的青年驾驶员，由于试验车辆是由整个家庭共享，因此收集的资料还包含驾驶经验丰富的目标青年驾驶员的哥哥/姐姐的驾驶数据。

6.1.2.1　被试者

本实验招募了 50 个有青年驾驶员的家庭，选取 38 个符合要求的家庭为目标实验家庭。这 38 个家庭中的目标青年驾驶员是新手，其中有 14 个目标青年驾驶员与其哥哥/姐姐共用一辆车，因此青年驾驶员样本总数为 52 名。

6.1.2.2　实验设备

在实验开始前，将数据记录装置安装在车辆上，在目标青年驾驶员获得驾照后的 1 周内，安排他们驾驶车辆，并通过 DriveCam 持续收集了 6 个月的实验数据。DriveCam 是一个手掌大小的摄像头，可以捕捉视频、音频以及车辆运动的加速状态信息。摄像头安装在后视镜后面的前挡风玻璃上，用于拍摄车辆前方的场景及记录车内和车后的活动。记录装置连续运行,当触发事件(如突然制动或突然转弯)发生时保存信息。一旦事件被触发,它将保存事件发生前10s和后10s的数据信息,方便查看触发事件的原因以及乘客的反应。数据记录装置触发的灵敏阈值是可调的。

通常使用纵向重力和横向重力分别为0.50和0.55的阈值对青年驾驶员进行研究。本实验采用更加敏感的阈值(纵向和横向重力分别为0.40和0.45),以记录潜在的驾驶分心行为及交通事故。在这种实验条件下,乘客可能不会察觉到记录装置中记录的事件前后发生过哪些事情。事实上,在研究的最初阶段,几乎三分之二的记录事件没有引起青年驾驶员和其他家庭成员的注意。

6.1.2.3 驾驶片段选择

对38辆车进行了总长228个月的数据记录,共得到29920个单独的驾驶片段。由于车辆有时会被其他家庭成员使用,因此每个驾驶片段都要经过筛选,以识别青年驾驶员和其他家庭成员。在研究中,共记录了52名青年驾驶员的24085个驾驶片段(19384个来自目标青年驾驶员,4701个来自他们的哥哥/姐姐),在其余的片段中,驾驶员是父母、朋友或其他成年人。平均每个青年驾驶员有463个片段,数量为17~1028个不等,目标青年驾驶员的驾驶片段平均数量(510个)明显高于其哥哥/姐姐的驾驶片段数量(336个)。

为了避免数据结果偏差,实验设定了选取每位驾驶员驾驶片段总数的上限,根据车内乘客组合确定的每位驾驶员可供选择的最大片段数,见表6-1。对片段进行初步筛选以确定驾驶员和乘客,结果显示在少数片段中出现了青年驾驶员搭载乘客的情况。因此,对带有乘客的片段进行采样,以确保有足够的样本量用于不同乘客组合之间的比较。

根据车内乘客的组合确定每位驾驶员可供选择的最大驾驶片段数 表6-1

乘客组合	最大驾驶片段数(个)	乘客组合	最大驾驶片段数(个)
没有乘客	60	2个或更多个哥哥/姐姐	70
1位青年同龄人	50	青年同龄人和哥哥/姐姐	50
2位或2位以上青年同龄人	100	成年人	35
1个哥哥/姐姐	50		

在各乘客组合内,为每位青年驾驶员随机选择驾驶片段,直至达到预定的最大片段数。如果驾驶员的片段数少于某个乘客组合的最大片段数,则选择具有该组合的所有片段。选择的每位青年驾驶员的驾驶片段的中位数是151个,从52名青年驾驶员中选出7858个驾驶片段进行完整编码。

6.1.2.4 编码方案

编码方案用于分析所选择的驾驶片段。对于每个片段,对下述背景细节进行编码,包括:①日、月和年。

②小时和分钟。

③最大前进加速度。

④最大横向加速度。

⑤车辆乘员总数。

当乘客在场时,对每位乘客的性别、年龄、关系和使用安全带的情况进行编码。对于乘客年龄和关系进行如下分类:青年哥哥/姐姐、青年非哥哥/姐姐、未成年人哥哥/姐姐、未成年人非哥哥/姐姐、父母、其他成人和无法确定年龄与关系的乘客。

一些青年驾驶员被编码记录的驾驶分心行为见表6-2。

所有驾驶片段中被编码的驾驶分心行为　　表6-2

驾驶分心行为变量	定义或描述	类　别
与车外人员沟通	驾驶员与车外的人沟通	否
		是
阅读	阅读或看文件或地图,只有在驾驶员有动作变化时才进行编码	否
		是
伸手碰到车内物体	移动身体,而不仅仅是手臂,只有在驾驶员有动作变化时才进行编码	否
		是
调节控制装置	移动身体,而不仅仅是手臂,只有在驾驶员有动作变化时才进行编码	否
		是
吃或喝	食用食物或饮料,不包括嚼口香糖。只有在驾驶员有动作变化时才进行编码	否
		是
个人卫生	梳头、照镜子等,只有在驾驶员有动作变化时才进行编码	否
		是
转身	不仅要将头转过去,而且只有在驾驶员有动作变化时或因与驾驶无关的原因而转身时(不包括倒车或检查交通)进行编码	否
		是
使用电子设备	使用电子设备,仅在车辆行驶时进行编码	否
		把手机放在耳边通话
		用免提电话通话
		查看使用电子设备
		疑似使用电子设备

如表6-2所示,许多潜在的驾驶分心行为只有在车辆行驶时会被编码。所以当车辆在红灯前停下或不移动时,则认为驾驶分心行为不会影响驾驶安全。除非另有说明,否则发生在驾驶片段过程中的任何驾驶分心行为都会被编码,每个变量都是单独编码的,每个片段可以编码多个驾驶分心行为。

驾驶过程中有乘客(同伴、哥哥/姐姐、父母等)在场时,若出现下列情况,可能会导致青年驾驶员出现驾驶分心情况而被记录编码,如表6-3所示。

当乘客在场时被编码的干扰情况 表 6-3

干扰变量	定义或描述	类别
谈话的音量	包括唱歌	没有对话
		正常
		大声
动手脚和大声玩闹	车辆乘员粗暴或喧闹的行为	无
		轻度
		严重
动手脚和大声玩闹	谁参与了动手脚和大声玩闹	驾驶员是主动的
		驾驶员是被动的(被迫打闹)
		只有乘客
与车外人员沟通(乘客)	乘客与车外的人交流	否
		是
身体接触	涉及驾驶员的接触(亲热、牵手、推搡等)	无
		亲热(驾驶员主动)
		亲热(驾驶员被动)
		不亲热(驾驶员主动)
		不亲热(驾驶员被动)

此外,为了综合考虑交通环境和道路条件带来的影响,本实验为每个驾驶片段编码了交通流量和路面状况两个变量,见表 6-4。

交通环境和道路条件的特征 表 6-4

因变量	定义或描述	类别
交通流量	事件发生前的交通流量	无
		较低
		中等
		较高
		极度拥堵
路面状况	—	干燥
		湿滑(不开刮水器)
		浸湿(需开刮水器)

6.1.2.5 分析方法与数据加权

由于因变量的离散性,选用多项 logit 模型对青年驾驶员驾驶分心行为进行研究。该模型允许基于相同的分类预测变量组合来预测因变量的多个无序类别。该模型也被称为比例优势模型。因为事件的优势比独立于类别,假设所有类别的优势比都是常数。对每个变量,计算调整后的优势比。与未调整的优势比不同,调整后的优势比考虑了模型中潜在的重要交互影响,并对风险提供了更全面的评估。

由于青年驾驶员的驾驶片段样本过多,有必要对编码片段的最终数据集进行加权。权重计算基于青年驾驶员驾驶片段全样本和已知乘客分布的选择概率的倒数（$N=24085$）。可能为每位驾驶员编码了多个片段，所有分析均将包含驾驶员的这种度量聚类考虑在内，以正确估计标准误差（置信区间）。最后，在某些情况下，由于光线过暗或其他情况导致无法确定乘客的存在或特征，数据会被舍弃，进而影响最终有效的驾驶片段样本数量。

6.1.3　青年驾驶员驾驶分心行为特性

6.1.3.1　参与实验的青年驾驶员特征

参与调查的 52 名青年驾驶员年龄分布于 18～20 岁。其中，18 岁驾驶员占 63%，19 岁的占 18%，20 岁的占 19%；女性驾驶员占 69%；实验车辆中各车型占比分别为：小汽车（56%）、运动型多功能车（17%）、小型载货汽车（15%）、皮卡（12%）。

6.1.3.2　驾驶分心行为比例

首先分析的是青年驾驶员使用电子设备的概率；然后分析的是其他各种驾驶分心行为的发生概率，例如伸手去拿东西、调节开关、吃/喝和转头等行为。

（1）使用电子设备

根据性别分类的驾驶员使用电子设备和其他驾驶分心行为的比例见表 6-5。

使用电子设备和其他驾驶分心行为的比例　　表 6-5

分心类型	具体表现	总体		女性驾驶员		男性驾驶员		女性、男性对比	
		数量	比例	数量	比例	数量	比例	优势比	置信上限与下限之比
电子设备分心行为	把手机放在耳边	178	2.3%	157	2.9%	21	0.9%	3.30 (2.10, 5.18)	2.47
	免提通话	4	0.1%	4	0.1%	0	0.0%	—	
	使用电子设备	97	1.2%	82	1.5%	15	0.6%	2.42 (1.39, 4.18)	3.01
	疑似使用电子设备	244	3.1%	184	3.4%	60	2.5%	1.36 (1.02, 1.81)	1.77
	其他使用电子设备的行为	523	6.7%	427	7.9%	96	4.0%	1.96 (1.58, 2.44)	1.54
其他驾驶分心行为	调节开关	471	6.2%	352	6.7%	119	5.0%	1.33 (1.09, 1.63)	1.50
	个人卫生	287	3.8%	207	4.0%	80	3.4%	1.16 (0.90, 1.50)	1.67
	吃喝	211	2.8%	154	2.9%	57	2.4%	1.22 (0.90, 1.64)	1.82
	伸手去拿东西	191	2.5%	146	2.8%	45	1.9%	1.47 (1.05, 2.04)	1.94
	与车外人员沟通	113	1.5%	71	1.3%	42	1.7%	0.77 (0.53, 1.12)	2.11
	转头	71	0.9%	36	0.7%	35	1.5%	0.47 (0.29, 0.74)	2.55
	阅读	8	0.1%	6	0.1%	2	0.1%	1.35 (0.27, 6.71)	24.85
	其他驾驶分心行为	1,186	15.1%	848	15.6%	338	13.9%	1.12 (1.00, 1.26)	1.26

注：优势比是使用多项 logit 模型评估的结果，其置信区间为 95%。

在所有驾驶片段中，有 6.7%的青年驾驶员使用（或疑似使用）电子设备，使用电子设备的驾驶员数量约是接听手机人数的 2 倍；性别对电子设备的使用有显著影响，女性使用电子设备的可能性是男性的 2 倍。

一个驾驶片段中的青年驾驶员可能会有多种分心行为。因此,“各类分心行为”的总和不等于个体分心行为的总和。在某些情况下,驾驶片段的光线或其他环境条件会妨碍驾驶员驾驶分心行为的识别,进而导致数据被舍弃。电子设备的使用概率因驾驶员而异,见图 6-1。

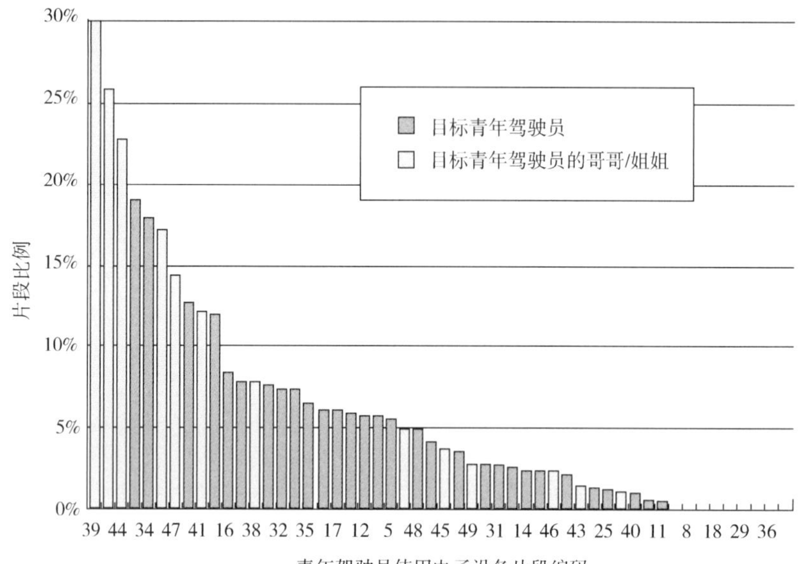

图 6-1 各青年驾驶员使用电子设备片段所占的比例

对于年龄稍大、驾驶经验丰富的目标青年驾驶员的哥哥/姐姐,其电子设备的使用率是目标青年驾驶员的 2 倍。14 个哥哥/姐姐中,除 1 人之外,其他人都在至少 1 个驾驶片段中使用过电子设备。相比之下,38 名目标青年驾驶员中有 8 名没有在任何驾驶片段中使用过电子设备。

9 名青年驾驶员(17%)在整个驾驶片段中没有使用过电子设备;6 名青年驾驶员(12%)在超过 15%的片段中使用电子设备;所有青年驾驶员的电子设备平均使用率为 4%。

(2)其他驾驶分心行为

研究发现,青年驾驶员的驾驶分心行为包含了驾驶员在车内可能发生的所有行为,其中,调节开关是最常见的行为,阅读是最不常见的行为。女性青年驾驶员比男性青年驾驶员更频繁地调节开关或伸手去拿车内的物体。男性青年驾驶员在驾驶时扭转头部的可能性约是女性青年驾驶员的 2 倍。总的来说,除使用电子设备外,青年驾驶员至少还有 1 种其他驾驶分心行为。涉及 1 种驾驶分心行为的驾驶片段中,女性青年驾驶员的比例略高于男性青年驾驶员,目标青年驾驶员的哥哥/姐姐的比例高于目标青年驾驶员。

同样,发生其他驾驶分心行为的概率因驾驶员而异,但其发生率并不像使用电子设备那样集中在一小部分驾驶员中。图 6-2 为 52 名青年驾驶员至少发生 1 种驾驶分心行为(不包括使用电子设备)的片段比例。

有 2 名青年驾驶员在任何驾驶片段中均未被发现存在驾驶分心行为,有 5 名青年驾驶员在超过 25%的驾驶片段中表现出驾驶分心行为。驾驶分心行为的发生概率存在明显的个体差异,涉及驾驶分心行为的驾驶片段比例的中位数为 13.5%。

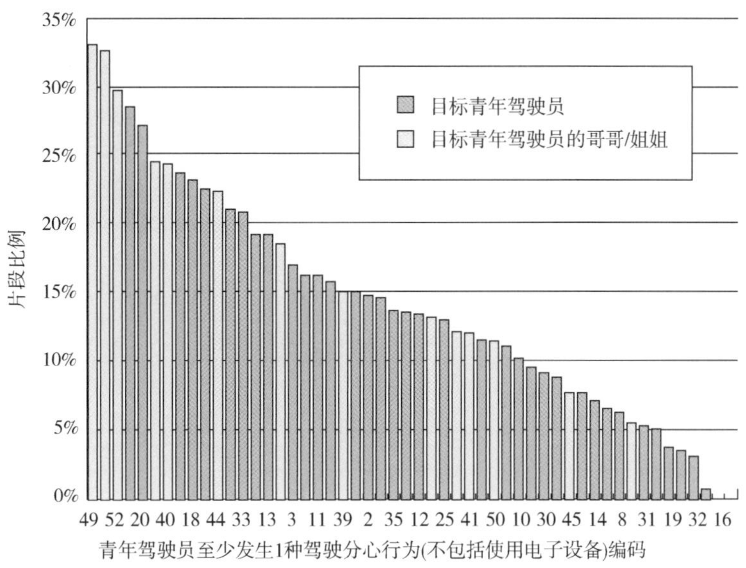

图 6-2　青年驾驶员至少发生 1 种驾驶分心行为(不包括使用电子设备)的片段比例

6.1.3.3　搭载乘客与驾驶分心

研究表明,对于青年驾驶员来说,搭载乘客可能会导致较高的交通事故风险。首先分析驾驶员搭载乘客的概率,然后分析载客情况下发生驾驶分心的概率。

(1)搭载乘客情况

按驾驶员性别划分的乘客组合如表 6-6 所示。约 67%的驾驶片段中,青年驾驶员没有搭载乘客;约 20%的片段中,搭载了同龄人;约 15%的驾驶片段中,出现了其哥哥/姐姐;3%的片段中有成人,其中绝大多数情况下(90%)成年人是其父母。此外,有成人在场的片段可能还包括同龄人、哥哥/姐姐和其他成年人的各种组合。

按驾驶员性别划分的乘客组合　　表 6-6

乘客组合	总体		女性		男性		女性、男性对比	
	数量	比例	数量	比例	数量	比例	优势比	置信上限与下限之比
没有乘客	5142	65.4%	3508	64.6%	1634	67.4%	1.04 (1.01, 1.08)	1.07
1 位同龄乘客	1027	13.1%	743	13.7%	284	11.7%	1.17 (1.03, 1.33)	1.29
2 位或 2 位以上同龄人	322	4.1%	175	3.2%	147	6.1%	0.53 (0.43, 0.66)	1.53
1 个哥哥/姐姐	885	11.3%	638	11.7%	247	10.2%	1.15 (1.00, 1.32)	1.32
2 个或更多个哥哥/姐姐	53	0.7%	38	0.7%	15	0.6%	1.13 (0.62, 2.05)	3.31
同龄人和哥哥/姐姐	160	2.0%	137	2.5%	23	0.9%	2.66 (1.71, 4.12)	2.41
成年人	269	3.4%	195	3.6%	74	3.1%	1.18 (0.90, 1.53)	1.70

表 6-6 还显示了基于驾驶员性别的乘客分布情况。一般来说,女性驾驶员更有可能会搭载乘客,而男性驾驶员搭载多个同龄乘客的概率更高。

(2)驾驶分心行为分类

乘客可能以多种方式分散青年驾驶员的注意力。仅针对有乘客在场的驾驶片段进行编码,表6-7为涉及乘客的驾驶分心比例。

涉及乘客的驾驶分心比例 表6-7

分心情况	总体		女性		男性		女性、男性对比	
	数量	占比	数量	占比	数量	占比	优势比	置信上限与下限之比
大声交谈	406	12.2%	309	97%	1634	67.4%	1.21 (0.98, 1.51)	1.54
打闹嬉戏	170	6.3%	111	59%	284	11.7%	0.77 (0.56, 1.04)	1.86
与车外人员交谈	30	1.1%	17	13%	147	6.1%	0.53 (0.26, 1.09)	4.19
身体接触(亲热)	17	0.6%	9	8%	15	0.6%	0.46 (0.18, 1.18)	6.56
身体接触(非亲热)	7	0.3%	4	3%	74	3.1%	0.54 (0.12, 2.41)	20.08

如表6-7所示,有12.2%的驾驶片段中有明显的大声对话现象,打闹嬉戏占全部片段数量的6.3%。当观察到有打闹嬉戏时,青年驾驶员有一半以上的时间都积极参与其中。其他可能导致驾驶分心的情况,例如驾驶员与乘客之间发生身体接触,则相当罕见。搭载乘客时,男性和女性驾驶员的驾驶分心表现几乎没有显著差异。

(3)驾驶分心行为与乘客组合

通常情况下,驾驶分心发生的概率不仅取决于乘客是否存在,还取决于这些乘客的身份。研究驾驶员电子设备使用概率和其他驾驶分心行为与乘客组合的关系,结果见表6-8。其中,“其他驾驶分心行为”是指之前描述的几种分心行为(调节开关、个人卫生等)。大多数驾驶员的驾驶分心行为都是难以直接观察到的,因此无法考察它们与不同乘客组合时的分心情况。优势比显示了在某些乘客组合中,驾驶分心行为的可能性大小。为了进行这些比较,选取没有乘客的驾驶片段作为参照。

驾驶员使用电子设备和其他驾驶分心行为与乘客组合的关系 表6-8

驾驶分心行为类型	乘客组合	片段比例	优势比	置信上限与下限之比
使用电子设备	没有乘客	8.1%	1.00(作为参照)	—
	1位同龄人	3.5%	0.40(0.29, 0.55)	1.90
	2位或1位以上同龄人	5.3%	0.66(0.44, 0.99)	2.25
	1个哥哥/姐姐	5.0%	0.60(0.38, 0.96)	2.53
	2个或更多个哥哥/姐姐	9.4%	1.11(0.33, 3.77)	11.42
	同龄人和哥哥/姐姐	3.8%	0.48(0.30, 0.77)	2.57
	成年人	1.1%	0.12(0.06, 0.25)	4.17
其他驾驶分心行为	没有乘客	16.9%	1.00(作为参照)	—
	1位青年同龄人	12.3%	0.69(0.56, 0.85)	1.52
	1位或1位以上同龄人	19.0%	1.15(0.84, 1.57)	1.87
	1个哥哥/姐姐	10.9%	0.60(0.47, 0.77)	1.64
	2个或更多个哥哥/姐姐	8.9%	0.48(0.34, 0.67)	1.97
	同龄人和哥哥/姐姐	9.3%	0.50(0.34, 0.75)	2.21
	成年人	4.2%	0.21(0.14, 0.34)	2.43

一般来说,当青年驾驶员不载客时,较常出现使用电子设备和其他驾驶分心行为的情况。青年驾驶员在 8.1%的驾驶片段中使用了电子设备,在 16.9%的驾驶片段中有其他驾驶分心行为。当父母或其他成年人在车上时,这些分心行为较少。当有 1 个同龄人在场时,青年驾驶员电子设备的使用概率会变得特别低(比独自开车时低 60%)。

表 6-9 为大声交谈、打闹嬉戏与不同乘客组合之间的关系。

大声交谈、打闹嬉戏与不同乘客组合之间的关系　　表 6-9

驾驶分心行为类型	乘客组合	片段比例	优势比	置信上限与下限之比
大声交谈	没有乘客	15.0%	1.00(作为参照)	
	1 位青年同龄人	27.1%	2.11(1.62, 2.75)	1.69
	2 位或 2 位以上同龄人	5.5%	0.33(0.21, 0.52)	2.48
	1 个哥哥/姐姐	8.9%	0.55(0.23, 1.33)	5.87
	2 个或更多个哥哥/姐姐	18.5%	1.29(0.82, 2.02)	2.46
	同龄人和哥哥/姐姐	6.7%	0.41(0.26, 0.63)	2.42
	成年人	15.0%	1.00(作为参照)	1.69
打闹嬉戏	没有乘客	7.1%	1.00(作为参照)	
	1 位青年同龄人	16.3%	2.53(1.73, 3.69)	2.13
	2 位或 2 位以上同龄人	2.3%	0.30(0.16, 0.57)	3.56
	1 个哥哥/姐姐	7.4%	1.04(0.29, 3.71)	12.79
	2 个或更多个哥哥/姐姐	10.5%	1.53(0.93, 2.52)	2.71
	同龄人和哥哥/姐姐	1.8%	0.24(0.08, 0.71)	8.88
	成年人	7.1%	1.00(作为参照)	2.13

注:"大声交谈"和"打闹嬉戏"只有在有乘客在场时才能被编码,所以不可能进行与"无乘客"情况的比较。片段数为 $N = 717$ 个。

与车上只有 1 位青年同伴的情况相比,当车上有多位青年同伴时,大声说话和打闹嬉戏的可能性是前者的 2 倍以上。相反,当乘客中有哥哥/姐姐或父母/成年人在场时,大声交谈和打闹嬉戏的可能性明显较低。

6.1.3.4　青年驾驶员驾驶分心行为时间变化规律

(1)每周/日变化规律

研究表明,青年驾驶员在夜间发生致命车祸的风险更高。此外,在周末夜间驾驶且搭载青年乘客时发生车祸的风险极高。

图 6-3 为在工作日和周末,青年驾驶员发生驾驶分心行为的比例变化情况。在此项研究中,"周末"被定义为周五下午 6 点到周日下午 5 点 59 分。图中的误差线表示 95%的置信区间。

由图 6-3 可知,有些驾驶分心行为在周末更常见,有些则在工作日比例更高。图 6-4 显示了一天中不同时间驾驶员发生不同驾驶分心行为的比例和变化情况。"上午"是指早上 6 点到 11 点 59 分,“下午”是指中午 12 点到下午 5 点 59 分,“傍晚”是指下午 6 点到 8 点 59 分,“夜晚”是指晚上 9 点到第二天凌晨 5 点 59 分。

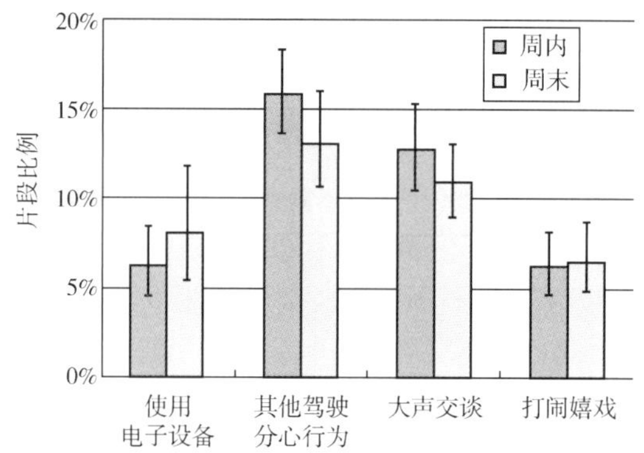

图 6-3　青年驾驶员驾驶分心行为在工作日、周末的变化情况

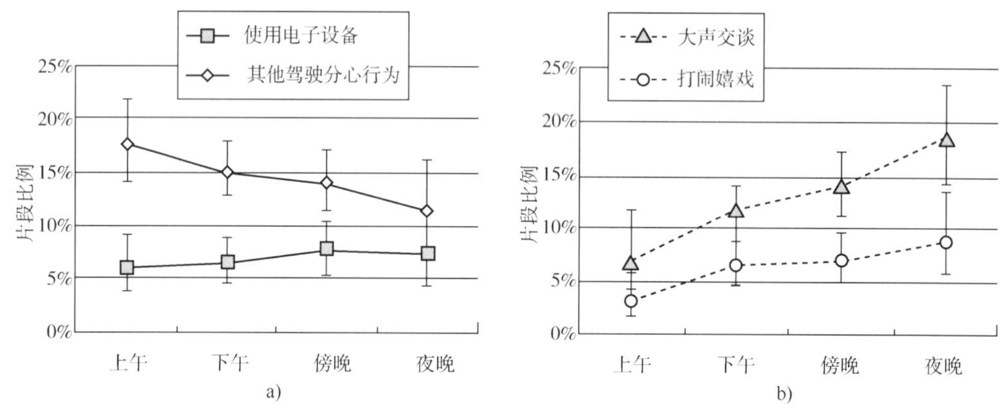

图 6-4　青年驾驶员驾驶分心行为每日变化情况

由图 6-4a) 和 b) 可知,青年驾驶员使用电子设备的比例在一天中变化不大,而其他驾驶分心行为(调节开关、饮食等)的发生概率则呈小幅下降的趋势。相比之下,大声交谈和打闹嬉戏的比例增加,这种现象在夜晚更为明显。此外,在周末的夜晚搭载几个同龄人的情况下,20.2%的驾驶片段里青年驾驶员有大声交谈行为,11.2%的片段里有与乘客打闹嬉戏行为。

(2)随交通与天气变化规律

研究表明,当驾驶环境看起来“更安全”时,驾驶员更容易进行分散注意力的活动。根据道路上的交通流量情况对驾驶片段进行编码,有 29%的片段没有交通流量,50%的片段交通流量很小,15%的片段交通流量中等,0.3%的交通流量很大,6%的片段发生在停车场等没有车辆运动的道路上(未对这些片段进行分析)。由于交通流量很大的片段占比太小,因此将流量很大的和流量中等的驾驶片段合并在一起分析。

研究发现,驾驶员产生分心行为的比例、驾驶分心时的状态与交通流量之间没有明显关系。交通流量很小或没有交通流量的情况下,驾驶分心的比例相对接近。

根据路面状况对驾驶片段进行编码。在所有驾驶片段中，89%的片段路面被判定为干燥，7%的片段为潮湿路面，4%的驾驶片段正在下雨。图 6-5 显示了不同路面状况下各驾驶分心行为所占比例情况。

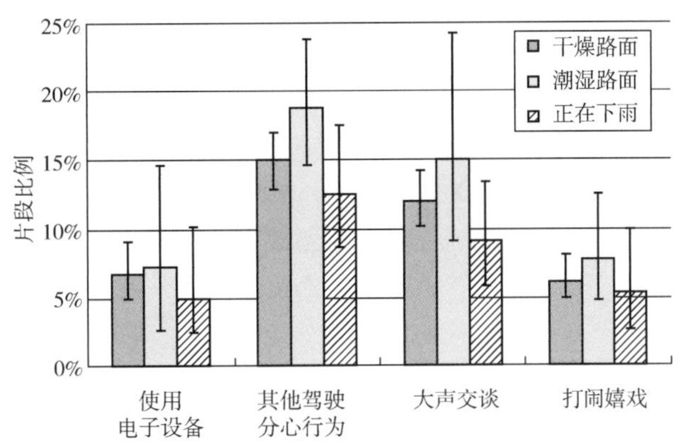

图 6-5　驾驶员驾驶分心行为和不同路面状况的关系

由图 6-5 可知，下雨天驾驶员发生分心行为的比例最低，但与其他几种路面情况的差异相对较小，并且置信区间最大。

6.1.3.5　青年驾驶员驾驶分心时的视线变化规律

研究发现，青年驾驶员驾驶过程中的视线变化与拨打/接听手机、操纵音频控制和照镜子等驾驶分心行为有关。

视线变化包括任何不必要的向下看、看乘客或其他明显与驾驶任务无关的视线转移。因此，盯着后视镜或看转弯的方向并不属于看向别处。当车辆正在等红绿灯时，所记录的驾驶片段不在研究范围内。此外，由于驾驶片段的光线不足、驾驶员佩戴墨镜或其他情况导致无法判断驾驶员视线的驾驶片段也不在研究范围内。

在所有驾驶片段中，至少在 45%的驾驶片段中出现了驾驶员短暂地将视线从道路上移开的情况，并且可以清楚地确定驾驶员看向何处。相比较而言，女性将视线从道路上移开的比例更高。与目标青年驾驶员相比，年龄稍大、驾驶经验更丰富的目标青年驾驶员的哥哥/姐姐将视线从道路上移开的比例更高。

因为数据记录器每秒捕捉 4 次静态图像，所以对驾驶员视线从道路上移开的时间以 0.25s为间隔进行编码。计算在触发摄像头记录的事件发生前 10s 内驾驶员将视线从道路上移开的总时间，结果见图 6-6。大多数驾驶员只是短暂地把视线从道路上移开，35%的驾驶员把视线移开 1s 甚至更短，31%的驾驶员将视线移开 1.25～2s，12%的驾驶员在触发摄像头记录的事件发生前 10s 内，至少有 4s 的时间将视线从道路上移开。驾驶员视线转移累计时间的中位数是 1.50s。

对于将视线从道路上移开的驾驶员，计算其视线移开道路所持续的最长时间，结果见图 6-7。有 51%的驾驶片段显示驾驶员最长视线转移时间是 1s 或更短；39%的驾驶片段中，最长视线转移时间为 1.25~2.0s;10%的驾驶片段中,最长的视线转移时间超过 2s。

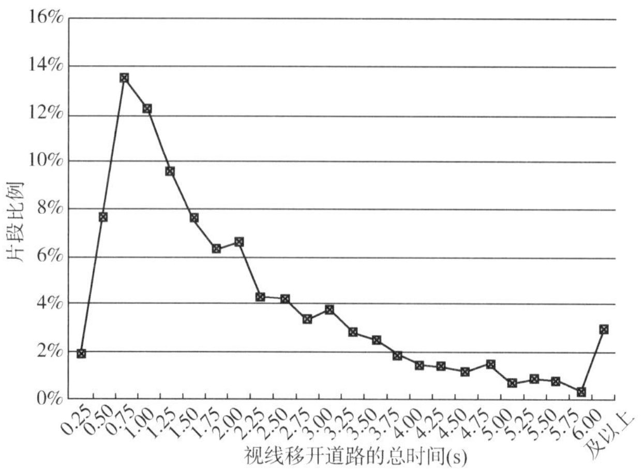

图 6-6 触发摄像头记录的事件发生前 10s 内驾驶员将视线从道路上移开的总时间分布

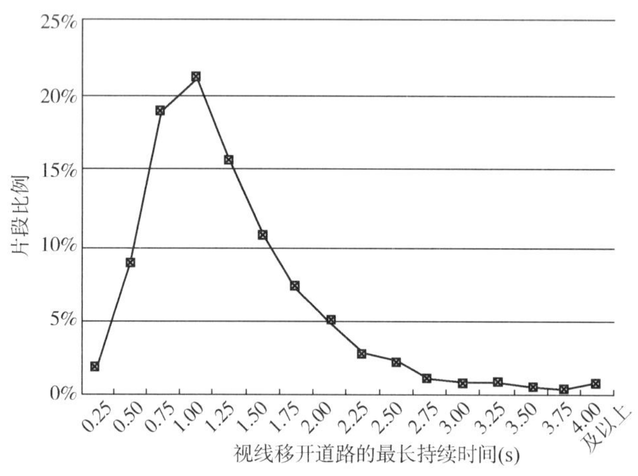

图 6-7 触发摄像头记录的事件发生前 10s 内将视线移开道路所持续的最长时间

驾驶分心行为与青年驾驶员将视线从道路上移开之间的关系如表 6-10 所示,同样,排除了等红灯、特殊情况或无法确定驾驶员视线的驾驶片段。当驾驶员使用电子设备时,其将视线从道路上移开的可能性是其他驾驶员的 3 倍,而出现其他驾驶分心行为时,其视线转移的可能性是其他驾驶员的 2.5 倍。当车上有人大声交谈或打闹嬉戏时,青年驾驶员更可能将视线从道路上移开。表 6-10 的右侧显示了驾驶员将视线从道路上移开所持续的时间。由于数据分布并不均匀,选择用中位数加以表征,并进行了视线转移时间差异的非参数检验。当使用电子设备时,在触发摄像头记录的事件发生前 10s 内,驾驶员比未使用电子设备的驾驶员多花了 1s 来将视线移开。虽然大声交谈和打闹嬉戏也会使人更容易将视线从道路上移开,但当这些干扰因素出现时,将视线从道路上移开时间只多了 0.25s。

驾驶分心行为与驾驶员将视线从道路上移开的关系　　表 6-10

驾驶分心行为	是否存在	驾驶员把视线移开的比例	优　势　比	中位数	显著性水平
使用电子设备	存在	29.3%	1.00（作为参照）	1.50	$P<0.001$
	不存在	70.7%	2.97(2.43,3.62)	2.52	
其他驾驶分心行为	存在	32.5%	1.00（作为参照）	1.50	$P<0.001$
	不存在	67.5%	2.56(2.27,2.88)	2.25	
大声谈话	存在	44.6%	1.00（作为参照）	1.50	$P<0.01$
	不存在	55.4%	1.42(1.15,1.75)	1.75	
打闹嬉戏	存在	36.7%	1.00（作为参照）	1.50	$P=0.058$
	不存在	63.3%	1.98(1.40,2.82)	1.75	

注：只有在车辆行驶时才会对驾驶员视线移开道路的行为进行编码，$N=2853$。在某些情况下，数据丢失是由于驾驶片段环境光线不足或其他情况导致无法清楚确定驾驶员的视线。

6.1.3.6　青年驾驶员分心行为与交通事故

研究青年驾驶员驾驶分心和交通事故之间的关联。

(1)严重交通事故

严重交通事故被定义为以下几种情况：

①碰撞($N=3$，N 代表驾驶片段)。

②临近碰撞(青年驾驶员进行躲避，$N=22$)。

③临近碰撞(其他驾驶员进行躲避，$N=8$)。

④其他情况，如失控或离开道路($N=19$)。

在 7858 个驾驶片段中，只有 52 个(0.7%)涉及严重交通事故，男女驾驶员发生严重交通事故的差异不大，目标青年驾驶员的哥哥/姐姐和目标青年驾驶员在严重交通事故发生概率上的差异也很小。在安装数据记录仪的 6 个月期间，有 27 名青年驾驶员没有发生严重交通事故。7 名青年驾驶员的交通事故数占严重交通事故总数的 58%，其中 3 名青年驾驶员各发生了 5 起严重交通事故。

严重交通事故与驾驶分心行为的关系见表 6-11。车内有大声交谈的情况出现时，青年驾驶员发生严重交通事故的可能性要高出约 6 倍。虽然驾驶员使用电子设备和打闹嬉戏也与严重交通事故的发生有关，但其置信区间较大(分别为 5.48 和 8.24)，因此认为此关联性结果意义不大。

驾驶分心行为与严重交通事故的关系　　表 6-11

驾驶分心行为	是否存在	严重交通事故片段比例	优　势　比	置信限上限与下限之比
使用电子设备	存在	0.6%	1.00（作为参照）	5.48
	不存在	1.2%	1.85（0.79，4.33）	

续上表

驾驶分心行为	是否存在	严重交通事故片段比例	优势比	置信限上限与下限之比
其他驾驶分心行为	存在	0.7%	1.00（作为参照）	4.51
	不存在	0.7%	1.00（0.47，2.12）	
大声交谈	存在	0.6%	1.00（作为参照）	3.80
	不存在	4.0%	6.41（3.29，12.50）	
打闹嬉戏	存在	0.9%	1.00（作为参照）	8.24
	不存在	2.4%	2.71(0.94，7.75)	

注：其他驾驶分心行为包括：调节开关、梳妆打理、饮食、伸手拿车内物品、与车外人员交流、转头或阅读。N=7858。

(2)高离心力交通事故

交通事故严重性的另一个潜在指标是离心力。为验证驾驶分心行为、驾驶分心状态是否与较高的离心力有关，分析由车辆加速、减速和转弯行为所触发的交通事故。高离心力交通事故的定义为离心力分布中前10%的交通事故，包括：

①由车辆加速行为引发的事故：纵向离心力≥0.49(N=86)。

②由车辆减速行为引发的事故：纵向离心力≥0.55(N=166)。

③由车辆左转弯行为引发的事故：横向离心力≥0.59(N=214)。

④由车辆右转弯行为引发的事故：横向离心力≥0.59(N=226)。

严重交通事故与高离心力交通事故之间有一定的关联，但尚不明确。在52起严重事故中，有50%(26起)涉及高离心力情况。与严重交通事故不同，高离心力交通事故广泛分布于青年驾驶员中，除了3名青年驾驶员外，其余人都被记录了至少1次高离心力交通事故。高离心力交通事故在男性青年驾驶员中发生的概率(13.1%)几乎是女性青年驾驶员的2倍(16.9%)。目标青年驾驶员的哥哥/姐姐(7.9%)和目标青年驾驶员(9.1%)之间的高离心力交通事故差异相对较小。

表6-12和表6-13显示了高离心力交通事故与青年驾驶员分心行为之间的关系。无论由加速、减速、左转弯还是右转弯引起的，高离心力交通事故均与打闹嬉戏密切相关。当驾驶员与他人大声交谈时，由减速和左转弯引发的高离心力交通事故也更为常见。驾驶员使用电子设备和其他驾驶分心行为与高离心力没有直接的关系。当驾驶员使用电子设备或进行其他驾驶分心行为时，高离心力交通事故反而不太常见。

驾驶分心行为与高离心力交通事故(加减速)的关联 表6-12

驾驶分心行为	状态	由车辆加速引发的高离心力交通事故(N=727)			由车辆减速引发的高离心力交通事故(N=1565)		
		片段占比	优势比	置信限上限与下限之比	片段占比	优势比	置信限上限与下限之比
使用电子设备	否	11.9%	1.00	—	10.8	1.00	
	是	9.8%	0.83(0.35，1.95)	5.57	7.9	0.7(0.40,1.35)	3.38

续上表

驾驶分心行为	状态	由车辆加速引发的高离心力交通事故（$N=727$）			由车辆减速引发的高离心力交通事故（$N=1565$）		
		片段占比	优势比	置信限上限与下限之比	片段占比	优势比	置信限上限与下限之比
其他驾驶分心行为	否	11.2%	1.00	—	10.7	1.00	—
	是	15.2%	1.36（0.83，2.21）	2.66	9.6	0.89（0.59，1.36）	2.31
大声交谈	否	12.6%	1.00	—	9.5	1.00	—
	是	14.6%	1.16（0.54，2.48）	4.59	20.7	2.18（1.41，3.38）	2.40
打闹嬉戏	否	11.6%	1.00	—	10.6	1.00	—
	是	29.6%	2.55（1.27，5.13）	4.04	22.6	2.13（1.22，3.73）	3.06

驾驶分心行为与高离心力交通事故（左右转弯）的关联　　表 6-13

驾驶分心行为	状态	由车辆左转弯引发的高离心力交通事故（$N=2151$）			由车辆右转弯引发的高离心力交通事故（$N=1966$）		
		片段占比	优势比	置信限上限与下限之比	片段占比	优势比	置信限上限与下限之比
使用电子设备	否	10.0%	1.00	—	11.8%	1.00	—
	是	10.6%	1.06（0.62，1.80）	2.90	7.1%	0.60（0.31，1.19）	3.83
其他驾驶分心行为	否	10.0%	1.00	—	11.6%	1.00	—
	是	9.6%	0.95（0.66，1.37）	2.08	10.9%	0.94（0.6，1.36）	2.13
大声交谈	否	8.6%	1.00	—	11.1%	1.00	—
	是	15.6%	2.18（1.07，3.10）	2.90	14.3%	1.29（0.72，2.31）	3.21
打闹嬉戏	否	8.7%	1.00	—	10.2%	1.00	—
	是	19.5%	2.24（1.15，4.37）	3.80	23.3%	2.29（1.1，4.57）	3.97

6.2　老年驾驶员与驾驶分心

6.2.1　老年驾驶员的生理与心理

道路交通系统中 93%以上的交通事故与人这一因素有关，驾驶员是人的因素中最重要的一环，其在交通环境中的决策和行为与交通安全息息相关，所以与驾驶风险直接相关的人的因素即驾驶行为与驾驶员个体特征。有研究利用美国亚拉巴马州警方提供的全年交通事故记录数据，按年龄将驾驶员划分为青年、中年与老年 3 个区间。通过对不同年龄阶段驾驶员的事故责任、事故形态、道路及环境特征、驾驶行为及饮酒状态等进行差异性分析，发现青年驾驶员发生交通事故的主要原因是喜欢冒险驾驶和缺乏驾驶技能，而老年驾驶员更倾向于避免不安全的驾驶状况（如疲劳驾驶）。

一个人的年龄通常用时序年龄或身体状态来描述。时序年龄是自出生以来的年数。但是,单纯用时序年龄来表征一个人的年龄并不准确。现在有充分的证据证明,在相同年龄的老年人中,每个人的表现差异很大。尽管衰老过程中存在许多个体差异,但即使是相对健康的老年人也或多或少会受到衰老的影响,例如认知能力和身体机能下降、视力丧失、对黑暗的不适应和受到眩光后恢复视力慢、听觉能力丧失、感知能力降低、注意力下降、记忆能力降低、肌肉力量丧失、反应时间增加,这不仅会严重影响老年驾驶员的安全驾驶,还将面临驾驶分心增加的风险。

目前,关于老年驾驶员驾驶技能与交通事故风险关系的研究不足。显然,并不是所有机能的下降都会对道路上发生交通事故的风险产生相同程度的影响,也不是所有身体条件相同的个人都会受到相同的影响。事实上,并不是老年驾驶员身体机能下降本身影响了安全驾驶,而是与这些身体机能相关的驾驶绩效决定了驾驶的安全性。此外,老年驾驶员在驾驶时能够适应或克服身体机能下降的程度也会对他们的安全驾驶产生一定的影响。

越来越多的证据表明,一些与年龄有关的身体机能下降可能对道路交通安全产生重大影响。例如,这些身体功能或心理功能的下降或损失可能使老年驾驶员更容易受到驾驶分心的影响,如果没有采取相应的补救措施,可能会增加分心引起的交通事故风险。

经过大量的文献研究,绘制出了影响老年人驾驶行为因素模式图(图6-8),这些因素中任何一项受到损害或者几项受到联合损害,都会有发生交通事故的风险,随着时间的推移,各因素之间存在复杂的和动态的联系,它们之间的相互作用将对驾驶行为产生或好或坏的影响。除图6-8中所涉及的因素,本节还将从心理特征方面介绍影响老年驾驶员驾驶绩效的自身因素。

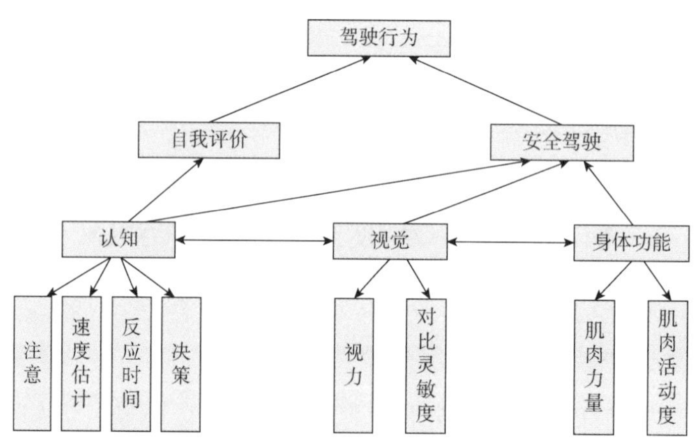

图6-8　影响老年驾驶员驾驶行为因素模式图

6.2.1.1　视力

视力是驾驶的关键,驾驶员视觉机能直接影响行车安全。驾驶员与行车安全相关的视觉指标(如视觉敏锐度、动视力、视野、视力适应)均与年龄相关。年龄增长带来的视觉处理速度、视觉搜索能力、对比敏感度、低光敏感度、角运动感知能力等的下降都在不同程度上导致交通事故风险增加。

与青年驾驶员相比，老年驾驶员视力下降、视野也会有不同程度的缺损，进而影响驾驶安全。老年驾驶员可能不仅无法聚焦远处的物体（例如迎面驶来的车辆或者远处的交通灯），甚至还看不清近处的物体（如汽车的仪表盘）。据统计，70 岁健康老人中，视力超过 0.6（国际视力表标准下）的只有 51.4%，中近距离视力比远距离视力衰退得更为明显，出现所谓的“老花眼”，主要原因是视觉感官的调节功能减退；还会出现视野狭窄、对光量度的辨别力下降等症状。这些都会影响老年驾驶员的风险感知能力。此外，驾驶员的动视力随物体运动速度、环境照度（背景照度）和驾驶员年龄等因素的变化而变化。

事实上，老年人驾驶时视觉信息处理能力的下降已成为亟须解决的问题。例如，有效视野评估（UFOV）检查视觉处理和注意力控制功能，这些功能可能与许多神经和视觉障碍有关，并对其他因素也产生一定的影响，而在评估后针对性地开展训练可以提高老年人的视觉处理能力。在对老年驾驶员交通事故受伤风险因素的研究中，发现 UFOV 辅以针对性的视觉训练能够将驾驶员发生伤害交通事故的风险降低 40%。此外，与青年驾驶员相比，老年驾驶员在面临外界干扰时，往往检测目标对象的能力较差，并且更难识别零碎或不完整的对象，而且在识别嵌入在其他对象中的事物方面表现也较差。如果不能采取适当的补救措施，这些与年龄相关的视力和视觉注意障碍很可能会对老年驾驶员安全驾驶造成严重影响。

6.2.1.2　认知能力

车辆在交通系统中的安全运行需要依赖驾驶员的感知和认知能力。如图 6-9 所示，驾驶风险感知是一个连续的过程，对驾驶员的生理和心理功能都有极高的要求，需要高度协同的手、眼、脑的配合能力。而老年驾驶员的感知能力由于受到年龄的影响，各项生理、心理功能都呈退化趋势，其中某些功能的减退影响了老年驾驶员对交通流的判断，反应能力也有所下降，甚至会影响正常的驾驶。

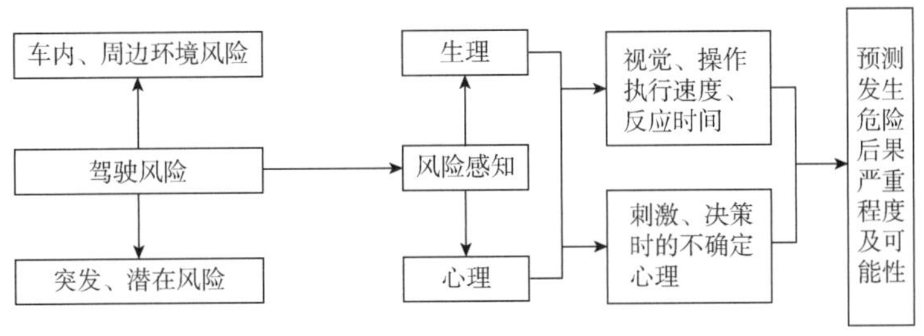

图 6-9　驾驶风险感知的过程

随着年龄增长，老年驾驶员的神经系统功能及认知功能明显下降，主要表现为认知障碍等，导致驾驶能力随之下降。认知能力主要体现在记忆功能、执行功能和语言功能 3 个方面。对于老年驾驶员而言，最重要的是记忆功能和执行功能。

安全驾驶要求驾驶员能够监视信息，识别危险，做出准确、及时的决定，理解、记住并遵守交通规则和标志，遵循指示，保持专注并最大限度地减少分心。老年驾驶员的记忆主要有以下特点：

①从记忆过程来看，瞬时记忆能力随年老而减退，短时记忆能力变化较小，老年人的记忆衰退主要是长时记忆能力的衰退。研究发现，老人对年轻时发生的事往往记忆犹新，对中年往事的回忆能力也较好，仅对进入老年后发生的事遗忘较快。

②从记忆内容来看，老年人的理解记忆能力保持较好，而机械识记能力减退较快。

③从再认知活动来看，老年人的再认活动保持较好，而再现活动则明显减退。

由此可见，老年人的记忆衰退并不是全面衰退，而是部分衰退，主要是信息提取能力和再现能力的减弱。

此外，驾驶需要较高的智力或决策能力。决策能力是由各种松散相关的高阶认知过程决定的，例如计划、动作的发起和调节、判断力、反馈利用和自我感知。这些过程对于执行有效且适合现场情形的行为至关重要。老年驾驶员由于中枢神经系统功能下降和手脚灵活性降低，若要对交通标志标线和交通信号做出准确判断并采取行动，需要更长的执行时间，难以对驾驶中的风险尤其是突发性危险及时做出反应。

认知功能的下降对老年驾驶员驾驶行为的影响通常表现为反应时间延迟。现有研究从环境设置的角度可以分为2类：一类是单一环境，此种环境下，老年驾驶员对行车的预知能力较强，对突发情况能提前做出反应；另一类是多重环境，如转向、停车、判断交通信号等，陌生的环境使老年驾驶员感到时间紧迫，从而导致联动控制变差、反应延迟。在研究方法上，多采用驾驶模拟器这种简单、经济的方式。为了对不同年龄群体的反应能力进行分析，分别对30名20~25岁的青年驾驶员和30名60~75岁的老年驾驶员进行简单反应时间和复杂反应时间的测试。测试分为练习阶段和测试阶段，练习阶段是熟悉刺激信号和操作方法，对每种测试方式练习20次，使测试效果稳定；在练习阶段后进入正式数据采集阶段，即测试阶段。测试结果如表6-14所示。

不同年龄群体的反应时间和辨认率数据 表6-14

项　　目	年　龄　段	
	20~25岁	60~75岁
平均简单反应时间(s)	0.40	0.71
简单反应正确辨认率	99%	97%
平均复杂反应时间(s)	0.56	1.04
复杂反应正确辨认率	91%	76%
统计检验	$P>0.001$，差异显著	

由表6-14可知，无论是简单反应还是复杂反应，老年驾驶员的反应时间均比青年驾驶员的反应时间长，且反应正确率更低。在显著性水平为0.001时差异显著，表明年龄的差异对反应时间有影响。该测试结果与相关研究一致，随着年龄的增长，感知、判断、动作时间延长，反应不确定性增加，老年人明显比年轻人迟缓。驾驶员反应时间越长，在车辆行驶速度一定时，其所需安全视距更长，如果安全视距不足则发生交通事故的可能性增大。

考虑到驾驶任务的复杂性，认知能力的下降有可能损害驾驶员驾驶能力并导致交通事故的风险增加。例如，在结合了对眼睛健康、视觉功能、视觉注意力和认知功能的度量模型中，视觉注意力和心理状态是交通事故发生频率的两个最佳预测指标。已有研究证明，老年(65岁及以上)驾驶员的执行功能障碍与机动车交通事故之间存在密切的关系；与没有撞车历史的老年驾驶员相比，有撞车历史的老年驾驶员表现出更多的缺点，例如精神状态差和计划能力差。

根据复杂性假设，当所执行任务的复杂性增加时，老年人的反应速度比青年慢，这与任务是以单任务还是双任务范式执行无关。大量文献说明了双任务环境中，年龄增长将会导致反应速度明显下降。相关研究表明，老年人比青年人更难管理或协调多项任务。虽然人们对双重任务的强度、分散注意力效应以及复杂任务的结果达成了共识，但对于导致这些任务执行中年龄差异的作用机制却存在分歧。

若某些部分的认知能力下降，当认知负荷增加时，驾驶员处理速度就会降低。这对驾驶员的分心有严重影响，因为以串行模式处理不同的信息源可能会将决策过程延长到危险水平，从而导致发生某些类型交通事故的风险更高。

6.2.1.3　身体机能

除视力和认知障碍外，衰老还会带来身体上的影响，这可能会损害老年人的安全驾驶能力。智力的变化是老年驾驶员身体机能衰退的重要表现，进入老年期后，人的大脑逐渐萎缩，脑重量减轻，脑细胞数减少。然而，老年人的智力并非全面退化，只是在某些方面有所衰减。

有学者认为，智力是一种综合能力，可以分为“晶态智力”和“液态智力”两种。晶态智力主要是后天获得的，它与知识、文化、经验积累和领悟能力有关，例如知识、理解力等。由于老年人阅历广，经验多，这种智力易保持(甚至会增长)，只在80岁以后才有明显减退；液态智力主要与大脑、神经系统、感觉和运动器官的生理结构和功能有关，例如记忆、注意、思维敏捷性反应速度等，这种智力减退得较早，也较快，一般在50岁以后就开始下降，60岁以后减退明显。

除了神经系统的变化外，运动系统的增龄性退化也不容忽视，如骨骼肌总量、肌肉力量、耐力、灵活性和运动度都会随着年龄增加而降低，身体的不适感、疼痛和疲劳感会加剧。中枢神经系统、外周神经系统以及神经肌肉系统的功能失调将导致老年驾驶员动作控制能力变差，进而影响执行相关动作的能力。与青年驾驶员相比，老年驾驶员需要更长的决策时间和运动时间完成同样的动作，难以操控车辆完成一些重要的操作。

除此之外，老年驾驶员身体机能衰退表现在以下几方面：

①储备能力减弱。这是全身组织器官与生理功能退化的结果，必然导致老年驾驶员体质的衰弱。例如，运动时供应所需能量的糖原不足，机体不能及时提供能量，会导致老年人难以承担重负荷或应付意外事件。

②适应能力减弱。老年人的神经传导功能下降，对刺激的反应时间延长，感觉迟钝、减退甚至消失。一旦环境发生变化或出现意外事故而处于紧张状态，机体就难以应付。

③耐力减退。随着年龄增大,肌肉弹性降低,收缩力减弱,肌肉变得松弛,容易疲劳,因而老年人耐力减退,难以坚持长时间的运动。

④感官系统变化。在听觉方面,老年人对声音的感受性和敏感性持续下降,表现出生理性的听力减退甚至耳聋,高音听力比低音听力衰退得更显著。而且在不良听觉条件下或有背景噪声的情况下,对声音的辨别能力也有所减弱。

许多老年驾驶员遇到的另一个问题是,在十字路口并入车流或转入其他车道时,需要转动头部来扫视车辆。此外,老年驾驶员可能会难以操纵车辆控制面板上的小控制按钮和旋钮,从而需要更长的时间来完成诸如调节车载收音机或调节空调等任务。对于老年人来说,可能造成这些影响的生理状况一般包括身体虚弱、敏捷性丧失、心血管退化和骨骼肌肉的下降。然而,关于这些身体机能的局限性影响驾驶安全性的程度尚无定论,也没有证据将这些身体机能的下降与任何一种影响驾驶安全的技能联系起来。

尽管年龄本身并不是驾驶绩效的良好预测指标,但是大多数老年人在感觉、身体和认知方面可能会经历某种程度的功能下降。本节中与年龄相关的功能衰退对老年驾驶员的分心有几个影响:

①与年龄相关的功能衰退导致完成驾驶任务所需求投入的增加,将使处理其他非驾驶相关活动的剩余能力减少。

②非驾驶相关活动对于老年驾驶员而言可能会更分散注意力,因为它们需要更多的时间、视觉和注意力以及体力。

③由于同时执行多项任务能力的不足,老年驾驶员将很难在驾驶和竞争性的任务之间进行权衡以保持安全驾驶。目前能够证明特定能力下降与驾驶绩效下降或碰撞事故风险增加之间因果关系的证据还很有限。已经有研究对此提出一种可能解释:驾驶员具有高度的适应能力,并可以通过改变他们的行为(例如,使用不同的驾驶技术,改变驾驶条件或使用技术来辅助驾驶)来弥补某些方面的缺陷。这种适应性行为还可能通过减少驾驶分心行为而减轻碰撞风险。

6.2.1.4 心理因素

交通安全问题大多主要由人为因素导致,且单纯的交通事故数据分析难以描述其内在致因。在驾驶过程中,驾驶员进行驾驶行为的逻辑思维和个性特点在很大程度上受心理影响。随着年龄增长,老年驾驶员心理承受能力减弱,存在复杂多变的心理。本部分主要从性格和态度、自我评价两方面对老年驾驶员心理进行研究。

(1)性格和态度

在研究老年驾驶员的人格与驾驶行为之间关系时,性格和态度一直受到广泛关注。由于每个人的个性特点不同,其对风险感知的自我处理能力不同,人格个性主要通过间接影响行为态度从而影响风险驾驶行为。随着年龄的增加,老年驾驶员的生理因素所固定下来的遗传性性格已基本无法改变。

不同的性格导致老年驾驶员对于出现的风险有不同的关注点、关注时间、关注方式以及态度,导致每个人对于自身的风险有不同的感知角度。态度在驾驶过程中作为瞬时性、阶段性的情感评价,可以及时地反映自我意图和行为,且容易受环境因素影响。

相关研究表明,稳定积极的态度有利于减少危险的驾驶行为。相关研究在设计人格问卷的基础上,具体阐述了老年驾驶员的性格和态度的概念及异同处。但由于孤立地探索性格和态度因素,在评价驾驶能力时过于简单化,并且存在很多局限性。因此,又进一步考虑了两者之间的相关关系,即通过态度的中介作用探索性格对危险驾驶行为的影响。还有学者通过问卷调查,并根据性格-态度-危险驾驶模型,验证了驾驶员的性格会直接导致交通违章和交通事故,通过驾驶员安全驾驶的态度可以预测驾驶行为。性格-态度-危险驾驶模型在一定程度上开辟了老年驾驶员人格研究的新方向。

(2)自我评价

自我评价是带有偏见的主观判断过程。在调查中,老年驾驶员对自身驾驶能力的评价多高于实际水平。早期对老年驾驶员自我评价的研究,主要采用问卷调查和分析统计数据的形式。Marottoli等在研究中引入自信的概念,以行驶里程和驾驶频率表征自我评价,但调查结论趋于表面,总体研究不够深入。后续很多学者研究个性差异对自我评价的影响,运用性格分析指标(Myers Briggs Type Indicator)进行调查,发现性格外向的老年驾驶员有较为乐观的评价;信心不足、缺乏耐心的驾驶员,表现出较为消极的评价。

性别差异方面,对1332名75岁以上老年驾驶员样本进行分析后可以发现,驾驶员对自身驾驶技能均有良好的评价,但男性倾向于提及驾驶技能增强,女性则倾向于提及驾驶技能减弱。总的来说,老年驾驶员自我评价过程带有很强的主观性,并相对保守。后续相继开发出如驾驶舒适度量表(Driving Comfort Scales,DCS)、认知驾驶能力量表(Perceived Driving Abilities Scale,PDA)等从多方面研究老年驾驶员的量表,进一步丰富了调查统计方法,但此类研究均缺少理论依据和标准。因此,对于老年驾驶员的主观评价应设计基本结构框架和循序渐进的测试过程。

有些老年驾驶员具备多年的行车经验,有较好的心理素质,能下意识地对一些道路上的紧急情况进行处理。但从心理角度看,老年驾驶员的下列心理特征容易对行车安全造成影响:

①骄傲自满心理。有的老年驾驶员驾龄较长,交通事故率低或者没有发生过交通事故,因此对自身的驾驶技术过分自信,产生骄傲自满心理,放松交通安全意识,容易出现如转弯不打转向灯、逆行、超车、随意变道等不按驾驶规范进行操作的驾驶行为,或者有与车上成员聊天、吸烟、看手机等驾驶分心行为,甚至出现酒后驾驶、超速驾驶等违反道路交通安全法规的驾驶行为,导致交通事故的发生。

②负担过重心理。老年驾驶员阅历丰富,人生经历较多,受生活和工作的影响诱发不良情绪的因素也较多。诸如家庭生活出现矛盾、亲人生病、事业的成败、婚姻不如意、工作不顺心等,都能触发消极情绪。人的机体活动容易受到消极情绪的抑制,导致自制力差、注意力不集中等,对思维和动作的反应和准确性产生影响。与正常情绪驾驶时不同,带情绪驾驶往往会导致起步猛、车速急、转弯快、刹车狠、不考虑道路条件高速颠簸行驶,容易造成严重的交通事故。

6.2.2 老年驾驶员交通事故特征

6.2.2.1 老年驾驶员占人口比重

国内外对老年人的定义有所不同,国际上通常用 60 岁或者 65 岁的年龄作为区别老年人与其他人群的界限。在美国,年龄在 65 岁及以上的自然人被称为老年人,在中国,年龄在 60 周岁及以上的自然人被称为老年人。

根据公安部道路交通管理局公布的数据,截至 2019 年底,中国机动车驾驶员总量达 4.35 亿人,超过 60 岁的驾驶员已经达到 1327 万人。据我国 2015~2017 年道路交通事故统计年报,61~65 岁驾驶员的交通事故数从 2015 年的 4042 起上升至 2017 年的 5767 起,65 岁以上驾驶员的交通事故数从 2015 年的 3558 起上升至 2017 年的 5659 起,老年驾驶员发生交通事故的数量呈逐年上升趋势。《大健康产业蓝皮书:中国大健康产业发展报告》指出,中国人口老龄化和老龄人口高龄化都呈现逐步加剧态势,预测 2050 年我国 60 岁及以上老年人口数量将达到 4.83 亿人,见图 6-10。

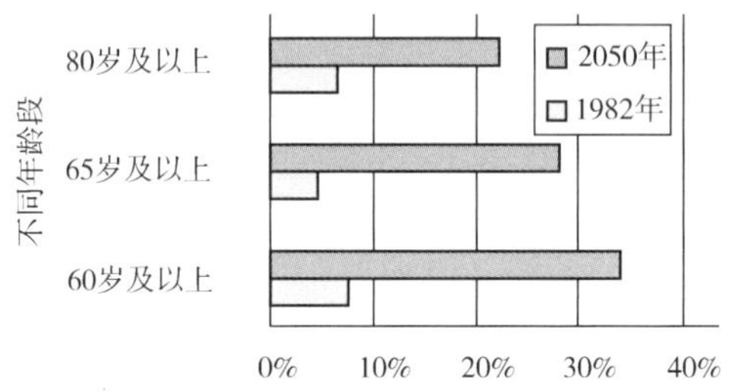

图 6-10 2050 年老年人占全国总人口比重

相关研究对不同层次月收入和是否拥有驾照的人群在 65 岁以后拥有小汽车的意向做了调查,结果见表 6-15。可见,随着人口的老龄化,老年驾驶员的数量会上升。此外,私家车仍然是老年驾驶员群体的主要交通方式,他们的驾驶时间将更长、驾驶次数更频繁。如何保障老年驾驶员的安全出行已成为一个具有挑战性的社会问题。

月收入和是否拥有驾照与 65 岁以后保有小汽车意向的交叉列表 表 6-15

月收入与是否拥有驾照		65 岁以后是否会继续保有小汽车	
		不会	会
月收入	2500 元以下	48.4%	51.6%
	2500~4000 元	32.6%	67.4%
	4000~6000 元	29.0%	71.0%
	6000 元以上	27.1%	72.9%
是否拥有驾照	否	55.1%	44.9%
	有	26.8%	73.2%

6.2.2.2 老年驾驶员的行车特点

老年驾驶员通常有以下特点：

①老年驾驶员在驾驶车辆时，车速往往较慢，并且不易受其他车辆及驾驶员的影响。当老年驾驶员驾驶的车辆在较大交通流中时，将会影响车辆的通行效率，降低车流的平均速度，扰乱正常行驶秩序。

②老年驾驶员驾驶行为通常比较规范，能很好地遵守道路交通法律法规。通常情况下，老年驾驶员行车比较平稳，不随意超速、变道，安全带的使用率也高于其他年龄段驾驶员。美国一项对道路交通事故的统计显示，70岁及以上老年驾驶员和乘员中有71%使用了安全带，而其他年龄段只有61%的驾驶员使用了安全带。

③随着年龄的增长和身体情况的不断变化，老年驾驶员大多患有一些疾病，需要服用降糖药和降压药等药物，这些药物会影响驾驶员的精神状态，导致发生交通事故概率增加，影响交通安全。

6.2.2.3 老年驾驶员的交通事故特点

尽管我国老年驾驶员发生交通事故的次数较少，但其发生交通事故的风险却是相当高的。我国老年驾驶员发生的交通事故有以下特点：

①对前方路况注意力较差，容易发生交通事故。老年驾驶员发生交通事故，常常是由于忽视前方道路状况，特别是驾驶时打瞌睡所引起的正面碰撞事故。

②白天交通事故发生率较高。老年人的生活规律一般是白天出行，因此老年驾驶员也通常集中在白天出行。据统计，白天是老年驾驶员发生致死交通事故的高发期，占老年驾驶员交通事故的79%。

③交叉路口是老年驾驶员最易发生事故的地点。通常交叉路口是冲突点最多的区域，老年驾驶员在驾车经过交叉路口时，需要对交叉路口进行信息搜集和行为反应决策，如果未能搜集到足够的信息，或者做出反应决策的时间不足，则不能采取有效的避让或减速等措施，极易发生碰撞或剐蹭等交通事故。

6.2.2.4 分心导致的老年驾驶员交通事故

老年驾驶员和年轻驾驶员通常发生的交通事故类型不同，老年驾驶员发生交通事故的行为可能更多地与注意力不集中或反应迟缓有关，与蓄意不安全行为无关。在这里，重点研究驾驶分心在老年驾驶员交通事故中的影响。

Stutts等对耐撞性数据系统（CDS）数据进行了分析，以确定驾驶分心在美国撞车事故中的作用以及造成这种分心的具体原因。相关研究表明，有8.3%的驾驶员在撞车时分心；通过对一部分注意力状态不明确的驾驶员加以辨别，这一数字上升到了12.9%。交通事故发生前，驾驶分心的原因包括乘客干扰、注意力不集中、车外的物体/人/事件、调节车载设备、接听移动电话、车辆中的其他物体/动物、吸烟、饮食或其他。不同原因所占比例如表6-16所示。

与其他年龄组相比,年龄在 65 岁及以上的驾驶员更容易因车外的物体和事件分心。这一发现表明,视觉混乱或处理相关驾驶信息的能力下降,同时无法过滤掉不相关的刺激因素,可能会导致老年驾驶员发生撞车事故。研究结果还表明,与其他年龄组相比,老年驾驶员不太可能因调节车载收音机/车载磁带播放器/车载 CD 播放器而分心,不太可能因其他乘员分心(2.6%)。这一发现很大程度上反映了老年驾驶员的自我调节策略,即在驾驶时避免调节车载收音机和其他控制装置。

交通事故发生前驾驶分心的原因 表 6-16

分心原因	所占比例	分心原因	所占比例
乘客干扰	11.3%	车辆中的其他物体/动物	1.9%
注意力不集中	10.8%	吸烟	1.2%
车外的物体/人/事件	8.9%	饮食	1.1%
调整车载设备	2.3%	其他	60.5%
接听电话	2.0%	—	—

澳大利亚的一项研究对不同年龄段的驾驶员进行了车内和车外分心与交通事故风险之间关系的分析。对新南威尔士州警方收集的死亡和伤亡交通事故数据进行了调查,交通事故被归为没有分心、车内分心、车外分心。车内分心包括照顾乘客、调节车载收音机、调节车载 CD 播放器和吸烟。车外分心被定义为道路上的任何情况。研究报告表明,与那些发生交通事故时没有分心的驾驶员相比,大多数年龄组手持手机进行通话的驾驶员在交通事故中死亡或受伤的风险没有明显增加,但 25~29 岁的驾驶员除外。与手持手机进行通话的调查结果不同,与没有任何分心的交通事故相比,其他车内分心因素增加了所有年龄段驾驶员的交通事故伤害风险,见图 6-11。对于所有年龄段的驾驶员来说,车外分心因素对事故伤害风险的增加没有显著影响。

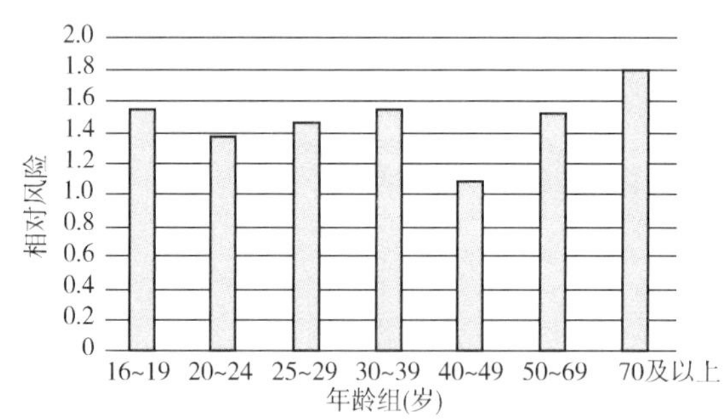

图 6-11 不同年龄组因分心事故导致受伤或死亡的相对风险

研究指出,25~29 岁年龄段的驾驶员在手持手机进行通话时,发生致死或致伤交通事故的风险最大,他们在驾驶时比老年驾驶员更愿意使用手提电话,这可能是交通事故风险增加的原因。有研究表明,随着年龄的增长,车内驾驶分心因素随之增多,这也是老年驾驶员在同时执行 2 个任务时共享注意力能力降低的结果。

与 Stutts 等的研究结果相反,Lam 认为,所有年龄段的驾驶员都倾向于因车内事件而不是车外事件分心。Lam 指出,未能发现车辆外部因素干扰具有显著影响的一个可能的解释是,可以将驾驶员对车外刺激的反应视为正常驾驶任务的一部分,不一定是注意力不集中;而自我产生的内部分心很容易被识别为分心导致的注意力不集中。Lam 的研究基于致死和致伤交通事故数据;Stutts 等的研究是基于至少 1 辆车在交通事故过程中被拖走的情况,但无法确定这些碰撞是否导致受伤或死亡。

McEvoy 等研究了造成严重伤害的交通事故中分心活动的发生率和类型,在交通事故后数小时内,对住院的驾驶员进行了采访。与 50 岁及以上的驾驶员相比,年轻的驾驶员更有可能涉及驾驶分心引起的交通事故。驾驶经验也是与分心有关的交通事故的有力预测指标,见表 6-17。由表可知,年龄与驾驶经验高度相关。驾驶经验每增加 1 年,驾驶员因分心活动而发生事故的可能性就会降低 2%,年轻驾驶员比年长驾驶员更有可能发生与驾驶分心有关的撞车事故。McEvoy 等所报告的与分心有关的撞车事故数量比 Lam 报告的高,造成这种差异的一个可能原因是两项研究中的交通事故严重程度不同,McEvoy 等的研究对象只有驾驶员在医院住院的较为严重的撞车事故。

不同年龄与驾驶经验的驾驶员的驾驶分心事故发生率　　表 6-17

不同年龄驾驶员	青年驾驶员	中年驾驶员	50 岁及以上驾驶员
事故率	21.9%	39%	39.1%
不同经验驾驶员	经验不足 10 年	20~30 年驾驶经验	经验超过 30 年
事故率	38.0%	41%	21%

McEvoy 等的发现与 Hakamies-Blomqvist 的研究结果一致,即与年轻的驾驶员相比,65 岁及以上的驾驶员在交通事故发生之前通常不会因非驾驶活动而分心。

同样,由 VITI 和 NHTSA 共同完成的对 100 辆车的研究显示,与分心相关的交通事故发生率随着年龄的增长而急剧下降;青年驾驶员(18~20 岁)的分心率是老年驾驶员(60 岁及以上)的 4 倍。由于研究的老年驾驶员数量有限,未报告分心事故和非分心事故的具体比率。

许多研究表明,青年驾驶员会受到车上乘客的不利影响。最近的研究表明,老年驾驶员可能会受到车上乘客的积极影响。例如,Vollrath 等报告称,在有乘客在场的情况下,老年驾驶员发生交通事故的风险降低了 28%。这一发现的可能解释是,乘客作为副驾驶员帮助老年驾驶员导航到不熟悉的目的地或者警告他们潜在的危险;在某些情况下(例如,与其他汽车保持安全距离),这种作用最明显;在其他情况下(例如,十字路口、超车和转弯),这种作用弱。Bedard 和 Meyers 报告指出,尽管总体上乘客的存在会对老年驾驶员(65 岁及以上)起到帮助作用,但并非对所有类型的驾驶行为都具有帮助作用。对于年龄在 65~79 岁的驾驶员,乘客的存在会降低某些不安全行为(例如,走错路)的风险,而其他行为(例如,忽略标志、警告)的风险仍然较高。通过交叉路口对老年驾驶员而言是困难的,乘客可能会增加老年驾驶员分心的可能性,从而增加他们的撞车风险。为了最大限度地提高老年驾驶员的安全驾驶能力,乘客应尽可能发挥有益作用,并最大限度地减少对驾驶员的潜在负面影响。

6.2.3 老年驾驶员的驾驶分心风险

由于年龄增长导致的视觉、认知和生理相关的退化,老年驾驶员可能更容易受到驾驶分心的影响,但目前只有少数研究专门调查了老年驾驶员及其分心行为。此外,尽管驾驶分心可能是由驾驶员与多个对象的交互作用引起的,但关于老年驾驶员分心的现有研究大多集中在对手机和导航系统的使用上,仅有少数研究考察了碰撞警告装置和视觉增强系统对其驾驶能力和交通事故风险的影响。

6.2.3.1 老年驾驶员和新技术

尽管老年人越来越多地使用新技术是已有的趋势,但老年驾驶员在使用新技术方面仍往往落后于其他年龄段的驾驶员。研究表明,如果老年驾驶员接受了足够的培训,并且能够清楚地认识到新技术所带来的好处,那么他们是非常愿意使用新技术的。

车载新技术因为能够适应驾驶员的个性化需要和保护车内乘员,具有非常广阔的前景。此外,研究也开始探讨老年驾驶员是否会赞同车载技术的益处,以及系统是否对用户友好。有研究表明,与年轻的驾驶员相比,年长的驾驶员更不愿意使用导航等车载新技术。有报告称,老年驾驶员比青年驾驶员对视力增强系统(VES)的效用更持怀疑态度。有研究表明,老年驾驶员比青年驾驶员更倾向于使用防撞技术。此外,还有一些研究表明,导航和定位系统提高了老年驾驶员的信心,随着老年驾驶员对导航系统使用经验的积累,他们逐渐愿意使用导航系统,并使他们愿意将车开到不熟悉的地方或增加驾驶次数。

6.2.3.2 分心对老年驾驶员驾驶绩效和交通事故风险的影响

(1)手机

汽车上存在许多潜在的干扰源,最常见的是手机。多项研究表明,与其他年龄段的驾驶员相比,老年驾驶员在驾驶的同时使用手机对驾驶绩效的影响更大;相反,在一些研究中,年龄的影响似乎并不明显。研究表明,在18~25岁的驾驶员和65~74岁的驾驶员之间,使用免提功能进行通话对反应时间、跟车距离和制动后速度恢复的影响没有差异。因为后者在分心时会表现出相似的驾驶绩效下降。此外,通过持续练习,使用免提功能进行通话使许多模拟驾驶任务最初表现出来的有害影响得以减少或消除。

考察不同驾驶员群体对驾驶时使用手机的分心效应的意识程度,重点研究了年龄较大(55~65岁)和年轻(25~36岁)驾驶员对其手机使用能力的先验信任度,以及他们的信任水平与实际驾驶绩效下降之间的关系。67%的受试者表示,在驾车时应对分心任务时感觉很轻松,年轻的驾驶员则表现出最大的信心。相对来说,许多驾驶员没有意识到在驾驶的同时使用手机会导致驾驶绩效下降。对年长的女性驾驶员而言尤其如此,她们比较有信心,但驾驶能力不足,制动反应比其他任何一组都要慢。研究结果强调了老年驾驶员(尤其是女性)并没有充分认识到驾驶分心的可能影响,并高估了自己克服它们的能力。

在上述研究的基础上,分析对分心影响的主观估计是否会随着手持、免提通话而变化。年轻驾驶员和老年驾驶员在封闭的测试道路上驾驶装有度量仪表的厢式货车,一边使用手机进行手持或免提通话,一边完成连续的心算任务。调查者记录主观分心效果的量度,并将其与实际性能进行多种驾驶绩效量度的比较。尽管在双重任务条件下驾驶员的驾驶绩效会受到影响,但驾驶员通常无法对分散注意力的程度进行很好的估计。在某些情况下,驾驶员对自身分心程度的估计较小,而实际表现较大。研究发现,在各种驾驶方式和使用移动电话的不同方式之间都发现了驾驶员实际表现和自身估计之间的差距。

尽管使用手机最为普遍,但其他电子设备也有可能在驾驶时引发驾驶员的分心行为。Horberry 等研究了 3 个年龄段群体的驾驶分心行为对驾驶绩效的影响,将参与者划分为青年(25 岁以下)、中年(30~45 岁)和老年(60~75 岁)。参与者需要在驾驶时执行 2 项任务——免提通话任务(在通话中回答一系列常识性问题)和娱乐系统任务(调节电台,更改低音/高音和扬声器平衡),并在简单(没有广告牌,建筑物和车辆较少)和复杂(有很多广告牌,建筑物和车辆较多)模拟驾驶环境中行驶时插入和弹出录音带。记录参与者的平均行驶速度与实验要求的速度之间的偏差。两项任务均会在多个方面影响驾驶员的驾驶绩效,其中执行娱乐系统任务对驾驶的干扰影响最大。这一发现在不同的驾驶员年龄段和环境复杂性方面并没有表现出显著的差异。尽管指示参与者保持限定的速度行驶,但老年驾驶员在复杂的高速公路环境中会以较低的平均速度行驶,并且其速度偏差比年轻驾驶员的更大。

(2)其他可能引起分心的车载设备

IVIS 和高级驾驶员辅助系统(ADAS)可以帮助驾驶员处理与驾驶任务相关的复杂需求,目前很多研究是基于这两种系统的,见图 6-12。对于老年驾驶员来说,这些系统有可能帮助其避免驾驶中的危险情况,因为它们适应了与年龄有关的视力下降以及可能影响机动车安全运行的身体机能减弱。

年龄可以放大车载设备对驾驶分心的影响,导致驾驶员的驾驶能力降低。相对于青年和中年驾驶员,老年驾驶员受到的影响更为严重,这可能会导致交通事故风险的增加。

①车载导航系统

车载导航系统可以有效地减轻驾驶员的认知负担,因此能够降低老年驾驶员在复杂交通情况下的交通事故风险。一些研究报告称,老年驾驶员在驾驶时很难遵循车载导航系统的指示。例如,Dingus 等人的研究表明,与使用高级出行者信息系统(ATIS)相比,老年驾驶员的驾驶速度更慢,驾驶更谨慎,同时也会出现更多与驾驶安全相关的问题(如车道偏离增加);Oxley 指出,使用车载导航系统需要高度的注意力,这将导致老年驾驶员降低速度和偏离路线,并且随着驾驶路线指引复杂性的增加,老年驾驶员的基本驾驶绩效将严重下降;其他人则报告说,与年轻的驾驶员相比,年长的驾驶员观察车载显示器的频率更高且时间更长,并将花费 40%~70%的时间来完成一些 ATIS 地图读取任务。

为了进一步探讨车载导航系统的设计兼容性问题,Liu 使用一个驾驶模拟器来检查不同年龄驾驶员使用各种 ATIS 功能时的驾驶绩效差异。在这项研究中,ATIS 功能以 3 种模式呈现给驾驶员:仅视觉,仅听觉,多模式显示(视觉+听觉)。指示参与者执行按钮式任务和导航任务，同时在每种情况下按照显示的交通信息驾驶。

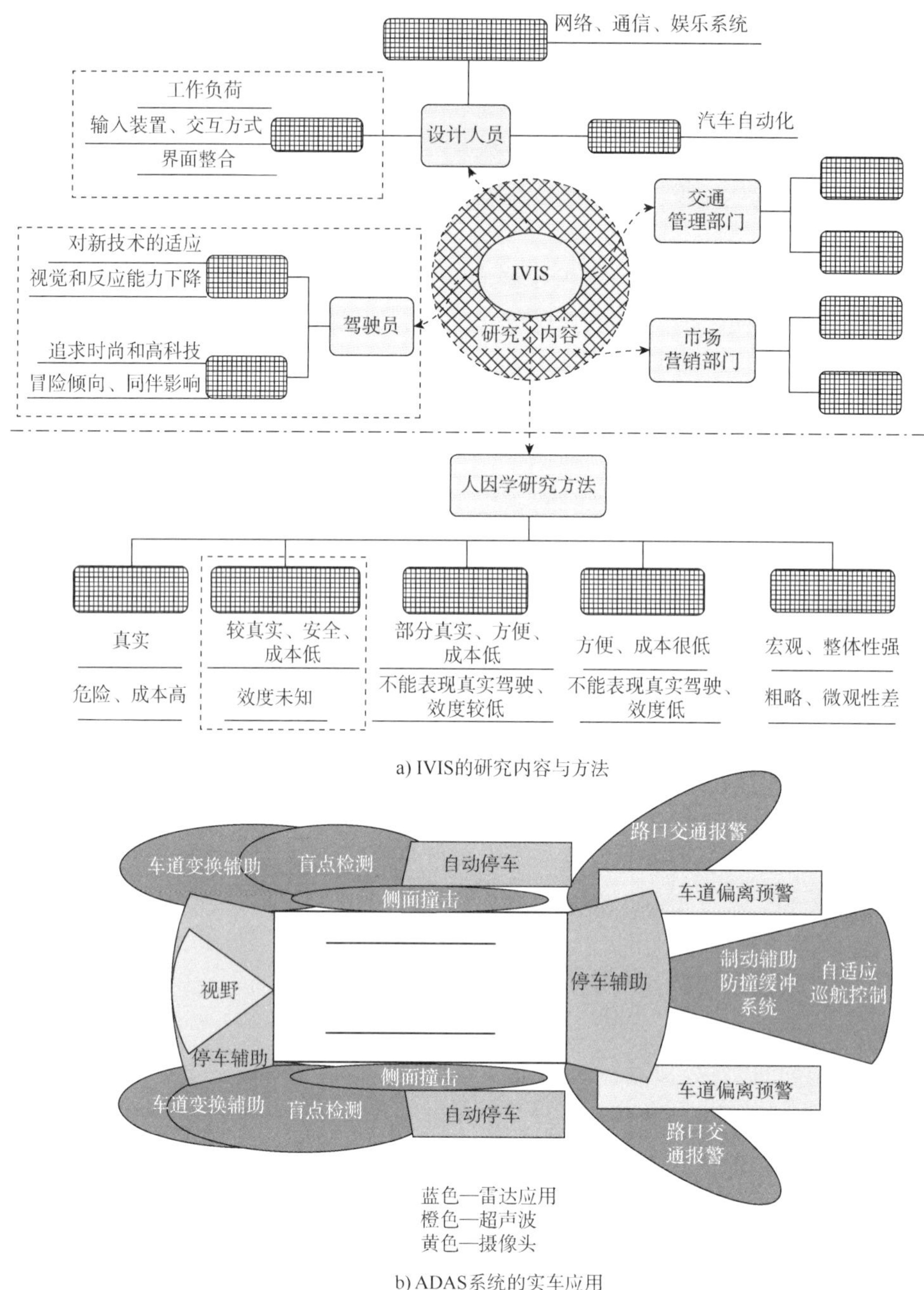

a) IVIS的研究内容与方法

b) ADAS系统的实车应用

图 6-12　车载信息系统（IVIS）和高级驾驶员辅助系统（ADAS）

Verwey 研究了先进交通远程信息处理（ATT）的潜力，以减少驾驶员在各种难度路段行驶时的认知负担。尽管总体的视觉检测和听觉附加性能没有表现出明显的年龄差异，但在最困难的驾驶任务条件下，与年轻的驾驶员相比，老年驾驶员在听觉表现任务上出现了更多的错误，老年驾驶员可同时处理的信息较少。建议设计远程信息处理系统，以便在路况允许的情况下推迟或取消信息。这种系统可以帮助老年驾驶员专注于驾驶主任务而不是次任务。

②抬头显示和视觉增强系统

抬头显示(HUD)技术用于显示路线方向、碰撞警告、交通标志和车辆状态等信息,见图 6-13。通过显示叠加在前方道路场景上的信息,HUD 有助于减少驾驶员视线离开道路的时间,这对于视野有限、难以处理空间分离的信息源的老年驾驶员有帮助。

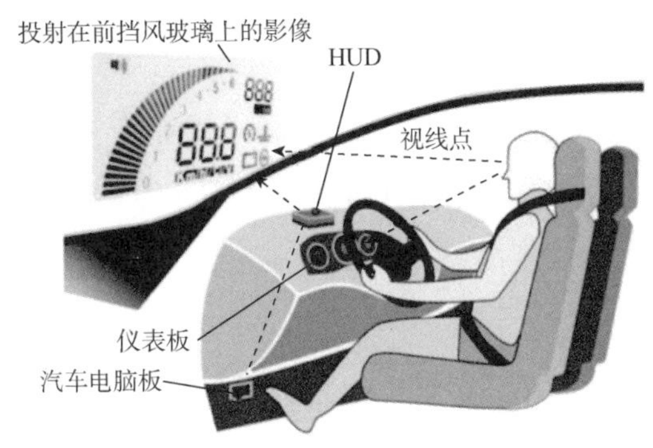

图 6-13　HUD 技术的应用场景示意图

然而,HUD 系统可能具有不利于老年驾驶员的特性,尤其是如果显示屏包含太多信息,可能会分散注意力。Yoo 等的报告表明,老年驾驶员需要花费比青年驾驶员长 40%的时间才能对来自 HUD 的警告信号做出反应。Wolffsohn 报告说,年龄增长会增加对 HUD 图像或外部场景变化做出反应的平均时间。这两项研究都没有具体说明老年驾驶员的基本表现,因此无法得知与没有 HUD 的车辆相比,HUD 的警告是否会影响老年驾驶员的驾驶绩效。

老年驾驶员普遍关心的问题之一是夜间驾驶困难,这是因为前照灯眩光,而且传统的前灯照明系统很难照射到很远的地方。在一项关于 VES 与年龄相关影响的最新研究中,Caird 等人从影响驾驶绩效的角度对两种类型的 VES 进行了比较研究:一种是共形(直接叠加 HUD 图像以突出显示障碍物);另一种是非共形(显示驾驶信息,如车速),其中图像仅突出显示障碍物的存在,而不突出障碍物所在的位置。研究发现,尽管共形显示屏对青年(18~32 岁)和老年(67~86 岁)驾驶员都比非共形显示屏有优势,但老年驾驶员比青年驾驶员更有可能在十字路口闯红灯。这可能是由于行驶道路的复杂性增加或驾驶员响应能力变慢而导致驾驶绩效下降。研究强调了在当前老年驾驶员数量逐年增长的情形下,进一步研究视觉增强系统对驾驶员不良影响的必要性。

6.2.3.3　车外分心

驾驶分心不仅与车内技术设备或车内发生的事件有关,还可能与车辆外部的技术或事件有关,比如驾驶环境的复杂性。环境对老年驾驶员影响较大,在大多数工业化国家中,呈现给驾驶员的视觉信息量正在逐渐增加。

事实上,一些研究表明了驾驶员与环境因素的关系:一方面,驾驶员对即将到来的危险进行感知,并做出特定的操作或分辨风险,避免危险的发生;另一方面,环境的反馈也可以提高驾驶员的风险感知能力。大多数老年人的视觉和认知能力下降,反应速度变慢,可能会增加因道路环境中视觉混乱引起驾驶分心的可能性。例如,有学者使用眼动仪来研究复杂驾驶环境和年龄对视觉搜索的影响,以确定适合青年和老年驾驶员的交通标志。该研究的结果表明,老年驾驶员搜索速度较慢且准确度较低,需要更多的固定措施才能够捕捉到交通标志。研究人员认为,在复杂视觉场景(例如繁忙的十字路口)中,老年驾驶员比青年驾驶员更有可能错误识别标志或完全错过标志;在更为复杂的驾驶场景中,在识别交通标志牌方面存在着年龄的差异。

周围环境的影响包括天气、道路基础设施、交通条件等。恶劣的天气条件会影响驾驶员的风险感知,对老年驾驶员影响更大。道路线形的组合和道路上的交通信息的导引也会给驾驶员造成不同程度的影响。

路面状况的不同会对驾驶分心产生影响,道路水平弯曲度是对驾驶安全性影响最大的几何因素之一。美国大多数州将水平弯曲度作为道路几何设计标准之一,因为这种水平曲率会影响包括速度和视线停止距离在内的主要设计标准。交通事故发生率与水平曲线半径之间存在很强的相关性,曲线半径的减小增加了交通事故发生率。此外,车辆在行车道内的位移会随不同的道路曲率而变化。

驾驶员对非驾驶相关任务的视觉关注程度取决于道路状况。研究发现,与在高速公路行驶相比,驾驶员在城市道路驾驶时对车载设备进行非驾驶相关操作所用的时间更短。此外,发现在驾驶负荷较大(即弯道较多)的情况下,驾驶员在驾驶时会花费较短的时间查看路边的限速标志。在进一步研究中,发现弯道上的车道保持比直行路上的车道保持所消耗的视觉资源要多,驾驶员在弯道上行驶的视觉需求增加,导致驾驶性能下降;相比于直道上行驶,在弯道上行驶需要更集中的注意力。

与在直线道路驾驶相比,驾驶员在弯道上保持车道的能力较差。有研究表明,在进行同一项驾驶次任务时,在较陡的弯道上行驶的驾驶员比在较缓弯道上行驶的驾驶员具有更长的视线偏离路面时间、更大的横向位置标准偏差和转向盘角速度标准偏差,因此在弯道上行驶更容易引发交通事故,这便需要驾驶员在弯道行驶时减少执行驾驶次任务,把更多的注意力放在驾驶主任务上,以减轻驾驶风险。

6.2.3.4 交通规则

随着科技发展,智能交通、互联网技术、大数据等使交通规则不断完善。但老年驾驶员对于新确立的交通规则不完全了解。道路上的交通诱导标志及信号灯的设置都在不断改善,但老年驾驶员对新事物的接受能力较弱。

6.2.3.5 突发因素

突发因素指天气、情绪等瞬时因素(突发情况或偶然情况)所引发的突发危险。天气的突然转换(如晴天突然变暴雨),不仅增加危险,且会不同程度地影响驾驶员风险感知。因情绪导致的交通事故中,一般是由于情绪变化对驾驶产生影响造成的。驾驶员在产生不良的情绪后，会伴随一系列的生理和心理变化，随之会出现较高或较低的应激状态，从而干扰驾驶员驾驶水平的正常发挥。尤其对老年驾驶员，若情绪波动较大，更易因情绪导致不能准确地感知道路上的危险。

6.2.4　老年驾驶员驾驶分心控制策略

6.2.4.1　自我调节策略

自我调节指的是设置个人目标，通过认知、动机、情感和行为各成分引导心理过程和行为表现，使之指向目标实现的一种过程。驾驶自我调节是个体根据实际情况对自身驾驶行为模式所做出的调整或改变，与年龄、性别、态度在内的多种因素有关。驾驶自我调节是一个复杂的过程，包含了驾驶回避行为以及其他对驾驶过程的调整，老年驾驶员对驾驶行为做出的自我调节主要包括：减少驾驶总距离、调整驾驶时间、避免特定驾驶情境（如夜间、恶劣天气、繁忙路况、不熟悉的驾驶环境、高速公路等）、减少驾驶频率、减少出行范围、降低行车速度、改变视觉搜索模式、与前车保持更长的距离等。

老年驾驶员通过减少驾驶频次或有意识地回避具有挑战性的驾驶情境来修正或调整自身的驾驶行为模式，是老年驾驶员提升驾驶安全性和维持自主行动能力的一种有效补偿策略。老年驾驶员的驾驶自我调节研究应更多地与年龄增长及生理功能状况改变相关联。

驾驶自我调节行为背后的动机不仅仅是意识到生理机能衰退，更是驾驶过程中体验到不舒适感的结果。许多老年驾驶员意识到他们的驾驶能力下降，就会通过调整自己的驾驶时间、驾驶地点和驾驶方式来适应这些变化。老年驾驶员应避免进行复杂的操作，减少每年行驶的里程数，进行较短的出行，将多次出行联在一起以减少出行次数，限制高峰时段和夜间驾驶，限制长途旅行，进行更频繁的休息以及仅在熟悉且光线充足的道路上行驶。

此外，多项研究表明，大多数年纪较大的驾驶员认识到，良好的视力是安全驾驶的最重要因素之一，并且经常将视力低下作为减少夜间或恶劣天气下驾驶的主要因素。这一证据表明，一些老年人能够很好地弥补他们在这种情况下驾驶能力的局限性，比如尽量减少驾驶以降低交通事故风险。

老年驾驶员在驾驶时不愿进行与驾驶无关的操作或其他危险活动，这属于驾驶分心问题的自我调节过程。Lerner 调查了驾驶员执行各种技术相关任务（例如，使用手机、导航系统）和非技术相关任务（如吃饭、喝酒和与乘客交谈）的意愿和其感知的风险。参与者在指定的路线上驾驶自己的车辆，并在指定的时间点评估他们在当时的地点执行特定任务的意愿，但并没有要求他们实际执行这些任务。通常，与中年（25~59 岁）或老年（60 岁以上）驾驶员相比，青年（18~24 岁）驾驶员表现出更强的使用车载技术的意愿。在所有参与者中，比起导航系统，驾驶员在驾驶时更愿意使用手机。年长的驾驶员不愿在开车时分心去从事其他事务，因为年长的驾驶员可能意识到自己的某些身体功能下降，并选择不执行可能增加驾驶复杂性和危险性的任务。

尽管自我调节是减轻年龄引起的某些问题的影响的有效方法，但它并不是完美无缺的。

Rothman 等认为各个年龄段的人都无法识别自己的行为与潜在风险之间的关系，这可能会导致人们对风险的低估以及对驾驶能力的高估。为了支持这一论点，一些研究表明，一些老年驾驶员在驾驶时不能充分弥补年龄增长带来的视力和认知能力变化的影响，致使发生交通事故的风险增加。此外，一些自我调节会适得其反。例如，一些老年驾驶员因为担心高速行驶，进而更多在低速和城市道路上行驶，这反而会因为交叉口等交通冲突点的增多而导致老年驾驶员的交通事故风险增加。

自我调节的过程可能会最大限度地减少老年驾驶员的危险驾驶行为，从而降低交通事故风险，但也有可能导致行动能力的降低。对许多老年人来说，驾驶能力与独立感的丧失、抑郁感增加以及整体生活质量下降有关，突然终止驾驶会导致健康状况的下降。同时，造成驾驶方式改变的健康状况和功能障碍也可能会限制其使用其他交通工具，从而进一步造成流动受限和社会联系减少。

由于终止驾驶所带来的负面影响，人们越来越有兴趣探索能使老年人尽可能长时间安全驾驶的措施。特别是，驾驶环境的改进以及车辆辅助设备的最新进展，有可能弥补一些因年龄增长带来的视觉、认知和身体变化方面的影响，这将有助于老年驾驶员安全出行。

6.2.4.2 辅助设备策略

随着驾驶员老龄化的问题不断加剧，一些辅助老年驾驶员的特定车载系统逐渐开发出来，以避免碰撞事故，减少交通事故死亡人数。安装老年驾驶员辅助系统，提高车载系统的技术含量，并针对老年驾驶员的特征进行车载系统设计。同时通过车载摄像机、车辆检测和跟踪算法实时智能辅助行驶，帮助老年驾驶员安全行驶。如果使用得当，车载技术（IVIS 和 ADAS）可以帮助驾驶员应对与驾驶相关的复杂需求。尤其是对于老年驾驶员，这些辅助设备可以补偿由于年龄增长带来的视觉和认知能力下降。

其他研究表明，未来的避撞系统需要纳入传感器以捕获注意力。如果能更好地理解使驾驶员发生特定类型碰撞的分心类型，就能设计出计算尾部碰撞、角度碰撞或固定物体碰撞可能性的算法（美国艾奥瓦大学的研究表明尾部碰撞、角度碰撞和固定物体碰撞在青年驾驶员碰撞事故中占比超过 84%，且在任何年龄段均为最常见的交通事故类型），以满足安全驾驶的需要。

然而，只有当这些技术的设计符合驾驶员群体的复杂需求和因人而异的驾驶能力时，才能使老年驾驶员受益。由于老年驾驶员普遍具有较低的视觉对比敏感度，因此显示器的亮度应该尽可能地与背景不同。此外，智能的车载监视设备可以确定驾驶员是否分心，如果正处于分心状态，则会远程提醒并发出警告。例如，驾驶员在开车时拨打电话，远程系统可能会暂时阻止接听和拨打电话。

研究人员提出，如果从车载辅助设备的设计过程就开始将通用的设计基本原则和人为因素结合起来，可能会增加不同能力的驾驶员（包括老年驾驶员）使用该设备的可能性。然而，如前所述，需要进行更多的研究来确定车辆的设计和技术如何保障驾驶员在不同的驾驶环境中做出安全的决策。

6.2.4.3 管理教育策略

通过管理和教育手段来促进老年驾驶员的安全驾驶,已经成为当前解决老年驾驶员驾驶安全问题的普遍方法。有证据表明,可以通过培训和教育来克服与缺乏知识或驾驶经验有关的驾驶错误,因此这种方法正逐渐得到推广。

培训可以帮助老年驾驶员改进自我调节策略,例如避免行驶在交通环境复杂或者不熟悉的道路上。

鉴于许多老年驾驶员还不会根据自己的身体情况不断调整自己驾驶的时间、地点和方式,他们还有很大的进步空间,可以通过培训来调整其驾驶模式,从而最大限度地减少驾驶分心的影响。事实上,通过持续的练习,老年驾驶员能够最大限度地减少或消除使用手机对驾驶的不利影响。

除此之外,车辆制造商也能在教育老年驾驶员减少驾驶分心行为方面发挥重要的作用。例如,汽车制造商可以优化购买汽车时的交付流程。在老年驾驶员购买汽车时,最大限度地使他们熟悉车辆的配置和技术,并对他们进行培训,使他们能够更好地利用这些技术,从而降低驾驶分心对安全的影响。

6.3 疲劳驾驶与驾驶分心

疲劳驾驶严重影响行车安全,是重要的道路安全问题。澳大利亚的一项统计表明,多达30%的致死撞车事故与疲劳驾驶有关。然而,与其他危险驾驶行为(如酒后驾车和超速行驶)相比,疲劳驾驶对道路安全的影响更大,驾驶员是否酒驾或者超速行驶是可以通过相关设备度量的,但疲劳驾驶是一个难以直接度量的状态。现有研究对于疲劳的度量通常依赖对其影响的间接度量,例如驾驶员的自我评定。表6-18为进行疲劳驾驶主观测评所设计的评估指标,由于过于依赖驾驶员的主观意愿,该研究方法缺乏科学性与可靠性。正是由于这样的特性,疲劳驾驶的监测和预防成为道路交通安全的重大挑战之一。

疲劳驾驶主观测评指标 表6-18

疲劳状态	打分
精力不足(心跳急速、缺乏关注、懒惰、精疲力竭、肌肉绷紧)	1~10
体力耗尽(麻痹、冒汗、精力耗尽、没精打采、打瞌睡)	1~10
身体不舒适(体力耗尽、昏昏欲睡、消极被动、关节僵硬、发热)	1~10
缺乏动力(漠不关心、痛苦、喘不过气、打哈欠、体力衰竭)	1~10
困倦(操劳过度、疼痛、呼吸沉重、枯燥乏味)	1~10

驾驶分心的问题同样是非常严峻的道路安全问题,驾驶分心和驾驶员疲劳都可能影响驾驶员,并对安全驾驶产生不利影响。尽管大部分研究者都在关注特定干扰因素对驾驶安全产生的影响,但对于大多数驾驶员来说,驾驶分心仅是他们驾驶过程中的一般经历。这与疲劳

驾驶相同,因为它们都难以直接度量。随着科技的进步,一些学者提出通过驾驶员的驾驶绩效、生理状态和心理状态的变化来评估驾驶员的疲劳状态,并开发了图 6-14 所示的疲劳驾驶识别系统。

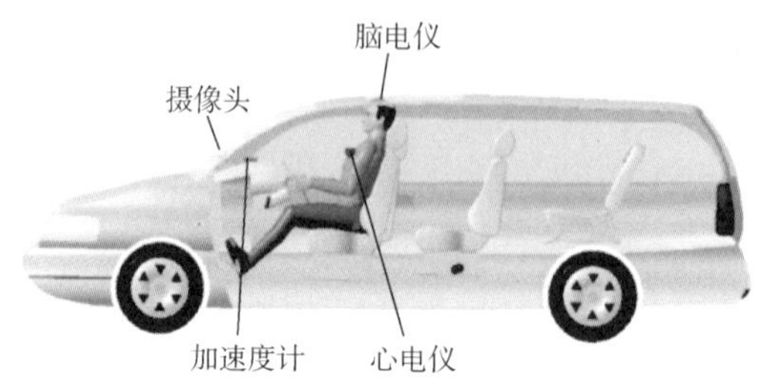

图 6-14 疲劳驾驶识别系统

分心与疲劳驾驶的影响都与驾驶时注意力的作用有关。驾驶是一项需要驾驶员始终保持注意力高度集中的任务。疲劳驾驶降低了对驾驶任务整体的关注,而驾驶分心则是将注意力从驾驶任务转移到其他方面,两者都会干扰驾驶员执行驾驶主任务,严重影响驾驶员的感知能力与决策水平。这两种驾驶行为的主要区别在于注意力变化的时间范围、方式及原因。

驾驶分心与短期的甚至是暂时的注意力转移有关,而驾驶员的疲劳可能导致驾驶员对驾驶任务的关注时长不足。这两种现象也可以从在驾驶任务中是否自愿失去注意力来加以区分。分心往往是驾驶员试图“一心二用”,主观试图在驾驶过程中将注意力转移到另一项活动上,而疲劳引起的注意力降低甚至是注意力丧失完全是驾驶员的无意之举。

现有研究很少考虑驾驶分心和疲劳驾驶之间的关系,所以目前对两种驾驶行为是否相互作用以及它们之间相互作用的程度了解较少(例如,疲劳的驾驶员在驾驶时是否分心、驾驶时分心是否会让驾驶员感到疲劳、管理驾驶分心的方法是否对预防驾驶员疲劳同样适用)。本节整理并总结了疲劳驾驶的现有研究成果,并讨论了其与驾驶分心的相关性和对驾驶分心的可能影响。具体而言,讨论在 2 个层次上进行:第 1 个层次研究了两种驾驶行为之间关系的本质,第 2 个层次探讨了将疲劳视为驾驶分心的一种内在干扰的观点。

6.3.1 疲劳驾驶特性

疲劳驾驶是造成交通事故的主要诱因之一。世界卫生组织发布的一项调查结果表明,由疲劳驾驶引起的高速公路交通事故在高速公路交通事故中占比为近 40%。对奥克兰交通事故案例的研究表明,驾驶时感到困倦的驾驶员以及每天的睡眠时间不超过 5h 的驾驶员撞车风险显著增加。美国的一项对照研究也显示长途驾驶、疲劳加剧和撞车风险的增加之间存在明显的关系,连续驾驶 965km 以上会导致撞车风险增加 10 倍以上,而在驾驶途中睡觉的驾驶员的撞车风险更是增加了 14 倍。我国的包茂高速陕西延安“8 · 26”特别重大道路交通事故即是因卧铺客车驾驶员疲劳驾驶,与 1 辆运送甲醇的货运车辆发生追尾碰撞,进而引发甲醇泄露,两车起火,最终造成了 36 人遇难。由此可见,开展疲劳驾驶的研究对保障交通安全、维护社会稳定意义重大。

6.3.1.1　疲劳驾驶定义与分类

疲劳是一个抽象的概念,其一般定义是"疲劳是机体精力的丧失和不愿工作的一种状态"。

目前对疲劳驾驶的定义尚未统一,但是从众多的定义中可以得出疲劳驾驶定义的共同点:疲劳驾驶是由长时间的驾驶任务引发的,以生理、心理机能下降或失调为内在表现,以对车辆的操控能力降低为外在表现的现象。疲劳驾驶是在驾驶过程中产生的,在生理、心理、行为上均有所反映的一种现象。主要表现为注意力分散、打瞌睡、视野变窄、信息漏看、反应判断迟钝、驾驶操作失误或完全丧失驾驶能力,以至发生碰撞、冲出路面等交通事故。长时间驾驶是导致疲劳驾驶产生的直接原因,驾驶任务是疲劳驾驶产生的特定环境。目前,对疲劳驾驶的研究大都集中于长时间驾驶对疲劳状态的影响,而忽略了驾驶员初始状态的影响。

根据不同的分类标准,疲劳驾驶可以分为多种类型。按照疲劳产生的方式,可以分为主观疲劳和客观疲劳;按照疲劳的表现特征,分为脑力疲劳、体力疲劳、心理疲劳和混合性疲劳。目前较为常见的是根据疲劳程度来划分驾驶员的状态,疲劳驾驶被分为轻度、中度、重度,具体的状态特征如表 6-19 所示。

疲劳主观评测表　　表 6-19

驾驶员状态	状态特征
清醒	眼球状态活跃、精神集中、坐姿端正、对行驶前方保持注意力
轻度疲劳	开始出现无意识的嘴、头、手小动作,打哈欠、摆动头部、调整坐姿
中度疲劳	眼球活跃程度开始下降,眼皮开始出现少许闭合趋势,打哈欠变得频繁
重度疲劳	眼皮有明显闭合趋势,目光呆滞,出现点头、使劲挤眼、摇头等抗拒疲劳的动作

本节根据疲劳在驾驶任务中产生的阶段,将疲劳驾驶分为以下 3 类:

①与任务相关的疲劳驾驶。因任务需求而协调参与长时间持续的知觉活动所造成的疲劳为主动疲劳;任务需要很少的知觉活动参与,因长时间单调的反应造成的疲劳为被动疲劳。在驾驶任务中两种疲劳都存在,因此,有研究者认为疲劳驾驶是与任务相关的疲劳。

②与睡眠相关的疲劳驾驶。睡眠的"两模型理论"把睡眠分为大脑的 2 个不同机制:一个是指驾驶员保持清醒的时间越长,所受到的睡眠压力就越大;另一个则是保持清醒的能力(又称觉醒驾驶)。

③混合疲劳。与任务相关的疲劳和与睡眠相关的疲劳之间会产生交互作用,导致加重驾驶员疲劳、影响其驾驶行为的严重后果,这种疲劳被称为混合疲劳。有研究者对清醒的时间和有困意的时间、持续注意和路况单调的情况对驾驶的影响进行了研究,结果表明,生理因素不能直接影响驾驶员的行为,而是与其他因素相互作用,导致驾驶员更易产生疲劳驾驶。

6.3.1.2 疲劳驾驶的影响因素

Pierre Thiffault 等指出驾驶员在单调的道路交通环境下行驶更容易出现疲劳驾驶；Tal Oron-gilad 等发现道路标线是疲劳驾驶的影响因素，没有标线的路段更容易导致疲劳驾驶；D. Wylie 等经过调查研究，发现在正常休息条件下，连续驾驶时间是影响疲劳驾驶的主要因素；陈建新等通过模拟驾驶实验，验证了睡眠状况、温度、路况和噪声是疲劳驾驶的影响因素；王猛通过对营运驾驶员的实验研究，得出驾驶时间、年龄、睡眠和夜间行车是营运驾驶员疲劳驾驶的主要影响因素。驾驶员疲劳的产生和很多因素有关，主要包括驾驶员身心状态、驾驶负担、车内环境。

首先，驾驶员疲劳的产生受到驾驶员身心状态(人的年龄、性别、经验、个性情绪等属性特征、工作休息状况、生理节律、酒精或药物刺激等)的制约。这是整个驾驶过程中驾驶员状态变化的基础，驾驶员在驾驶过程中的状态都是在此基础上发展变化的。例如，通常情况下，人们最容易在凌晨和午后产生疲劳，在这两个时间段内极易发生疲劳驾驶。

其次，在不断变化的道路、交通和环境中驾驶汽车是一项耗费体力、脑力的作业，因此该作业对驾驶员能量需求的大小会影响疲劳驾驶的程度。例如，高密度的交通、恶劣的天气情况都会导致疲劳驾驶。有研究表明，在单调路况上更容易发生疲劳驾驶。因为在单调路况上，驾驶员严重缺乏可注意的刺激，这会导致驾驶员对周围事物的敏锐性下降，出现注意力松弛或将思绪转移到与当时所行驶的道路无关的其他更有吸引力的事情上去的现象，导致驾驶员过分疲劳，进入困倦状态。

最后，驾驶员疲劳的产生还受到车内环境的影响。驾驶员在驾驶过程中是处在相对封闭的驾驶室环境中的，必然要受到车内空气、温度、汽车座椅、声音和振动的影响。播放车内音乐是一种常用的娱乐放松的方式，也被驾驶员广泛采用。有研究表明，听音乐对认知过程有一定的影响，音乐会扰乱驾驶员对自身的驾驶疲劳的主观估计，而不是消除驾驶员的疲劳。

6.3.1.3 疲劳驾驶的形成机理

在驾驶过程中，驾驶员的警觉性是由内部因素和外部因素相互作用、共同决定的。内部因素是疲劳驾驶形成的间接原因，外部因素是疲劳驾驶形成的直接原因。

直接原因是指车辆行驶时因驾驶行为形成因子的制约而导致各阶段驾驶行为直接恶化的条件或状态；间接原因则指导致驾驶行为间接恶化的驾驶员心理、生理因素。间接原因影响直接原因，直接原因导致疲劳驾驶，即各阶段行为形成因子的制约导致相应阶段的行为恶化，从而产生感知、判断和动作疲劳，形成疲劳驾驶。

如图 6-15 所示，驾驶员的驾驶行为是由感知阶段、判断决策阶段和动作阶段组成的一个不断往复校准的信息处理过程。人体的疲劳驾驶就是感知阶段、判断决策阶段和动作阶段的驾驶负荷不断累积的过程。驾车过程中驾驶员不仅要监视汽车的运行状态，还要根据需要进行相应的操作，同时还会受到各种环境因素的刺激，因此在精神和体力上必然会存在一定的负荷。随着负荷的变化及积累效应,人体器官将产生一定的过激反应。这种反应会体现在人的行为、生理和心理信号上。

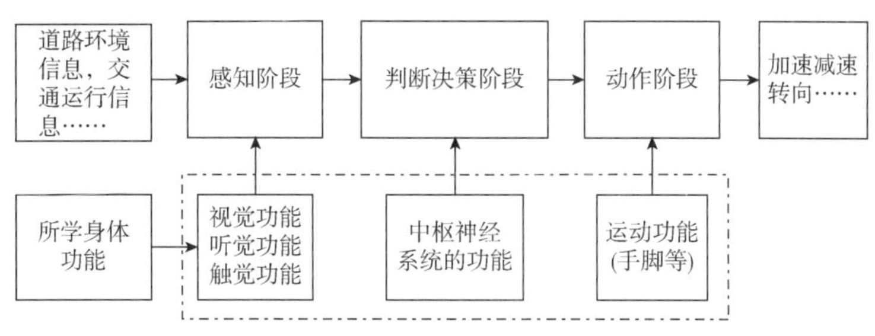

图 6-15　驾驶员的驾驶行为示意图

目前,国内外普遍认为在驾驶过程中,驾驶员需要不停地接收来自车道、路面、其他车辆等不同信息,并对这些信息进行辨识以及完成相应的动作,这时驾驶员的精神高度集中,神经系统一直处于高度紧张状态,容易造成驾驶员的心理疲劳。驾驶员在驾驶过程中,一直在不停地完成各种操控动作,很容易引起腿、腰、肩膀等部位的生理疲劳。总的来说,产生疲劳驾驶的原因一般分为以下几个方面:驾驶员由于长时间工作、睡眠不足、生活压力等自身原因造成的疲劳驾驶;由于噪声、空气不流通、座椅不合适、车内空气质量较差等车内环境原因造成的疲劳驾驶;由于路面、其他车辆、交通灯等交通状况使得驾驶员注意力必须高度集中而造成的疲劳驾驶。

疲劳生成机理的研究尚处于假说阶段,对疲劳形成机理模型的研究更加困难,从事这方面研究的学者较少,研究方向较为分散,研究内容不够深入。Hancock 和 Warm 的模型表明,个体通常能够在水平适度的环境中根据工作负荷和环境因素的动态变化进行调整,但很难同时适应低负荷和超负荷环境。将该模型应用到驾驶员的驾驶工作中,得出的结论为:在正常条件下,驾驶注意力需求低于驾驶员的最佳注意力;在实际驾驶过程中,环境可能发生的突变需要驾驶员应急反应,此时驾驶员往往集中其所有注意力在紧急事件上,从而形成“窄注意”现象。

国内部分学者从人机工程学的角度出发,将疲劳驾驶的生成过程进行简化,认为疲劳驾驶是在人-车-环境之间的信息传递过程中产生的,将驾驶作业划分为不同的阶段,不同阶段产生相应类型的疲劳。而对于疲劳驾驶的检测方法的研究,多是从驾驶员的生理状态信息、头部及面部特征或者车辆行驶的状态特征入手,具体见图 6-16。杨渝书、焦昆等建立了疲劳驾驶的人机工程学模型,分析不同信息传递阶段形成的疲劳驾驶的种类,得出体力疲劳和精神疲劳构成全过程的疲劳驾驶。体力疲劳和精神疲劳不能完全分开,即一个信息处理过程中应既有精神疲劳又有体力疲劳。张开冉将驾驶行为过程分为感知阶段、判断阶段和动作阶段,在这 3 个阶段中产生的疲劳分别为感知疲劳、判断疲劳和动作疲劳。

部分研究者以疲劳驾驶特征分析为基础,利用数学模型概括疲劳形成机理。金键借用自动控制原理,将疲劳驾驶视为由惯性环节的响应过程和比例微分环节的响应过程构成的闭环负反馈系统,以对应驾驶作业时疲劳感逐渐增强并在体内蓄积和人体自身抗疲劳能力制约并抑制疲劳感的两个相反的过程,并利用传递函数建立数学模型。

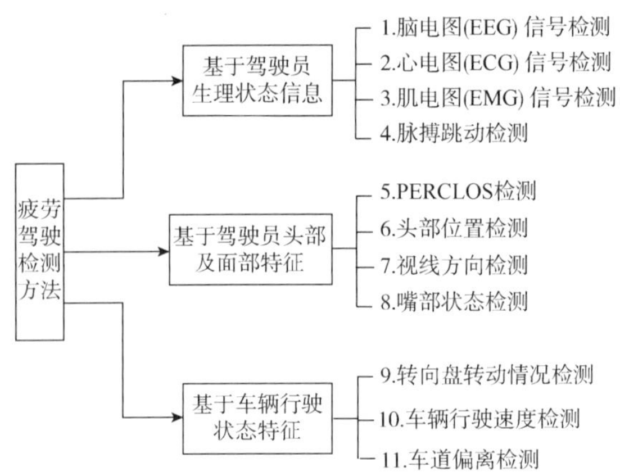

图 6-16　疲劳驾驶检测方法

6.3.1.4　疲劳驾驶的危害

疲劳驾驶是造成重大交通事故的重要原因。有关部门统计显示,疲劳驾驶导致的交通事故占交通事故总数的 25%,造成的死亡人数占所有交通事故死亡人数的 83%。如图 6-17 所示,驾驶员在驾驶过程中需要处理大量的感知信息并做出正确的反应,疲劳驾驶会影响驾驶员的感觉、知觉、思维、判断、意志、决定和运动等诸方面。疲劳后继续驾驶车辆,会导致感知、判断、操作能力下降,出现路况信息漏看、动作迟误或过早、操作停顿或修正时间不当等不安全行为,极易引发道路交通事故。

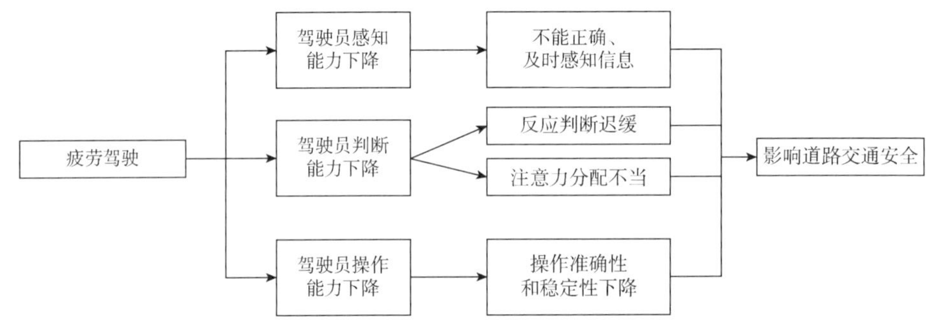

图 6-17　疲劳驾驶对道路交通安全的影响

当驾驶员处于轻微疲劳状态时,会出现换挡不及时、不准确的情况;驾驶员处于中度疲劳状态时,可能会出现操作动作呆滞甚至会忘记操作的现象;驾驶员处于重度疲劳状态时,往往会凭借下意识操作或出现短时间睡眠现象,严重时会失去对车辆的控制能力。

6.3.2　疲劳驾驶作为分心因素

驾驶分心的许多定义都表明,驾驶分心是一种注意力不集中的形式,会将注意力从主驾驶任务上转移。根据此定义,疲劳可被视为驾驶分心。NHTSA 将驾驶分心分为 4 种不同类型:视觉、听觉、身体和认知分心。前 3 个类型可以归类为外部干扰因素,因为它们是由外部刺激引起的。然而,认知分心与内部刺激有关,被定义为“任何使驾驶员无法集中注意力通过道路网络并减少反应时间的想法。”这一类型与当前有关疲劳和分心的讨论是相关的。

对疲劳驾驶的定义同样包括了注意力的不集中。疲劳驾驶常常发生在长时间需要高度集中注意力的情况下,或者是长时间仅需要较低集中注意力的情况下。Brown 将驾驶员疲劳定义为“不愿继续执行手头的任务,并逐渐将注意力从道路和交通需求中撤出”。

目前,疲劳原因的研究(不同于驾驶时的疲劳原因)涉及因素较为广泛,但探讨疲劳驾驶与分心之间关系的研究相对较少。疲劳的原因已被概括为与影响个体警觉水平的内源性因素有关。Thiffault 和 Bergeron 将疲劳的影响因素分为源于生物体内的内生因素和源于人及其所处环境相互作用的外生因素。大多数关于疲劳原因的研究都强调了内生因素的作用,其中包括 3 个主要原因:上班时间、一天中的时间或昼夜影响、清醒时间长短或最近获得的睡眠量。内生因素之间的差异在于它们发挥作用的时间,尽管由于增加工作时间而导致的疲劳需要时间才能产生,但昼夜节律和睡眠丧失的影响可能会导致疲劳提前产生,并且当这些因素结合在一起对驾驶员同时发挥作用时,会产生最严重的影响。

疲劳驾驶产生的其他影响包括情绪状态的改变、对信息分析能力的下降、驾驶效率的下降、对驾驶环境预判能力的降低,使得驾驶员倾向于维持固定的行驶路线和速度,所有这些影响都可能对驾驶员和车辆运行的安全性产生不利影响,并且证明疲劳和疲劳产生的影响会导致驾驶分心。

总的来说,疲劳驾驶和驾驶分心对于驾驶的影响有许多相似之处,两者都会导致注意力从驾驶任务中转移从而对驾驶产生不利影响。如图 6-18所示,针对两种驾驶行为产生的不利影响划分的预警等级均为轻度、中度和重度。疲劳造成的影响因其产生的原因而有所不同,但无论原因是什么,反应速度变慢、获取信息能力减弱以及付出较少努力执行驾驶任务的趋势都是疲劳的结果。疲劳对驾驶的影响与驾驶分心的影响类似,问题在于疲劳是否真的是一种内在干扰。

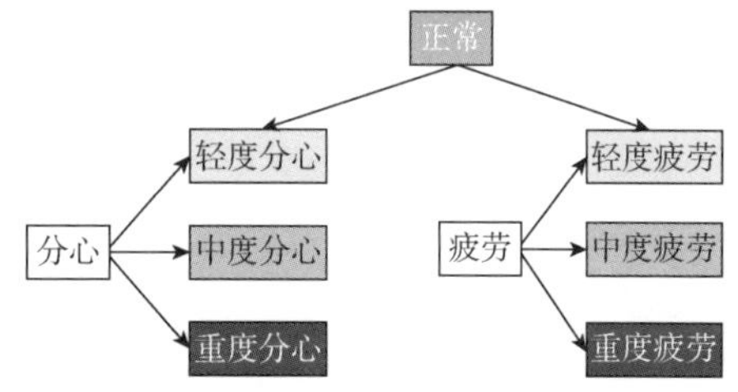

图 6-18　分心和疲劳驾驶的预警等级

有研究将内在或认知状态的变化(例如,由于白日梦造成的注意力下降)归纳为驾驶分心的外部因素,因为它们通过将注意力从驾驶任务转移到其他方面而相互关联。但是,这样的判定存在一些争议,因为内部状态变化的起源和影响(例如做白日梦或思想迷失)与外部分心因素不同。经验丰富的驾驶员能够在驾驶时思考其他事情和做白日梦,这是因为他们精通这项工作,有足够的能力保证行车安全。通常情况下,思想从驾驶任务转移到其他地方是无意的,驾驶任务可能并不会受到影响。另外,在认知分心或做白日梦的过程中,注意力转移到其他想法的程度和性质是内部控制的,而且更有可能根据驾驶主任务的要求进行校准。但是,无论驾驶主任务的要求如何,外部产生的分心因素都可以随时吸引注意力。总的来说,导致驾驶分心的内部因素在一定程度上是可控的,但外部分心因素的影响难以管控,这也就是导致行车风险的原因。

尽管疲劳在某种程度上可以被认为是分心因素,但疲劳与其他内部或认知分心因素(如白日梦或思想迷失)之间仍有一些重要区别。最重要的是,疲劳易导致注意力整体下降,而白日梦这样的认知分心会影响注意力集中的对象,是短期的并且可能被驾驶任务中的事件所抵消。疲劳会影响整体的警觉性和注意力,而做白日梦等认知分心会影响驾驶员思考。尽管疲劳会导致注意力整体下降,这肯定会使注意力从驾驶任务上转移开来,但疲劳并不是注意力分散的本质原因。

6.3.3 疲劳驾驶与易受干扰的现象

在研究驾驶时疲劳与分心之间的关系时,要考虑的第二个问题是这种关系的本质。研究者们近年来比较关注的是,疲劳的驾驶员在多大程度上易受外部干扰物的影响。关于这个问题的现有研究表明,疲劳的驾驶员在驾驶时可能不那么容易分心。

研究结果表明,疲劳驾驶会减轻外部干扰物对驾驶员的影响。例如,许多研究都着眼于疲劳对驾驶员可用视野的影响。这些研究表明,在单调任务中,随着疲劳驾驶程度和驾驶时间的增加,驾驶员检测视野外围信号的能力会明显丧失。进一步研究表明,一夜无眠会导致驾驶视野显著缩小,而且不睡觉的时间越长,视野丢失的比例就越大。长时间的驾驶,尤其是在路况单调的情况下,也会缩小有效视野。虽然有效视野的缩小对安全驾驶有着严重影响,但它也会同样降低驾驶员受到外界干扰的概率。如果驾驶员没有完全捕捉到周围无关驾驶的视觉信息,他们很可能不那么容易受到这些区域对驾驶分心的影响。

此外,疲劳驾驶会致使驾驶员减少对车辆的操控。相关研究表明,疲劳驾驶时个人的计划能力较弱,对于完成驾驶绩效目标的意识较弱,即使驾驶员的反馈表明需要采取不同的策略,他们仍更倾向于采取单一的驾驶策略。因此减少对车辆的操控意味着驾驶员的操作行为会更少受到驾驶绩效目标要求和周围环境变化的影响。此外,驾驶员在疲劳驾驶时会忽略任务环境中一些无关紧要的方面,仅仅专注于某些特定任务。

从无人驾驶的研究中可以得出类似的结论,驾驶疲劳发生在长时间的驾驶之后,特别是在高度可预测的环境中。当驾驶员处于驾驶疲劳时,他们甚至不知道驾驶任务的基本要求,更不用说驾驶环境中可能会引起分心的额外刺激。与之相关的事实表明,驾驶疲劳可导致驾驶员专注于更简单、需要更少工作的任务;然而这也可能导致驾驶员只专注于驾驶的主要任务,因此使他们对潜在干扰因素的影响不那么敏感。

分心事物对疲劳驾驶员的干扰可能会因驾驶员的特征而异。即使在没有疲劳的情况下,年龄较大的驾驶员和经验较少的驾驶员也更容易在驾驶时出现分心的情况。其他证据表明,随着工作时间的增加,高龄驾驶员比年轻驾驶员更容易表现出对分心的警戒性。这些发现表明,高龄驾驶员和经验不足的驾驶员表现出的与疲劳相关的变化可能使他们不易受驾驶分心的影响。其次,在疲劳状态下,干扰因素的作用可能会出现个性差异。内向-外向理论指出,外向的驾驶员在单调条件下驾驶时,更容易受到分心因素的影响,因为他们会主动寻求刺激,进而受到外部因素的干扰;但长时间在单调的条件下驾驶反而会更容易表现出警惕性,因为外界刺激已不足引起兴奋。这表明在某些情况下,疲劳驾驶可以减少驾驶分心,而对于某些类型的驾驶员而言，这种影响可能更大。

然而，也有证据表明，外界刺激的干扰并不会使疲惫的驾驶员驾驶分心，相反，他们可以利用外界因素提高警觉性，进而克服疲劳的影响。大量研究表明，人们试图通过增加任务环境中的刺激来控制自己不断增加的疲劳程度，尤其是那些与单调性有关的疲劳驾驶以及长时间执行同一驾驶任务的需求。Davenport 的研究表明，在驾驶期间随机播放不相关的音乐时，驾驶员的警觉性会有所提高，音乐的随机性是其有效性的重要决定因素。这表明，适当的额外刺激并没有造成驾驶分心，反而通过减少疲劳驾驶对驾驶绩效的影响进而产生了有益的作用。在另外的研究中，令试验参与者进行体育锻炼时使用主观测评法记录自我疲劳程度的变化，结果表明如果在进行体育锻炼时播放令人分心的声音，参与者的疲劳程度有所降低。此外，对长途载货汽车驾驶员的研究表明，他们采用了各种不同的策略来克服疲劳的影响，包括收听广播、打免提电话、与人交流、饮食、抽烟，这些策略大多数被认为是潜在的外部干扰因素。疲劳的驾驶员用来减轻疲劳影响的策略可能会增加分心的程度，进而增加他们对驾驶主任务的疏忽程度；但是，外部刺激有利于促进疲劳的驾驶员保持机敏性，这对行车安全至关重要。这些研究均表明试图限制驾驶时的外部刺激可能会给疲倦的驾驶员带来不利影响。

疲劳对内部或认知分心的影响类似于外部分心。疲倦时驾驶员对外部干扰的反应能力下降也可能适用于白日梦这样的内部干扰。例如，在执行单调任务的早期阶段，驾驶员会通过分散注意力或思考其他事情来帮助保持警觉，但是由于长时间的工作、缺乏睡眠而导致的疲劳会引起注意力下降，从而降低了对认知干扰（如思考其他事物）的反应能力。

在关于驾驶分心影响因素的研究方面，Ranney 等将参与者的意愿作为确定驾驶员是否是有意识或无意识地忽略驾驶主任务而去执行次任务的重要因素。但目前对疲劳和驾驶分心之间关系的分析表明，造成驾驶员疲劳时的情况可能并不单一。唤醒理论认为外部刺激有助于疲劳驾驶员克服长时间单调驾驶的疲劳效应。然而，资源理论仅在部分程度上支持这个观点，因为只有外部刺激发生的方式与驾驶时所主要采用的方式不同时，才会有助于减少疲劳的影响。注意力的分配与特定的感觉模态有关，一种注意力资源可能会用尽，但另一种注意力资源可能会有较多剩余。劳累补偿理论则认为分心不会有助于缓解驾驶员疲劳，因为应对分心需要付出更多的努力，而驾驶员显然不愿意或无法花费注意力来应对驾驶疲劳。

6.3.4　疲劳驾驶并非分心的原因

驾驶分心和应对驾驶分心的需求未必会加重驾驶员的疲劳程度。驾驶员在执行单调任务时极有可能出现疲劳驾驶，此时驾驶分心可能会减缓疲劳或避免疲劳持续更长的时间。外部刺激有助于协助驾驶员减轻疲劳的影响，表明驾驶分心有助于减轻疲劳。在驾驶员长时间驾驶并且已经疲劳的情况下，或受到昼夜影响时，驾驶分心不太可能产生积极的影响，因为在这种情况下，短期内提高唤醒度的策略并不会对疲劳状态带来改善。重度疲劳的驾驶员需要停车、睡觉和恢复，在这种情况下，由于驾驶员更关注驾驶主任务，驾驶分心对缓解疲劳驾驶作用不大。

第7章　车载信息系统与驾驶分心

车载信息系统(IVIS)是引起驾驶分心的重要车内电子设备,本章将其作为研究对象,分析驾驶员多通道分心特性和驾驶绩效测量指标并开展实验,揭示由IVIS造成的多通道分心规律和驾驶绩效影响规律,构建基于支持向量机的驾驶分心判定模型,对于提高驾驶安全性,促进车载信息技术的发展具有重要意义。

7.1　车载信息系统

IVIS指运用互联网、移动多媒体、卫星定位、语音识别等现代先进技术提供安全、舒适功能和服务的汽车电子装置。目前常见的IVIS主要包括导航类、通信类、娱乐类、工作类、操纵类和安全类等,见表7-1。

常见的车载信息系统　　表7-1

分　类	主要车载设备	分　类	主要车载设备
导航类	导航仪、HUD面板等	工作类	车载计算机、全息投影等
通信类	手机、车载电话、车载电台等	操纵类	车内设施控制设备等
娱乐类	车载媒体播放设备	安全类	行车记录仪、疲劳驾驶检测设备等

随着互联网技术的快速发展,车联网、物联网等新技术革新了IVIS传统的通信、娱乐和车辆控制功能,IVIS通过蓝牙、WiFi等方式与驾驶员的移动电话同步,为驾驶员提供了更多的智能化新功能。此外,还可通过互联网获取实时路况、通过手势控制实现对IVIS的快速操作、通过车牌绑定互联网支付软件实现缴纳高速公路通行费和停车费等。

IVIS要发挥作用,离不开人机交互技术(Human-Machine Interaction,HMI)。按人机交互方式分类,汽车人机交互技术主要分为按键控制、触摸控制、语音控制3种。汽车生产商还在不断开发手势控制、视觉控制、脑电控制等交互方式。

IVIS已经是车辆和驾驶员不可或缺的重要系统,也是汽车设计的重要内容,随着人们对驾驶体验的要求提高,IVIS未来将有更广阔的发展前景。

7.2　基于车载信息系统的多通道分心

与手机相比,车内的娱乐、信息交流及导航设备在驾驶过程中所需的注意力资源更多,对驾驶员的视觉注意干扰更强。此外,IVIS通常需要驾驶员进行信息输入,占用注意力资源,影响其对交通事件的探测能力、对车辆运行的控制能力及对车速的判断能力。

使用IVIS会显著增加驾驶员的注意资源需求,引起驾驶员主动或被动地对注意力进行重新分配。依据第2章中的多资源理论,各维度、各通道的IVIS会对驾驶员产生不同的分心影响。

综上可知,驾驶车辆时对IVIS的操作涉及4类分心,输入目的地导致的动作分心,查看导航系统导致的视觉分心,收听导航提示导致的听觉分心,注意力集中于对导航提示的分析编码导致忽视道路环境而引起的认知分心。娱乐系统的使用会影响驾驶员的车道保持能力,听觉刺激通常不会增加注视点离开道路的时间或者减少双手握转向盘的时间。车载收音机、车载CD播放器、车载电视、打车软件和车载导航等设备对注意力资源的影响见表7-2。

各类车载信息设备分心的影响 表7-2

IVIS设备种类	视觉分心	听觉分心	动作分心	认知分心
车载收音机、车载CD播放器	无	有	有	有
车载电视	无	有	无	有
打车软件	有	有	有	有
车载导航	有	有	有	有

通常情况下,人的视觉、认知和动作通道资源之间是互相影响的,当某一通道资源被占用时,往往会影响其他通道资源的可用程度。在实际驾驶过程中,驾驶员和IVIS之间的互动一般同时需要2个及以上的通道资源共同完成。本章主要对驾驶员的视觉、动作和认知通道资源进行分析研究。

7.3 实验方案设计

7.3.1 实验指标选取

7.3.1.1 多通道分心指标

由于眼动指标对视觉活动以及驾驶任务需求变化具有高度敏感性,眼动指标是测量视觉分心以及驾驶工作量变化情况最好的特征指标。因此,选取眼动指标作为测量驾驶员视觉分心的特征指标。以瞥视为基础的眼动指标(如总的注视时间、注视频率、平均单次注视时间以及完成驾驶总任务的时间)是评估IVIS对视觉资源需求的核心指标。

在驾驶过程中,驾驶员的视觉资源不仅要用于收集道路前方的交通信息,同时也要用于对道路两旁的环境进行扫视。因此,不能将驾驶员视线离开道路的情况全部视作对驾驶行为有害。另外,视线离开的时间长短也决定着此次视线离开前方道路是否不可接受。例如,驾驶员瞥视车内的时间少于1s,或者是瞥视车内的频率不高,对驾驶行为影响较小;但是单次持续时间长、发生频率高的视线偏离则会造成驾驶员分心。

对动作资源占用的测量,注重测量被测试者使用IVIS时花费多少时间完成操作。对于认知能力的测量，主要测量驾驶员是否能够正确、及时回应实验人员给出的实验指令，同时要考虑在IVIS干扰条件下的认知能力与无干扰时的认知能力相比有无下降以及下降程度。研究选取的实验指标见表7-3。

选取的实验指标　　表7-3

任务组	测量指标	任务组	测量指标
视觉分心	①单次注视时间，单位：ms； ②累积注视时间，单位：ms	认知能力	①反应错误数； ②自我评估
动作资源	①单次操作IVIS的持续时间，单位：s		

7.3.1.2　驾驶绩效测量指标

驾驶分心是一个多维概念，无法用单一的驾驶绩效测量指标度量某一分心特性的所有影响，应依据特定的研究问题选取特定的评价指标。这些指标需要灵敏地反映IVIS对驾驶员的干扰程度，确保实验测得数据的有效性。实际道路和模拟驾驶研究发现，视觉和认知分心对驾驶绩效的影响不同，视觉分心对车辆的横向控制有更大的影响，而认知分心对视觉扫视行为的影响比视觉分心要大，因此需根据竞争任务类型选择测量指标。

一些研究试图找出一套有效可靠的驾驶绩效测量方法，用于评估驾驶次任务分心特性。这些研究虽然为驾驶绩效度量提供了一些指导意见，但其用于评价次任务分心的驾驶绩效指标并不具备普遍意义，所以，应针对IVIS分心特点选择有效、可靠的指标评价驾驶分心的影响。

驾驶绩效与碰撞风险间的关系不是单一的线性关系，二者之间存在非线性关系。例如，驾驶员执行驾驶次任务时，某一时刻车辆横向偏移距离增加，但这并不意味着发生碰撞的风险一定增加，碰撞风险可能不变或降低，关键取决于当时的驾驶条件。

结合IVIS设备对驾驶绩效影响的显著性，驾驶绩效测量指标主要包括车辆横向控制指标与纵向控制指标，这两个指标能体现车辆的跟驰能力及车道保持能力。结合研究所需指标及实验设备条件，实验采集的驾驶绩效测量指标主要有速度、加速度、车头间距、转向盘转角、转向盘转速、车辆横向速度、车辆横向位置、闪光反应次数等，具体测量方式及测量精度见表7-4。

驾驶绩效测量指标　　表7-4

指标类型	指标名称	测量方式	单位	精确度
纵向控制	速度	使用五轮仪，结合加速度对时间积分数据修正	m/s	0.01
	加速度	使用加速度传感器，测量车辆在x、y、z轴方向的加速度	m/s^2	0.01
	车头间距	利用五轮仪同步数据，计算前后车之间距离	m	1
横向控制	转向盘转角	标记转向盘角度，计算每次转向盘运动角度	deg	1
	转向盘转速	利用转向盘转角与视频帧数计算	deg/s	1
	横向速度	使用速度传感器，测得车辆在x轴方向的速度	m/s	0.01
	横向位置	依据行车记录仪视频，结合图像分析软件	m	0.1
事件探测	闪光反应次数	利用声光反应时测定仪测得	次	1

7.3.2 实验条件

7.3.2.1 参与者

一般来说,不同年龄段的驾驶员对于 IVIS 的使用倾向有所区别,年轻驾驶员较为倾向使用视听类的车载信息系统,而年长驾驶员可能并不热衷于在驾驶过程中使用娱乐设备。因此在选取被试者时,要注意控制参与者的年龄分布。同时,还需对参与者的驾龄和行驶里程进行限制。要求参与实验的驾驶员驾驶经验及熟练程度无明显差异,在驾驶实验进行前对驾驶员基本情况进行问询。另外,由于驾驶员的生理或心理状态对 IVIS 造成的分心程度也有影响,因此需要对参与者的身体状况进行调查,保证参与者的精神、身体状况处于良好状态。参与者需要保证身体和心理健康、无视觉和听觉障碍、未饮酒或服用药物,在前一段时期内没有接受会导致疲劳困倦或精神不振的治疗以及针对高血压或者其他严重疾病的治疗,以避免影响参与者的驾驶行为或认知能力。实际驾驶实验至少需 2 人;一人负责对驾驶员进行培训与指导,使驾驶员熟悉实验流程及 IVIS 操作;另一人负责记录驾驶员的操作数据及车辆运行状态数据。

共选取 40 名参与者进行驾驶实验,其中男性驾驶员 27 名,女性驾驶员 13 名,驾龄为2~7年,年龄分布为 22~36 岁。每名参与者的驾驶里程均在 5000~10000km,能够对车辆进行熟练操作,驾驶经验丰富,能够应对突发状况。参与者身体和心理健康,无视觉和听觉障碍,未饮酒或服用药物。

将参与者分为两组,每组 20 人,一组作为实验组;另一组作为对照组,即在不使用 IVIS 的情况下,进行认知反应能力实验测试,为 IVIS 造成的认知分心提供比较数据。分别对两组参与者的驾龄以及性别进行独立样本 T 检验(Independent-Samples T Test)和曼-惠特尼 U 检验(Mann-Whitney U Test),检验结果表明,两组人员不论在驾龄上还是性别上都没有显著差异。参与者的基本信息见表 7-5。

参与者基本信息统计 表 7-5

组 别	驾龄(年)				性 别			
	均值	标准差	统计量 t	概率 P	男性	女性	统计量 Z	概率 P
实验组	4.25	1.61	0.705	0.211	13	7	−1.332	0.206
对照组	4.10	1.48	—	—	14	6	—	—

7.3.2.2 实验设备

为获取所需的多通道分心指标,主要实验设备有实验车辆、眼动仪、摄像机和笔记本电脑。实验车辆为德国大众牌汽车。眼动仪为头盔式,如图 7-1a)所示,实验时需将其戴在头上以收集注视点分布情况、注视时间、某一区域的停留时间、扫视速度等眼动数据。为进一步获取驾驶绩效测量指标的相关数据,还需要五轮仪、加速度传感器、行车记录仪、声光反应时测定仪等设备,这些仪器在各类实验、测试、测量等领域应用普遍,测量精度较高,均可满足本研究实验的要求。实验车上的摄像头布置见图 7-1b),各类驾驶绩效测量仪器与测定指标见表 7-6。

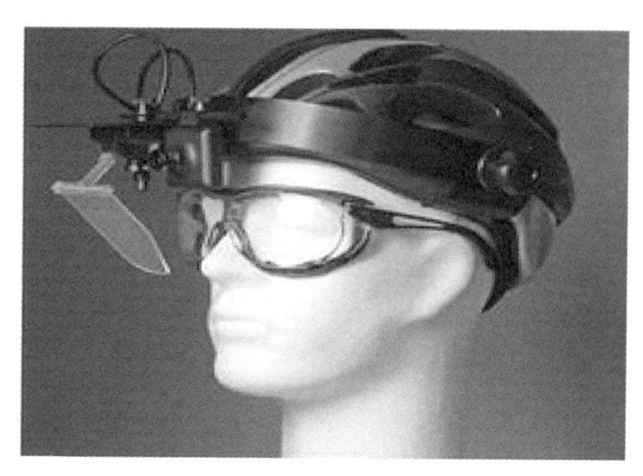

a) 眼动仪

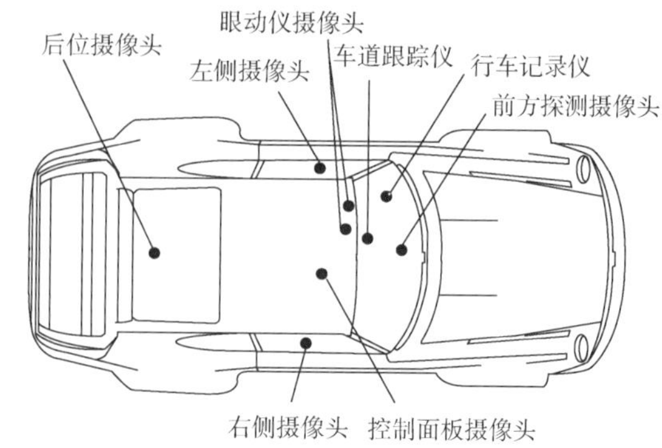

b) 实验车摄像头分布

图 7-1　眼动仪及摄像头分布

驾驶绩效测量仪器与测量指标

表 7-6

仪器名称	测定指标/记录内容	备　注
五轮仪	车辆速度	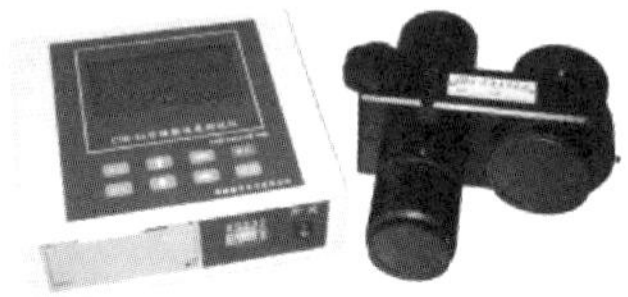
加速度传感器	车辆加速度	
摄像机	转向盘转角、转向盘转速	
行车记录仪	驾驶过程中车外交通状况与驾驶员表情的视频	
声光反应时测定仪	闪光反应次数	

7.3.2.3　实验路线

实验路线的选择应有一定的代表性,即尽可能全面地涵盖各种道路条件。选取的实验道路包括城市道路和公路。其中,城市道路为双向八车道的主干道,限速 60km/h;公路路段主要为双向六车道,限速 120km/h。实验路段线性良好,无小半径曲线,路面状况良好,标志标线齐全,交通状况良好。由于实验车辆车速相对较低,选择最外侧车道进行实验。为减少天气及交通状况对实验的影响,实验时段选取天气良好的非高峰时段。城市路段实验在交通量较小的稳定流状态下进行;公路实验后, 根据行车记录仪监测情况,选取道路条件理想且交通干扰较小的驾驶片段。实验线路见图 7-2。

(a) 城市道路实验路段　　　　(b) 公路实验路段

图 7-2　实验路线

城市道路实验路段总长度为 5.1km,实验路段基本情况见表 7-7。

城市道路实验路段基本情况　　表 7-7

道路名称	道路等级	车道数(条)	道路名称	道路等级	车道数(条)
平公街	支路	2	宽城街(桥下)	主干路	6
宣化街	主干路	6	承德街(桥上)	主干路	4
宽桥街	主干路	6	东莱街	次干道	4

公路实验路段基本情况见表 7-8。

公路实验路段基本情况　　表 7-8

道路名称	道路等级	车道数(条)	道路名称	道路等级	车道数(条)
哈尔滨绕城高速	高速公路	4	沈大高速	高速公路	8
京哈高速	高速公路	4			

7.3.3　实验任务

驾驶过程中驾驶员在某一特定时间对 IVIS 设备进行操作。基于 IVIS 的多通道分心实验的操作有调节车载收音机、使用车载CD播放器、使用车载导航、使用车载MP3播放器4种,基于IVIS分心的驾驶绩效实验的操作种类为调节车载收音机、使用车载CD播放器、使用车载导航、使用车载打车软件4种,每人次驾驶实验仅涉及一种IVIS的使用。实验时为避免由于长时间连续实验造成身体不适,分别进行几种IVIS设备的实验,但是对于每名驾驶员来说,实验次序是随机的。每名驾驶员的两次驾驶实验之间至少要保证30min左右的休息时间。

在开展各项实验任务时,实验助理需要分别记录由摄像机和眼动仪获取的视觉、动作和认知通道的分心数据以及由五轮仪、加速度传感器、摄像机、声光反应时测定仪等设备采集到的驾驶绩效指标数据的变化情况。

(1)调节车载收音机实验任务

驾驶员在整个驾驶过程中使用车载收音机播放广播,进行认知分心实验测试。另外,要求驾驶员根据实验人员的指令对车载收音机进行操作,分别进行2次频道和声音的调节,每次完成后即完成一次动作通道和视觉通道占用数据的收集。

(2)使用车载CD播放器实验任务

驾驶员在驾驶过程中根据实验人员的指令进行3次CD光盘的更换及4次曲目的更换,CD播放器播放的内容需是对驾驶员有一定吸引力的音频内容。

(3)使用车载导航实验任务

要求驾驶员在驾驶过程中利用导航的帮助完成驾驶任务。驾驶员与导航的交互包括输入目的地和跟随导航提供的行车路线驾驶。由于在驾车过程中输入目的地的情况较少,因此使用车载导航实验任务主要是驾驶员在给定的两个地点之间跟随导航指示安全驾驶车辆。

(4)使用车载MP3播放器实验任务

驾驶员在驾驶过程中需根据实验人员的指令进行3次音频内容的更换,车载MP3播放器的存储内容应考虑不同年龄和性别的驾驶员的兴趣和爱好。

(5)多通道分心对比实验任务

基于IVIS分心的驾驶绩效实验未进行对照实验。基于IVIS的多通道分心实验需要设置对照组,开展对比试验。该任务同样在选定的实验路线上进行,主要是测量驾驶员在没有IVIS干扰下的认知能力。采取的测量方法是在驾驶过程中对驾驶员进行简单的个位数加减法提问,要求在2s内回答出正确答案。若超出规定时间回答正确或者在规定时间内回答错误,则记错误1次。回答正确率表征驾驶员在无IVIS干扰时的认知反应能力。认知分心实验过程示意图见图7-3。

驾驶员认知分心实验是在整个驾驶过程中交替进行的。在进行驾驶员认知反应能力测试时,由实验助理决定提问的时间,并按照实验前设计好的实验方案与驾驶员进行互动。实验助理应在易于观察到驾驶员的位置,但不宜处在驾驶员的视线范围内,以免对驾驶员产生明显干扰,导致实验数据的有效性降低。由于在整个实验过程中实验助理是随机向驾驶员进行认知测试的,因此可以认为整个实验过程中的任务复杂度是平衡的。实验中驾驶员需按照导航仪提供的行驶路线进行驾驶,不可随意更改行驶路线。

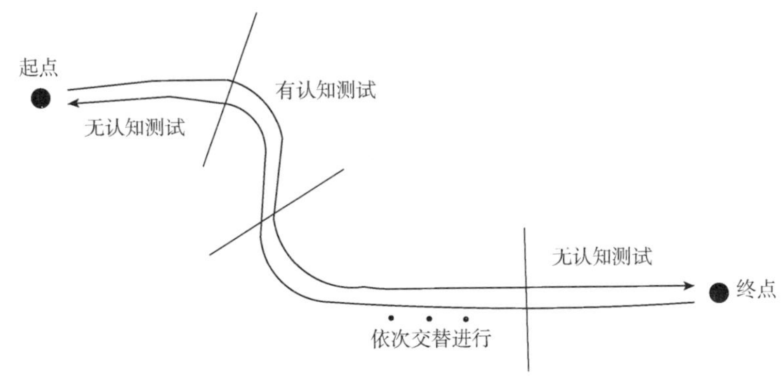

图 7-3　认知分心实验过程示意图

实验助理需在尽量不打扰驾驶员驾驶行为的情况下进行认知能力表征指标数据的收集。但在实验前需告知驾驶员其最主要任务是保证驾驶安全,需要驾驶员能够在遇到紧急交通事件时,以保证驾驶安全为首要任务,而不能将实验内容作为主要任务。

为了分析驾驶员对于使用 IVIS 造成的认知能力下降程度的认识情况,在实验前、后均增加了基于 IVIS 使用的认知能力下降程度自我评估问卷调查,即认为自己在驾车过程中认知能力被 IVIS 分散的程度。评分方式采取"连续 4 分量表"形式。数字 0 表示认为该设备的使用对认知能力没有影响,数字增大表示 IVIS 的使用对认知能力的影响逐渐增大,数字 4 表示认为该 IVIS 的使用对认知能力的负面影响很大。实验后填写的问卷是驾驶员对于实验过程中 IVIS 造成的认知能力下降情况的自我评估。

7.3.4　实验步骤

①参与实验的驾驶员填写年龄、性别、驾龄、驾驶里程等基本信息。

②实验开始前,向驾驶员介绍实验内容,讲解驾驶操作任务,驾驶员熟悉各项实验设备。

③在前、后车内安装实验所需设备。后车安装行车记录仪,用于记录行车过程中行驶影像,测得车道横向位置。前、后车均安装加速度感应器,测定前后车纵向和横向加速度。

④确定后车驾驶员,随机抽选前车驾驶员,要求前车驾驶员以接近 50km/h 的速度驾驶,后车在保证安全驾驶的条件下跟驰前车,实验员坐在副驾驶位置。

⑤前、后车起始位置相距 50m,前、后车均起动后,开启行车记录仪及摄像机,前、后车根据实验员指令同时向前行驶,前、后两车同时开启加速度传感器。

⑥实验员要求驾驶员进行 IVIS 操作并记下驾驶员操作开始及结束时间,操作种类有操作车载收音机、操作车载 CD 播放器、操作车载 MP3 播放器、操作车载导航、操作车载打车软件。实验员记录每次操作开始时间、结束时间及设备关闭时间。

⑦重复第⑤步与第⑥步内容,每位驾驶员对不同难度的操作任务均进行 3 次。

⑧收集、整理和备份实验数据。

7.4 驾驶员多通道分心特性

7.4.1 交通环境复杂度

在不同交通环境条件下,驾驶员驾驶负荷不同,操作车载设备造成的交通事故及冲突风险也不同。利用驾驶员在车辆运行过程中为了保持车辆的车道位置并监控道路危险所要投入的资源程度来表征车辆运行时所处的道路交通环境复杂程度。采用现场实际观测法,根据驾驶员主观感受负荷情况,依据不同道路、交通、信号控制情况对交通环境进行划分,各等级交通条件如表7-9所示。

各等级交通环境条件　　表7-9

交通环境复杂度	交通条件	饱和度
一	道路平纵线性良好,车道宽度大于或等于3.5m,标志标线齐全,有中央分隔护栏。交通通畅,行人较少,交通信号齐全	[0,0.4]
二	道路平纵线性良好,标志标线较为齐全,主要为交通信号控制,交通通畅	(0.4,0.6]
三	道路线性条件一般,车道宽度小于3.5m,无中央分隔护栏,交通流不稳定,车通间距较小	(0.6,0.8]
四	道路线性较差,视距较差,车道宽度小于3.25m,无中央分隔护栏,行人较多且可随意穿越道路,无交通信号。交通阻塞,车道间距较小	(0.8,1]

7.4.2 实验数据处理

在进行视觉分心实验的过程中,有许多客观或主观原因会导致测量数据是无效或者是无意义的。例如在光照较强时,眼动仪设备的测量精度会有所下降,导致测量的数据不够准确;由于出现紧急交通状况而采取应急措施,也会导致视觉分心测量数据的很大偏差。因此,在获得实验数据之后,需要设定筛选指标以提高数据有效性。

对于视觉分心测量数据,眼动仪的测量变量中的眼动跟踪指标(Eye-track quality index)的值可以取0~3,其中0表示完全跟踪不到,1表示跟踪不稳定,2表示跟踪稳定,3表示跟踪非常准确。取眼动跟踪指标值为2及2以上的数据作为视觉分心的分析数据。另外,只有当对某一事物连续注视时间超过100ms时,才能认为是一次有效注视,由于该指标的连续性,需要根据眼动跟踪数据的实际情况,筛选出有效性在80%以上的数据片段。对动作和认知分心测量数据不设定特殊筛选原则。实验数据筛选规则见表7-10。

实验数据筛选规则　　表7-10

测试组	筛选变量	规则
视觉注意	眼动跟踪指标	≥2
	注视时间	≥100 ms
	有效数据占比	≥80%(各车载设备测试阶段)

对得到的实验数据进行筛选和整理,得到车载收音机、CD 播放器、MP3 播放器和导航对驾驶员视觉、动作和认知 3 个通道的资源占用数据,如表 7-11～表 7-14 所示。

车载收音机对驾驶员造成的分心情况　　表 7-11

环境复杂度等级	视觉指标			动作指标	认知指标	
	单次注视时间 t_1(s)	平均注视次数 n_1(次)	注视总时间 t_2(s)	操作花费时间 t_3(s)	反应能力下降	自我评估值
一级	1.60	1.09	1.75	2.00	6.3%	2.50
二级	1.53	1.08	1.65	1.10	5.0%	1.73
三级	1.10	1.05	1.15	0.98	3.0%	1.65
四级	1.25	1.03	1.29	1.23	4.8%	1.35

车载 CD 播放器对驾驶员造成的分心情况　　表 7-12

环境复杂度等级	视觉指标			动作指标	认知指标	
	单次注视时间 t_1(s)	平均注视次数 n_1(次)	注视总时间 t_2(s)	操作花费时间 t_3(s)	反应能力下降	自我评估值
一级	1.75	1.80	3.15	2.35	8.3%	2.55
二级	1.50	2.05	3.07	2.50	7.5%	1.91
三级	1.28	1.66	2.12	3.00	4.8%	1.72
四级	1.41	1.54	2.17	2.78	6.3%	1.56

车载 MP3 播放器对驾驶员造成的分心情况　　表 7-13

环境复杂度等级	视觉指标			动作指标	认知指标	
	单次注视时间 t_1(s)	平均注视次数 n_1(次)	注视总时间 t_2(s)	操作花费时间 t_3(s)	反应能力下降	自我评估值
一级	0.56	1.06	1.65	0.72	8.0%	2.50
二级	1.23	1.29	1.59	0.75	7.1%	2.78
三级	1.00	1.02	1.02	0.56	5.0%	2.57
四级	1.11	1.06	1.60	0.58	5.9%	1.81

车载导航对驾驶员造成的分心情况　　表 7-14

环境复杂度等级	视觉指标			动作指标	认知指标	
	单次注视时间 t_1(s)	平均注视次数 n_1(次)	注视总时间 t_2(s)	操作花费时间 t_3(s)	反应能力下降	自我评估值
一级	2.52	1.90	4.80	2.50	13.5%	3.00
二级	2.25	1.78	4.00	2.15	12.4%	3.74
三级	2.00	1.50	3.00	1.85	10.3%	3.43
四级	2.16	1.62	3.46	2.13	11.2%	3.67

注:设定认知能力下降程度自我评估标准为:0-没有下降;1-较低;2-一般;3-较高;4-很高。

7.4.3 基于 IVIS 的视觉分心特性

7.4.3.1 视觉分心规律

(1)规律分析

对实验数据进行整理和分析,分别得到驾驶员在不同复杂程度交通环境中使用 IVIS 时视觉资源占用情况,见图 7-4。可以看出,随着 IVIS 操作复杂性的增加,驾驶员在操作时的注视时间也会增加。车载 MP3 播放器的操作相对简单,操作时对驾驶员的视觉资源占用程度较低;车载收音机的操作比车载 MP3 播放器复杂,因此对驾驶员的视觉资源占用程度比操作车载 MP3 播放器高约 30%;更换 CD 的操作比调节收音机更加复杂,因此操作时对驾驶员造成的视觉分心要更严重一些,比操作车载 MP3 播放器高约 70%;由于车载导航具有区别于其他 3 种设备的指路功能,驾驶员在使用车载导航时的注视时间最长,平均单次注视时间为 3~5s。另外,虽然驾驶员在驾车途中对车载导航的操作仅限于放大或缩小界面,很少重新输入目的地,但是相较于使用车载 CD 播放器和使用车载收音机对驾驶员造成的视觉分心程度,使用车载导航造成的分心程度最高。

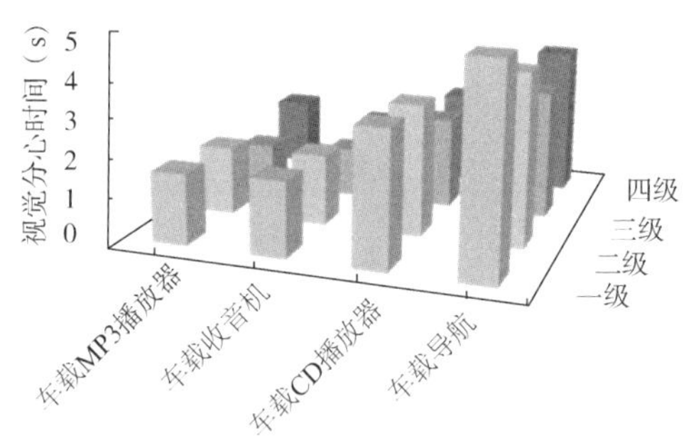

图 7-4 不同交通环境下 IVIS 操作对驾驶员造成的视觉分心

从图中还可以看出,在车辆行驶过程中,随着交通环境复杂程度的变化,为了保证驾驶安全所需要的驾驶员资源投入亦有所不同,导致驾驶员操作 IVIS 的状态也有所不同。当车辆处于较为简单的交通环境时,驾驶员选择车辆行驶速度的自由度较高,此时驾驶员在操作 IVIS 时的注视时间有所增加,但是仍符合注视时间随着操作复杂度的增加而延长的规律;当车辆行驶在交通环境较为复杂的道路上时,驾驶员为了维护驾驶安全需要投入更多的资源,进行 IVIS 操作时会尽量减少操作时间,随着操作复杂性的增加,导致视觉资源占用更加显著。

(2)数据差异性分析

由统计学知识可知,多个平均数的差异显著性检验须采用方差分析法,而不宜使用 t 检验。方差分析的实质是关于测量数值变异原因的数量分析,在实际中应用较为广泛。

方差分析中,代表变异大小并用来进行变异分解的指标为离均差平方和,记为 SS_T。SS_T 可以分解为组内变异和组间变异,分别记为 SS_W 和 SS_B。

方差分析的检验统计量可以简单地理解为利用随机误差作为尺度来衡量各组间变异的指标,即 F 的值为组间变异测量指标与组内变异测量指标的比值。

零假设 H_0 成立时,各组间均数的差异为 0,即

$$\mu_1 = \mu_2 = \cdots = \mu_k$$

于是,组间变异将主要由随机误差构成,即组间变异的值应当接近组内变异值。此时检验统计量 F 的值应该不会太大,且接近于 1;否则,F 值将会偏离 1,并且各组间的不一致程度

越强，F 值越大。

下面介绍单因素方差分析的假设检验过程。方差分析的零假设 H_0 和备择假设 H_1 分别为：

$$H_0: \mu_1 = \mu_2 = \cdots = \mu_k;$$

H_1：k 个总体均数不同或者不全相同。

沿用前面所述的变量标记公式，检验统计量 F 按式(7-1)计算：

$$F_{k-1,N-1} = \frac{\mathrm{MS_B}}{\mathrm{MS_W}} = \frac{(N-k)\mathrm{SS_B}}{(k-1)\mathrm{SS_W}} \tag{7-1}$$

式中：$\mathrm{MS_B}$——组间均方；

$\mathrm{MS_W}$——组内均方；

$k-1$——组间自由度；

$N-k$——组内自由度。

当 H_0 为真时，F 值服从分子自由度为 $k-1$、分母自由度为 $N-k$ 的 F 分布，即：

$$F_{k-1,N-1} = \frac{\mathrm{MS_B}}{\mathrm{MS_W}} \sim F(k-1, N-k) \tag{7-2}$$

在进行统计决策时，既可以使用计算得到的 F 值与给定显著水平的临界值 F_α 进行比较，从而做出对 H_0 的决策，也可以利用 P 值进行决策。

对几种 IVIS 设备的操作造成的驾驶员视觉分心数据进行差异性分析，得到如表 7-15 所示的方差分析数据。从表中数据可以看出，在 $\alpha = 0.05$ 的显著水平条件下，不同 IVIS 操作对驾驶员造成的视觉分心具有显著性差异($P=0.021<0.05$)。

视觉分心差异性分析结果　　表 7-15

变　异	平方和	自由度	F 值	P 值	显　著　性	
					$\alpha=0.10$	$\alpha=0.05$
组间变异	22.821	3	18.852	0.021	显著	显著
组内变异	27.035	67	—	—	—	—
总变异	49.856	70	—	—	—	—

(3)双因素方差分析

以交通环境复杂度和 IVIS 作为两个影响因素，对驾驶员的视觉分心数据进行双因素方差分析，分析交通环境复杂度和 IVIS 对驾驶员视觉分心影响的显著性，得到的结果见表 7-16。

视觉分心双因素方差分析结果　　表 7-16

源	Ⅲ型平方和	自由度	均方	F 值	P 值
校正模型	8.641a	5	1.728	21.359	0.001
截距	36.575	1	36.575	452.042	0.000
交通环境	1.025	2	0.513	6.336	0.033

续上表

源	Ⅲ型平方和	自由度	均方	F 值	P 值
IVIS 影响	7.616	3	2.539	31.375	0.000
误差	0.485	6	0.081	—	—
总计	45.702	12	—	—	—
校正总计	9.126	11	—	—	—

注：$R^2=0.973$（Adjusted $R^2=0.950$）。

从表中数据可以看出，交通环境复杂度和 IVIS 两种影响因素所对应的 P 值均小于显著水平 0.05，说明两者对驾驶员的视觉分心都具有显著影响。

7.4.3.2 驾驶员注视时间特征

(1)注视时间分区段比较

图 7-5~图 7-8 为在不同交通环境条件下，驾驶员使用 IVIS 时的注视时间分布。

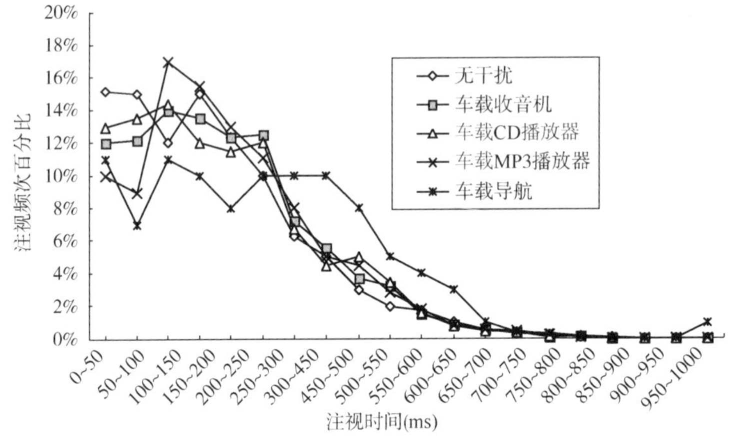

图 7-5 一级交通环境复杂度下驾驶员注视时间分布

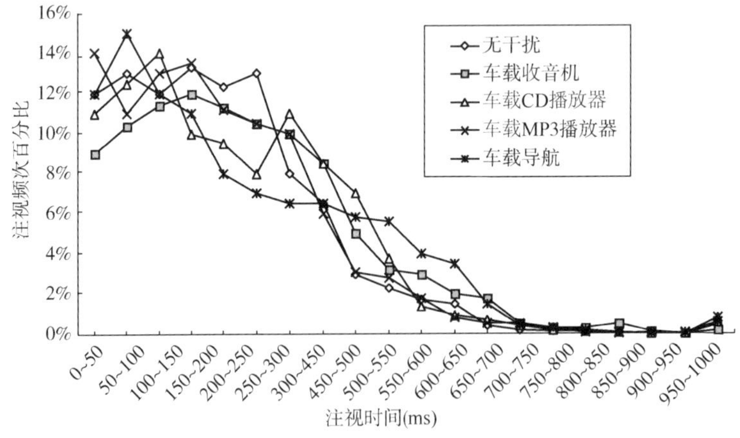

图 7-6 二级交通环境复杂度下驾驶员注视时间分布

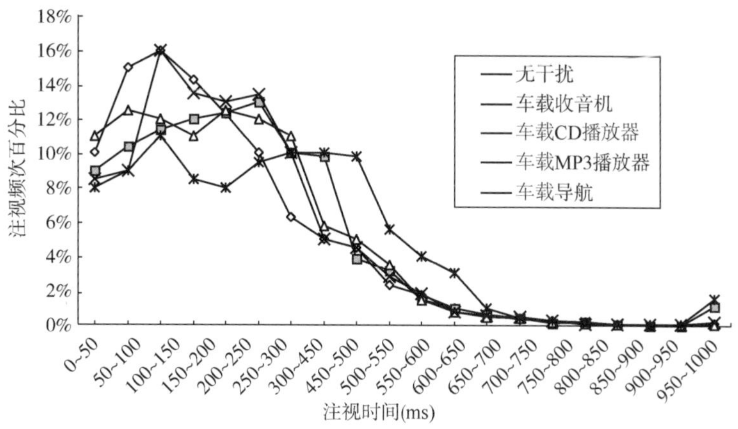

图7-7　三级交通环境复杂度下驾驶员注视时间分布

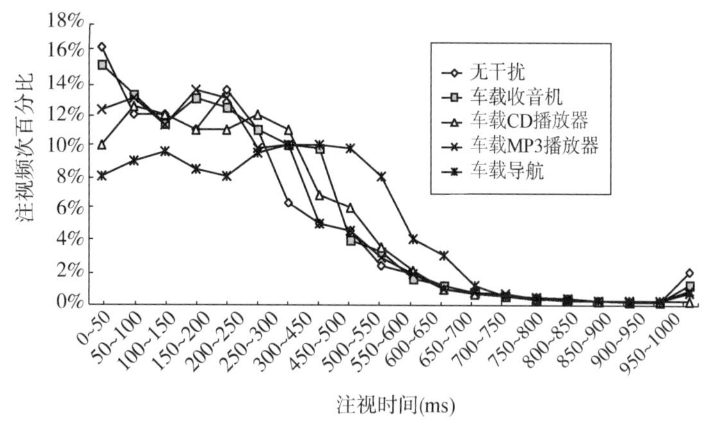

图7-8　四级交通环境复杂度下驾驶员注视时间分布

从图7-5中可以看出，当车辆所处的交通环境较为简单时，车载收音机和车载CD播放器的使用对驾驶员注视时间分布的影响较小，这是因为在一般情况下，车载收音机和车载CD播放器的播放内容吸引力较小；车载MP3播放器的使用使得驾驶员的注视时间在100~150ms区间内的注视频次远高于无干扰时的注视频次；车载导航的使用导致驾驶员的注视时间在250~450ms区间内的注视频次远高于无干扰时的注视频次。注视时间在650ms以上时，几种IVIS的使用对驾驶员的注视频次的影响不显著，没有明显的规律。

从图7-6中可以看出，当车辆所处的交通环境复杂度等级为二级时，车载收音机的使用对驾驶员注视时间分布开始产生影响；车载CD播放器的使用使得驾驶员的注视时间在300~500ms区间内的注视频次远高于无干扰时的注视频次；车载MP3播放器的使用对驾驶员的注视时间影响较小；车载导航的使用导致驾驶员的注视时间在400~650ms区间内的注视频次远高于无干扰时的注视频次。注视时间在700ms以上时，几种IVIS的使用对驾驶员注视频次的影响不显著，没有明显的规律。

从图7-7中可以看出，当车辆所处的交通环境复杂度等级为三级时，车载收音机的使用对于驾驶员注视时间分布影响较为明显，驾驶员注视时间在250~400ms区间内的注视频次远高于无干扰时的注视频次；车载CD播放器和车载MP3播放器的使用使得驾驶员的注视时间在250~350ms区间内的注视频次远高于无干扰时的注视频次；车载导航的使用导致驾驶员的注视时间在300~600ms区间内的注视频次远高于无干扰时的注视频次。注视时间在700ms以上时，几种IVIS的使用对驾驶员注视频次的影响不显著，没有明显的规律。

从图7-8中可以看出，当车辆所处的交通环境复杂度等级为四级时，车载收音机的使用使得驾驶员注视时间在300~400ms区间内的注视频次远高于无干扰时的注视频次；车载CD播放器和车载MP3播放器的使用对驾驶员的注视时间分布影响较小；车载导航的使用导致驾驶员的注视时间在350~500ms区间内的注视频次远高于无干扰时的注视频次。注视时间在650ms以上时，几种IVIS的使用对驾驶员注视频次的影响不显著，没有明显的规律。

综上所述，不同的交通环境条件下，IVIS的使用对驾驶员的注视时间分布具有不同的影响。

(2)注视时间均值比较

为了进一步分析在不同IVIS的影响下，驾驶员注视时间的变化情况，对数据进行统计处理，得到不同交通环境复杂度下的驾驶员平均注视时间，如表7-17所示。

不同交通环境复杂度下的驾驶员平均注视时间(单位：ms)　　表7-17

环境复杂度等级	平均注视时间				
	无干扰	车载收音机	车载CD播放器	车载MP3播放器	车载导航
一级	181.665	194.619	227.936	210.518	236.275
二级	182.410	198.210	211.000	216.730	227.785
三级	183.285	196.880	223.341	209.175	234.491
四级	188.937	199.677	225.607	215.345	230.979

为了直观反映车辆在不同复杂度交通环境下行驶时，使用IVIS对驾驶员注视时间的影响情况，将表7-17中的数据做成箱形图，见图7-9。

可以看出，驾驶员的平均注视时间随着使用的IVIS的不同而有所变化。当车辆的行驶自由度较高时，受到外部干扰较小，在此种情况下不使用IVIS驾驶员的平均注视时间为181.67ms，而在使用其他几种IVIS时，其平均注视时间均有不同程度的上升。使用车载导航时的平均注视时间最长，为210.52ms。当车辆在不同的交通环境下行驶时，驾驶员的平均注视时间也有所变化。

(3)差异显著性检验

采取非参数检验方法进行驾驶员视觉特性差异显著性检验。该方法的优点是对样本总体的分布要求不高，在进行检验时无须严格假定变量的分布，也不涉及样本的总体参数，直接对总体分布的位置做假设检验，假定条件简单，具有一定的模糊性，计算简便，应用较为广泛。当样本数据的精度不高、信息量较弱时可以用这种方法进行检验。

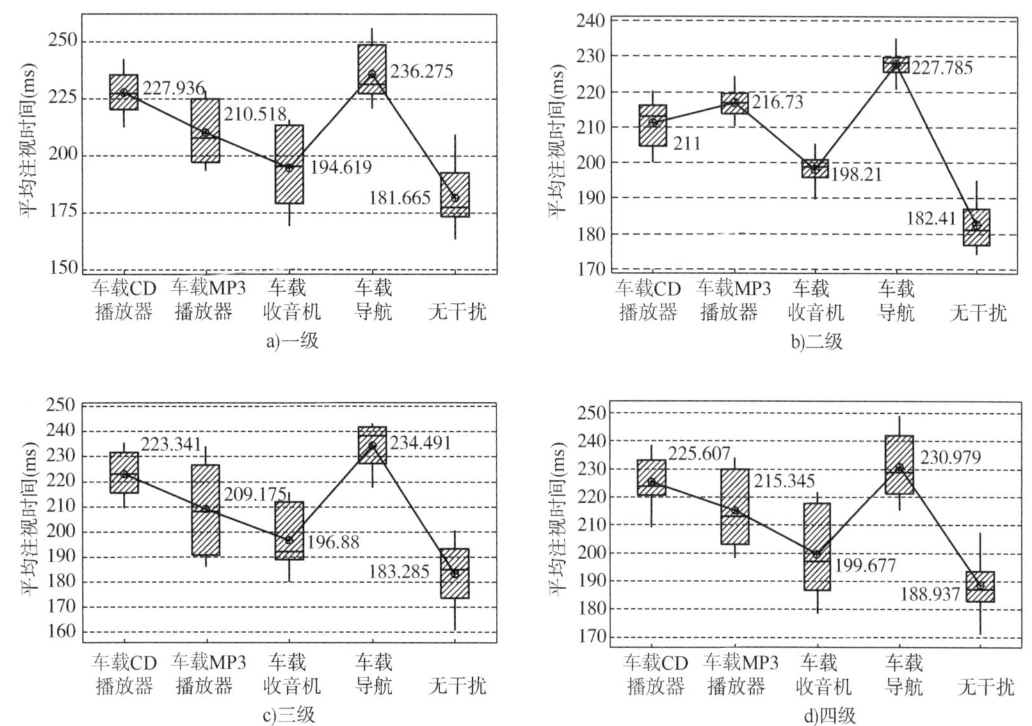

图 7-9　各级交通环境复杂度下驾驶员平均注视时间

常用的非参数检验方法有 Kruskal-Wallis 检验法和 Mood 中位数检验法。

Kruskal-Wallis 检验法适用于 2 个以上独立样本的差异性检验。使用 Kruskal-Wallis 检验法进行驾驶员注视时间均值的差异显著性检验，首先将所有数据混合到一起，计算每个数值在这一组数中的秩，根据求得的秩，计算混合之前每组数据秩的和，通过比较各组的秩和是否具有明显差异来判断多样本的中心位置是否有显著差异。将各组秩次分别相加，求出秩和 R_i ，i 为组序。检验统计量 H 按公式(7-3)计算：

$$H = \frac{12}{N(N+1)} \sum_{i=1}^{k} \frac{R_i^2}{n_i} - 3(N+1) \tag{7-3}$$

式中：R_i——第 i 组样本的秩和；

n_i——第 i 组样本量数；

N——总样本量。

Mood 中位数检验法的主要思想是，首先将多组样本数据全部混合在一起，求出整个数据集合的中位数 M，然后对各组数据计算出“观测值比 M 大”和“观测值比 M 小”的个数分别记 m_{bi} 和 m_{si}（i 为组序），对所得到的数据进行卡方检验，即可判断各组的中心位置是否有显著差异。

分别计算驾驶员在无干扰时和使用车载收音机、车载 CD 播放器、车载 MP3 播放器和车载导航时的注视时间均值和标准差，利用 Kruskal-Wallis 检验法进行驾驶员在不同交通环境下驾驶车辆时使用 IVIS 的注视时间均值的非参数方差分析，分析结果见表 7-18。

驾驶员注视时间均值差异显著性检验　　表 7-18

检验方法	卡方值	P 值	显著水平	
			α=0.10	α=0.05
Kruskal-Wallis 检验法	—	0.011	显著	显著
Mood 中位数检验法	73.20	0.015	显著	显著

从表中数据可以看出，两种检验方法得到的 P 值均小于 0.05，即在显著水平 $\alpha=0.05$ 条件下存在差异，说明车辆行驶过程中 IVIS 的使用对驾驶员的平均注视时间有显著影响。

7.4.4　基于 IVIS 的动作分心特性

7.4.4.1　动作分心规律

在车辆行驶过程中，驾驶员的动作通道资源应能够及时对车辆进行恰当的操作。但是当驾驶员使用 IVIS 时，不可避免地要进行各种调节操作，此时便对动作通道资源产生了占用，即造成了动作分心。操作时间越长，越不利于安全驾驶。一般来说，不同 IVIS 的操作复杂度不同，使用时对驾驶员动作资源的占用也有所区别。

对实验数据进行整理和统计，得到如表 7-19 所示的操作车载 MP3 播放器、车载收音机、车载 CD 播放器和车载导航的动作分心时间数据，并绘制成柱状图，见图 7-10。

不同交通环境下使用 IVIS 的动作分心时间（单位：s）　　表 7-19

交通环境复杂度等级	动作分心时间			
	车载 MP3 播放器	车载收音机	车载 CD 播放器	车载导航
一级	0.72	2.00	3.15	2.50
二级	0.75	1.10	3.07	2.15
三级	0.56	0.98	2.12	1.85
四级	0.58	1.23	2.78	2.13

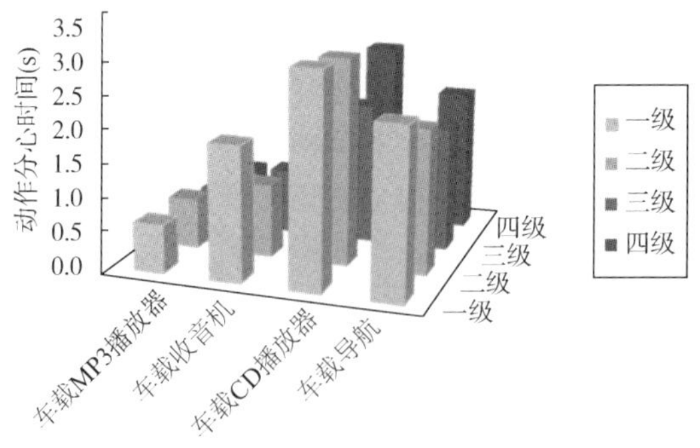

图 7-10　不同交通环境复杂度下的驾驶员动作分心

从图 7-10 中可以看出，随着 IVIS 操作复杂性的增加，对驾驶员的动作资源占用时间也随之增加,即对驾驶员造成的动作分心程度增加。交通环境复杂程度不同,驾驶员操作 IVIS 所花费的时间亦有所不同,这是由于在不同复杂程度的交通环境下驾驶车辆时,驾驶员为了保证驾驶行为安全所需要付出的资源程度不同,驾驶员能够用来进行其他活动的资源也会受到限制。当车辆所处的交通环境较为简单时,驾驶行为对驾驶员的资源需求较低,此时驾驶员在进行 IVIS 操作时所花费的时间要多一些。当车辆所处环境复杂度增加时,驾驶行为对驾驶员的资源投入需求较高,当驾驶员进行 IVIS 操作时,会尽量减少所花费的时间,以保证驾驶安全。

7.4.4.2　数据差异性分析

(1)显著性检验

对几种 IVIS 的操作对驾驶员的动作分心时间进行差异性分析,得到如表 7-20 所示的显著性检验结果。

动作分心显著性检验结果　　表 7-20

组别	平方和	自由度	F 值	P 值	显著性	
					$\alpha=0.10$	$\alpha=0.05$
组间	6.382	3	15.067	0.065	显著	不显著
组内	9.459	67	—	—	—	—
总和	15.841	70	—	—	—	—

从表中数据可以看出,在 $\alpha=0.10$ 的显著水平条件下,不同 IVIS 的操作对驾驶员的动作分心时间具有显著性差异($P=0.065<0.10$)。

(2)双因素方差分析

对交通环境复杂度和 IVIS 对驾驶员动作分心影响的显著性进行双因素方差分析,得到的结果如表 7-21 所示。

视觉分心双因素方差分析结果　　表 7-21

源	Ⅲ型平方和	自由度	均方	F 值	P 值
校正模型	8.641a	5	1.728	21.359	0.001
截距	36.575	1	36.575	452.042	0.000
交通环境	1.025	2	0.513	6.336	0.033
IVIS 影响	7.616	3	2.539	31.375	0.000
误差	0.485	6	0.081	—	—
总计	45.702	12	—	—	—
校正的总计	9.126	11	—	—	—

注:$R^2=0.947$(校正决定系数=0.902)。

从表中数据可以看出,在 $\alpha=0.05$ 的显著水平条件下,交通环境复杂度和 IVIS 的影响对

应的 P 值均小于 0.05,说明交通环境复杂度和 IVIS 对驾驶员的动作分心均具有显著影响。

7.4.5 IVIS 引起的认知分心的特性

7.4.5.1 认知分心规律

不仅仅是进行 IVIS 操作会对驾驶员的认知能力造成干扰,在车载 MP3 播放器、车载收音机和车载 CD 播放器等播放音频内容以及车载导航提供路线导航语音播报情况下,也会对驾驶员造成不同程度的认知分心。

在进行 IVIS 对驾驶员的认知分心实验时,所选用的体现认知分心的指标是驾驶员的反应错误率。将得到的数据与无 IVIS 干扰时的驾驶员回答正确率进行比较,可以得到车载收音机、车载 CD 播放器、车载 MP3 播放器以及车载导航的使用对驾驶员造成的认知能力下降程度,如表 7-22 所示。

IVIS 对驾驶员造成的认知分心 表 7-22

交通环境复杂度等级	认知分心/反应能力下降			
	车载收音机	车载 CD 播放器	车载 MP3 播放器	车载导航
一级	9.8%	20.8%	26.1%	30.9%
二级	9.5%	21.7%	26.9%	35.7%
三级	8.9%	20.5%	25.3%	30.6%
四级	9.0%	18.9%	19.6%	26.9%

从上表中数据可以看出,某一 IVIS 播放内容对驾驶员的吸引力越大,该设备对驾驶员的认知通道资源占用就越严重。

图 7-11 所示为不同交通环境下由于 IVIS 的使用造成的驾驶员认知能力下降折线图。

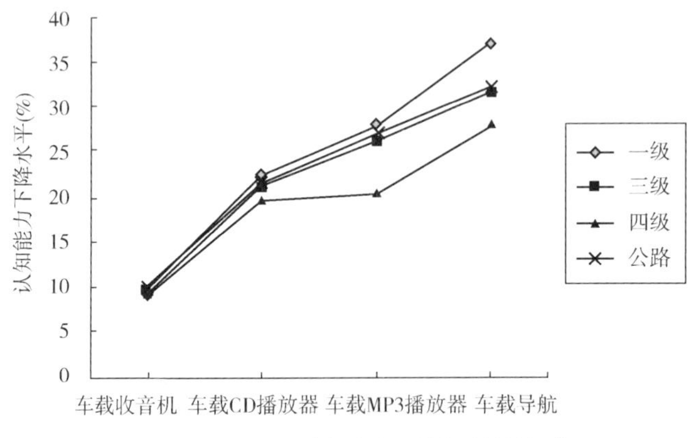

图 7-11 不同交通环境复杂度下的驾驶员认知分心

从图中可以看出,当交通环境变得复杂时,虽然驾驶员操作 IVIS 的时间可能有所减少,但是其对驾驶员造成的分心程度依然呈现增加的趋势。由此可以初步得出结论,当交通环境变得复杂时,应尽量减少车内 IVIS 的使用和操作,提高驾驶安全性。

7.4.5.2　认知分心自我评估

对实验数据进行整理并通过问卷调查的方式,调查驾驶员使用 IVIS 是否会造成认知能力下降以及下降程度的评估值。得到不同复杂程度的交通环境下的评估结果,如表 7-23 所示。

实验前后驾驶员对认知能力下降及下降程度的评估结果　　表 7-23

IVIS	交通环境复杂程度							
	一级		二级		三级		四级	
	实验前	实验后	实验前	实验后	实验前	实验后	实验前	实验后
车载收音机	1.50	1.32	1.65	1.32	1.73	1.32	1.90	1.70
车载 CD 播放器	1.67	1.45	1.72	1.52	1.91	1.60	2.35	2.15
车载 MP3 播放器	2.00	1.45	2.57	1.42	2.78	1.45	2.50	1.92
车载导航	2.95	2.75	3.43	2.90	3.74	3.30	3.00	2.74

从表中数据可以看出,不论对哪一种 IVIS 的使用,驾驶员在实验前、后的自我评估值都不同,在实验后的评估值低于实验前的评估值。尤其是针对使用车载 MP3 播放器,实验前、后评估值相差比较大,说明驾驶员远远低估了驾驶中使用车载 MP3 播放器的认知分心影响,这对于安全驾驶非常不利。

将表 7-23 中的数据绘制成柱状图,见图 7-12,从图中可以更直观地看到驾驶员在实验之前和之后对使用 IVIS 造成的认知分心的自我认识差异。

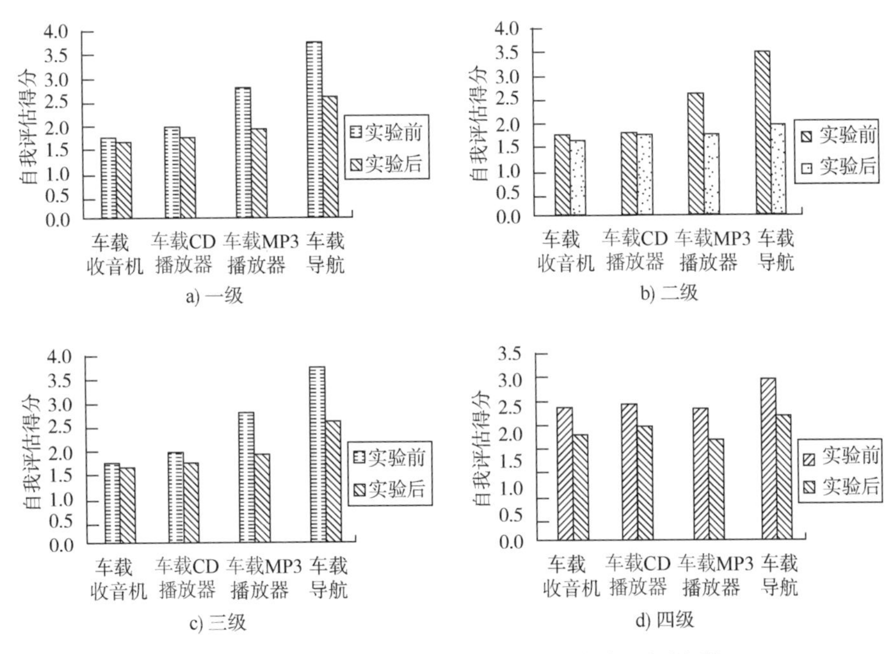

图 7-12　各级交通环境复杂度下驾驶员的认知分心自我评估

随着IVIS操作复杂性增加,驾驶员驾车时更加容易将自己的注意力从前方道路转移到车内,如驾驶员认为车载MP3播放器的使用对自身造成的分心程度要低于车载CD播放器的使用。另外还发现,除了车载导航之外,驾驶员操作其他IVIS对自身产生分心影响的评估结果均低于实验前驾驶员的自我评估结果,这种现象说明,驾驶员在驾驶过程中普遍低估了IVIS造成的分心影响。

当驾驶员在不熟悉的环境中驾驶时,虽然有指路标志的帮助,但是对车载导航的依赖程度依然很高,从驾驶行为开始便会频繁地看车载导航以保持正确的行驶路线。因此,驾驶员查看车载导航提供的路线画面时,注意力集中程度很高,对前方道路情况的感知与判断能力较低。通过评估结果可以发现,驾驶员对于车载导航造成的分心影响的认识也存在着一定的差异。

7.5 影响驾驶绩效指标的规律

驾驶员在使用IVIS过程中注意力资源受显著影响,IVIS操作对驾驶员资源的竞争必然会降低驾驶安全水平。实验所得的驾驶绩效横向控制指标及纵向控制指标、事件检测能力指标均能体现出驾驶员在使用IVIS时对车辆控制能力的下降。

7.5.1 纵向控制指标

7.5.1.1 速度

对使用不同车载设备时的车辆行驶速度进行显著性差异分析,当使用IVIS时,可以发现车辆平均行驶速度比正常行驶速度更慢。使用各类IVIS时,车辆最大行驶速度也有明显降低,但不同操作类型之间差异不明显,如表7-24所示。在城市道路与公路行驶时,各速度指标变化情况见图7-13。

使用IVIS时各速度指标(单位:m/s) 表7-24

路段	指标	正常驾驶	使用车载CD播放器及车载收音机	使用车载导航	使用打车软件
城市道路	速度均值	13.13	12.55	11.16	10.89
	速度方差	1.73	1.77	2.31	2.75
	最大速度	18.94	17.13	15.70	15.32
公路	速度均值	28.61	25.56	24.17	24.72
	速度方差	4.33	5.22	5.89	5.76
	最大速度	33.89	30.56	24.72	25.83

当驾驶员调节车载CD播放器与车载收音机时,与正常驾驶相比平均速度降低幅度最小;使用车载导航查看地图和使用打车软件时,车辆平均速度变化较明显,使用打车软件对速度

平均值影响最大，这主要是由于使用车载导航及打车软件除了对驾驶员操作能力有较高要求外，对视觉注意力资源的占用也非常明显。对操作种类进行单因素方差分析，结果如表 7-25 和表 7-26 所示，计算得出城市道路和公路条件下不同操作类型的 $P>0.05$，存在显著性差异，即 IVIS 操作对行驶速度有显著影响。

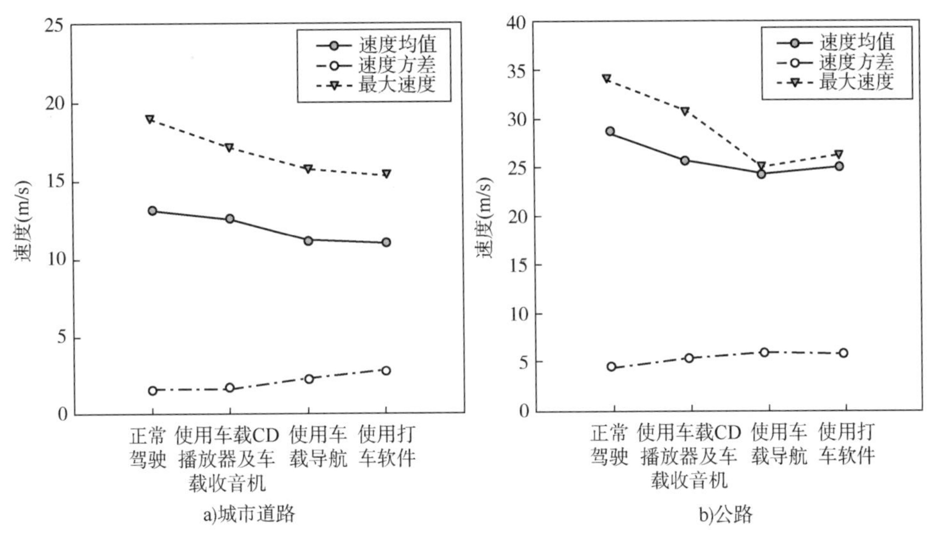

图 7-13　不同道路条件下操作不同 IVIS 时的各速度指标变化

城市道路不同 IVIS 操作的速度显著性分析　表 7-25

组别	平方和	自由度	均方	*F* 值	显著性
组间	221.019	3	73.673	58.885	0.003
组内	243.972	195	1.251	—	—
总数	464.991	198	—	—	—

公路不同 IVIS 操作的速度显著性分析　表 7-26

组别	平方和	自由度	均方	*F* 值	显著性
组间	642.385	3	214.128	18.125	0.002
组内	2303.782	195	11.814	—	—
总数	2946.167	198	—	—	—

驾驶员在操作 IVIS 时，对视觉资源的需求增加，这一变化会使驾驶员主动降低行驶速度。可以将驾驶员这一反应看作补偿效应，即驾驶员主动降低驾驶主任务负荷来补偿 IVIS 对注意力资源的占用，以保证驾驶绩效在安全范围内。

对 IVIS 操作时段的瞬时速度变化的观测表明，当操作 IVIS 时，驾驶员对车辆进行控制的操作频率降低；当驾驶员正常驾驶时，对车速修正较为频繁，车速变化较为平缓，大幅度调节速度的操作较少；当驾驶员使用IVIS时，虽然车辆行驶速度降低，但车辆速度变化幅度变大。图7-14为IVIS使用过程中的典型速度变化片段，其中图7-14a）为驾驶员正常驾驶时速度变化片段，速度变化频率较高且幅度小；图7-14b）为使用车载收音机时，速度变化频率降低，幅度增大。使用车载导航及打车软件时的速度调节操作与使用车载收音机时类似，均呈现低频高幅的特点。

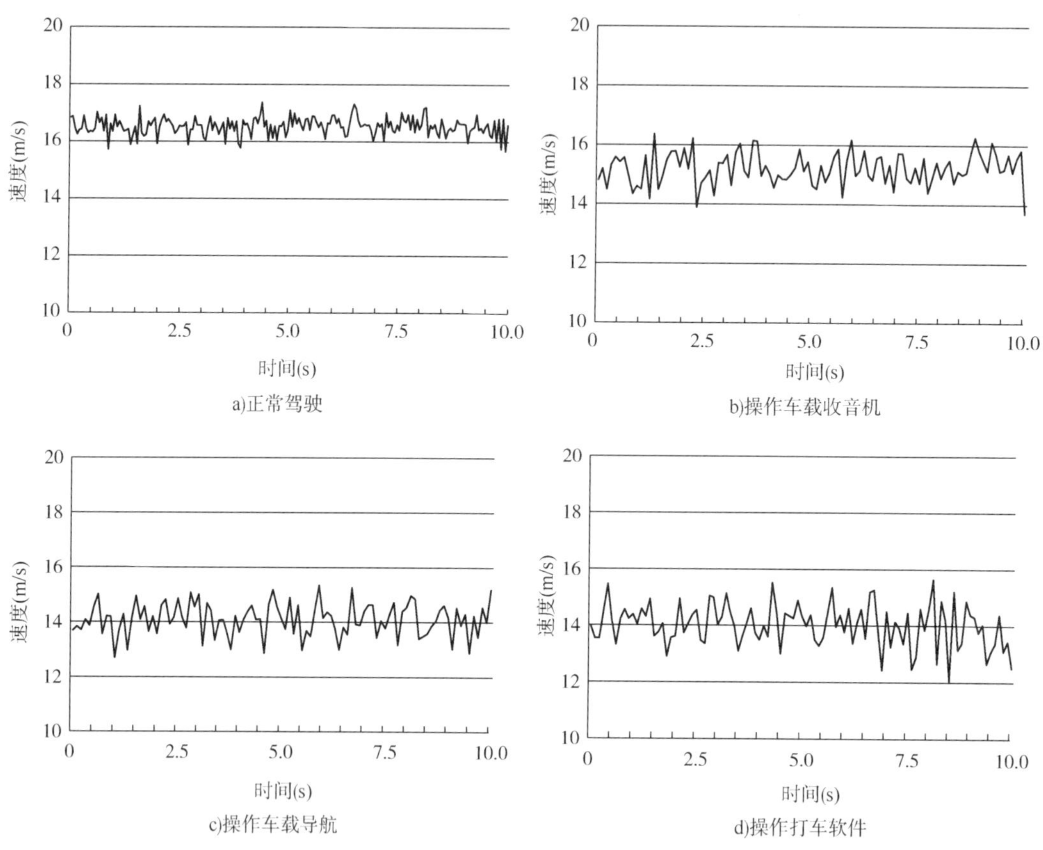

图7-14 操作不同车载设备时的车速变化曲线

前后车速度相关性分析用于评价前车车速变化对后车的影响。对前后两车速度进行相关性分析，求解各个操作片段中的速度相关性，相关性数值为0~1。当相关性为1时，表示后车车辆与前车速度相关性最强，驾驶员车辆跟驰绩效最优。

观测显示，城市道路和公路中，前后车车速一致性与车辆间距之间存在负相关关系，这表明随着两车之间距离减小，驾驶员对车辆运行速度更加敏感。统计4类操作片段前后车速度均值，不同操作条件下前后车速度相关性见图7-15。当驾驶员正常驾驶时，前后车速度相关性为0.91，当使用车载收音机、使用车载导航查看地图和使用打车软件时，驾驶员跟驰能力都明显下降。

实验发现，随着驾驶员对IVIS操作时长的增加，前后车速度显著降低，以操作时长为横坐标，以前后车速度相关性为纵坐标，绘制操作时长与速度相关性的关系图，见图7-16。

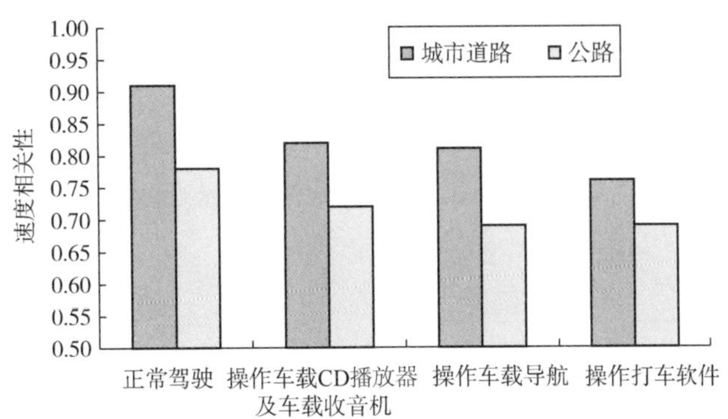

图 7-15　操作不同车载设备时前后车速度相关性

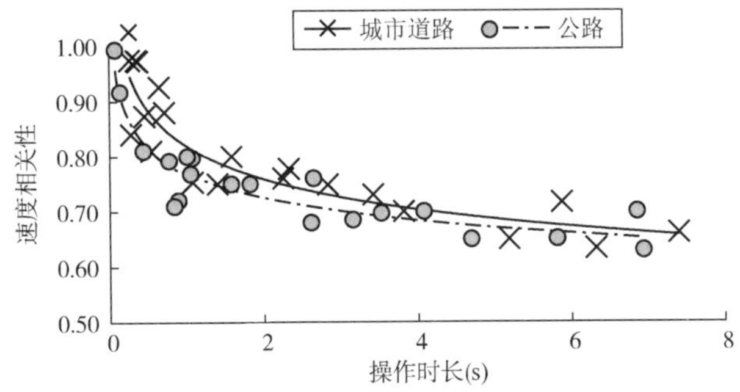

图 7-16　操作时长与速度相关性

根据数据点分布形态，分别对数据散点进行幂函数和二次曲线拟合，得出当使用幂函数时，R^2 值最大，城市道路和公路条件下操作时长与速度相关性的最优函数关系分别如式(7-4)和式(7-5)所示。

$$y = 0.8190x^{-0.11} \qquad R^2 = 0.8369 \tag{7-4}$$

$$y = 0.7702x^{-0.086} \qquad R^2 = 0.8497 \tag{7-5}$$

由上述分析可知，在城市道路和公路中，IVIS 操作时长越长，前后车速度相关性越低。实验发现，当操作时长大于 4s 时，前后车速度相关性随操作时长下降，这是由于在实际驾驶中，如果 IVIS 操作时长大于 4s，驾驶员通常会自发地对注意力资源进行再分配，以降低风险水平。这也可以说明，当 IVIS 操作时长大于 4s 时，若驾驶员经验不足，易导致驾驶员失去控制，引起交通事故。因此，当 IVIS 操作时长大于 4s 时，应限制驾驶员在行驶状态下使用 IVIS。

7.5.1.2　加速度

车辆纵向加速度是车辆运行稳定性的重要指标之一，反映出驾驶员对车辆的纵向控制能力，在进行 IVIS 操作过程中，加速度典型变化曲线见图 7-17。

使用 IVIS 对加速度的均值影响较明显。由图 7-17 可知，当使用 IVIS 时，加速度变化范围增大且加、减速变化频率减小。操作 IVIS 时，驾驶员对速度的控制能力降低，当使用打车软件时这一变化最为明显。

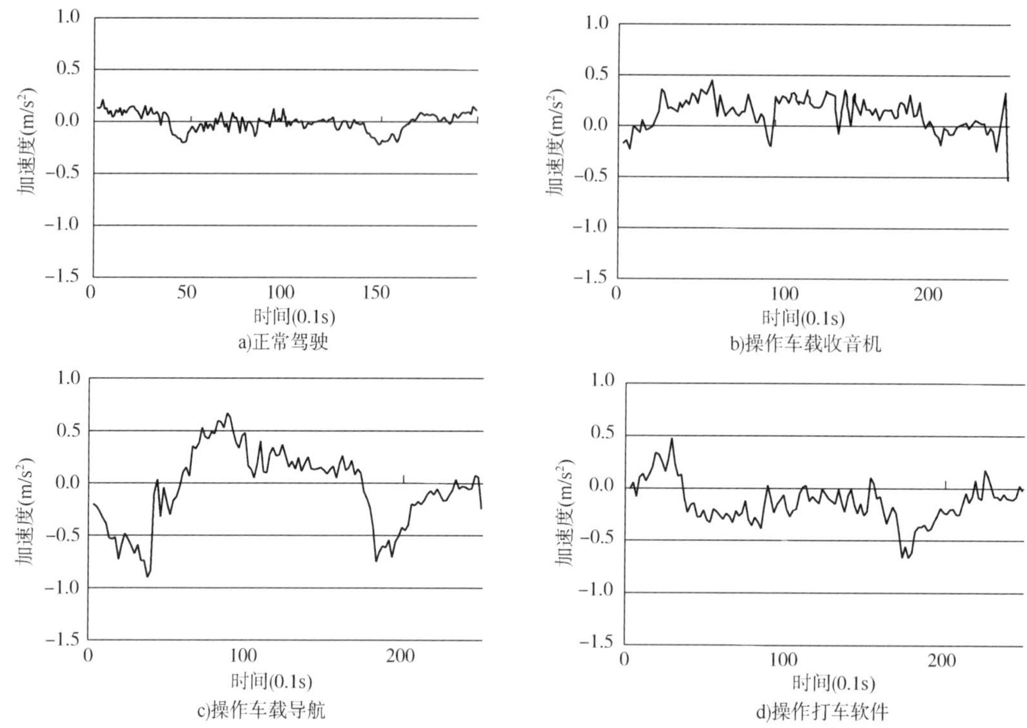

图 7-17 操作不同车载设备时的加速度变化曲线

如图 7-18 所示，当使用 IVIS 时，加速度均值及变化幅度均明显增大，这表明加速度是驾驶分心的特征指标，此时车辆行驶稳定性下降，安全水平降低。

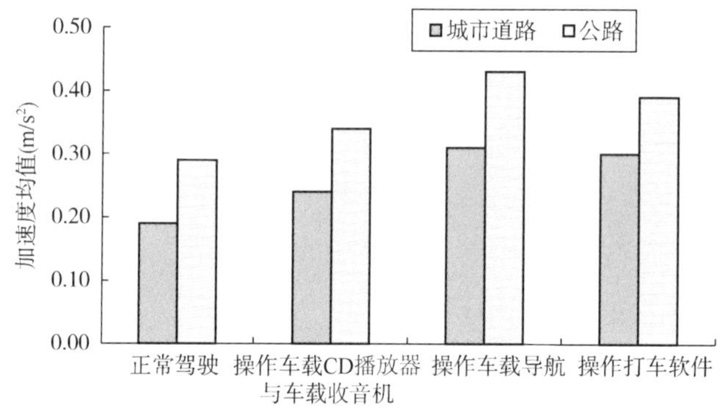

图 7-18 操作不同车载设备时的加速度均值

7.5.2 横向控制指标

7.5.2.1 车道保持能力

车道偏移距离指车道中心线与车辆中心线之间的距离，可以反映驾驶员驾驶时的车道保持能力。当车辆偏移距离大于180cm时,可认为车辆进行了变道,将此数据剔除。计算车辆偏移距离平均值,结果见图7-19。

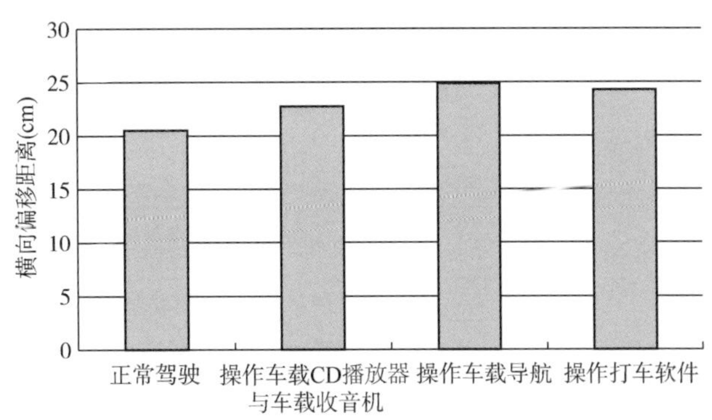

图7-19 操作不同车载设备时的横向偏移距离均值

当驾驶员正常驾驶时,车辆横向偏移距离均值为20.51cm,当使用车载收音机时,横向偏移距离增大至22.74cm,略高于正常驾驶水平,当使用车载导航查看地图和使用打车软件时横向偏移距离更大。虽然横向偏移距离相对正常行驶时变化较小,但考虑到在进行IVIS操作时,车辆行驶速度降低,横向偏移平均值反而增大。因此,在行驶过程中使用车载信息设备对驾驶员的车道保持能力影响较为显著。

7.5.2.2 转向盘操作能力

转向盘转角大小与转动速度是车辆行驶横向平稳性的主要指标。图7-20是操作不同IVIS条件下的转向盘转角变化情况。当操作IVIS时,其对注意力资源的占用使驾驶员横向位置保持能力降低,对车辆行驶方向修正减少,因此转向盘转角修正频率减少,但转向盘转角增大,驾驶员为使车辆保持安全驾驶状态,需要对车辆行驶方向进行快速修正,因此转向盘转角及转向盘转速均增大;且随着操作难度增大,转向盘转角及转速增大,幅度变高。

由图7-21可以看出,驾驶员进行IVIS操作时,大转向盘转角的频数增多,驾驶员需要对车辆进行大幅度横向角修正以保持正常驾驶状态。由于转向盘转角增大,驾驶员操作转向盘速率也增加,小幅转速频率降低,大幅转速频率增多。

7.5.3 事件检测能力

驾驶员对视野范围内的事件检测能力是驾驶员保证安全行驶的主要指标。实验获得了驾驶员对视野边缘闪光次数反应的频率。统计驾驶员对闪光的正确反应次数,驾驶员能对72%的刺激做出正确反应。当驾驶员正常驾驶时,能对84%的刺激做出反应。执行不同复杂程度操作任务时驾驶员的事件探测能力不同,操作车载收音机时驾驶员可对63%的刺激做出反应,当操作车载导航和打车软件时驾驶员的事件探测能力急剧下降,当驾驶员使用车载导航查看地图时仅能对47%的刺激做出反应,当使用打车软件时驾驶员对51%的刺激做出反应。各操作条件下驾驶员对刺激的反应情况见图7-22。

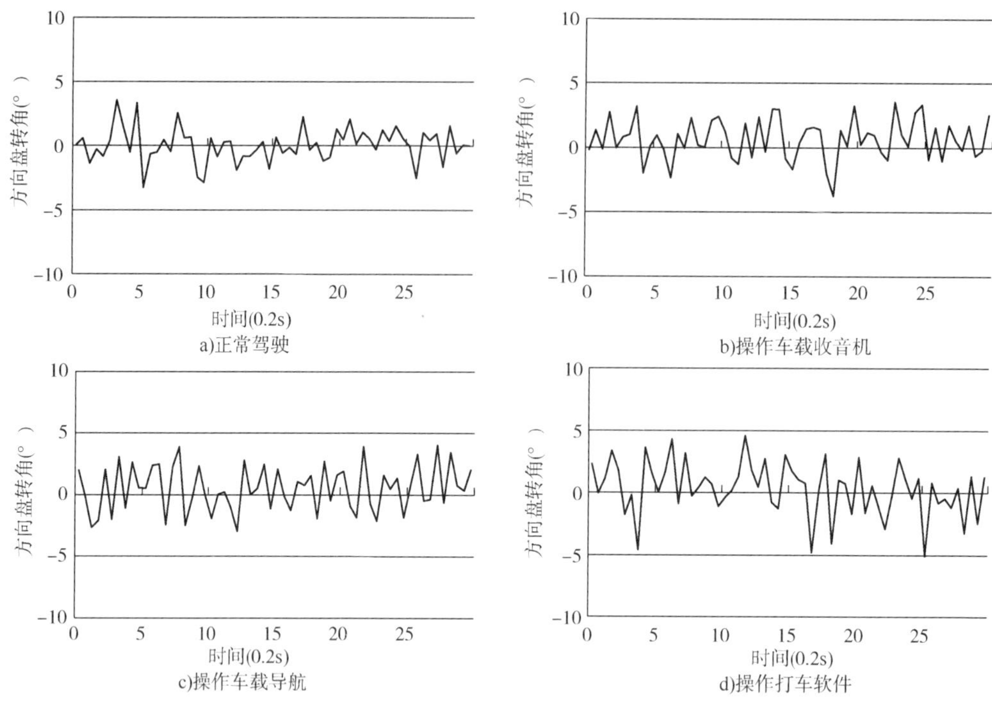

图 7-20 操作不同车载设备时的转向盘转角变化曲线

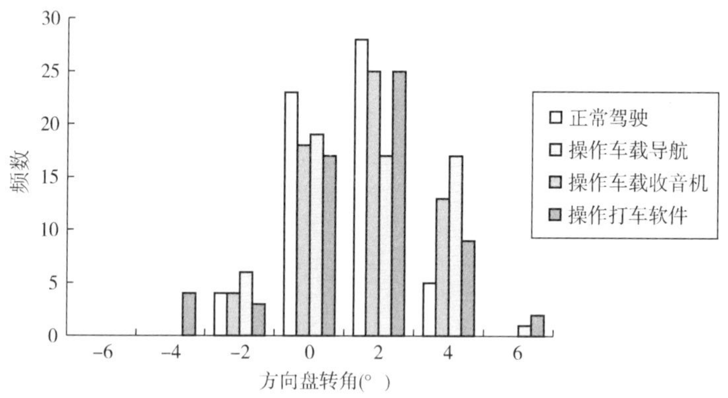

图 7-21 操作不同车载设备时的转向盘转角分布

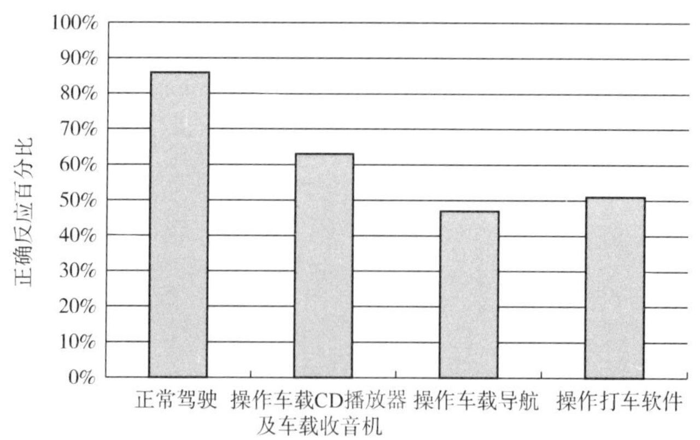

图 7-22 操作不同车载设备时的正确反应次数占比

7.5.4　主观工作感受

驾驶绩效与交通事故数量之间存在着显著关系。驾驶技能清单(Driver Skill Inventory, DSI)是通过被调查者自测来研究驾驶绩效的调查方式。调查获得的 DSI 统计结果见表 7-27。由表 7-27 可知,使用 IVIS 设备的驾驶员在“耐心跟随前车行驶”“困境中保持冷静”“不与其他车辆竞速”“能够容忍其他驾驶员犯错”“坡路启动比较顺畅”“紧急情况下表现良好”“能够预测前方交通情况”等项目的得分明显低于不使用 IVIS 设备的驾驶员。当驾驶员使用 IVIS 时,车辆的可接受间隙会比不使用 IVIS 时小。

DSI 调查结果　　表 7-27

在驾驶车辆时是否具有以下的能力 (0 最弱,4 最强,选择 0~4 之间数字)	使用 IVIS 设备者 平均值±标准差	不使用 IVIS 设备者 平均值±标准差	*P* 值
耐心跟随前车行驶	1.8±0.5	1.7±0.4	0.596
认真驾驶	1.6±0.5	1.8±0.6	0.120
考虑其他驾驶员的感受	1.4±0.4	1.5±0.4	0.405
困境中保持冷静	1.9±0.4	1.8±0.4	0.288
不与其他车辆竞速	1.8±0.5	1.5±0.6	0.020
与前车保持适当车距	1.6±0.3	1.8±0.3	0.060
必要时会给其他车辆让出右侧	2.0±0.5	2.0±0.5	0.813
不会超速行驶	1.9±0.5	2.0±0.5	0.637
避免不必要的危险	2.1±0.4	2.1±0.3	0.628
能够容忍其他驾驶员犯错	2.0±0.5	1.8±0.5	0.093
车辆较多时能流畅变换车道	1.6±0.4	1.6±0.4	0.941
反应迅速	1.8±0.5	1.8±0.5	0.759
良好的操控车辆	1.8±0.4	1.8±0.4	0.766
坡路启动比较顺畅	1.9±0.5	1.8±0.4	0.373
能够熟练把车倒入狭小的停车位	2.1±0.4	2.1±0.4	0.653
紧急情况下表现良好	1.9±0.5	1.7±0.4	0.147
超车时能自如控制	2.1±0.5	2.2±0.5	0.399
车辆发生侧滑时能良好控制	1.9±0.5	1.9±0.6	0.763
能够预测前方交通情况	1.6±0.7	1.5±0.6	0.652
特定交通环境中知道如何做	1.9±0.6	1.9±0.7	0.627

7.6 基于支持向量机的车载信息系统分心判定模型

7.6.1 驾驶分心判定变量选取

为建立驾驶分心判别模型,需对各驾驶绩效指标的合理性进行判定,对表7-4所列的各个驾驶绩效测量指标进行方差分析,判断驾驶绩效在度量驾驶分心水平问题中的有效性,选取模型所需指标。

将驾驶分心水平定义为正常、分心、严重分心3个等级,根据驾驶员视点转移时长及规律判断各个操作片段对应的分心水平。驾驶员注视某一事物超过100ms时,记为一次有效注视;当视点转移时长在0.5s以下时,驾驶分心水平定义为正常等级;当视点转移时长在0.5~2s时,则认为驾驶员处于分心等级;当视点转移时长超过2s时,则认为驾驶员处于严重分心等级。

在收集驾驶分心实验数据的基础上,检测不同分心水平对应的分心判定指标是否存在显著差异。将对应每个驾驶分心水平的数据看作是一个总体,A_1、A_2、A_3分别表示正常、分心、严重分心数据总体,μ_1、μ_2、μ_3 分别为正常、分心、严重分心水平下驾驶绩效指标总体期望,提出假设 $H_0:\mu_1=\mu_2=\mu_3$,进行假设检验。从 A_1、A_2、A_3 中抽取不同样本,各样本数据如表7-28所示。

实验样本数据形式　　表7-28

分心水平	试验数据	样本数(个)	分心水平	试验数据	样本数(个)
正常	$x_{11},x_{12}\cdots x_{1n_1}$	$n_1=82$	严重分心	$x_{31},x_{32}\cdots x_{3n_3}$	$n_3=78$
分心	$x_{21},x_{22}\cdots x_{2n_2}$	$n_2=140$			

假定各总体均具有正态性,样本具有方差齐次性和样本独立性,各组样本均值$\bar{x}_i$ 即为 μ_i $(i=1,2,3)$的最大似然估计,样本均值$\bar{x}$为μ 的最大似然估计。不同驾驶分心水平对驾驶绩效指标造成的总体影响可用各组样本的平均值与所有样本总平均值的离差平方和SSA表示,如式(7-6)所示。SSA的自由度为2。

$$\mathrm{SSA}=\sum_{i=1}^{3}n_i\,(\bar{x}_i-\bar{x})^2 \tag{7-6}$$

组内离差平方和(SSE)自由度为n-3,SSE用于表示随机误差对指标的总体影响,计算公式为:

$$\mathrm{SSE}=\sum_{i=1}^{k}\sum_{j=1}^{n_i}(x_{ij}-\bar{x}_i)^2 \tag{7-7}$$

式中:n_i——第i类分心水平中的样本数;

x_{ij}——第i类分心水平中的第j个样本。

总体离差平方和(SST)的自由度为$n-1$,用于反映所有驾驶绩效样本值的离散情况:

$$SST = \sum_{i=1}^{3} \sum_{j=1}^{n_i} (x_{ij} - \bar{x})^2 \tag{7-8}$$

SSE 反映了随机误差的大小；SSA 反映了随机误差和系统误差的大小。分心水平对驾驶绩效的影响可通过 SSA 相对于 SSE 的大小来衡量。将 SSA 和 SSE 进行对比，将 SSA 和 SSE 的均方分别称为 MSA 和 MSE。比较 MSA 和 MSE，记两者比值为统计量 F。若假设 H_0 为真，则统计量 F 服从自由度为$(2, n-3)$的 F 分布，如式(7-9)所示：

$$F = \frac{MSA}{MSE} \sim F(2, n-3) \tag{7-9}$$

假设 H_0 的拒绝域为 $F>F_\alpha(2, n-3)$，即若原假设被拒绝，则认为驾驶分心水平对指标有显著影响。通过驾驶分心水平对各驾驶分心判定指标的方差分析，检验各项指标在不同驾驶分心水平之间的显著性差异，表 7-29 是各驾驶绩效指标的方差分析结果。

各驾驶绩效指标方差分析结果　　表 7-29

指标	F 值	显著性	指标	F 值	显著性
速度均值	58.89	$P<0.05$	横向偏移距离	18.77	$P<0.05$
速度相关性	26.59	$P<0.05$	转向盘转角	10.93	$P<0.05$
加速度均值	43.22	$P<0.05$	转向盘转速	17.43	$P<0.05$

由表 7-29 可知，各项驾驶绩效指标的差异性检验 P 值均在 0.05 以下，可认为驾驶分心对各驾驶绩效度量指标有显著影响。因此，可将驾驶绩效指标作为驾驶分心判定变量。

7.6.2　驾驶分心判定模型构建

7.6.2.1　模型结构

对操作 IVIS 时的驾驶分心水平进行判定，需要利用检出度高、检测方法简单的计算模型。根据第 2 章所介绍的支持向量机模型相关原理，由驾驶绩效测量指标构成的多维空间中，线性判别函数方程为 $g(x) = w^{T}x + b$，则分类面方程是 $w^{T}x + b = 0$，w^{T} 为最优分类面的法向量。为使两类所有样本都满足$|g(x)| \geq 1$，将样本进行归一化处理，则当$|g(x)| = 1$ 时样本与分类面之间的距离最近，若分类面对所有样本均可正确分类，需要满足式(7-10)：

$$y_i(w^{T}x_i + b) - 1 \geq 0 \qquad i = 1, 2, \cdots, n \tag{7-10}$$

当等号成立时，等式左侧所对应的训练样本即为支持向量。分类空隙的间隔大小为：

$$\text{Margin} = \frac{2}{\| w \|} \tag{7-11}$$

最优分类面问题的实质为约束优化问题，约束条件如式(7-12)所示，即在此约束条件下求函数的最小值。

$$\varphi(w) = \frac{1}{2} \| w \|^2 = \frac{1}{2}(w^{T}w) \tag{7-12}$$

然而,通常会出现样本点无法用一个超平面完全正确分类的情况,此时引入松弛变量 ξ_i ($\xi_i \geqslant 0, i=\overline{1,n}$),使超平面 $w^{\mathrm{T}}x+b=0$ 满足:

$$y_i(w^{\mathrm{T}}x_i + b) \geqslant 1 - \xi_i \tag{7-13}$$

当 $0<\zeta_i<1$ 时样本点 x_i 的分类正确,而当 $\zeta_i \geqslant 1$ 时驾驶绩效样本点 x_i 被错分。引入以下目标函数:

$$\psi(w,\xi) = \frac{1}{2}w^{\mathrm{T}}w + C\sum_{i=1}^{n}\xi_i \tag{7-14}$$

式中:C——惩罚因子,是一个大于 0 的常数。

此时,SVM 可以通过对偶规划来实现:

$$\begin{cases} \max \sum_{i=1}^{n} a_i - \frac{1}{2}\sum_{i=1}^{n}\sum_{j=1}^{n}\alpha_i\alpha_j y_i y_j (x_i^{\mathrm{T}}x_j) \\ s.t \quad 0 \leqslant a_i \leqslant C \qquad i=1,\cdots,n \\ \sum_{i=1}^{n} a_i y_i = 0 \end{cases} \tag{7-15}$$

式中:a_i、a_j——约束系数;

y_i、y_j——变量。

在非线性情况下,需要使用利用核函数定义的非线性变换对输入空间进行变换,进行变换后,可将分类问题转化为高维空间下的线性分类问题。优化函数变为:

$$Q(a) = \sum_{i=1}^{n} a_i - \frac{1}{2}\sum_{i=1}^{n}\sum_{j=1}^{n}\alpha_i\alpha_j y_i y_j K(x_i, x_j) \tag{7-16}$$

式中:x_i、x_j——观测样本。

驾驶分心判定模型函数为:

$$f(x) = \mathrm{sgn}[(w^*)^{\mathrm{T}}\varphi(x) + b^*] = \mathrm{sgn}\left[\sum_{i=1}^{n} a_i^* y_i K(x_i, x) + b^*\right] \tag{7-17}$$

式中:x_i——观测样本;

x——多维空间中任意向量。

根据 $f(x)$ 的符号,实现对该空间中任意向量的分类判别。

常用的核函数通常有多项式形式、径向基(RBF)形式和 Sigmoid 三种形式,分别如式(7-18)~式(7-20)所示。

$$K(x, x_i) = [(x^{\mathrm{T}}x_i) + 1]^q \tag{7-18}$$

式中:q——多项式空间的分量,是不超过 q 阶的有序单项式。

$$K(x, x_i) = \exp\left(-\frac{\| x - x_i \|^2}{\sigma^2}\right) \tag{7-19}$$

式中:σ——样本的标准差。

$$K(x, x_i) = \tanh[v(x^{\mathrm{T}}x_i) + t] \tag{7-20}$$

式中：v——输入数据的幅度调节参数；

t——控制映射阈值的位移参数。

模型构建过程主要有以下 4 步：

①确定训练样本，通过对驾驶员视点转移的分心判断标准对驾驶员操作 IVIS 片段进行判别，分为正常、分心、严重分心 3 个等级。选择速度均值、速度相关性、加速度均值、横向偏移距离、转向盘转角、转向盘转速 6 个指标作为评价因子。

②数据标准化，为避免不同驾驶绩效指标之间单位不同的影响，消除各指标间的数值差异，所有样本数据按式(7-21)进行标准化：

$$y_i = \frac{2(x_i - x_{\min})}{x_{\max} - x_{\min}} - 1 \tag{7-21}$$

③确定核函数及惩罚参数 C。对比采用多项式、Sigmoid、径向基(RBF)函数的计算结果，选择判别精度最高的 RBF 核函数。

④将训练样本带入并求解。利用决策函数判别驾驶分心水平。

7.6.2.2　SVM 模型计算

基于 SVM 的驾驶分心判定模型通常可使用 MATLAB 计算，在计算时选用 IBM 开发的 SPSS Modeler 软件的数据挖掘模块。SVM 模型数据流如图 7-23 所示，其中源数据包括 300 条驾驶绩效数据。

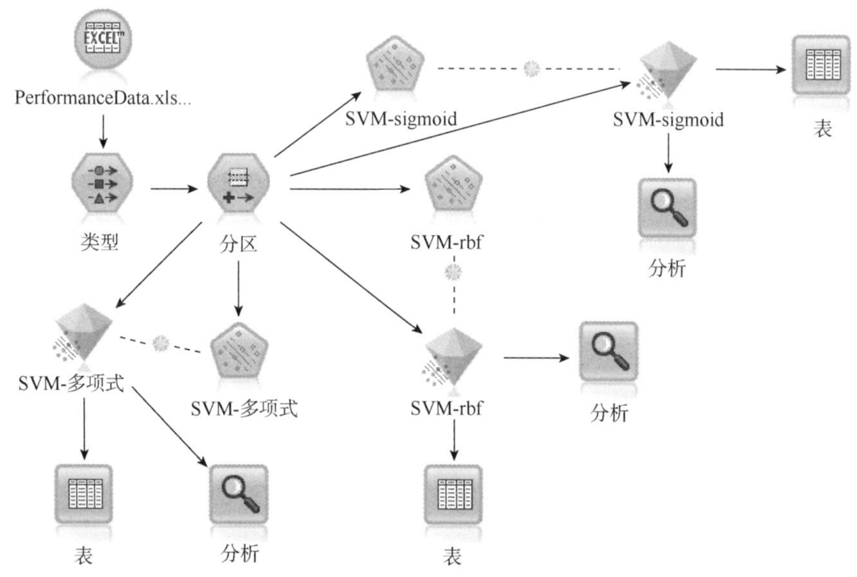

图 7-23　SVM 模型数据流

每条数据均有各自的驾驶绩效指标值。设置分区节点，在源数据表中添加 1 个字段，根据字段的不同取值，将数据分为“训练”和“测试”2 个分区，通过设置随机种子数，对数据进行随机分区。其中，147 条数据用于训练模型，153 条数据用于验证模型。

为得到最适用于驾驶绩效评估的 IVIS 分心判定模型核函数，选择多项式、Sigmoid、径向基(RBF)函数分别对数据进行分析。运行各表节点,通过不同核函数进行训练后,得出 SVM 模型训练结果,如表 7-30 所示。

SVM 模型训练结果 表 7-30

序号	正确反应比例	分心等级	数据分区	序号	正确反应比例	分心等级	数据分区
1	0.785%	2	训练	14	0.707%	2	测试
2	0.900%	1	训练	15	0.793%	1	测试
3	0.636%	2	测试	16	0.539%	3	测试
4	0.798%	1	测试	17	0.733%	2	训练
5	0.423%	3	训练	18	0.897%	1	训练
6	0.706%	2	训练	19	0.738%	2	测试
7	0.719%	2	测试	20	0.676%	3	训练
8	0.659%	2	训练	21	0.586%	2	训练
9	0.590%	3	训练	22	0.733%	2	测试
10	0.833%	2	测试	23	0.879%	1	训练
11	0.530%	3	测试	24	0.642%	3	测试
12	0.531%	2	训练	25	0.731%	2	训练
13	0.682%	2	训练	26	0.456%	2	训练

注:1 代表正常;2 代表分心;3 代表严重分心。

得出 SVM 模型驾驶分心判定变量的重要性系数,如表 7-31 所示。

SVM 模型判定变量重要性排序 表 7-31

判定变量	重要性系数	序号	判定变量	重要性系数	序号
转向盘转角	0.1894	1	加速度均值	0.1608	4
横向位移	0.1856	2	速度相关性	0.1426	5
转向盘转速	0.1773	3	速度均值	0.0984	6

7.6.2.3 基于 SVM 的驾驶分心判定模型评价

为验证基于 SVM 的驾驶分心判定模型的有效性,提取另外 153 个车载设备操作片段样本,将依据驾驶员视点转移与利用支持向量分类机模型计算得到的识别结果比较。采用各核函数的驾驶分心判定结果见表 7-32。

各核函数的驾驶分心判定结果对比 表 7-32

结果	Sigmoid 核函数		多项式核函数		RBF 核函数	
	训练样本	测试样本	训练样本	测试样本	训练样本	测试样本
正确	87(59.18%)	93(60.78%)	128(87.07%)	105(68.63%)	110(74.83%)	113(89.86%)
错误	60(40.82%)	60(39.22%)	19(12.93%)	48(31.37%)	37(25.17%)	40(10.14%)
总计	147	153	147	153	147	153

由表 7-32 可知，使用 RBF 函数时，驾驶分心等级识别准确率为 89.86%，高于使用 Sigmoid 和多项式核函数时的正确率，可较准确地检测操作 IVIS 时的驾驶分心水平。因此，推荐采用 RBF 函数作为基于 SVM 的 IVIS 分心判定模型的核函数。

7.7　对车载信息系统分心的控制策略

7.7.1　IVIS 设备使用策略

7.7.1.1　车载视频设备

车载视频设备对驾驶员视觉注意力资源占用较多，对驾驶绩效影响也较大，因此建议禁止驾驶员在行驶过程中使用视频设备，当车辆发动机发动后，即使车辆处于停止状态，也建议关闭车载视频设备。在设计车载导航设备时，可借鉴此种方法，仅提供语音导航信息，自动关闭地图等视频信息。

7.7.1.2　车载导航设备

车载导航装置通常需要进行目的地等信息的输入，同时占用驾驶员的视觉资源及动作资源，对驾驶绩效指标有最直接的影响，操作难度较大。

美国汽车工程学会提出了“SAE 15s 准则”，避免驾驶次任务时间过长而造成交通事故风险急剧增加。建议禁止驾驶员在行驶过程中输入目的地，避免驾驶分心导致交通事故。在行人过街较多或交通信号设置不完善等交通环境较差条件下，应禁止对车载导航设备进行任何操作。

7.7.1.3　打车软件

目前出租车驾驶员同时安装和使用多个打车软件的现象非常普遍，该情况下车辆安全风险较大。打车软件等设备的语音输出信息通常包括乘客位置及乘客需求等，持续时间较长，同时还需要驾驶员进行交易成本估计，最终做出决策并接单，占用通道较多，信息处理难度较大，严重占用驾驶员的注意力资源。

为减少打车软件的持续语音干扰，建议当空驶出租车接单且乘客上车之后禁止继续使用打车软件接单。此外，研发安装在转向盘上的按键式接单设备，可以减少对注意力资源的占用，同时优化打车软件输出的听觉信息，开发自动计算成本和自动接单功能。

7.7.2　驾驶员教育和培训对策

近年来我国驾驶员人数迅速增长，截至 2020 年我国机动车驾驶员数量已超过 1.6 亿。虽然驾驶员培训行业发展迅速，但仍存在驾驶培训形式化、应试化的现象，难以保证培训质量，关于驾驶员心理的教育得不到重视，对驾驶分心相关的教育更少，这导致驾驶员安全意识淡薄,对驾驶时使用 IVIS 及移动电话等设备的安全风险认识不足。当前驾驶培训内容更新缓慢,形式单一,极少有关于新型车载设备的培训内容,与汽车产业发展水平脱节。在驾驶员理论培训中,未有效加强驾驶员对交通安全法规的学习,考试现场又与实际驾驶场景差距较大,这都给道路交通安全留下隐患。为减少因操作 IVIS 分心导致的交通事故,对驾驶员的教育和培训要注重以下几方面:

①培训驾驶员合理分配注意资源的能力,在驾驶过程中,注意力重点分配在驾驶主任务上,合理应对 IVIS、手机等注意力干扰并降低其干扰水平。

②汽车厂商在销售车辆过程中需对车载导航、车载收音机等 IVIS 的安全使用方法进行详细介绍。

③培养驾驶员的安全风险意识,使驾驶员了解 IVIS 导致分心的原因、方式及易引起 IVIS 分心的设备、功能,了解驾驶分心对车辆行驶状态的影响。

④培训驾驶员的自我评估能力,使驾驶员能了解自身的驾驶弱点及不良习惯,掌握当 IVIS 引起分心时需要采取的驾驶补偿措施。

⑤调查结果显示不同年龄的驾驶员在使用 IVIS 方面具有明显差异,年轻人使用 IVIS 更加频繁,随着年龄的增长,驾车使用 IVIS 的行为会越来越少,应着重加强对青年驾驶员的培训。

⑥通常老年驾驶员难以掌握 IVIS 的操作方法,因此应加强对老年驾驶员使用 IVIS 的培训,引导老年驾驶员合理使用 IVIS,减少 IVIS 操作难度,降低其对驾驶绩效的影响。

第8章　手机使用与驾驶分心

在日常生活中，手机的功能主要包括拨打和接听电话、发送接收短信息、使用手机导航和手机软件等。据NHTSA统计，由于驾驶员操作手机而引起的交通事故占有记录的交通事故的25%。手机是车内最常见的便携式设备，本章从手机通信、手机导航和打车软件3个方面具体阐述因手机使用而产生的驾驶分心。

8.1　手机通信与驾驶分心

8.1.1　手机通信引起的驾驶分心行为概述

8.1.1.1　手机通信引起的驾驶分心分类与手机使用频率

(1)手机通信引起的驾驶分心分类

据美国电信行业协会(Cellular Telecommunications Industry Association，CTIA)统计，超过1亿的驾驶员在驾驶过程中会使用手机。手机的使用方式分为2种：手持和免提。同手持手机相比，免提手机优势明显。通话时，驾驶员可以不用手持手机，以减少操作带来的分心。然而，在实际生活中，免提通话引起的驾驶分心并不比手持通话引起的驾驶分心少。

在驾驶过程中拨打电话必然会造成认知资源的消耗和脑力负荷的增加，这会使得驾驶员对交通环境信息的处理能力下降，进而影响驾驶行为及行车安全。

手机通信引起的驾驶分心(以下简称“手机通信分心”)可以分为2种：手持手机的操作分心(包括查询、拨号、发短信)；使用手机通话时的认知分心(手持和免提手机都会影响)。

(2)驾驶过程中的手机使用频率

信息通信技术的普及在一定程度上加剧了驾驶分心问题。对139名平均年龄为31.6岁的驾驶员进行了问卷调查，统计不同性别和年龄驾驶员驾驶时使用手机的频率，结果见表8-1和表8-2。

手机使用频率(按性别分组)　　表8-1

手机使用频率	男	女
十分频繁	1	0
经常	12	5
一般	33	13
很少	45	25
从不	7	6

手机使用频率(按年龄分组)　　表 8-2

手机使用频率	小于 22 岁	22~29 岁	30~39 岁	40~49 岁	50 岁以上
十分频繁	1	0	0	0	0
经常	10	3	2	1	1
一般	12	28	4	2	1
很少	5	37	12	6	0
从不	1	3	6	3	1

调查结果显示,不同性别的驾驶员在手机使用频率方面没有明显的差异,年轻驾驶员使用手机更加频繁,而且随着年龄的增长,驾驶员在驾驶过程中的手机使用频率会越来越低。与 1 年前对比,各年龄段驾驶员驾驶过程中手机使用频率的变化见表 8-3。由表 8-3 可知,与 1 年前相比,驾驶员使用手机的频率总体增多。

驾车时手机使用频率与 1 年前的对比　　表 8-3

手机使用频率	小于 22 岁	22~29 岁	30~39 岁	40~49 岁	50 岁以上
更多	11	16	3	0	0
更少	2	6	2	3	1
几乎一样	16	49	19	9	2
合计	29	71	24	12	3

许多调查评估了驾驶员驾驶时使用手机的频率。结果显示,驾驶时手机的使用频率因地区而异,美国约 10%的驾驶员会在白天驾车时使用手机进行手持或免提通话;明尼苏达州约 3.7%的驾驶员在白天驾车时手持手机通话;在华盛顿则有 6%的驾驶员驾车时使用手机通话;在纽约,尽管禁止驾驶时手持手机通话,但仍有近 3%的驾驶员驾驶时手持手机通话,有0.4%的驾驶员使用免提功能进行通话。一项评估驾驶时手机通话对交通违规频率的影响的研究表明,在观察到的 1748 名驾驶员中,6.3%的驾驶员手持手机通话,并且使用手机通话的驾驶员未能在停车标志处停车的概率比专心驾驶的驾驶员增加了 10 倍。

驾驶过程中使用手机比不使用手机更有可能造成驾驶员违反交通规则。因此,需要更多的数据来记录使用手机的驾驶员违反交通规则的频率,以评估驾车时使用手机对驾驶行为的影响。

8.1.1.2　手机通信分心与资源消耗

手机通信分心行为主要消耗视觉和认知资源。如图 8-1 所示,手机通信分心行为与驾驶主任务之间形成竞争,从而影响驾驶员对环境信息的处理效率,且易促使驾驶员做出错误判断与决策,最终对驾驶安全造成影响。图 8-1 中,实线框表示某种资源消耗的具体行为,虚线框表示某种资源消耗的影响因素。

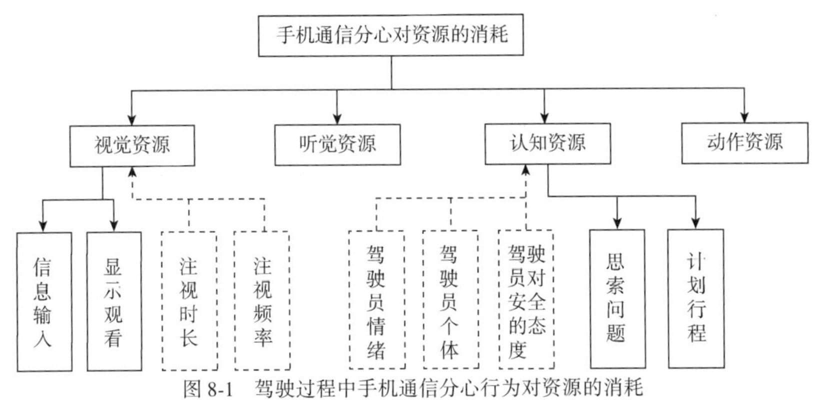

图 8-1　驾驶过程中手机通信分心行为对资源的消耗

(1)手机通信分心行为与视觉资源消耗

驾驶过程中的视觉资源主要用于估计车间距离、调整车辆方位、控制行车速度、观察路面情况以及周边交通信号设施等。使用手机会占用驾驶员的视觉资源,主要包含信息输入和显示观看两个方面,可能导致驾驶行为出现差错。

信息输入包括文本输入、功能选择等,是驾驶员与手机进行交互的最主要方式;显示观看是指手机上显示某些信息时,驾驶员对其进行扫视、注视等查看行为。最典型的查看行为是查看手机即时消息。即时通信和导航技术的发展使得驾驶员对手机的查看频率更高。

注视时间和注视频率是占用视觉资源并对驾驶行为造成影响的最直接因素。手机使用对驾驶可靠性的影响是持续的,且注视次数能够很好地反映信息输入和显示观看等手机通信分心行为对视觉资源消耗的持续性影响。研究表明,视觉分心会导致驾驶员有意识地控制行驶速度,并通过减少对驾驶主任务的注意需求来保证驾驶安全。

(2)手机通信分心行为与认知资源消耗

手机通话是最主要的认知次任务,先运用听觉通道来感知交谈内容,引导驾驶员进行思考、回忆等活动,再将内心想法编译成语言反馈给通话人。研究表明,语言交流会使驾驶操作的稳定性下降,其中言语理解比言语表达产生的影响更大。驾驶员在驾驶过程中进行语音通话,需要占用驾驶主任务中感知环节和决策环节所需的认知资源(驾驶行为形成过程见图 8-2),从而对驾驶行为产生影响,主要包括识别和探测能力、反应灵敏度、语言理解与组织 3 个方面:

①识别和探测能力。手机通话会加重驾驶员的认知负荷,从而影响其对驾驶环境的识别和探测能力。Kristen 探究认知负荷和交通违规的相关性,结果表明驾驶员认知负荷越重,交通违规的频率越高。

②反应灵敏度。研究表明,语音通话情况下的制动反应时间比没有语音通话情况下的制动反应时间长约 0.5s,这一延长时间是驾驶员酒后驾车引起的制动反应时间延长值的 3 倍。而且在语音通话情况下驾驶员的反应灵敏度有所降低。

③语言理解与组织。交谈过程中对谈话内容的理解以及反馈语言的组织所占用的认知资源对驾驶主任务影响最深。当通话次任务存在时,一部分认知资源用于通话,驾驶员没有足够的注意力进行原来的驾驶主任务,从而车辆平均行驶速度较无通话次任务时有所降低,尤其是车辆在高速公路行驶时,极易发生交通事故。

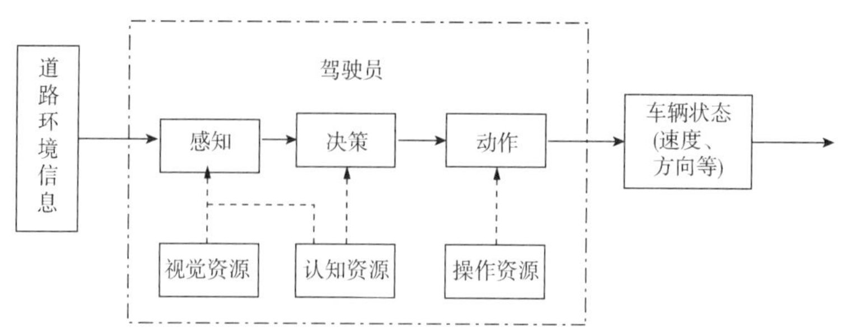

图 8-2　驾驶行为形成过程

此外,驾驶员的个性、情绪以及对交通安全的态度也会影响驾驶过程中的认知能力。个性特征表现在语言方式、行为方式和情感方式的不同。驾驶员个性与生理机能的协调,是其正常驾驶的保证。驾驶员的情绪时刻影响着驾驶员的认知和驾驶行为。驾驶员对待交通安全的心理和态度影响着驾驶员的认知,进而影响驾驶行为和行车安全。对待交通安全的不同态度表现为不同的驾驶行为,一些错误的态度容易引发交通事故。

8.1.1.3　手机通信分心行为存在的原因

驾驶员在驾驶过程中存在手机通信分心行为的原因主要有以下 3 点:

①高估自己的驾驶能力。一些驾驶员如果在驾驶能力方面比较突出,就会下意识地认为自己的驾驶能力足以应付手机通信分心产生的驾驶风险,因此会在驾驶时频繁使用手机。研究表明,70%~90%的驾驶员认为较其他驾驶员而言,自己的驾驶能力更高。

②使用手机普遍会引发操控错觉。操控错觉是广泛存在的。即使驾驶员意识到驾驶时使用手机会引起分心,也会因为操控错觉而认为自己能控制这种分心,不会出现交通事故。

③使用手机是一种习惯性行为。对一些驾驶员而言,在驾驶时进行手机通话是"高效率"的沟通方式。因此,在驾驶过程中一心两用的现象变得十分普遍。研究表明,控制欲较强的驾驶员相比于控制欲较低的驾驶员会更频繁地使用手机,也更有可能做出危险的驾驶行为。

此外,有研究结果显示,在驾驶过程中使用手机还有以下原因:

①节约时间。驾驶的同时使用手机已成为一种节约时间的途径。驾驶员往往没有意识到其危害性,认为这是一种很"正常"的行为,进而养成了驾驶时使用手机的不良习惯。

②手机的迅速普及。由于我国经济快速发展以及人民生活水平不断提升,手机已成为生活必需品,而且,随着汽车保有量逐年增加,驾驶员在驾驶过程中使用手机成为普遍现象。

③缺乏对交通安全法律法规的认知。一些驾驶员缺乏对交通安全知识的掌握。调查显示,39%的受访驾驶员不知道驾驶时使用手机是违法行为。

④手机通信分心行为难以监测和处罚。与酒后驾驶、违规超车等显而易见的交通违法行为相比,驾驶时使用手机的行为有一定的隐蔽性。贴膜车窗的存在造成取证困难,以致执法难度和监管难度大大增加,很难对违法驾驶员进行有效的监督和管理。

8.1.1.4 手机通信分心行为的危害

我国 2014 年的调查显示，有 60%的驾驶员在驾驶过程中有过使用手机的行为，同时发现驾驶过程中使用手机时的反应速度比正常驾驶时的反应速度低 35%。驾驶员在驾驶时使用手机，其注意力会分散，情绪会被影响，视线可能转移，进而影响驾驶员对车外复杂交通环境的观察，使其视线移动次数减少，反应速度和动作敏捷程度大幅下降，车速和道路的实际通行能力有所降低，通行时间被延长，公共安全和行车安全受到损害；同时也使油耗增加，进而加重了资源浪费和空气污染。手机通信分心行为的危害如下：

①使人脑处理信息效率降低。驾驶时使用手机，会导致负责思维运转和语言控制的大脑额叶部分“超载”。与此同时，驾驶时使用手机会虹吸大脑注意力，导致视觉和听觉出现盲点，使大脑处理信息的效率严重下降。

②电磁波对大脑有影响。手机发送和接收的电磁波会对脑细胞的活动造成一定的破坏，严重时会抑制脑细胞的活动，并且随着通话时间的增长，这种抑制作用会增强。

8.1.1.5 手机通信分心行为研究方法

对手机使用行为与交通事故发生率之间关系的研究方法主要有以下 5 种：

①模拟实验法。分析模拟驾驶条件下驾驶员在各种分心活动干扰下所表现出的各项特性，如驾驶速度、制动反应时间、平均扫视频率、跟驰距离等。该方法的优点在于驾驶模拟器能够提供一个安全的驾驶环境，避免真实驾驶所带来的危险；而且模拟驾驶成本较低，在资金节约方面起到重要的作用。该方法的缺点在于实验室中的模拟条件可能与真实驾驶环境的条件存在一定差异，导致实验结果存在误差。

②现场测试法。采用视频和音频设备来记录驾驶员在执行车内次任务时的驾驶行为。该方法的优点在于数据来源于现实驾驶环境，实验结果更具有可信性；缺点在于由于交通事故发生率比较低，导致样本数较小，而设备花费较大，实验过程需要较大的资金和人力支持，且实验时间较长，有一定的危险性。

③交通事故记录法。从美国的交通事故记录中可以发现，大约 25%的交通事故是驾驶员使用手机造成的。但从交通事故记录中推断手机通信分心行为对交通事故发生率的影响，具有一定的不可靠性。

④手机拥有量与交通事故总数关系分析法。此方法对手机拥有量与交通事故发生率的统计学关系进行研究与分析。其缺点在于手机使用率与交通事故发生率的变化不够明显。

⑤手机使用和交通事故记录纵向分析法。对一定数量的驾驶员进行一段时间的跟踪调查，记录其手机使用频率和驾驶行为数据。对发生碰撞事故的驾驶员，研究人员对发生碰撞事故前后其手机使用情况进行比较，从而掌握碰撞前后驾驶员的驾驶行为变化，并对由手机使用而造成的碰撞事故进行分析。

8.1.2 手机通信分心对驾驶绩效的影响

在诸多驾驶分心活动中,使用手机及其他无线设备最容易导致交通事故发生,其造成碰撞、刮擦事故的概率远远超过其他分心活动。驾车时使用手机与交通事故发生率之间的关系已经成为近年交通安全研究的热点。

手机通信分心对驾驶绩效的影响取决于许多相关因素,包括自然的竞争活动、驾驶员能力和经验、驾驶行为复杂性、驾驶员状态、驾驶员特征等。一方面,手机通信分心影响了驾驶员的心理特性、生理特性、视觉特性和反应觉察能力等;另一方面,手机通信分心影响了驾驶员对车辆的控制能力,包括行驶速度、路线保持、车头间距和道路交叉口走停决策等。

8.1.2.1 手机通信分心对驾驶绩效指标的影响

手机通信分心对驾驶行为的影响主要是降低驾驶速度、延长反应时间、缩窄视线范围。NHSTA 的调查显示,编辑短信造成的交通事故风险是正常驾车时的 2 倍。选取 44 名平均年龄为 38.68 岁的驾驶员进行模拟实验。实验自变量为驾驶员类型(学员、新手驾驶员、有经验的驾驶员)、是否使用手机和道路复杂程度(简单和复杂)。实验因变量为手机通话前、手机通话时、阅读短信前和阅读短信时的车辆行驶速度、制动持续时间、松开加速踏板时间。

(1)手机通话行为对驾驶绩效指标的影响

手机通话前和手机通话时的行驶速度、制动持续时间、松开加速踏板时间的统计见表 8-4。

接听手机行为各项驾驶绩效指标统计 表 8-4

驾驶行为指标	手机通话前	手机通话时	驾驶员类型是否显著	道路复杂程度是否显著	使用手机是否显著	三者交互作用是否显著
行驶速度(m/s)	14.95	10.76	否	否	是	否
制动持续时间(s)	0.70	3.27	否	否	是	否
松开加速踏板时间(s)	11.30	16.56	否	否	是	否

从结果可知,无论在简单道路还是复杂道路,手机通话前的行驶速度均高于手机通话时的行驶速度。在接听手机时,学员的行驶速度>有经验驾驶员的行驶速度>新手驾驶员的行驶速度,且学员与新手驾驶员、有经验驾驶员之间存在显著性差异。手机通话时的制动持续时间和松开加速踏板时间均大于手机通话时的制动持续时间。

当驾驶员进行免提通话时,在遵守交通法规、车辆行驶、注意集中和反应时间方面的驾驶绩效指标明显降低,信号检测任务的整体完成度较低。执行手机通话和信号检测任务会降低车辆行驶速度,减少注意力分散的次数,降低速度的变化频率。当驾驶员没有执行信号检测任务时,对交通信号灯从红色变为绿色的反应时间会有所延迟,这表明驾驶员已对分配给这两项任务的资源进行了权衡。

研究高速公路场景下手机通信分心对速度控制失误次数的影响,结果显示:当车辆以

80km/h 的速度行驶时,正常驾驶状况下,速度控制失误次数的均值为 1.50 次;在免提通话情况下,速度控制失误次数的均值为 2.80 次。由此可见,免提通话会对驾驶员的注意集中产生明显影响,导致速度控制失误次数增加,同时也增加了驾驶员超速的可能,影响道路交通安全。

采用单因素方差分析法研究手机通信分心对驾驶员启动反应时间的影响,结果表明:拨打和接听电话对车辆的启动反应时间有显著影响,不同的手机使用方式对启动反应时间的影响不大;手持通话的情况下,启动反应时间稍长,有干扰性内容的通话相比于普通通话对驾驶员的反应时间有更显著的影响。

接听电话造成分心的主要原因是通话内容对脑力的占用,虽然一般通话内容对脑力的占用并不多,但是带有决策性或者较复杂的通话内容会占用过多脑力,导致驾驶风险增加。

(2)阅读短信行为对驾驶绩效指标的影响

阅读短信前和阅读短信时的行驶速度、制动持续时间、松开加速踏板时间统计结果见表 8-5。

阅读短信行为各项驾驶绩效指标统计　　表 8-5

驾驶行为指标	阅读短信前	阅读短信时	驾驶员类型是否显著	道路复杂程度是否显著	使用手机是否显著	三者交互作用是否显著
行驶速度(m/s)	14.95	10.76	否	否	是	否
制动持续时间(s)	0.70	3.27	是	否	是	否
松开加速踏板时间(s)	11.30	16.56	否	否	是	否

由表 8-5 可知,3 类驾驶员在阅读短信前的行驶速度高于阅读短信时的行驶速度,且在阅读短信前,学员的行驶速度<新手驾驶员的行驶速度<有经验驾驶员的行驶速度;在阅读短信时,学员的行驶速度明显高于新手驾驶员和有经验驾驶员的行驶速度,见图 8-3a)。不同类型驾驶员在阅读短信前和阅读短信时的制动持续时间见图 8-3b)。

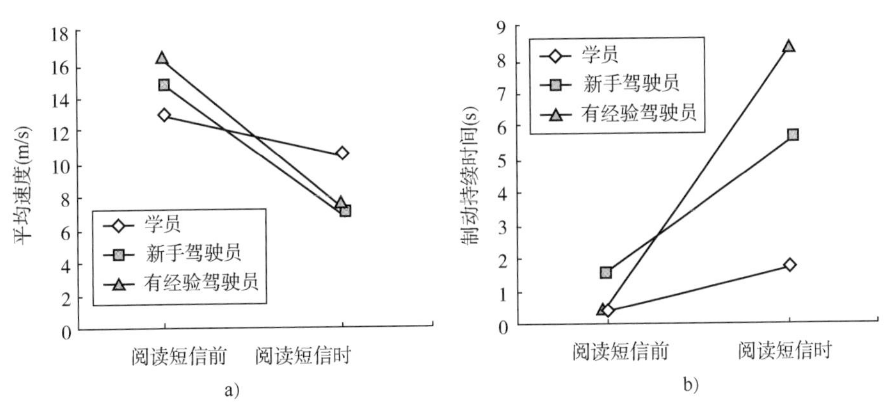

图 8-3　不同类型驾驶员在阅读短信前和阅读短信时的行驶速度和制动持续时间

3 类驾驶员在阅读短信前的制动持续时间均短于阅读短信时的制动持续时间。在阅读短信前,学员的制动持续时间<有经验驾驶员的制动持续时间<新手驾驶员的制动持续时间;在

阅读短信时，学员的制动持续时间<新手驾驶员的制动持续时间<有经验驾驶员的制动持续时间。

将手机通话和阅读短信进行比较，见表 8-6。

手机通话和阅读短信行为对驾驶绩效的影响对比 表 8-6

指　　标	手机通话	阅读短信	是否存在显著差异
减速幅度（%）	-26.72	-41.79	是
制动持续时间增量（s）	2.57	5.45	是
松开加速踏板时间增量（s）	5.26	9.41	是

通过单因素方差分析可知，与阅读短信相比，手机通话状态下的减速幅度、制动持续时间增量和松开加速踏板时间增量均较小。

在撰写信息或阅读信息的过程中，不仅需要对信息进行集中处理，还需要将注意力集中在手机显示屏上的文本上。研究阅读短信行为对驾驶绩效和认知能力的影响，发现 20 名驾驶经验不足 6 个月的新手驾驶员在阅读短信时控制车辆横向位置的能力及对交通标志的反应效率明显降低。与专心驾驶的驾驶员相比，收发短信的驾驶员的道路注视时间明显减少。在驾驶员对车辆进行充分控制的条件下，执行车内次任务的驾驶员的行驶速度与专心驾驶员的行驶速度没有区别，但执行车内次任务的驾驶员为了补偿注意力的分散，会增加跟驰距离。

（3）微信任务对驾驶绩效指标的影响

①速度变化特征

采用 14 名驾驶员所得变量值的平均值作为分析对象，以自由驾驶情景下纵向速度标准差的计算为例，分别计算每名驾驶员的纵向速度标准差，然后再对样本值取平均值。车辆纵向速度（即行驶速度）与驾驶效率和驾驶安全相关，是最直接反映车辆运动状态的参数。图 8-4给出了 4 种驾驶情景下车辆纵向速度标准差和横向速度标准差。

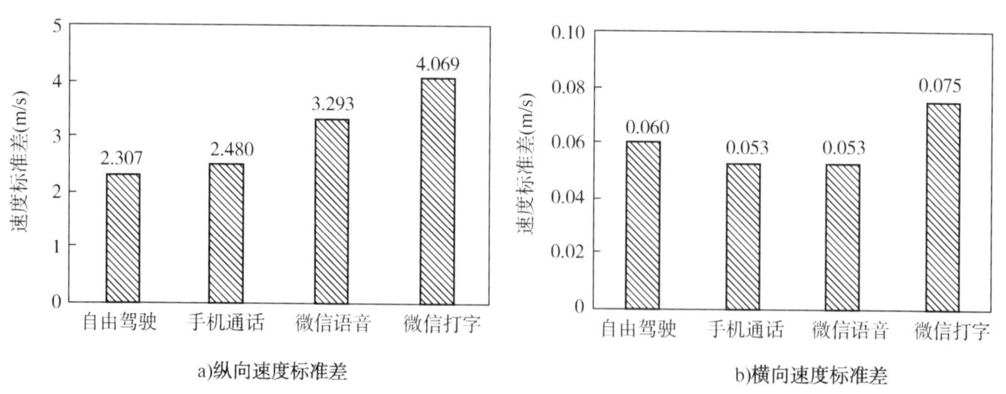

图 8-4　4 种驾驶情景下车辆速度标准差

随着手机通信分心行为对驾驶员的影响程度逐渐增大,车辆速度标准差也逐渐增加。微信打字对于驾驶员的影响最大,微信语音聊天次之,手机通话对驾驶员驾驶的影响最小,当进行微信打字操作时车辆纵向速度标准差增加了 76.4%,手机分心行为对车辆行驶速度存在着明显的影响。

车辆横向速度的变化,既反映了车辆的换道行为,也反映了驾驶时车辆横向的振动,即相对于车道中心线的偏离。当驾驶员执行车内次任务时,车辆的横向稳定性变差,横向速度标准差增加;但同时,驾驶员换道的频率可能会有所降低,车辆横向速度标准差在一定程度上会降低。

②转向盘操作能力

转向盘转角直接反映了驾驶员对车辆的控制。由于转向盘的转动有 2 个方向,即顺时针和逆时针,因此其转角值有正有负,转角的均值大约为 0。图 8-5 给出了转向盘转角标准差,它主要反映了车辆行驶时的横向稳定性。

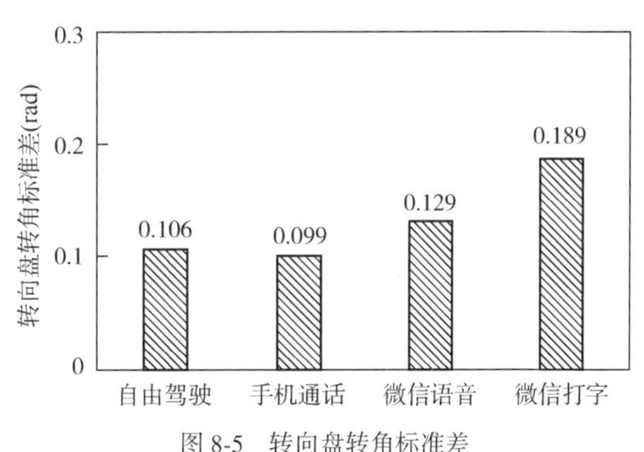

图 8-5　转向盘转角标准差

转向盘转角标准差与车辆的横向加速度标准差之间具有直接的相关性,因此它们的变化趋势也是一致的。手机通话与自由驾驶情况下的转向盘转角标准差之间没有明显的差异,而使用微信时转向盘转角标准差显著增加,说明使用微信时驾驶会变得更加不稳定。比起自由驾驶,驾驶员使用微信打字时的转向盘转角标准差增加了 78.3%。

③视觉特性

手机通信分心行为可能会影响驾驶员的视线方向。通过计算驾驶员视线的方向,可以获得驾驶员注视区域的分布情况。表 8-7 为 4 种驾驶情景下驾驶员的视线水平视角均值、水平视角标准差、竖直视角均值、竖直视角标准差。

驾驶员视线水平和竖直方向角(单位:rad)　　表 8-7

指标	驾驶情景			
	自由驾驶	手机通话	微信语音	微信打字
水平视角均值	0.048	0.060	0.056	0.059
水平视角标准差	0.201	0.218	0.236	0.236
竖直视角均值	0.031	0.007	0.008	0.002
竖直视角标准差	0.107	0.102	0.124	0.147

驾驶员视线的水平视角和竖直视角的均值都在接近 0,说明驾驶员视线区域的中心点在其正前方,而水平视角标准差和竖直视角标准差都随着分心程度的增加呈现逐渐变大的趋势。为了对比 4 种情景下的视觉标准差是否存在显著差异,使用配对样本 T 检验,将手机通话、微信语音、微信打字情况下的视线方向角分别与自由驾驶情况下的视线方向角进行对比,显著性值如表 8-8 所示。

手机分心行为对视线方向角的影响($n=28$) 表 8-8

参　数	手机通话/自由驾驶	微信语音/自由驾驶	微信打字/自由驾驶
水平视角标准差	0.023*(↑)	0.001***(↑)	0.001***(↑)
竖直视角标准差	0.469	0.156(↑)	0.003**(↑)

注:*代表5%水平下显著,**代表1%水平下显著,***代表0.1%水平下显著;↑代表值增大,↓代表值减小。

相对于自由驾驶,3 种分心情景下,水平视角标准差均显著增加;而竖直视角标准差仅在微信打字的情景下是显著增加的。

(4)有无使用手机对驾驶绩效的影响对比

通过研究低密度交通量、中密度交通量、高密度交通量 3 种条件下,驾驶员在有或无手机干扰时的驾驶情况,对比分析驾驶员的手机通信分心行为对驾驶绩效的影响,实验结果见表 8-9。

实验结果统计表 表 8-9

研究项目		低密度交通量		中密度交通量		高密度交通量	
		平均值	标准差	平均值	标准差	平均值	标准差
车道变换率(%)	无手机干扰	4.50	3.30	7.90	3.70	7.50	4.30
	有手机干扰	4.80	3.50	6.30	3.50	6.10	2.70
跟驰比率(%)	无手机干扰	0.20	0.13	0.37	0.14	0.46	0.13
	有手机干扰	0.26	0.14	0.42	0.12	0.52	0.11
跟驰距离(m)	无手机干扰	35.60	8.94	30.40	4.51	27.70	3.97
	有手机干扰	35.50	7.31	30.80	5.20	27.70	3.93
行驶速度(km/h)	无手机干扰	110.60	4.00	95.80	8.00	79.80	8.90
	有手机干扰	110.90	6.40	95.20	8.00	77.10	6.90

由表 8-9 可知,在低密度交通量下车辆的跟驰比率会受手机使用行为的干扰,行驶速度和跟驰距离变化并不明显,而车道变换率反而下降;在中密度交通量下,行驶速度和跟驰距离变化并不明显,而跟驰比率有了明显的变化,车道变换率在有手机干扰时低于无手机干扰时;在高密度交通量下,跟驰距离几乎没有变化,而行驶速度在有手机干扰时更低,跟驰比率在有手机干扰时更高,车道变换率变小。

8.1.2.2 手机通信分心补偿行为

很多驾驶员都意识到手机通信分心行为给驾驶安全带来的危害,因此会采取一些补偿行为,包括战略层、策略层、操作层 3 个层次,如表 8-10 所示。

手机通信分心的补偿式行为 表 8-10

补偿行为层次	特　点	具体措施
战略层	与手机使用意愿有关	设置手机使其提醒对方自己正在驾车;缩短通话时间
策略层	与当前驾驶情况有关	靠边停车后再接听电话;使用蓝牙耳机代替手持方式接听电话
操作层	与车辆操作有关	降低车速;更用力地制动

关于战略层的补偿行为,有 92%的驾驶员会在驾驶时提醒对方自己正在开车;95%的驾驶员会控制通话时间,并认为手持通话时间应控制在 1min 以内。一些智能汽车系统可以感知车辆运行状态,在驾驶员驾驶时如有电话打入,会通过短信或语音提示“对方正在开车,请稍后再拨”。

关于策略层的补偿行为,由于手机通话行为会使驾驶员眼睛离开路面的时间变长,注意力不断在路面和手机之间切换。为保障驾驶安全,多数驾驶员会选择在停车后进行手机通话。

关于操作层的补偿行为,手机通信分心会使驾驶员对交通信号反应的正确率和反应速度显著降低,驾驶员通过降低车速补偿手机使用造成的分心。研究发现驾驶员使用手机时的车速比不使用手机时的车速降低 6.4%。

8.1.3　手机通信分心控制策略

8.1.3.1　手机通信分心与驾驶安全

美国汽车协会认为,驾驶时最大限度保证安全的方法是避免使用手机。国内外学者通过模拟驾驶实验和现有数据资料研究了手机使用与交通事故的关系,如表 8-11 所示。

手机使用与交通事故的关系　表 8-11

研究人员(地点)	实验组	对照组	数据来源	驾驶时使用手机与不使用手机的事故风险对比	免提与手持造成的风险对比	手机使用与车辆碰撞的因果关系
Violanti, Marshall(纽约)	严重交通事故驾驶员	无交通事故报告的驾驶员	手机账单中的每月驾驶时使用手机次数	事故风险增加 5.59 倍	—	没有因果关系
Redelmeider, Tibshirani(加拿大)	有重大财产损失且有手机的驾驶员	同一驾驶员在事故前 1d 的数据	手机账单中事故发生前 10min 内与事故前的 1d 内的记录	事故风险增加 3 倍	无安全优势	存在联系,但不一定是因果关系
Violanti(俄克拉荷马州)	碰撞事故中死亡的驾驶员	碰撞事故中存活下来的驾驶员	在警察碰撞事故报告里有使用手机的记录	发生致命交通事故的风险增加 9 倍	—	隐含统计关系,但不一定是因果关系
Laberge, Nadeauet 等(魁北克)	手机用户驾驶员	不是手机用户的驾驶员	警察上报的驾驶员碰撞事故记录	事故风险增加 38%	—	手机使用和碰撞风险存在因果关系
McEvoy 等(珀斯)	事故受伤且使用手机的驾驶员	同一驾驶员事故发生前的几天	事故发生前 10min 的手机通话记录和事故前 1d、3d、7d 相同时段的手机通话记录(对照时段)	事故风险增加 4 倍	无差异	隐含统计关系,但不是因果关系

8.1.3.2 交通事故发生模型

在对交通事故与手机通信分心行为进行大量数据分析后，得到交通事故数量的计算公式：

$$N_{r,h,w,\mathrm{wk},p}=\partial+\theta_1 T_{r,h,w,\mathrm{wk},p}+\theta_2 P_{r,h,w,\mathrm{wk},p}+\theta_3 X_{r,h,w,\mathrm{wk},p}+\lambda C_{r,h,w,\mathrm{wk},w}+\xi_{r,h,w,\mathrm{wk},p} \tag{8-1}$$

式中：$N_{r,h,w,\mathrm{wk},p}$——在 r 地区、wk 日、h 小时、w 分钟、p 时段（单位为小时）内的交通事故数量；

∂——回归系数；

$T_{r,h,w,\mathrm{wk},p}$——交通强度；

$P_{r,h,w,\mathrm{wk},p}$——交通倾向；

$X_{r,h,w,\mathrm{wk},p}$——对交通强度造成影响的协变量，包括违章行驶、天气状况以及安全技术等因素；

θ_i——模型参数，$i=1,2,3$；

$\xi_{r,h,w,\mathrm{wk},p}$——在 r 地区、wk 日、h 小时、w 分钟、p 时段（单位为小时）内，试验的随机因素对 $N_{r,h,w,\mathrm{wk},p}$ 的影响；

λ——手机使用对交通事故的影响因子。λ 具有不确定性，因为驾驶员使用手机是随机的。确切地说，使用手机的驾驶员可能更倾向于冒险，而这些倾向于冒险的驾驶员在道路上驾车会产生更大的碰撞危险 $E(\xi|R)\neq 0$；

$C_{r,h,w,\mathrm{wk},p}$——手机使用变量。

由于 $N_{r,p,\mathrm{wk},w}$ 也可能作为驾驶员冒险行为的影响因素，可采用下列方法来避免其不确定性：假定在 9 时前后的两个相隔极为接近的时刻里，观察到的分布情况是相同的，即：

$$\lim_{\Delta\to 0^+}E(\xi|R_{9\mathrm{pm}+\Delta})=\lim_{\Delta\to 0^+}E(\xi|R_{9\mathrm{pm}-\Delta}) \tag{8-2}$$

$$V=\xi-E(\xi|R) \tag{8-3}$$

定义管理函数 $g(R)=E(\xi_{r,h,w,\mathrm{wk},p}|R)$，可以将式（8-1）改写为：

$$N_{r,h,w,\mathrm{wk},p}=\partial+\theta_1 T_{r,h,w,\mathrm{wk},p}+\theta_2 P_{r,h,w,\mathrm{wk},p}+\theta_3 X_{r,h,w,\mathrm{wk},p}+\lambda C_{r,h,w,\mathrm{wk},p}+V_{r,h,w,\mathrm{wk},p}+g(R) \tag{8-4}$$

式中：$V_{r,h,w,\mathrm{wk},p}=\xi_{r,h,w,\mathrm{wk},p}-E(\xi_{r,h,w,\mathrm{wk},p}|R)$，独立于 $C_{r,h,w,\mathrm{wk},p}$。

8.1.3.3 手机通信分心行为检测系统

一段时间内，眼睛闭合程度增加，闭合频率降低，同时出现频率较高或时间较长的左顾右盼动作和过度俯仰点头动作，是驾驶注意力涣散的表现特征，也是手机通信分心行为的重要表现特征。根据这一特征，构建手机通信分心行为表征参量，采用多源信息融合技术提高手机通信分心行为判断准确率及可靠性。通过检测一段时间内驾驶员双眼间横向距离和嘴巴中心到双眼连线中点之间的纵向距离，构建人脸 T 形线，以驾驶员眼睛睁开时上下眼皮间距作为驾驶员注意状态表征参量，分析驾驶员频率较高或者时间过长的注意力涣散表征动作，捕捉驾驶员分心状态。

首先做出如下假设：

假设 1：根据多次试验检测结果进行统计分析，构建驾驶员头部检测区域，在检测区域内连续一段时间检测不到驾驶员时，认定为驾驶异常，进行驾驶异常预警。

假设 2：一段时间内检测区域中检测到多幅头像的事件是小概率事件，当连续一段时间检测到多幅头像的时候，进行驾驶异常预警。

假设 3：正常状态下驾驶员头部移动速率不会过高。

在上述 3 个假设的基础上，将系统运行分为 3 种模式：预处理模式，正常工作模式，失效模式。其运行过程如下：

①驾驶员注意力特征检测预处理，获取相应参数。

②预处理结束，进入正常处理模式。

③正常模式：进行驾驶员眼部、嘴部位置判定。提取驾驶员注意力涣散特征表征参数，若判定为涣散则进行驾驶异常预警。

在正常模式处理过程中，如遇强光照射且驾驶行为严重干扰检测，则系统转入失效机制处理模式。失效机制处理模式分为 2 种：一种是直接回到正常工作模式的短期失效模式；另一种是系统转入预处理，检测重新运行的长期失效模式。

手机通信分心行为检测系统的运作流程如图 8-6 所示。

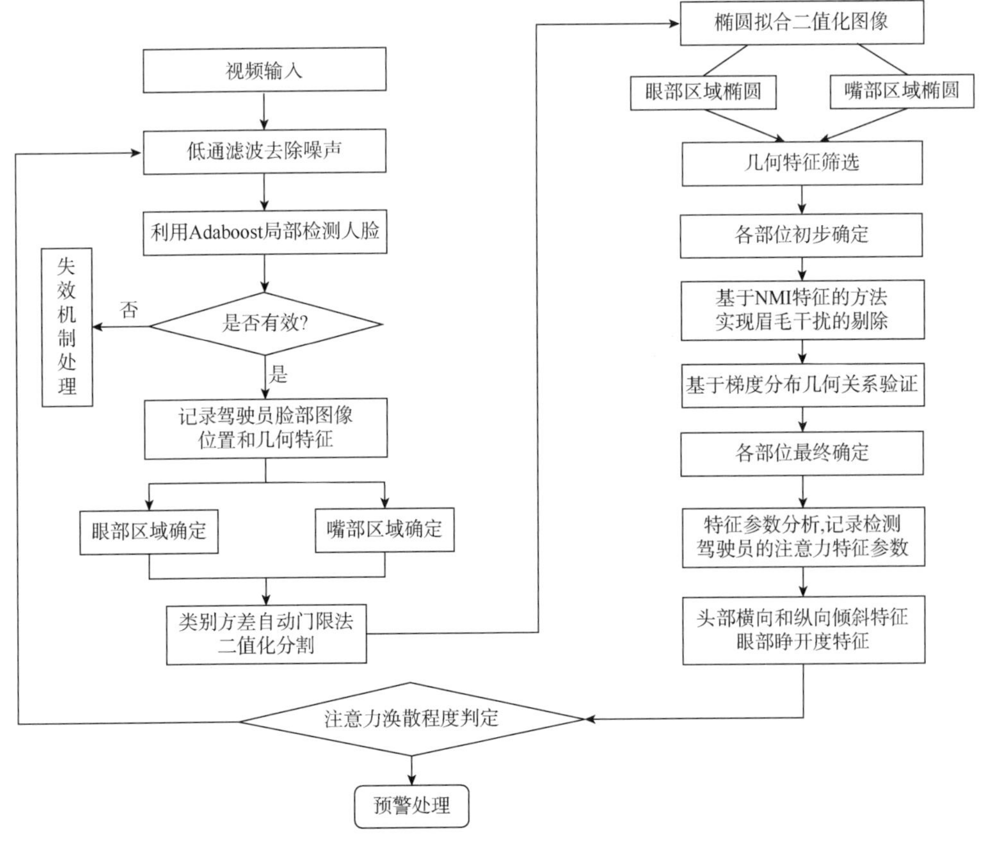

图 8-6　手机通信分心行为检测系统运作流程图

按照我国《道路交通安全法实施条例》,驾驶时使用手机将被处以200元以下罚款、记2分的处罚。为减少手机通信分心行为造成的交通事故,从驾驶员培训、法制宣传与教育、处罚力度、科技手段等方面给出相应的控制策略。

①加大驾驶员培训力度。各部门应该重视驾驶员的理论学习,使其养成良好的驾驶习惯,自觉做到驾驶时不主动拨打电话,将手机调成静音,避免被动接听电话。使其熟知《道路交通安全法》及其实施条例等相关法规,了解驾驶时使用手机的危险性。

②做好法制宣传与教育。交通管理部门应该在驾驶员中开展普法教育,建议每位驾驶员每年应该接受固定时长的道路交通安全法律法规学习,并需要通过考试才能通过驾照的年审。同时对驾车时使用手机的行为进行立法控制,在道路两侧设立监控系统,对违法者予以处罚。通过图片、电视广播、影片和互联网络等宣传手段,使驾驶员意识到手机分心危害的严重性。

③处罚力度要合理。交通管理部门应合理调整处罚程度。建议可以借鉴深圳市对于交通违章处罚的规定,对于初次违规的驾驶员进行小额度的罚款,对于多次违规且情节恶劣的驾驶员加大处罚力度。

④应用科技手段。目前已研发出能够识别驾驶员是否处于正常驾驶状态的设备,如车距警报系统和车辆行驶路线改变/偏离监控系统。美国、欧洲、日本的一些公司采用毫米波雷达和摄影机探测,向驾驶员报警并在紧急时使车辆停住或纠正其行驶路线。这些设备能够根据驾驶员的状态做出不同反应,确保驾驶安全。机动车可以安装增设了“禁止驾车时拨打电话”交通标志牌的设备,提醒驾驶员驾驶时禁止打电话,从而有效减少驾驶员驾驶时使用手机产生的危险。

8.2 手机导航与驾驶分心

8.2.1 手机导航引起的驾驶分心行为概述

8.2.1.1 手机导航应用

智能手机的普及带来了手机导航技术的长足发展,目前基于地图的手机导航应用(Application,APP)被驾驶员广泛使用。

相比而言,传统的导航技术存在诸多不足,如车载导航在车外无法使用、数据无法及时更新等。手机导航应用利用手机的位置服务功能可以迅速高效地定位,可以通过WiFi或者通信网络实时更新地图数据,还可以自由选择安装不同的导航软件,实现实时交互性增值服务。根据数据统计,截至2018年底,我国手机导航应用用户规模已经达到7.37亿。

8.2.1.2 手机导航引起的驾驶分心行为

随着科技进步,电子导航代替传统的纸质导航成为人们出行中频繁使用的工具。根据导航系统载体的不同,导航可分为车载式、便携式和手机导航等。相比其他导航方式,手机导航有其他设备不具备的优点,如携带方便、数据更新及时等,但手机导航不可避免地成为影响驾驶安全的次任务之一。

在驾驶过程中,根据驾驶员使用手机导航的方式,手机导航一般可以归结为 3 类:听语音导航和看地图导航相结合(简称"视听结合组")、只听语音导航(简称"听觉组")、只看地图导航(简称"视觉组")。从导航软件的操作流程可知,驾驶员使用手机导航过程中可能发生的分心行为有:输入目的地、多次点击屏幕、关注屏幕上的导航信息、导航语音占用驾驶员的听觉资源、与乘客交流等。一般来说,导航语音对驾驶员造成的分心影响较小。关注各类信息的行为可以归为查看信息行为,输入目的地和操作手机屏幕的行为可归为信息输入行为。因此,手机导航系统引起的驾驶分心(以下简称"手机导航分心")行为可归纳为:查看信息、信息输入、与乘客交谈。

8.2.2　手机导航分心对驾驶绩效的影响

驾驶员在驾驶时使用手机导航,会与驾驶主任务产生竞争,注意力从车外转移到车内,驾驶员的车辆控制能力受到影响,从而降低驾驶安全水平。通过实验所得的数据,分析横向控制指标及纵向控制指标的变化情况,以研究驾驶员对车辆控制能力的变化。

8.2.2.1　纵向速度

驾驶员对车辆的纵向控制能力可以用车辆的纵向速度均值、纵向速度标准差变化表现出来。驾驶时车辆纵向速度越大,反映车辆的行驶效率越高;反之,行驶效率越低。纵向速度标准差能够体现驾驶员驾驶时的顺畅程度。标准差小,说明车辆接近匀速运行;标准差大,则说明车速变化大,行驶不顺畅。通过实车驾驶实验,对驾驶员使用和不使用手机导航情况下的纵向速度进行分析,分析结果见表 8-12。

驾驶员使用和不使用手机导航情况下的纵向速度分析(单位:m/s)　　表 8-12

组别	均值	标准差	方差	最小值	最大值
使用手机导航	9.36	6.57	43.11	0.1	22.39
不使用手机导航	10.67	6.29	39.53	0.1	24.36

如表 8-12 所示,驾驶员使用手机导航时,车辆平均纵向速度为 9.36m/s,低于正常平均纵向速度(10.67m/s);车辆最大纵向速度为 22.39m/s,低于正常情况下的最大纵向速度(24.36m/s);使用手机导航情况下的纵向速度标准差和方差,均大于不使用手机导航情况下的纵向速度标准差和方差。

驾驶员在使用手机导航时,受手机导航干扰,部分注意力由道路路面转移到手机,基于驾驶弥补心理,驾驶员会主动降低纵向速度;而不使用手机导航、自由驾驶时,驾驶员能够将更多的精力投入到驾驶任务中,获取更多的路面信息,提高车辆纵向速度。使用手机导航时,其加减速度变化较多;不使用手机导航时,车辆纵向速度较快,标准差和方差较小,更接近匀速行驶。

对两组实验数据进行独立样本检验，得出的检验结果见表8-13。$P=0.015<0.05$，影响显著，即驾驶员使用手机导航对车辆纵向速度影响显著。

驾驶员使用和不使用手机导航情况下的纵向速度的独立性检验 表8-13

检验	F	t	Sig	$P=0.05$
纵向速度	3.862	2.436	0.015	显著

8.2.2.2 纵向加速度

对驾驶员使用手机导航和不使用手机导航情况下的纵向加速度进行分析，结果见表8-14和图8-7。

驾驶员使用和不使用手机导航情况下的纵向加速度描述性统计（单位：m/s^2） 表8-14

组别	均值	标准误差	标准差	方差	极差	最小值	最大值
使用手机导航	0.92	0.041	0.77	0.59	3.76	0	3.76
不使用手机导航	0.90	0.038	0.69	0.47	3.7	0	3.70

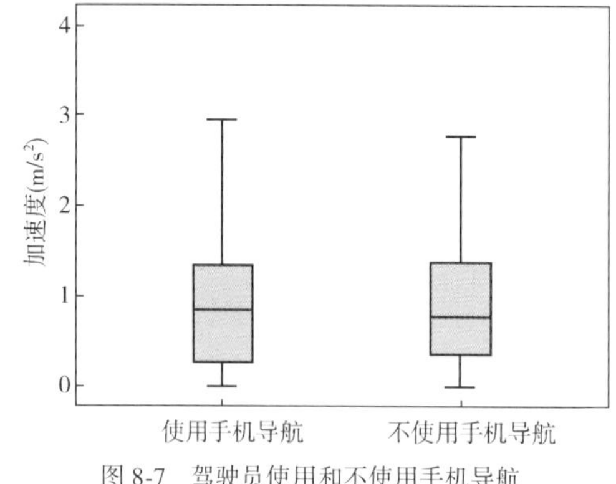

图8-7 驾驶员使用和不使用手机导航情况下的加速度箱式图

不使用手机导航时的纵向加速度平均值为$0.90m/s^2$，使用手机导航时的纵向加速度平均值为$0.92m/s^2$，比不使用手机导航时的纵向加速度平均值提高2.52%。使用手机导航时的纵向加速度标准差和方差分别为0.77和0.59，均大于不使用手机导航时的0.69和0.47；两组实验的加减速范围接近，使用手机导航时的最大加速度为$3.76m/s^2$，稍大于不使用导航时的$3.7m/s^2$。由此可知，与正常驾驶相比，使用手机导航时纵向加速度变化更频繁。

对使用和不使用手机导航情况下的两组纵向加速度样本进行独立性检验，检验结果见表8-15。由表8-15可知，当显著水平为0.05时，$P=0.687>0.05$，说明使用手机导航对纵向加速度影响不显著。

驾驶员使用和不使用手机导航情况下的纵向加速度的独立性检验 表8-15

检验	F	t	Sig	$P=0.05$
加速度	1.413	0.403	0.687	不显著

8.2.2.3 车头间距

对驾驶员使用手机和不使用手机导航时的车头间距进行统计分析，结果见表8-16

和图 8-8。

驾驶员使用和不使用手机导航情况下的车头间距的分析(单位:m)　　表 8-16

组别	极差	极小值	极大值	均值	标准差	方差
使用手机导航	94.54	1.59	96.13	38.57	29.80	888.19
不使用手机导航	94.98	1.37	96.35	26.50	25.62	656.24

表 8-17 中,不使用手机导航时车头间距均值为 26.50m,比使用手机导航时的 38.57m 小 12.07m;不使用手机导航时,车头间距标准差和方差分别为 25.62 和 656.24,均小于使用手机导航时的 29.80 和 888.19,表明使用手机导航时,驾驶员为保证车辆行驶安全,与前车保持较大车头间距,车辆与前车车头间距变化较大。较之正常驾驶,驾驶员在跟驰过程中使用手机导航时,跟驰反应能力与反应速度均比正常驾驶低。

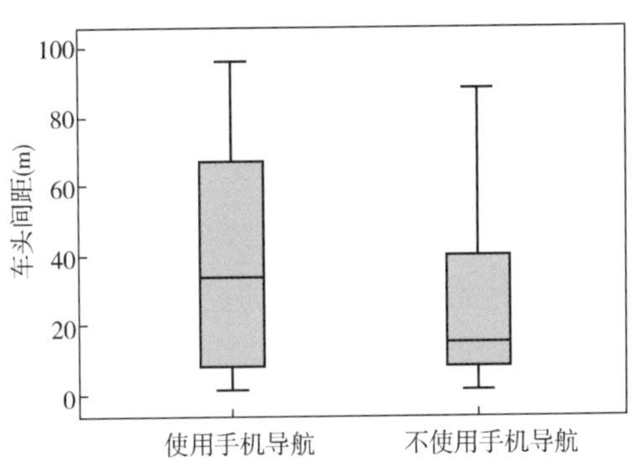

图 8-8　驾驶员使用和不使用手机导航情况下的车头间距的箱式图

对驾驶员使用手机和不使用手机导航情况下的车头间距进行独立性检验,检验结果见表 8-17。根据表 8-17 的检验结果,$F=33.136$,$P=0.001<0.05$,说明驾驶员使用手机导航对车头间距的影响十分显著。

驾驶员使用和不使用手机导航情况下的车头间距的独立性检验　　表 8-17

检验	F	t	Sig	$P=0.05$
车头间距	33.136	4.638	0.001	显著

8.2.2.4　车道偏移量

采用每 0.5s 内的车道偏移量研究驾驶员驾驶过程中对车道保持的横向控制能力。为研究车道偏移量的变异性,取数值的绝对值。计算车道偏移量平均值,结果见表 8-18。

驾驶员使用和不使用手机导航情况下的车道偏移量(单位:cm)　　表 8-18

组别	均值	标准差	方差	极差	最小值	最大值
使用手机导航	4.66	8.190	67.07	57	0	57
不使用手机导航	4.54	7.939	63.20	44	0	44

当驾驶员不使用手机导航时,车道偏移量均值为 4.54cm;使用手机导航功能时,偏移量均值为 4.66cm,比不使用手机导航情况下的偏移量增加了 0.12cm,略高于不使用手机导航时的驾驶水平。其次,使用手机导航时,车辆最大偏移量为 57cm,明显高于不使用手机导航时的最大偏移量 44cm。尽管两组偏移量平均距离变化相差较小,但考虑在使用手机导航时,车辆

行驶速度降低,车道偏移量平均值反而增大,偏移区间相差较大,初步得出驾驶员车道保持能力受到手机导航使用的影响。

对两组数据进行独立样本性检验,结果见表8-19。$P=0.778>0.05$,说明使用手机导航对车道偏移量影响不显著。

驾驶员使用和不使用手机导航情况下的车道偏移量的独立性检验 表8-19

检验	F	t	Sig	$P=0.05$
车道偏移量	0.903	0.282	0.778	不显著

8.2.3 手机导航分心控制策略

驾驶时使用手机导航,驾驶员的部分听觉和视觉资源从驾驶主任务转移到手机屏幕上,从而影响了驾驶员对车辆的控制。因此,从手机摆放位置、导航方式、驾驶员操作、车辆驾驶辅助系统4个方面研究改善措施和对策。

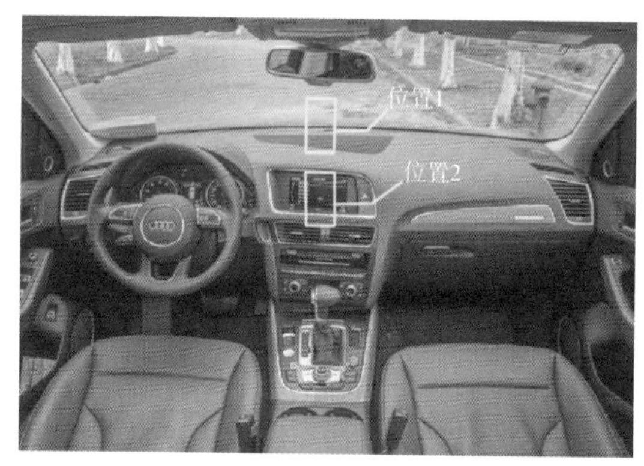

图8-9 手机摆放位置示意图

8.2.3.1 手机摆放位置

研究显示,驾驶员在搜索信息时,先眼动,再头动。视角指的是人眼可以看到前方物体的角度,一般而言,人的视角在向上70°、向下60°、左右35°的范围内。手机摆放位置应控制在视角范围内,尽量减小驾驶员头部移动,避免眼球的大范围搜寻。根据相关研究,如图8-9所示,将手机放在位置1时车外注视频率、扫视速度、眨眼时间分别比放在位置2时高12.02次/min、8.07°/s、20.22ms,将手机放在位置1时的车内注视时间百分比、扫视幅度、眨眼频率分别比放在位置2时低2.12%、0.9°、0.25次/min。将手机放在位置1,驾驶员能够快速看到手机,更便于获取手机导航信息,减少了搜寻的扫视幅度和扫视时间。因此,建议驾驶时将手机摆放在位置1附近。

8.2.3.2 手机导航方式选择

研究发现,依靠视觉获取导航信息时,驾驶员对车外注视资源转移到车内,依靠听觉获取导航信息时,驾驶员受到的影响较小。使用听觉组和视听结合组的驾驶员对车辆的控制能力优于使用视觉组的驾驶员。

根据多资源理论,人们从多通道获取的信息优于从单一通道获取的信息。使用听觉获取导航信息优于使用视觉获取导航信息,在车辆较少、道路环境较好的交通条件下,导航视听结合组对驾驶行为的影响小于听觉组。建议驾驶员驾驶时使用视听结合和听觉导航的方式。

8.2.3.3　手机导航操作

驾驶员自身的操作是影响驾驶行为的主观因素。美国汽车工程学会以 15s 作为衡量标准来判断某一车载设备是否可以投入使用。驾驶员在驾驶过程中，视线离开前方道路 2s 即为不安全行为；驾驶员操作导航时间越短，对驾驶安全产生的影响越小。可以通过以下两个方面来减小手机导航对驾驶员的影响。

①驾驶员在使用手机导航时，尽量在车辆启动前设置好驾驶线路。驾驶员在驾驶过程中使用手机导航时，0.5s 内最大车道偏移量为 57cm，比正常驾驶的最大车道偏移量（44cm）大 13cm。根据实验，驾驶员设置驾驶路线的时间为 1～2s，车辆在这段时间内车道偏移量较大，具有一定危险性。驾驶员应降低速度操作，必要时应停车操作。

②使用手机的语音功能。驾驶员使用手机导航时，10.3%的注视时间由车外前方道路注视转移到车内，车内每次注视时间也相应增加了 7.41%。当前智能手机导航应用已具备语音操作功能，驾驶员通过语音操作来获取导航信息，能够减少对眼动视觉和手动操作资源的占用，缩短手离开转向盘、注意力离开车外前方路面的时间。

8.2.3.4　驾驶辅助系统

车辆驾驶辅助系统由车道保持辅助系统、自动泊车辅助系统、制动辅助系统、倒车辅助系统和行车辅助系统等组成。该系统利用红外线、雷达以及图像识别技术测量本车车速、加速度、车道保持等数据。当数据超出设置的安全指标时会发出警报。

研究表明，当车道偏移量大于 30cm、加速度持续大于 $1.5m/s^2$，可认定为危险。使用手机导航时，车道偏移量最大为 57cm，最大加速度达到 $3.7m/s^2$，超过了安全标准，具有一定危险性。使用手机导航时，配套使用车辆驾驶辅助系统，当车道偏移量、加速度、车头间距等指标超出安全值时，车辆驾驶辅助系统发出警报，提醒驾驶员注意，从而保证行车安全。

8.3　打车软件与驾驶分心

8.3.1　打车软件引起的驾驶分心行为概述

8.3.1.1　打车软件

打车软件融合了 LBS（Location Based Service，基于位置服务）、即时通信、移动支付等功能，其实质是一个实时信息分享平台。它将卫星定位技术及移动互联网技术进行整合，以智能手机为载体，为驾驶员与乘客提供实时信息。通过此平台，乘客可以在打车软件乘客端查看自己的位置信息和互联网专车、出租车的分布情况。

打车软件的操作流程如图 8-10 所示。乘客通过语音输入方式或文字输入方式，将自己的

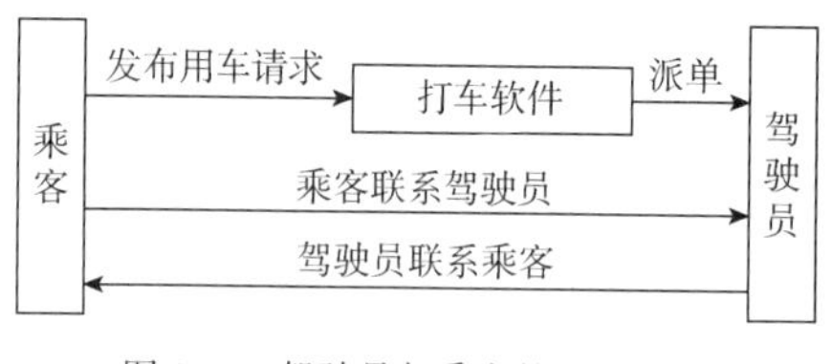

图 8-10　驾驶员与乘客的联系流程

乘车信息(自己的地理位置信息及目的地信息)发送到打车系统。系统将乘客的乘车信息传递给距离其地理位置一定范围内的专车或者出租车驾驶员。驾驶员接到系统派来的订单信息后,可自主选择是否接受乘客订单。如果匹配成功,乘客即可通过打车软件乘客端查看到驾驶员个人信息,包括姓名、联系方式、车辆类型、车牌号码等;同时,打车软件的地图上也会实时更新匹配车辆的位置信息,并在车辆将至乘客等候地时,及时提醒乘客上车。驾驶员接到乘客后,按照乘客的要求将其送到指定目的地。乘客可通过第三方支付平台将费用支付给驾驶员。

8.3.1.2　打车软件的使用率

调研报告显示,59.7%的专车或出租车驾驶员会全程开启打车软件,40.3%的驾驶员会在空驶时开启打车软件,各个年龄阶段的驾驶员开启打车软件的时间段也有所差异。驾驶过程中开启打车软件的时间段分析见图 8-11。由图 8-11 可知,随着年龄的增加,全程开启打车软件的驾驶员占比逐渐降低。

打车软件操作对驾驶员驾车或乘客乘车影响的分析见图 8-12。

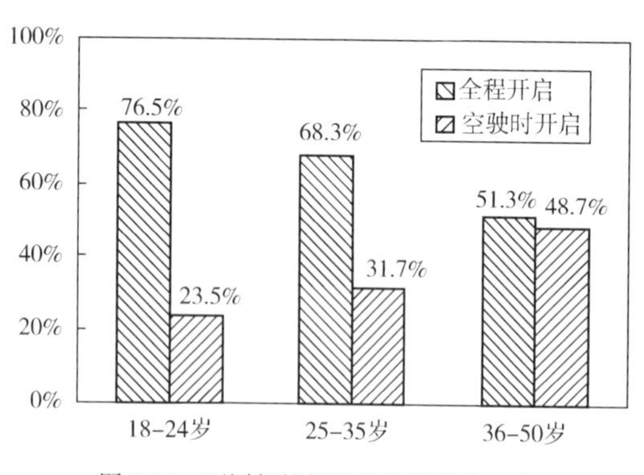

图 8-11　不同年龄驾驶员在驾驶中开启打车软件的时间段分析图

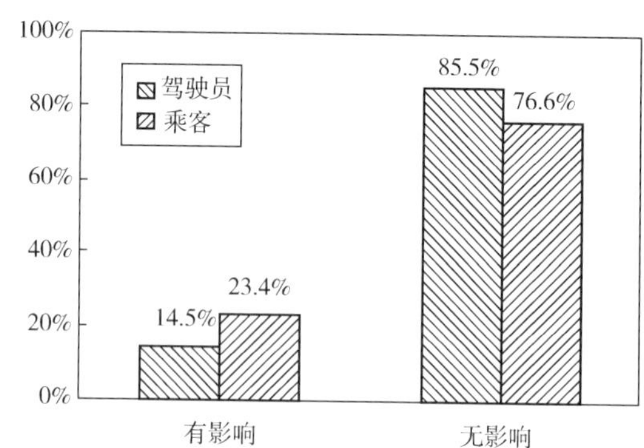

图 8-12　打车软件操作对驾驶员驾车/乘客乘车影响分析图

由图 8-14 可知,无论是乘客还是驾驶员,超过 70%的人认为打车软件不影响行车安全。对于不间断的提示声是否会造成驾驶分心、破坏乘车环境的问题,大部分的乘客与驾驶员都表示不会。受这种思维影响,驾驶员会在驾驶中不克制地进行打车软件操作,从而造成驾驶中使用打车软件现象有增无减。

8.3.1.3　打车软件引起的驾驶分心行为

对于打车软件引起的驾驶分心(以下简称“打车软件分心”)任务,根据其所占用的资源通道,可以分为视觉分心任务、动作分心任务、听觉分心任务和认知分心任务。从打车软件的操作流程可知,驾驶员进行打车软件操作时可能引起分心的行为有:收听导航语音播报、关注屏幕信息(乘客消息、导航信息、驾驶员群信息)、多次点击屏幕、对乘客进行文字或星级评价、通话、与乘客交谈等。通过与驾驶员交流可知,收听导航语音播报引起的听觉分心对其驾驶影响相对较小。关注各类信息可归为查看信息行为,多次点击屏幕、与乘客进行文字或者星级评价都可归为信息输入行为。因此,可将打车软件分心行为归纳为通话和与乘客交谈、查看信息和输入信息两类,见图 8-13。

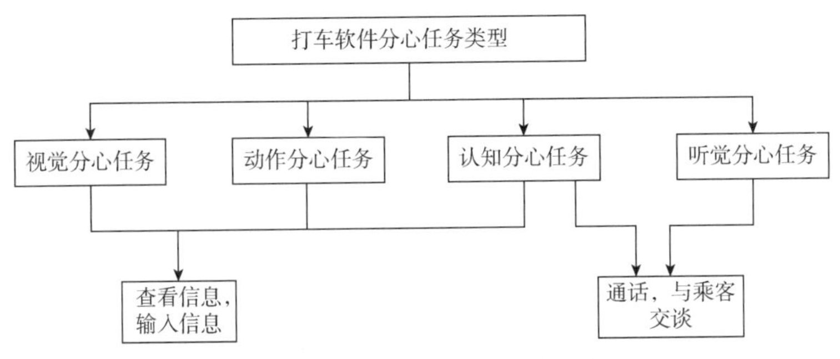

图 8-13　打车软件分心任务类型图

8.3.2　打车软件分心对驾驶绩效的影响

按照风险程度,驾驶场景通常可以分为低风险场景、中风险场景、高风险场景 3 类。低风险场景,场景较为简单,干扰较少,驾驶员有足够的时间进行各种驾驶操作,并自由发挥驾驶技能,驾驶员几乎感受不到风险。中风险场景,场景更为复杂,干扰较多,需要驾驶员集中注意力专心驾驶,并与周围环境有一定的互动。驾驶员在日常生活中,会经常经历低风险场景与中风险场景,故可以将这 2 类场景归为常规驾驶场景。高风险场景指在驾驶员驾车过程中,突然出现的不可预知因素可能使驾驶员产生危险的场景,需要驾驶员在极短时间内做出决策反应。驾驶员在日常生活中不会经常经历高风险场景,故将其归为非常规驾驶场景。非常规驾驶场景与恶劣道路条件、交通违章现象和驾驶员失误等有关,其对驾驶员的要求很高,驾驶员只有及时发现潜在危险,迅速选择并进行正确的避撞方式,才能避免碰撞事故的发生。

8.3.2.1　驾驶绩效指标选取

(1)车辆控制指标

车辆控制指标用于描述驾驶员的驾驶操作和车辆的运行状态。车辆行驶过程中,驾驶员需要不断地通过感知器官从道路环境中获取各类信息,经判断后做出决策,支配运动器官操控车辆,使其按照驾驶员的意志行驶。驾驶员的驾驶行为最终可由驾驶员控制行为指标与车辆运行状态指标直观反映(图 8-14)。

常规驾驶场景中,驾驶员进行打车软件操作时,车辆运行状态指标必然会产生波动。驾驶员控制行为指标有加速踏板开合度、制动踏板开合度、挡位信息、转向灯信息等。车辆运行状态指标有横/纵向速度、横/纵向加速度、转向盘转角、转向盘转角角速度、车头间距等。选取加速踏板开合度标准差、横向加速度标准差、转向盘转角标准差、转向盘转角角速度标准差

4项指标来评估打车软件分心对驾驶绩效的影响。

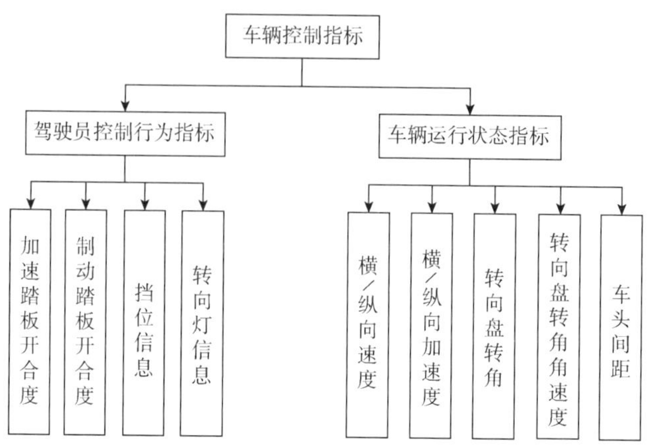

图8-14 车辆控制指标

（2）事件感知指标

非常规驾驶场景用于测试驾驶员的事件感知与决策行为。驾驶员遇到突然窜出的过街行人、前方车辆紧急制动、有闯红灯车辆出现等危险场景时，需快速发现危险并根据自身的情况采取措施，才能有效避免碰撞事故发生。整个避撞过程较为复杂，对时效性要求极高，反应时间的降低将导致驾驶员后续操作时间的压缩，直接影响驾驶行为及避撞结果。驾驶员操作打车软件时虽然会采取一些补偿措施，但这些补偿措施不能完全消除打车软件分心行为对安全驾驶的影响。在此采用避撞反应时间和避撞操作措施两个指标来评估非常规驾驶场景下驾驶分心行为对驾驶员应急决策能力的影响。

8.3.2.2 常规场景下打车软件分心对车辆控制指标的影响

（1）加速踏板开合度标准差

在打车软件分心的情况下，过激和反应延迟等心理因素都将影响驾驶员对加速踏板的控制。加速踏板开度标准差可直接反映驾驶员在不同环境下对车辆的控制能力。假设加速踏板开合度的变化范围为[0,1]，驾驶员未踩加速踏板时，系统记录数据为0；当驾驶员将加速踏板踩到底时，记录数据为1。

对加速踏板开合度标准差进行统计，结果如表8-20所示。

加速踏板开合度标准差描述性统计表（单位：rad） 表8-20

驾驶状态	均值	标准差	极小值	极大值	全距
正常驾驶	0.132	0.007	0.025	0.220	0.195
通话	0.097	0.007	0.002	0.196	0.194
与乘客交谈	0.104	0.006	0.014	0.174	0.160
查看信息	0.066	0.007	0.004	0.191	0.187
信息输入	0.058	0.006	0.001	0.153	0.152

由表 8-20 知，驾驶员不进行打车软件操作时，其对加速踏板的控制度较高，能根据环境的变化，做出积极的行为响应；驾驶员执行打车软件分心任务时，加速踏板开合度标准差减小，驾驶员对环境的关注度降低，对车辆的纵向控制能力减弱，驾驶能力也随之降低。加速踏板开合度标准差的差异显著性检验见表 8-21。由表 8-21 可知，实验中不同的分心状态对加速踏板开合度标准差的影响显著（$P<0.05$），驾驶员的个体差异对加速踏板开合度标准差的影响不显著（$P>0.05$）。

加速踏板开合度标准差显著性检验　　表 8-21

来源	平方和	自由度	均方	F 值	P 值
不同状态	0.144	4	0.036	21.328	0.000
人员	0.084	39	0.002	1.273	0.153
误差	0.264	156	0.002		
总和	0.492	199			

（2）横向加速度标准差

横向加速度是反映单位时间内车速变化的指标，其变化能够充分体现驾驶分心行为或者道路环境因素对驾驶员的影响，并很好地反映驾驶员对车辆的纵向控制能力。

横向加速度标准差见表 8-22。

横向加速度标准差描述性统计表（单位：m/s^2）　　表 8-22

驾驶状态	均值	标准误差	极小值	极大值	全距
正常驾驶	0.0326	0.002	0.011	0.058	0.047
通话	0.0283	0.001	0.010	0.045	0.035
与乘客交谈	0.0262	0.002	0.010	0.054	0.044
查看信息	0.0282	0.002	0.006	0.051	0.045
信息输入	0.0258	0.001	0.008	0.046	0.038

从表 8-22 可以看出，分心状态下的横向加速度标准差均值相对于正常驾驶状态有所减小，而与乘客交谈及信息输入两种情况下的横向加速度标准差均值减少幅度更大。不同分心状态下的车辆横向加速度标准差存在整体显著性差异（$P<0.05$），驾驶员个体差异对结果的影响不显著（$P>0.05$）。经过表 8-23 的两两差异性比较，正常驾驶状态与 4 类分心状态下的横向加速度标准差存在显著性差异，但 4 类分心状态下的横向加速度标准差并无显著性差异。

不同驾驶状态横向加速度标准差显著性检验结果　　表 8-23

来源	平方和	自由度	均方	F 值	P 值
不同状态	0.001	4	0.000	3.038	0.019
人员	0.005	39	0.000	1.222	0.196
误差	0.015	156	0.000		
总和	0.021	199			

(3)转向盘转角标准差

车辆行驶过程中,驾驶员需实时调整转向盘,以适应不断变化的交通环境与道路状况。转向盘相关参数的变化情况能反映出驾驶员对车辆横向位置的感知能力与操控能力。对驾驶员的转向盘控制稳定性的评估指标一般采用转向盘转角标准差。

对转向盘转角标准差进行统计,结果如表 8-24 所示。

转向盘转角标准差描述性统计表(单位:rad)　　表 8-24

驾驶状态	均值	标准差	极小值	极大值	全距
正常驾驶	1.500	0.064	0.94	2.68	1.74
通话	1.754	0.077	0.96	2.62	1.66
与乘客交谈	1.726	0.075	1.04	2.79	1.75
查看信息	1.960	0.070	1.10	3.00	1.90
信息输入	2.127	0.077	1.22	3.26	2.04

由表 8-24 可知,正常驾驶时转向盘转角标准差最小,驾驶员专注于驾驶,能够根据环境的变化实时修正转向盘,故转向盘转角的波动程度较为稳定。驾驶员执行打车软件分心任务时,转向盘转角标准差均值有所增大,即驾驶员对车辆的横向控制能力有所减弱。与乘客交谈情况下,标准差均值增加幅度最小;信息输入时,转向盘转角标准差均值增加幅度最大。信息输入时,驾驶员需要用手去进行操作,此行为对驾驶主任务干扰较大,导致驾驶员对转向盘的控制能力减弱,严重危害行车安全。且不同分心驾驶状态对转向盘转角标准差影响显著($P<0.05$),驾驶员个体差异对转向盘转角标准差影响不显著($P>0.05$)。

(4)转向盘转角角速度标准差

转向盘转角角速度标准差可以直接体现驾驶员对转向盘控制的缓急程度和车辆行驶的平稳性,侧面反映出打车软件分心行为对驾驶员对车辆横向控制能力的影响。转向盘转角角速度标准差可由以下 3 个公式推导获得,正负符号表示方向,转向盘顺时针转动为负,逆时针转动为正。

$$\mathrm{SW}_{\mathrm{STD}}=\sqrt{\frac{1}{N-1}\sum_{i=1}^{N}(\mathrm{SW}_i-\overline{\mathrm{SW}}_m)^2} \tag{8-5}$$

$$\mathrm{SW}_i=\frac{\Delta\,\mathrm{SA}_i}{\Delta t}=\frac{\mathrm{SA}_{(i)}-\mathrm{SA}_{(i-1)}}{t_{(i)}-t_{(i-1)}} \tag{8-6}$$

式中:$\mathrm{SW}_{\mathrm{STD}}$——转向盘转角角速度标准差(rad/s);

N——所测样本个数(个);

SW_i——各测点转向盘转角角速度(rad/s);

$\overline{\mathrm{SW}}_m$——转向盘转角角速度均值(rad/s),计算公式为:

$$\overline{\mathrm{SW}}_m=\frac{1}{N}\sum_{i=1}^{N}\mathrm{SW}_i \tag{8-7}$$

$\mathrm{SA}_{(i)}$——各测点转向盘转角(rad);

$t_{(i)}$——各测点所处时刻(s)。

对不同分心状态下的转向盘转角角速度标准差进行统计,统计结果如表 8-25 所示。

转向盘转角角速度标准差描述性统计表(单位:rad/s)　　表 8-25

驾驶状态	均值	标准误	极小值	极大值	全距
正常驾驶	3.980	0.180	2.004	6.482	4.478
通话	4.625	0.164	2.405	6.448	4.043
与乘客交谈	4.555	0.194	2.011	6.532	4.521
查看信息	5.145	0.190	2.535	7.128	4.593
信息输入	5.263	0.210	2.379	7.380	5.001

从表 8-25 可以看出,驾驶员进行打车软件分心操作时,转向盘转角角速度标准差值均增大,驾驶员对车辆的横向控制能力较正常情况下均有所减弱,同时进行视觉类的分心操作时,减弱的幅度更大。

8.3.2.3　非常规驾驶场景下打车软件分心对事件感知指标的影响

(1)避撞反应时间

正面碰撞场景避撞反应时间为从行人开始出现,到驾驶员采取紧急制动行为的时间间隔。追尾碰撞场景避撞反应时间为从前车制动灯亮起,到驾驶员采取紧急制动行为的时间间隔。侧面碰撞场景避撞反应时间为从左侧车辆开始出现,到驾驶员采取紧急制动行为的时间间隔。不同危险场景中的避撞反应时间统计结果见图 8-15。正面、追尾、侧面碰撞场景避撞反应时间的显著性检验结果见表 8-26~表8-28。

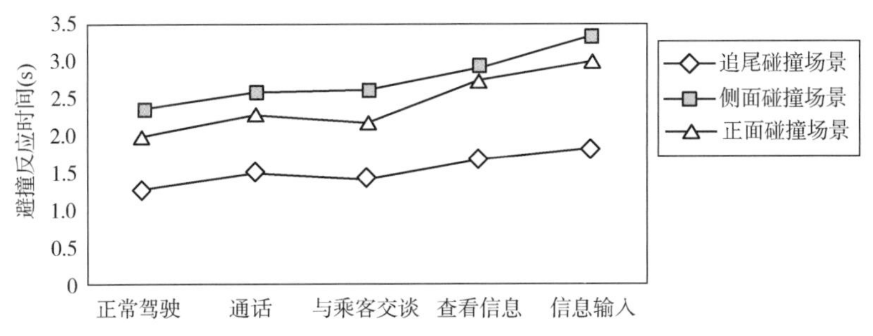

图 8-15　危险场景中驾驶员避撞反应时间统计结果

正面碰撞场景避撞反应时间显著性检验结果　　表 8-26

来源	平方和	自由度	均方	F 值	P 值
不同状态	5.241	4	1.310	10.857	0.000
人员	8.022	39	0.206	1.705	0.012
误差	18.825	156	0.121		
总和	32.088	199			

追尾碰撞场景避撞反应时间显著性检验结果　　表 8-27

来源	平方和	自由度	均方	F 值	P 值
不同状态	10.397	4	2.599	23.452	0.000
人员	7.946	39	0.204	1.838	0.005
误差	17.289	156	0.111		
总和	35.632	199			

侧面碰撞场景避撞反应时间显著性检验结果　　表 8-28

来源	平方和	自由度	均方	F 值	P 值
不同状态	22.280	4	5.570	62.450	0.000
人员	6.677	39	0.171	1.919	0.003
误差	13.914	156	0.089		
总和	42.870	199			

从表 8-26~表 8-28 可知,驾驶员在执行打车软件分心任务时,其避撞反应时间都会有所增长。3 种危险驾驶场景中,不同的驾驶状态对驾驶员避撞反应时间结果有显著影响,驾驶员个体差异也会对避撞反应时间结果造成显著影响,即每位驾驶员对危险刺激的反应能力有显著性差异。与此同时,视觉分心行为对驾驶员避撞反应时间影响大于认知分心行为,信息输入对驾驶员避撞反应时间影响最大。

(2)避撞操作措施

正面碰撞场景避撞操作措施的选择见表 8-29。正面碰撞场景中,驾驶员大多采用减速避撞方式。大多数驾驶员正常驾驶时能对危险场景做出正确的反应并减速。但当驾驶员执行打车软件分心任务时会因为分心任务的干扰而未及时采取避撞措施,导致正常的减速行为已经不能避免碰撞事故的发生,多数驾驶员会选用猛打转向盘的方式来避开行人。

正面碰撞场景避撞操作措施选择　　表 8-29

驾驶状态	采用不同避撞操作措施的比例			
	减速	加速	转向	未采取措施
正常驾驶	100%	0%	2.5%	0%
通话	100%	0%	7.5%	0%
与乘客交谈	100%	0%	10.0%	0%
查看信息	90.0%	0%	15.0%	10.0%
信息输入	82.5%	0%	25.0%	17.5%

追尾碰撞场景避撞操作措施的选择见表 8-30。追尾碰撞场景中,驾驶员主要采取减速方式来避撞。认知分心任务对驾驶员采取何种避撞措施的影响较小,但是视觉分心任务对驾驶员决策能力影响较大,会导致少数驾驶员未采取避撞措施。同时随着打车软件分心任务难度的加大,采取转向避撞操作措施的人数也有所增加。

追尾碰撞场景避撞操作措施选择　表 8-30

驾驶状态	采用不同避撞操作措施的比例			
	减速	加速	转向	未采取措施
正常驾驶	95.0%	5.0%	5.0%	0. 0%
通话	92.5%	7.5%	7.5%	0.0%
与乘客交谈	92.5%	5.0%	5.0%	0. 0%
查看信息	92.5%	5.0%	10.0%	2.5%
信息输入	87.5%	5.0%	12.5%	7.5%

侧面碰撞场景避撞操作措施的选择见表 8-31。侧面碰撞场景中,驾驶员主要采用减速方式避撞。正常驾驶时,驾驶员的反应时间较短,驾驶员大多会采用加速的方式穿过路口;而驾驶员进行打车软件操作时,驾驶员采取措施的时间减短,采用加速避撞方式的人数比例降低;驾驶员执行打车软件分心任务会分散驾驶员的注意力,导致未采取措施的驾驶员比例上升。

侧面碰撞场景避撞操作措施选择　表 8-31

驾驶状态	采用不同避撞操作措施的比例			
	减速	加速	转向	未采取措施
正常驾驶	85.0%	15.0%	2.5%	0.0%
通话	90.0%	7.5%	5.0%	2.5%
与乘客交谈	92.5%	7.5%	7.5%	0.0%
查看信息	87.5%	5.0%	5.0%	7.5%
信息输入	85.0%	2.5%	5.0%	12.5%

8.3.3　打车软件分心控制策略

8.3.3.1　打车软件分心检测模型

(1)模型构建

以下介绍一种基于 SVM 模型的打车软件分心检测模型。本书第 2 章对 SVM 模型的原理和建模流程进行了介绍,在此不再赘述。SVM 模型将驾驶状态分成 3 类,正常驾驶状态为第 1 类,打车软件认知分心驾驶状态为第 2 类,打车软件视觉分心驾驶状态为第 3 类,驾驶状态特征分类数 $k=3$。通过间接法中的一对多法训练 3 分类支持向量机,构造 3 个二分类器,每个支持向量机把 3 个驾驶状态中的 1 类数据与其他 2 类数据进行区分。构建打车软件分心检测模型流程图,如图 8-16 所示。

(2)模型评价

在正常驾驶数据库、认知分心数据库、视觉分心数据库中各随机选择 40 组作为测试样本数据库,对搭建的 SVM 检测模型进行测试。模型的评价指标有 2 个:正确检测率和误判率。正确检测率常被用来验证模型效度,计算公式为:

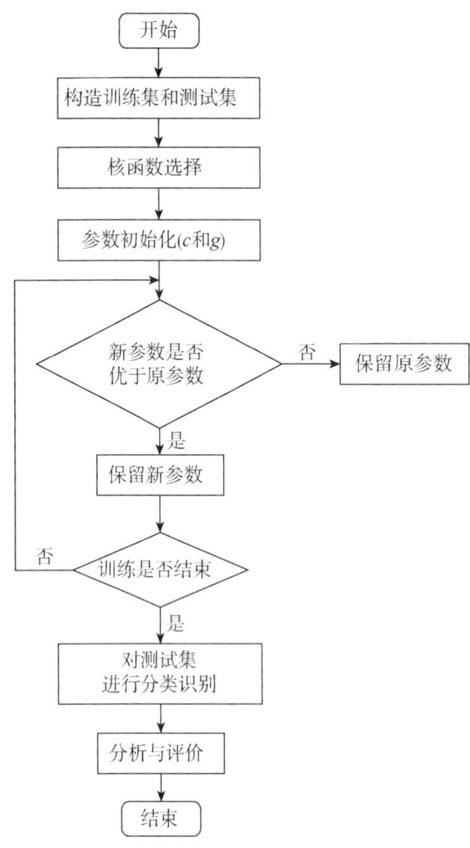

图 8-16　打车软件分心检测模型流程图

$$P_n=\frac{q_n}{Q_n}\qquad n=1,2,3 \tag{8-8}$$

式中：P_n——模型对第 n 类驾驶状态的正确检测率(%)；

n——驾驶状态：1-正常驾驶，2-认知分心驾驶，3-视觉分心驾驶；

q_n——第 n 类驾驶状态测试样本中，被正确识别的样本数(个)；

Q_n——第 n 类驾驶状态中的总样本数(个)。

正确检测率能有效评判模型对驾驶状态的辨识能力，当模型对驾驶状态辨识出错时，原因一般有 2 种：

①模型将驾驶员正常驾驶状态检测为驾驶分心状态，并给驾驶员以提示信号。这种情况对驾驶安全的影响较小，适当的提醒还可以督促驾驶员不要进行驾驶分心操作。

②驾驶员进行了驾驶分心操作，而模型却误判为正常驾驶状态。此类情况达不到模型提醒驾驶员安全驾驶的目的，并会对行车造成安全隐患。

误判率是模型效度的另一个评判指标，其计算公式如下：

$$P_{nk}=\frac{r_{nk}}{Q_n}\qquad n=1,2,3;k=1,2,3;n\neq k \tag{8-9}$$

式中：P_{nk}——模型将第 n 类驾驶状态识别为 k 类驾驶状态的误判率(%)；

r_{nk}——第 n 类驾驶状态测试样本中，被误判为 k 类驾驶状态的样本个数(个)；

Q_n——第 n 类驾驶状态中的总样本数(个)。

该模型对驾驶员正常驾驶状态、认知分心驾驶状态、视觉分心驾驶状态的正确检测率 P_1、P_2、P_3 分别为 85%、82.5%、2.5%，模型的正确检测率平均为 86.67%。从正确检测率来看，该模型对驾驶员视觉分心驾驶状态的检测率最高，对正常驾驶状态的检测率次之，对认知分心驾驶状态的检测能力最弱，但模型的总体检测效果较好。具体检测结果见图 8-17。

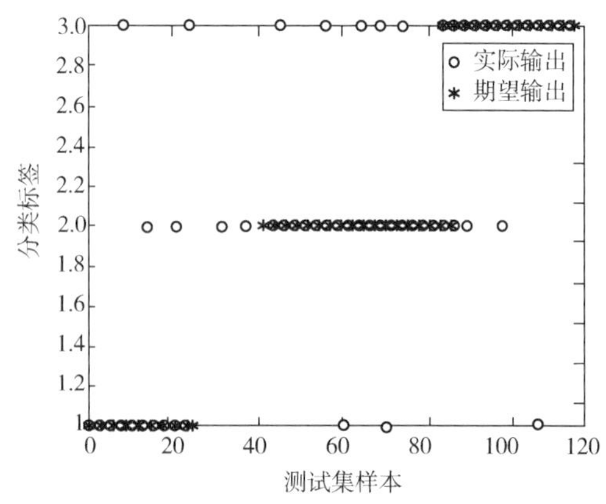

图 8-17　打车软件分心检测模型验证结果

图 8-17 中，分类标签 1 为正常驾驶，类别标签 2 为认知分心驾驶，类别标签 3 为视觉分心驾驶。对结果进行统计可知：40 组正常驾驶状态数

据中，有 34 组被正确识别，4 组被误识别为认知分心驾驶，2 组被误识别为视觉分心驾驶；40 组认知分心驾驶状态数据中，有 33 组被正确识别，2 组被误识别为正常驾驶，5 组被误识别为视觉分心驾驶；40 组视觉分心驾驶状态数据中，有 37 组被正确识别，有 1 组被误识别为正常驾驶，2 组被误识别为认知分心驾驶。

8.3.3.2　对减少打车软件分心的建议

打车软件分心操作对道路交通存在巨大的危害，总体来说，需要从法律、教育和技术 3 个方面入手，限制打车软件分心操作，提高交通安全。

①制定完善的法规并加以贯彻执行。对于危险程度很大的驾驶分心活动，需要通过法律手段加以禁止。我国已经将驾驶时拨打或接听电话、观看电视的行为纳入道路交通安全法禁止行为中，但对于驾驶时使用微信和打车软件等分心行为尚无相关立法。法律手段的使用是非常必要的。对于打车软件分心操作，应给予一定的处罚，同时进行一定的宣传，让驾驶员主动减少该类操作。

②加强对驾驶员的安全教育。在驾校培训中应该加入关于打车软件分心操作危害的宣传教育。如果在驾驶员拿到驾照之前对其进行严格的教育，使其树立正确的安全观念，将更有效地改变驾驶员的行为，从而真正降低驾驶风险。

③利用新技术来减少打车软件分心操作的发生。随着辅助驾驶系统的发展，今后可以对驾驶员的各种不当行为（包括分心行为）及时进行提醒和警示，以减少分心操作，保障交通安全。例如，在手机上增加专门的驾驶模式，类似手机的飞行模式，当驾驶员将要驾驶车辆时，可以一键启动驾驶模式，使其无法操控手机。同时，还可以对打车软件进行优化设计，过滤掉非紧急的、容易导致驾驶分心的信息，仅将重要的信息呈现给驾驶员，以降低打车软件分心发生的可能性。

第9章　驾驶分心主动预警技术

本章研究驾驶分心主动预警技术，在分析已有设计标准和自适应技术的基础上，确定基于人车交互系统的驾驶分心对策，给出IVIS分心预警方法、减少驾驶分心的车辆反馈设计以及多模式交互系统设计方法，介绍了实时驾驶分心自适应碰撞预警系统和相关分心对策。

9.1　人车交互系统驾驶分心对策

9.1.1　人车交互系统与驾驶分心

车辆和道路环境中的人车交互（Human Machine Interaction，HMI）系统和功能的迅速发展带来了许多设计挑战，包括技术相关的设计挑战（如多功能集成、错误警报）和安全相关的设计挑战（如驾驶分心、嗜睡、自动化和行为适应）。

随着车辆集成新技术、售后服务系统和便携式设备不断应用到智能车辆上，由此导致的驾驶分心事故数量也随之不断增加。相关研究表明：驾驶员与新技术交互导致的驾驶分心事故约占所有驾驶分心事故的15%～20%。目前，车辆以及便捷式技术主要呈现以下几种发展趋势：

①电子及远程通信设备正在变得多功能化，如手机可以接收电子邮件、拍照、提供定位和路线信息。

②信息、通信和娱乐设备变得越来越便携化，不再由电话线或者车辆终端连接，消费者的通信和娱乐不受时间和地点的限制。

③行业高度多样化，行业范围从原来的传统供应链扩展到汽车制造商的售后市场以及消费类电子设备制造商。

④新产品的开发、引进及改进非常迅速，一般用户每隔18～24个月就会更换便携式设备。

⑤车辆界面允许便携式设备同内置的其他设备进行通信连接，便携式设备可以在设有专用屏幕的车辆上显示信息。

⑥车辆可以接收外部信息，如限速、目的地信息及测速摄像头位置等。

新技术的发展趋势挑战了传统的设计方法。及时评估新技术导致驾驶分心的可能性，采取积极有效的措施防止新技术增加碰撞风险，同时保留其潜在优势，才能适应其快速创新及发展。

应对人车交互系统导致的驾驶分心的对策主要包含设计阶段驾驶分心对策和实时驾驶分心对策。

9.1.2 设计阶段驾驶分心对策

设计阶段的主要对策是避免导致驾驶分心的系统设计。汽车制造商、售后服务系统供应商、便携式设备供应商、信息及服务供应商通常参与人车交互系统的设计、生产和供给。

9.1.2.1 设计准则和标准

设计阶段必须平衡安全、成本、包装、复杂性、美学等因素。系统的设计包括总体设计、安装、信息呈现、显示与控制交互、系统行为及信息等。

人机工程学的准则和标准是设计阶段需要考虑的一个方面,可应用于以用户为中心设计(User-Centered Design,UCD)的不同阶段,如在驾驶系统中引入基于人机工程学的人机界面设计。一些国家已经制定了与驾驶分心相关的界面设计、评估准则和标准,一般包括3种类型:

①设计标准。提供车辆系统在物理或几何特性方面的设计规范。

②性能标准。规定系统在按照规定的测试方法进行测试时必须达到的最低性能水平。

③面向过程的标准。在组织和开发过程中,建立一个以执行为导向的制度和程序。

由于各个标准存在一定局限性,因而需采用组合标准。面向过程的标准支持创新,但需要大量的组织实施。性能标准的发展需要政府、产品制造商、服务提供商和消费群体共同推进。

目前存在许多设计和性能准则、标准,如美国汽车制造商(AAM)准则、日本汽车制造协会(JAMA)准则和国际标准化组织(ISO)标准,旨在限制来自车内信息和通信系统导致的驾驶分心。

现有设计和性能标准存在以下主要问题:

①缺乏统一的质量体系和标准。需进一步研究开发新的界面设计标准和性能标准,并补充原有设计标准。

②如何将评估与IVIS交互产生的驾驶分心的个别方法整合为综合评估体系,以评估其使用安全性。

③相关准则和标准阐述不够详细、简明、明确。

④准则和标准以用户为中心进行设计,确保其有用、可靠、有效、用户界面友好,并最终被用户所接受。

⑤目前已有的准则主要是为了减少驾驶员与IVIS交互时产生的驾驶分心,重点是系统的人机工程学设计。应该扩大现有指南和标准的范围,将减少驾驶分心的辅助系统纳入指南。

除制订指南和标准外,一些组织和机构还制定了相应的设计检查表和安全检查表。设计检查表能够以标准化方式对IVIS关键安全功能进行快速的结构化评估,并确定人机交互设备是否符合行业标准。安全检查表可以对驾驶员与IVIS技术交互产生的驾驶分心进行评估。

9.1.2.2　先进驾驶辅助系统的准则和标准

先进驾驶辅助系统（Advanced Driver Assistance Systems，ADAS）为部分或完全自动地使用一些与驾驶相关的功能［如正向碰撞警告（Forward Collision Warning，FCW）系统、车道偏移警告（Lane Departure Warning，LDW）系统、智能速度适应（Intelligent Speed Adaptation，ISA）系统和车载导航系统（In-Vehicle Navigation System，IVNS）］提供了一种机制。对系统进行精心设计和评估，可以减少驾驶员的工作量和驾驶分心。

9.1.2.3　UCD 对策

针对 UCD 流程的 ISO 标准（ISO 13407）旨在指导硬件和软件设计人员制定和计划有效且及时的 UCD 活动。它定义了在整个开发周期中 UCD 活动的一般流程，但未给出明确的方法。UCD 流程的一个关键部分是评估，最好是通过与实际用户进行测试来进行评估。ISO 13407 标准指定了所使用的程序、收集的信息以及使用结果。

在汽车领域，评估方法和度量标准已在 UCD 流程的不同阶段中广泛使用，以限制驾驶分心对驾驶绩效的影响。但是，对于导致驾驶分心的驾驶活动可用哪种评估方法和度量标准进行评估，以及在 UCD 流程的各阶段最适合使用哪种评估方法和度量标准，尚未达成共识。

9.1.2.4　人机交互界面集成对策

随着人车交互系统功能不断完善，输入、输出控制设备以及相关驾驶行为复杂性也随之增加。实现人机交互界面集成是充分发挥智能车辆技术潜力的必要条件，但目前面临许多技术层面的挑战，如界面设计、众多应用程序之间的映射、输入与输出设备、重新配置性和可扩展性。人机交互界面集成也涉及许多人为因素，如驾驶员如何解决多个警告同时出现以及与多个不同系统同时进行交互的问题。人机交互界面集成的主要作用是通过使用实时集中的 HMI 管理来解决不同系统之间的显示冲突，如电话信息和导航信息之间的显示冲突。

9.1.2.5　激励机制

即使是最符合人机工程学的车辆驾驶系统设计，如果驾驶员没有相关需求，也无法有效发挥作用以限制驾驶分心影响。有许多激励机制可以刺激驾驶员对优化车辆安全性的技术需求。欧洲新车评估计划（European New Car Assessment Program，EuroNCAP）和其他的类似计划，在安全带提醒器、安全气囊设计等方面已经制订相应的激励计划。

9.1.3　实时驾驶分心对策

实时驾驶分心对策包括两方面的内容：实时驾驶分心预防（关注驾驶员工作负荷管理）和实时驾驶分心缓解（关注驾驶分心警告与反馈）。

9.1.3.1　实时驾驶分心预防对策

实时驾驶分心预防对策即驾驶员工作负荷管理，通过当前驾驶状况或驾驶员状态对 IVIS 信息进行优先级排序和调度。常见的实时驾驶分心预防功能包括以下内容：

①信息调度，旨在确保驾驶员只在需要时接收信息，并确保驾驶员可以接收到信息。

②需求建议，旨在阻止使用导致分心的设备，如阻止操作 MP3 播放器、手动拨打电话和使用导航系统等功能。

③功能锁定，在某些特定情况下完全禁用某个功能或子功能。

④信息格式调整，根据当前驾驶情况改变信息呈现的方式和时间。

沃尔沃（VOLVO）和萨博（SAAB）汽车已经部分实现了实时分心预防。便携式设备同样需要实现驾驶分心预防功能，如手机服务提供商检测到驾驶员正在驾驶，仅为其提供信息服务，或要求驾驶员在接听或拨打电话之前确认自己没有驾驶车辆。

9.1.3.2　实时驾驶分心缓解对策

实时驾驶分心缓解对策主要目的是缓解驾驶分心，将驾驶员的注意力转向驾驶主任务。根据系统设定的预定标准，帮助驾驶员将注意力转移到驾驶主任务上。主要对策如下：

①视觉分心预警，对驾驶员不适当的视觉分心行为进行提醒，并"训练"驾驶员识别极限。

②认知分心提醒，当注意力过度转向非驾驶相关任务时，向驾驶员提供反馈，以提醒驾驶员提高警觉性。

9.1.3.3　自适应碰撞预警对策

自适应碰撞预警系统可及时警告驾驶员适应车辆或环境的某些状态，改善预警功能的有效性和可接受性。自适应碰撞预警系统实现了对预警情景的评估调整，如评估视线偏移道路、视觉分心、认知分心、驾驶需求、驾驶员损伤、驾驶员操纵意图、高交通风险和驾驶员特征信息，调整警告发出时间、强度、持续时间、复杂性和形式。

自适应预警的作用不是抵消驾驶分心，而是优化碰撞预警功能。大多数研究都是针对 FCW 和驾驶分心自适应（Distraction-Adaptive，DA）展开的。FCW 系统通常根据注意力分配来调整预警时序；DA 车道偏移警告在驾驶员注意集中时取消警告，在检测到驾驶分心时提供早期车道偏移警告；DA 速度警告在检测到驾驶分心时发出早期警告；DA 自适应巡航控制自动逐渐增加与前方车辆的车头时距，或在检测到驾驶分心时改变设定行驶速度以延长反应时间。

9.1.4　自适应交互技术

早期采用自适应交互技术的是通用智能驾驶员辅助（GIDS）项目，应用多资源注意分配理论评价驾驶主任务和车内次任务工作负荷，如转向、超车及计划的车内次任务，基于信息估计及工作量确定车内次任务优先等级。车内多媒体通信（COMMUNICAR）项目，基于车辆行驶数据及神经网络模型评估驾驶主任务工作负荷。最近开展的两个研究项目，一项是由

NHTSA 资助的采用自适应交互界面技术的安全车辆研究项目(SAVE-IT),研究和评估应用自适应交互技术的潜在安全效益,通过实时监控道路条件及驾驶行为来管理各种 IVIS;另一项是由欧洲委员会资助的欧洲自适应人机交互项目(AIDE),旨在通过应用新技术和便携设备以降低驾驶员驾驶分心水平。

另外,自适应交互技术可以自动完成工作管理,干预策略和预防策略均可被采纳。应用干预策略,当驾驶员所表现的驾驶分心水平超出某一特定阈值时,信息会反馈给驾驶员。如驾驶员眼睛离开道路的时间超过某一时间阈值,驾驶员收到反馈消息提示其减少驾驶分心。应用预防策略,禁止或不建议驾驶员使用车内特定设备、功能。

总之,汽车行业一直在积极研究各种分心对策和发展各种新技术,以防止和减轻驾驶分心。由于驾驶是一项复杂的多任务活动,驾驶主任务和车内次任务本身的要素(与车辆控制和道路监控有关)就有可能转移驾驶员注意力。因此,通过以驾驶员为中心的自适应交互技术设计,减少竞争任务,转移注意力到安全驾驶相关任务,也是车辆制造商、售后服务系统供应商、便携式设备供应商和道路交通管理部门的共同责任。

9.2 车载信息系统分心预警

9.2.1 减少 IVIS 使用以降低驾驶分心的接受度调查

传感器、无线通信和计算机技术的快速发展产生了一系列娱乐、通信和车辆驾驶辅助设备。然而,由于 IVIS 与驾驶之间存在冲突,这些设备也可能会影响驾驶安全。

实时评估道路交通环境复杂程度的目的是判断维护驾驶安全需要驾驶员投入的资源程度,为降低 IVIS 分心影响提供判断依据。当车辆处于较为简单的交通环境中时,车载收音机和车载 CD 播放器的使用对驾驶员造成的驾驶分心程度较低,车载 MP3 播放器对驾驶员造成的驾驶分心程度处于中等水平,而车载导航的使用对驾驶员造成的驾驶分心程度较高。

根据 IVIS 对驾驶员造成的不同驾驶分心程度,同时考虑不同复杂程度的交通环境对驾驶员注意资源需求不同,需警告或禁止驾驶员使用某一 IVIS。

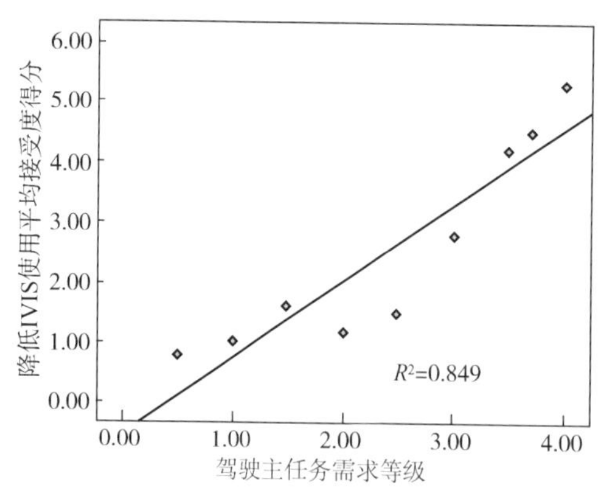

图 9-1 不同复杂程度交通环境下减少 IVIS 使用的接受度得分

为了让被试者对不同复杂等级的道路交通环境有更加直观的感受,从自然驾驶视频资料中获取一部分跨度范围较大的视频资料。对于各视频提供的样本资料,考虑实验中车载收音机、车载 CD 播放器、车载 MP3 播放器和车载导航对驾驶员造成的多通道驾驶分心程度,确定在该视频的交通环境条件下是否应该减少某一 IVIS 设备的使用以降低其对驾驶员造成的驾驶分心影响。对于视频中体现的不同交通环境,可根据复杂度等级表进行等级判定。

图 9-1 为不同复杂度等级的交通环境下减

少 IVIS 使用以降低驾驶分心的接受度平均得分之间的关系。其中，接受度以连续数值表示，0 表示不接受，2 表示接受程度较差，4 表示接受程度一般，6 表示接受程度良好。

从图 9-1 中可以看出，当车辆所处的交通环境较为简单时，只有少数被调查者愿意接受减少 IVIS 使用的建议；而当交通环境很复杂时，多数被调查者选择接受该建议。随着交通环境复杂程度的增加，对通过减少 IVIS 的使用以降低驾驶分心的认可度也随着增加，二者之间的相关系数为 0.886，具有较大的相关性。

9.2.2　IVIS 驾驶分心预警措施

基于实时道路交通环境复杂程度预测驾驶员资源投入程度的需求，当车辆所处的交通环境的复杂程度达到某一级别时，应采取相应的预防分心对策。此时，应减少或禁止驾驶员在开车时进行某种 IVIS 设备的操作或使用，以减少造成的驾驶分心。根据 9.2.1 节的调查结果，随着交通环境的复杂性和驾驶难度的增大，驾驶员对于减少 IVIS 使用以降低驾驶分心的认可度上升，但是对于驾驶员是否能够接受禁用 IVIS 设备，还需通过问卷调查方式得到相关信息。

当驾驶员的眼睛注视点或头部姿势在前方角度为 24°×24°的矩形区域范围内时，认为驾驶员的视野范围为前方道路；而当 IVIS 的使用造成驾驶员的资源投入离开驾驶主任务的时间超过某一阈值时，车道位置偏差、驶离车道次数、制动反应时间等指标将明显增加，行车危险性增大。相关研究表明：车辆在行驶时，如果完成某项车内次任务时总扫视时间不超过 20s，单次扫视时间不超过 2s，可认为执行该任务是安全的。

通过问卷调查的形式，对减少 IVIS 使用以减少驾驶分心对策的接受度进行调查，以确定在不同复杂程度的交通环境中开车时可以进行哪些 IVIS 操作。评分标准为：允许使用，得分为 1；建议不使用，得分为 2；禁止，得分为 3。调查操作主要包括：调节车载收音机、收听车载收音机/车载 CD 播放器、使用车载 CD 播放器（打开或者更换唱片）、读取车载导航中指路信息和使用语音路径诱导系统。交通环境复杂度等级与减少 IVIS 使用的接受度之间关系见图 9-2。

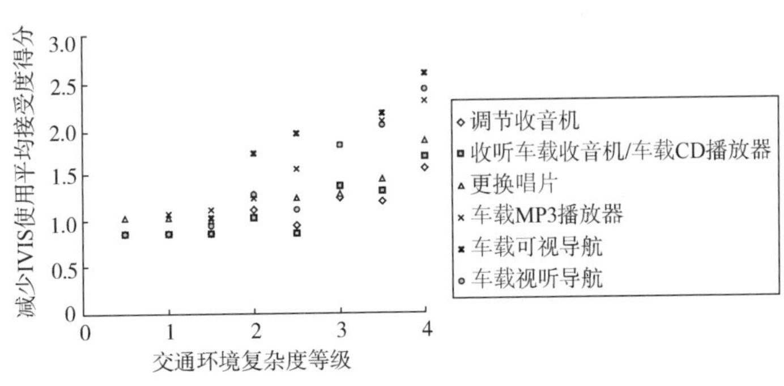

图 9-2　不同交通环境复杂度下对减少 IVIS 使用的接受度

通过前面的分析结果，得到不同复杂程度交通环境下的 IVIS 分心预防策略，见表 9-1。

不同复杂程度交通环境下的 IVIS 分心预防策略　　表 9-1

IVIS 操作	交通环境复杂度等级			
	1	2	3	4
调节收音机	—	—	警告	警告
收听车载收音机播放器/车载 CD 播放器	—	—	—	警告
更换唱片	—	警告	警告	禁止
播放 MP3	—	警告	警告	禁止
车载可视导航	—	警告	警告	禁止
车载视听导航	—	警告	警告	禁止

由表 9-1 可知，是否对某种 IVIS 的使用或操作采取禁止或警告，取决于车辆所处的交通环境复杂度等级和 IVIS 的操作复杂性。驾驶员在驾车时，即使所处的交通环境较为简单，也需谨慎更换唱片和使用车载 MP3 播放器、车载导航设备；当交通环境的复杂程度为中等偏上时，应禁止更换唱片、查看车载导航设备提供的路径信息。

总之，分配给车内次任务的注意力水平必须与其任务需求相匹配才能满足安全驾驶要求。不鼓励驾驶员在驾驶时使用车载 MP3 播放器、查看车载导航、使用车载语音导航等；当交通环境很复杂时，除收听车载收音机及车载 CD 播放器外，对使用任何其他设备或功能均应发出警告。

9.2.3 IVIS 自适应交互策略

为了降低 IVIS 对驾驶员造成的多通道驾驶分心，除了采取合理的使用建议，提高驾驶员的安全驾驶意识，还需要技术手段的支持。对 IVIS 设备的设置及操作方式进行完善，其中一种重要的技术手段是自适应交互技术。自适应交互技术具体的应用有以下几个方面：

①可以通过对车辆的具体操作，对驾驶过程中的外部环境变化进行估计，并通过神经网络等模型进行计算，得到在当前交通环境下安全驾驶对驾驶员资源的需求程度。在此基础上，对 IVIS 设备的操作可行性进行管理。当判定当前的交通环境较为复杂，对驾驶员的资源投入程度要求较高时，结合 IVIS 对驾驶员造成的驾驶分心程度，锁定某些 IVIS 操作。

②利用自适应交互技术，可以对驾驶员的行为状态进行监测，进而发出预警信息。当驾驶员表现出来的驾驶分心水平达到或者超出某一阈值时，将相应的反馈信息反馈给驾驶员。例如当驾驶员的注视点离开前方道路的时间超过某一时间阈值时，驾驶员收到反馈消息，提示驾驶员尽快将视线转回到前方道路，以避免由于驾驶员视觉分心而造成交通事故。

③提供预警信息。自适应交互技术可以自动完成工作量管理。应用干预策略，当驾驶员由于驾驶分心而造成反应时间过长时，车辆碰撞系统提供预警信息，避免由于操作不及时造成的碰撞事故。

另外，除了自适应交互技术外，对 IVIS 界面进行整合也是减少 IVIS 造成的驾驶分心的有

效措施,可以从以下方面进行改进:

①提高语音接口技术的精度,尽量减少 IVIS 设备的按键功能,减少驾驶员进行操作时其手离开转向盘、眼睛离开前方路面的时间。

②简化 IVIS 操作步骤,减少驾驶员进行操作时的注视时间和手离开转向盘的时间。

③增加安全保证措施,以降低驾驶员的驾驶分心程度。如目前对于车载导航造成的驾驶分心的应对措施主要是在车辆行驶时自动锁定导航系统的手动输入功能,以降低驾驶员的驾驶分心程度,提高行车安全性。

9.3　减少驾驶分心的车辆反馈设计

9.3.1　车辆反馈与驾驶分心

向驾驶员提供反馈是一种减少驾驶分心的方法。反馈可以定义为向驾驶员提供车辆系统状态信息,引导驾驶员做出积极行为以提高即时驾驶绩效。即时驾驶绩效是驾驶主任务中可以通过 IVIS 来反映的固有反馈,可以提醒驾驶员注意道路状况或减轻驾驶分心。

在驾驶过程中驾驶环境快速变化,如果驾驶员出现驾驶分心或认知错误,就无法准确识别。在这种情况下,反馈可以根据危险情况向驾驶员提供警告或引导驾驶员做出恰当反应,也可以帮助驾驶员了解什么是不安全行为并最终改变驾驶行为。反馈可对驾驶员的即时反应和长期驾驶行为产生影响。现有的一些反馈方式不是针对驾驶员定制的,驾驶员不会收到对驾驶行为影响较小的即时反馈。新技术的引入可以提供有效的方法来缓解驾驶分心,同时提醒驾驶员注意其他不当行为。

时间维度的反馈设计策略考虑了车辆系统对驾驶绩效的即时影响及驾驶分心的长期影响。驾驶员意识不到执行驾驶分心任务产生的潜在危险就无法做出最安全选择,并可能导致不良后果。反馈可以提高即时驾驶绩效,但一旦取消反馈,这种效果并不能持续,除非进行驾驶信息更新来引导驾驶员改变驾驶行为。需要制定减少驾驶分心的车辆反馈设计策略,减轻驾驶分心对即时驾驶绩效的影响,并引导更安全的长期驾驶行为。

9.3.2　反馈的时间尺度

驾驶分心缓解系统中有 4 种反馈时间尺度——并发(毫秒)、延迟(秒)、回顾(分钟、小时)和累积(天、周、月)。并发反馈可以提高偏移车道驾驶员的驾驶绩效,使驾驶员停止手机通话。并发反馈会提高驾驶员的车道保持能力,不会对驾驶员下次出行使用手机的意愿产生影响。长时间向驾驶员报告累积车道偏移情况可让其清楚地意识到驾驶过程中使用手机通话是如何导致车道偏移的,可降低驾驶员在驾驶过程中使用手机的意愿。

随着反馈时间的延长,反馈的目标将从提高即时驾驶绩效转变为引导更安全的驾驶行为,见图 9-3。

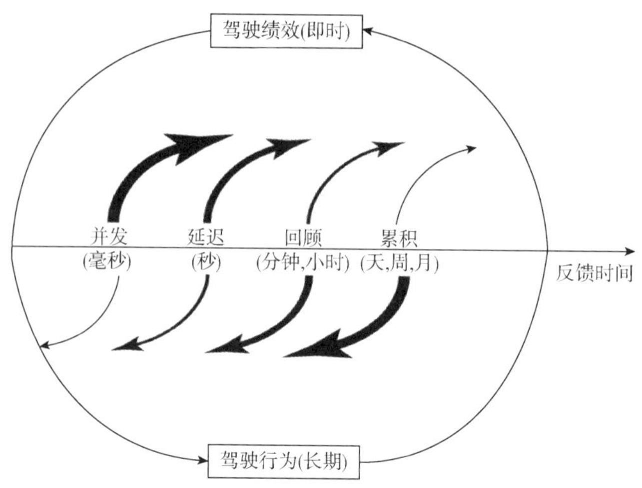

图 9-3　反馈时序的等级和对目标影响的大小(由箭头的粗细表示)

各种反馈时间尺度的利弊如表 9-2 所示。

不同反馈时间尺度的利弊　　表 9-2

时间尺度	优　点	缺　点
并发反馈	①提高驾驶绩效。 ②帮助驾驶员学习安全操作	①驾驶员可能会不恰当地适应反馈。 ②非直观反馈会提高驾驶分心的程度。 ③低接受度会导致反馈无效。 ④过度依赖反馈会导致危险(如反馈失效)。 ⑤影响执行即时任务。 ⑥延迟影响反馈效果。 ⑦干扰 IVIS 的交互
延迟反馈	①告知驾驶员正确和不正确的驾驶行为,避免驾驶员认知过载。 ②提高驾驶绩效。 ③帮助驾驶员学习安全操作	①事件发生时未提供即时反馈,无法提高即时驾驶绩效。 ②延迟会破坏反馈效果。 ③干扰 IVIS 的交互。 ④低接受度会导致反馈无效
回顾反馈	①向驾驶员解释不安全驾驶行为,并且不会造成驾驶员认知过载。 ②提高驾驶绩效。 ③增强驾驶员对已完成行程的记忆。 ④通过驾驶员意图和驾驶过程中发生事件改变驾驶行为	①事件发生时未提供即时反馈,无法提高即时驾驶绩效。 ②需要驾驶员主动接收信息。 ③驾驶员可能无法将反馈与事件联系起来。 ④低接受度会导致反馈无效
累积反馈	①向驾驶员解释不安全驾驶行为,并且不会造成驾驶员认知过载。 ②提高未来驾驶绩效。 ③增强驾驶员对已完成行程的记忆。 ④改变不正确驾驶行为	①事件发生时未提供反馈,因此无法提高即时驾驶绩效。 ②要求驾驶员主动接收信息。 ③驾驶员可能无法将反馈与事件联系起来。 ④低接受度会导致反馈无效

9.3.2.1　基于时间反馈的驾驶员信息处理模型

基于时间反馈的驾驶员信息处理模型包含了 5 个阶段，即意图、感知、认知、行动和干扰，其中前 4 个阶段用来表示安全驾驶行为模型，如图 9-4 所示。

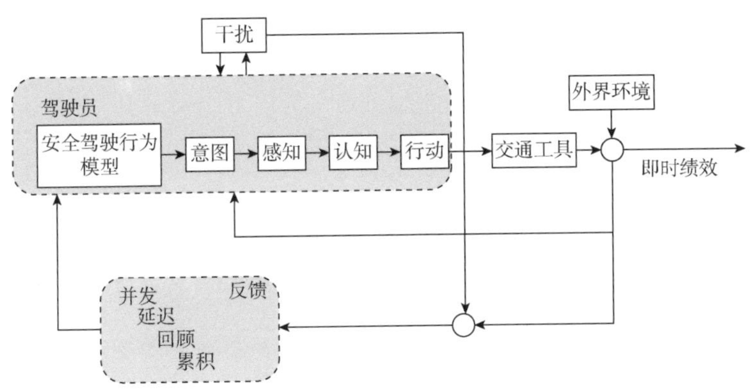

图 9-4　驾驶员对不同时间尺度反馈做出反应的过程

意图阶段定义为确定近期驾驶目标的优先顺序序列，这种定义没有考虑驾驶员执行驾驶分心任务的意图。然而，驾驶员的意图会为驾驶主任务和非驾驶主任务设定目标。为了确定执行驾驶分心任务的目的（驾驶和非驾驶均相关），该模型包含了意图阶段到干扰阶段之间的联系，表明除驾驶员自身因素外，外界干扰也会导致驾驶分心。

模型假设驾驶员的基本意图是安全驾驶，不考虑任何其他任务。5 个阶段之间存在相互作用，驾驶员对环境的感知可以更新意图，认知可以通过引导注意力到环境的不同方面来改变感知。安全驾驶行为模型可以改变驾驶行为，直接有助于意图和感知的反馈，可以提高即时驾驶绩效。每个反馈时间尺度对这些阶段都有不同程度的影响。

9.3.2.2　并发反馈

当车内次任务与外部干扰发生冲突时，可实时向驾驶员提供并发反馈。如果驾驶员处于驾驶分心状态或者没有对道路状况做出适当反应，并发反馈会提醒驾驶员停止车内次任务，将注意力转移到道路上，以提高即时驾驶绩效。

并发反馈可能加剧驾驶分心。如果驾驶员过分依赖反馈来识别危险，在反馈机制失效时会难以做出适当反应，并且在驾驶分心状态下也可能过滤警告系统信息。如果反馈系统不可靠，对反馈系统的依赖性会危及驾驶安全。

除了驾驶员不恰当地依赖反馈外，不可靠反馈可能削弱驾驶员对反馈系统的接受度，导致驾驶员忽略（或停用）并发反馈。不可靠反馈包括假正反馈和假负反馈。假正反馈是在不需要的情况下提供信息；假负反馈是在需要的时候没有提供信息。并非所有不可靠反馈都是有害的，假正反馈可以用来训练新手驾驶员，帮助熟悉系统，引导新手驾驶员谨慎驾驶，从而降低不可靠反馈率。为了确保反馈系统的有效性，应该确定一个可接受的不可靠反馈率。

9.3.2.3 延迟反馈

并发反馈会干扰即时驾驶绩效,不能完全有效地减轻驾驶分心。由于在驾驶过程中可用的信息处理时间和认知资源有限,并发反馈可能会增加驾驶员的任务负荷。一种避免信息超载但仍可告知驾驶员不恰当行为的方法是延迟反馈。

延迟几秒钟反馈可避免驾驶员认知超载,与并发反馈相比,延迟反馈更多地关注改变驾驶行为,而不是提高即时驾驶绩效。认知超载可定义为以下 2 种情况:

①驾驶员收到了很多反馈,仍产生了许多不当驾驶行为。

②驾驶员执行一般驾驶主任务显得异常忙碌。

由于驾驶主任务和车内次任务是交错进行的,所以这些任务可以被视为相互干扰。除驾驶任务被车内次任务打断外,道路状况对认知资源的需求也可能导致车内次任务中断,降低驾驶效率。

9.3.2.4 回顾反馈

延迟或并发反馈可以帮助驾驶员了解其驾驶行为是否安全。然而,由于驾驶员的处理能力有限,在驾驶时很难完全理解反馈的原因。

驾驶员只能在很短的时间内处理并发和延迟反馈,不可能同时了解触发反馈事件的详细信息。如果在不同时间发生的两起驾驶事件之间存在联系,那么难以通过并发或延迟反馈来呈现这种联系。然而,这些信息可以帮助驾驶员评估其长期驾驶绩效,强调错误的驾驶行为。在缺乏反馈的情况下,驾驶员往往会很快忘记他们的不良驾驶行为。

回顾反馈是在时间尺度上定义的,即在驾驶结束后向驾驶员提供最近完成的行程中适当和不适当行为信息,包括眼睛离开道路的时间以及在危险情况下驾驶分心任务数量。回顾反馈可以影响未来驾驶行为,驾驶员可以了解什么是安全驾驶、什么时候不能驾驶分心、在不同的驾驶条件下应该保持什么样的行驶速度以及如何降低驾驶风险。

9.3.2.5 累积反馈

累积反馈是对过往驾驶绩效和驾驶行为的综合总结。累积反馈集成数周或数月中的驾驶数据,与回顾反馈相似,累积反馈也可以改变驾驶员的行为。回顾反馈和累积反馈都在一段时间内提供关于多个事件的信息,通过强调错误驾驶行为来帮助驾驶员评估其驾驶绩效。

9.3.3 不同反馈时间尺度组合

并发反馈无法解决交通拥挤区域驾驶员通话时的车道变换问题,因为并发反馈需要立即做出响应,但这一问题可通过回顾反馈来解决。不同反馈时间尺度的组合可帮助驾驶员在较短的时间内接收并理解较长时间范围的反馈,其作用会随着反馈间隔时间的增加而减少。驾驶员很难将行车过程中的并发反馈和类似事件的累积反馈联系起来。在回顾反馈的作用下,并发反馈在驾驶员记忆中加强,可将累积反馈与特定事件联系起来。为了便于驾驶员理解不同的反馈时间尺度,各种反馈应采取一致的表示形式。如在高度驾驶分心情况下,橙色警示灯用于并发反馈,则回顾反馈也应该使用橙色警示灯。

9.3.4　反馈时间和反馈类型

反馈类型可以对各反馈时间尺度的有效性产生不同影响。提供给驾驶员的反馈可以是正(正确驾驶行为)的,也可以是负(错误驾驶行为)的。其中,负反馈包括错误反馈、指示性反馈和解释性反馈:

①错误反馈是指识别错误发生的反馈。

②指示性反馈是指对纠正错误提供指导的反馈。

③解释性反馈是指对产生错误的原因进行判断,并给出纠正错误方法的反馈。

错误反馈和指示性反馈可以同时出现,解释性反馈适合回顾性地呈现,需要驾驶员花费大量的时间和认知资源。

接收负反馈比正反馈需要更多的工作负荷。负反馈可以提高驾驶安全性,如车道偏移情况下,提供警告有助于避免交通事故。回顾性指出驾驶过程中车道偏移的次数,可帮助驾驶员了解其驾驶行为的不安全性。但过多的负反馈会降低驾驶员的接受度。

负反馈在提高驾驶安全性方面的效果随着时间增长而逐渐减弱,如果反馈的时间范围过长,驾驶员在离开驾驶车辆后可能不会接收驾驶绩效的回顾反馈或累积反馈。一个有效的方法是在负反馈的基础上加上正反馈,如果反馈肯定了其驾驶行为的安全性,驾驶员对回顾反馈和累积反馈的接受度就会提高。

9.4　减少驾驶分心的多模式交互系统设计

9.4.1　多模式交互系统

人车交互系统向驾驶员提供信息的最传统方式是图像可视化。图像用户界面(Graphical User Interface,GUI)是定位系统、无线电、移动电话以及其他 IVIS 中最流行的信息传递方法。GUI 会大幅地降低行车的安全性。NHTSA 研究指出,当复杂的 GUI 吸引了驾驶员的视线和注意力时,驾驶员至少需要 20s 才能恢复对周围环境的感知和对车辆的控制。在紧急情况下,对于防止发生碰撞或其他交通事故,20s 的反应延迟过长。相比在仪表板上安装显示器,安装平视显示器以及在自动驾驶系统中开发交通环境感知和信息传递功能可以更好地实现辅助驾驶功能,但其仍然存在吸引用户注意力的问题。

听觉反馈的优点在于通过音频信号呈现信息对驾驶主任务不会造成太大干扰,驾驶员可以使用语音输入获得音频响应。同时,相比于传统的语音提示和警告鸣笛,来源于意外事件方向的定向性 IVIS 音频信号反馈效果更好。与无方向音频相比,接收到定向性音频信号反馈的驾驶员对意外事件的反应更快。音频信号有效性测试表明,由于车辆内部的噪声,音频信号很容易被忽略,因此音频信号不能单独作为 IVIS 信息传递方式。

触觉反馈和触摸操作界面的使用通常被认为是克服视觉和听觉信息传递缺点的一种选择。研究表明,在IVIS实现触觉反馈,可以减少驾驶员视觉工作量与反应时间,还可以显著提升交互系统用户满意度和减少车内次任务所需时间。此外,在基于触摸操作界面的IVIS中,用户界面特性和形状会对交互系统产生较大影响,通过调节操作界面温度和改变用户界面形状,可以使触觉交互更加舒适。近年来,触觉反馈技术取得了很大的进步,驱动器技术和材料科学的发展可实现触摸操作界面主动变形。目前存在的问题是使用触摸交互技术时,至少要将一只手从转向盘上移开才能进行操作,这可能会导致安全问题。在转向盘安装触觉按钮或使用手势代替基于压力的触觉输入可以解决此问题,但最有效的方法是利用非接触式触觉反馈。

可根据任务、环境甚至驾驶员状态采用不同信息传递模式(视觉、听觉和触觉反馈)的IVIS可以提高驾驶绩效并减少完成驾驶主任务所需时间。多模式交互方法的应用可提高行车安全性。之前的研究大多针对触觉反馈技术展开,但视觉反馈(如平视投影、中央和仪表盘显示)和听觉反馈(定向音频和环绕音频)技术的研究也正在进行。由于行驶中车辆存在较大的环境(振动)噪声,如何将信息转化为触觉信号并直接传递给驾驶员非常重要。一系列研究探索了如何将触觉反馈与其他方式结合用于IVIS交互,如开发基于空气动力的非接触式触觉反馈技术、更改反馈信号的带宽以确保这些信号带宽在环境噪声带宽范围之外、在座椅内安装触觉反馈设备同时利用视觉和听觉反馈提供车内次任务信息。

9.4.2 气动反馈技术与低音扬声器设计

9.4.2.1 减少环境噪声的气动反馈技术

气动低音扬声器(Pneumatic Sub-woofer,PSW)的主要作用是提供易于感知的触摸反馈以及扩大触摸范围。在屏幕接触点上施加气压(气动)变化并不是一项新技术,但是与车辆系统的结合却是首次。大多数触摸屏要么利用触觉设备或机械系统产生气动或振动反馈,要么使触摸屏表面变形产生触觉反馈,很少将气动变化直接应用于触摸屏的触摸反馈。

气压的合理变化不仅可以刺激快速适应性,而且可以刺激皮肤中的感受器。冷感受器敏感度是热感受器的3.5倍。通过压缩和释放进行空气的置换,可以模拟对皮肤的冷却或加热作用。在合适的环境条件下,皮肤接触所呈现的气动变化可用于编码触觉信息(如为聋哑驾驶员提供环境信息)。考虑到压缩空气的反馈,需要将空气加压到储气罐中,并确保容积足够。此外,压缩和释放的过程通常会在系统内产生有害的噪声和振动。因此,放弃产生加压气动变化的常规方法,利用当前车内技术来获得期望结果,开发气动低音扬声器,利用汽车音响系统的驱动力,将气动信号发送到触摸屏表面,见图9-5。

9.4.2.2 气动低音扬声器参数和设计

气动低音扬声器的原型是通过封闭室内的2个密封低音扬声器产生加压空气脉冲,并将空气脉冲转化为气动信号发送到平板电脑触摸屏表面。通过调制数字正弦波发生器提供可变大小的气动脉冲,可对其信号幅度和频率进行调节以转换为气动触觉信号。它由2

个 140W 的标准(Raptor-6)低音扬声器组成,每个低音扬声器具有 2×4Ω 的负载阻抗,并使用最大 2×6.5A 的电流。使用特制的具有短路保护功能的线性浮动平衡功率放大器进行信号放大,该放大器对空气进行加压并将其轻轻推到触摸屏表面上以提供触觉反馈。PSW 通过将空气推入安装在触摸屏控制台底部的隐藏通道,从而抑制中央控制台触摸屏表面的空气反馈。触摸屏显示器的周围框架可确保所提供的气动反馈在车辆行驶中不受环境噪声的影响。

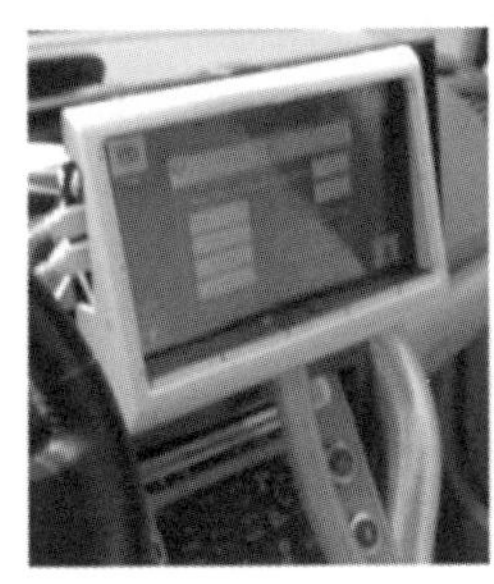

图 9-5 PSW 原型从触摸屏底部提供气动反馈

基于触摸屏的传统触觉系统的反馈效果通常取决于触摸屏类型和持续时间,持续时间决定了信号类型以及从显示器接触点(玻璃表面)到皮肤接触点(指尖)的信息传输效率。在使用非接触式反馈(如 PSW)时,可在更短的屏幕接触时间内提供类似的反馈信号,因为手指接近以及从显示器离开都可以用作在屏幕上的反馈时间。与传统的用于触摸屏交互过程中的触觉反馈相比,气动反馈很少在汽车中使用。振动触觉反馈可能会淹没在嘈杂的环境中,而气动反馈则更有效,可用于获得重要的车内次任务信息。与传统的触觉驱动装置相比,驾驶员在使用 PSW 装置时,可提高驾驶绩效和驾驶舒适性。视觉反馈与+PSW 反馈结合使用可以大幅提高驾驶绩效,并且与仅提高视觉反馈相比,在解决车内次任务导致的驾驶分心方面更为有效。

9.4.3 触觉反馈技术与线性屏幕激励器设计

9.4.3.1 克服环境噪声的触觉反馈技术

由于 IVIS 触觉反馈系统主要应用于嘈杂环境中,因此从根本上讲只有 2 种方法可以改善或增强触觉反馈:一是增加反馈信号幅度或频率,使其易于感知,但幅度的增加需要更大的功率和更多类型的驱动源,并且频率的增加会影响驾驶员对信号的接收;二是更改信号类型,使其不再以与环境噪声信号相同的带宽呈现。车辆运动和悬架将道路噪声转换为车厢振动的垂直正交分量,规避环境噪声信号的理想方法是更改所施加信息、信号的方向。垂直于车辆运动方向产生表面微位移的横向信号将比应用于触摸屏设备的正向信号更有效,这是由于与皮肤接触表面的剪切力和横向微位移可被感知器感知。因此,可通过改变接触表面微位移的频率和长度,通过横向力将接触表面微位移用于产生纹理表面的错觉。

9.4.3.2 线性屏幕激励器(Linear Screen Exciter,LSE)设备参数和设计

为了克服环境噪声,开发了一种先进的触觉反馈层,可以减少对连续视觉验证的需求。该设备使用刚性透明屏幕覆盖层,在触摸屏上通过横向驱动产生接触表面微位移。这种类型的横向驱动可在触觉嘈杂的环境生成更灵敏的反馈信号。屏幕覆盖层的横向驱动由3个构造音圈反馈器(TEAX14C02-8)组成,通过L形支架附着在透明屏幕覆盖层上,从而实现屏幕覆盖层的横向驱动。覆盖层由树脂玻璃框架(10mm宽)和100μm厚的涤纶树脂薄膜构成。

使用的触摸屏设备是一个运行Meego IVIS的Intel ExoPC,覆盖层覆盖了ExoPC的整个屏幕,并且几乎与屏幕齐平,见图9-6。在显示器的顶部和底部使用水平安装的凹槽/轨道将覆盖层滑动到适当的位置,确保一旦反馈器被触发,覆盖层将在轨道机构内有效滑动,每次都可产生平滑且相似的位移。校准发送到音圈的反馈信号,以在覆盖层中产生最大的稳定位移。此外,对设备进行先导测试后,在每个轨道内(在覆盖层边缘的两侧)固定2个定界符,以确保覆盖层的位移不超过2mm(左、右方向各不超过1mm)。确保在嘈杂的环境中位移保持一致以及未施加任何驱动力时屏幕覆盖层不会偏移太多。此外,屏幕覆盖层在任一方向上的最大位移值(1mm)与在屏幕覆盖层下的音圈驱动的平均偏移(0.9mm±0.1mm)相关,即使在有振动噪声的环境中,该机制也具有可靠性。

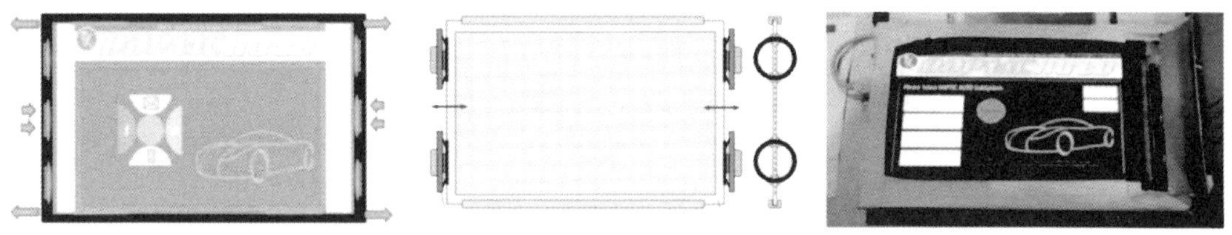

图9-6 LSE设备(左)、屏幕覆盖层(中)及功能设计(右)

9.5 减少驾驶分心的道路设计对策

9.5.1 减少驾驶分心的引导型道路设计

驾驶分心是驾驶主任务和竞争任务共同作用形成的,考虑道路环境的UCD可减少驾驶员工作负荷及驾驶分心行为。道路设计需要引导驾驶员在必要的时候专注道路情况。道路设计不仅要减少驾驶主任务需求,还需要能够预见驾驶分心,以便驾驶员在必要时可以专注于道路情况。

引导型道路设计旨在引导驾驶员在不依赖道路标志的情况下采用适当的行驶速度和转向操作。可靠的引导型道路设计方案可不设置限速标志和转向标志。引导性道路设计应引导驾驶员意识到道路环境不允许执行驾驶分心任务,使驾驶员保持警惕并将注意力转移到驾驶主任务。

9.5.2　基于车外分心源的道路设计改善方案

研究数据表明，约 30%驾驶分心事故是由车外分心源导致的。车外分心源包括动物、建筑、广告牌、交通事故、地标、路标、道路使用者和天气等。要确定道路上影响驾驶绩效和导致驾驶分心的因素，需对导致驾驶分心的对象、事件和任务进行分类。针对各因素制定道路设计改善方案，可减轻车外分心源对驾驶绩效和安全性的影响，如表 9-3 所示。

基于车外分心源的道路设计改善方案　　表 9-3

分　心　源	改　善　方　案
动物	使用警告标志或路障
建筑物	①降低限速。 ②防碰撞安全设施设计。 ③在视觉上掩蔽突出建筑结构。 ④改变交通路线
广告牌	①控制道路内或附近的广告牌位置、大小和内容。 ②安装可变信息标牌用于显示广告
交通事故	①更改行车路线。 ②视觉掩盖。 ③降低行驶速度
地标	①视觉掩蔽。 ②更改行车路线
路标	控制路标位置、大小和内容
道路使用者	①设计以用户为中心的道路交通系统，降低驾驶员的工作量。 ②防碰撞安全设施设计。 ③改善道路的照明和夜间轮廓
天气	选择适当的道路路径以尽量减少眩光

9.5.3　预防驾驶分心的道路系统设计

驾驶分心对策旨在防止或减少驾驶分心可能性，以促进安全驾驶。建立全阶段防止驾驶分心的道路系统，可在发生驾驶分心导致的碰撞（或任何其他碰撞）时减少道路使用者伤亡。在道路系统中，压线和超速警告可向处于驾驶分心状态的驾驶员提供预警反馈；高摩擦路面和密封路肩可以降低驾驶员发生交通事故的风险；钢丝绳护栏和其他道路安全设施可用于减少碰撞事故的冲击。

科技的发展使得在车内向驾驶员显示车外信息成为可能,车辆制造商需要确保传递车内外交通信息的系统设计不会加重驾驶分心。道路设计中也可以加入识别驾驶分心的相关基础设施,将驾驶员的状态信息及时传达给道路系统,调整道路标志和交通控制信息,将驾驶员的注意力转移到道路上。

9.6 实时自适应碰撞预警系统

9.6.1 实时自适应碰撞预警系统简介

驾驶员的预测通常会有效地引导他们注意潜在的危险,但不可避免地会出现一些与驾驶员预测不符的情况。当这种意外情况发生时,驾驶员可能无法及时做出适当反应。此时,实时自适应碰撞预警系统可以为驾驶员提供技术支持。

如果意外情况与驾驶分心同时发生,就会对驾驶安全产生影响。许多碰撞事故发生前,驾驶员的视线刚从前方道路移开,对突发事件的反应不充分。驾驶分心通过干扰驾驶员的回避反应,将临界事故转变为碰撞事故。

多数研究集中于改善人车交互设计,尽量减少驾驶员视线向下转移和手离开转向盘的时间。UCD 原则已被应用于交互界面设计,使界面更接近用户的期望。该设计可大幅减少特定任务的分心需求,如打电话或阅读短信,但并不能解决使用车内技术与执行驾驶主任务之间的冲突。目前最有代表性的自适应碰撞碰撞预警系统是以色列 Mobile Eye 公司开发的基于机器视觉的自适应碰撞预警系统,主要由正向碰撞警告(Forward Collision Warning,FCW)系统和车道偏移警告(Lane Departure Warning,LDW)系统组成,通过摄像头实时识别车辆前方道路上存在的各种危险,并通过声音、振动等多种方式向驾驶员发出警示,从而避免碰撞事故的发生。Mobile Eye 公司开发的自适应碰撞预警系统见图 9-7。

图 9-7 Mobile Eye 公司开发的自适应碰撞预警系统

FCW 系统由传感器、控制单元、人机交互界面和雷达系统 4 部分组成，系统组成见图 9-8，工作流程见图 9-9。

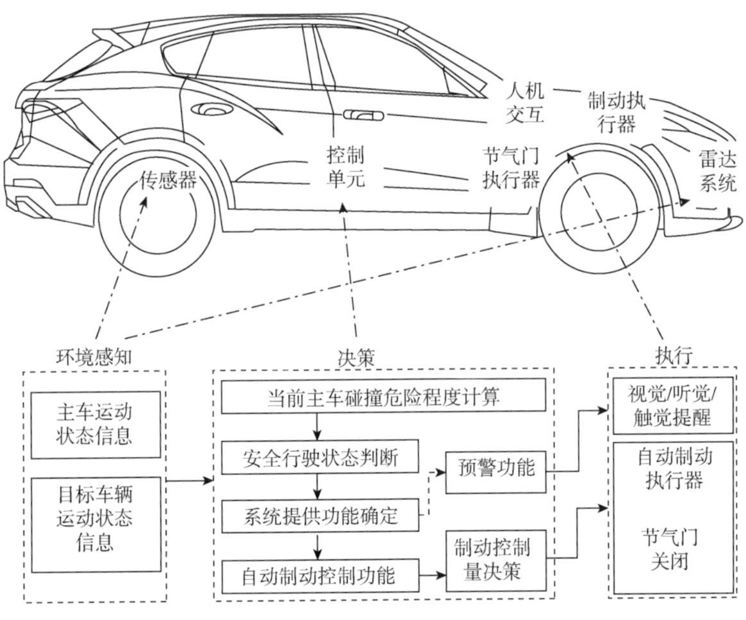

图 9-8　FCW 系统组成

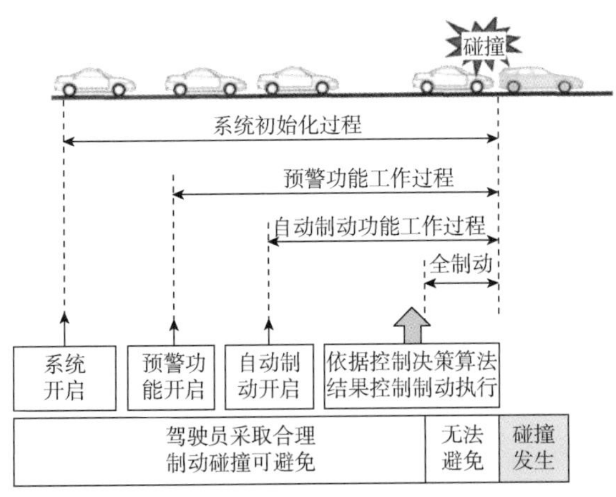

图 9-9　FCW 系统的工作流程

LDW 系统由图像采集设备（摄像机）、图像处理器和信号装置（声音或振动）构成。车道偏移警告系统的基本结构见图 9-10。

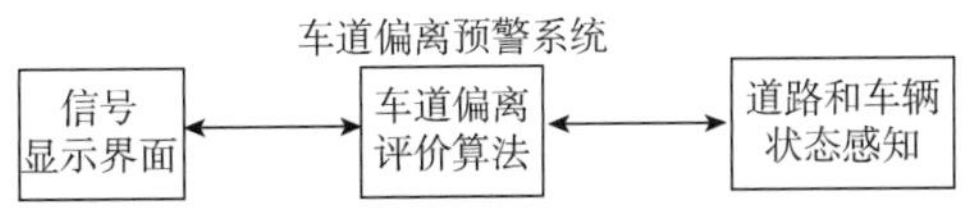

图 9-10　LDW 系统基本结构

干扰警报会破坏驾驶员的信号接收能力。产生干扰警报的原因是系统难以检测驾驶员当前的意识状态。预警信息的有效性受驾驶员精神状态及交通状况影响,即使系统完全符合设计者的预期,能正确识别出前方的潜在危险,驾驶员仍有可能视其为干扰警报。适应性汽车驾驶舱不仅要监测交通状况,还要监测驾驶员状态。实时自适应碰撞预警系统可根据驾驶员是否需要注意道路情况而进行调整,以提高驾驶员对该系统的接受度。

9.6.2 驾驶员视觉和认知分心的对策

交通事故最常见的原因是各种因素(如驾驶分心或天气)导致驾驶员未能对突发事件做出充分反应。突发事件通常可通过驾驶员的快速反应来解决,然而,当存在干扰因素时(如视觉干扰、恶劣道路条件、机械故障及疲劳、酒精造成驾驶员身体机能下降等),就会影响驾驶员的反应特性,导致发生碰撞的概率增加。常见的碰撞因果关系模型由突发事件、影响成功避险的因素、驾驶员的回避响应及事件结果4部分组成,如图9-11所示。

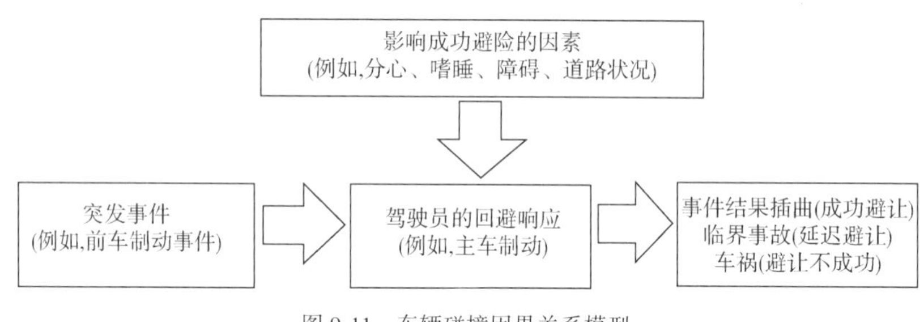

图9-11 车辆碰撞因果关系模型

突发事件发生时,如果驾驶员正在注意前方道路,驾驶员通常会检测到该事件并做出适当反应。但即使驾驶员在视觉上很专注,碰撞预警系统也可能无法加速驾驶员的反应过程,如驾驶员年龄较大或处于醉酒状态时,必须自己识别到危险后才能制动。研究表明,对于处于驾驶分心状态的驾驶员,碰撞警告可以有效减少制动操作时间;对于注意力专注的驾驶员,无论是否收到警告或以何种方式收到警告,制动操作时间几乎相同,见图9-12。

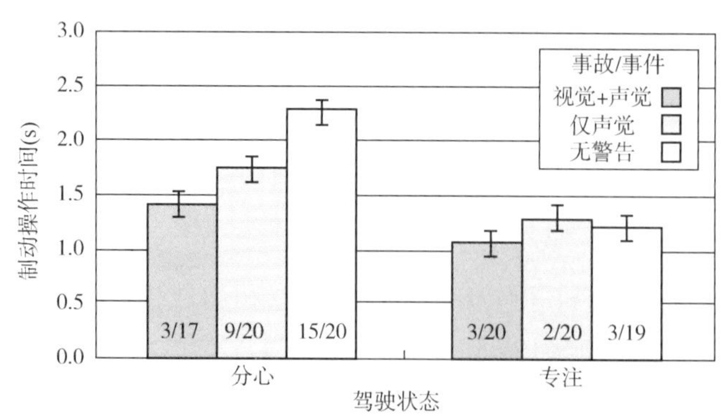

图9-12 不同驾驶状态下的驾驶员制动操作时间

FCW或LDW警报更适用于处于驾驶分心状态的驾驶员,当驾驶员头部姿势向前时,可通过抑制警报策略以减少干扰警报的发生。通过监测道路环境和驾驶员状态,实时自适应碰撞预警系统可以在驾驶员需要的时候提供警报,同时降低警报率。如果视觉专注的驾驶员处于认知驾驶分心状态,当驾驶员的视觉注意力转向前方场景时,抑制警告的策略不太可能危及安全。相比于视觉分心,认知分心对驾驶员应对冲突的能力影响较小。目前还不能确定警报对于仅涉及认知驾驶分心(如打电话)的情况是否多余。与其在无视觉干扰的情况下完全抑制警报,不如缓和或延迟警报。

9.6.3 FCW 和 LDW 对策

美国交通部为确定驾驶员接受 FCW 和 LDW 系统的潜在安全效益,进行了 2 项现场操作测试。一项是"先进的防碰撞系统测试项目"(ACAS FOT),在驾驶期间,平均每 1609km 发出 14 次 FCW 警报,大致分为 3 种:36% 为来自路外事件的警报,32% 为来自变道事件的警报,27% 为来自路内事件的警报。其中,路外事件是指发生的事件不在目标车道上,主要包括静止物体(如桥梁);变道事件是指一段时间内其他车辆与目标车在同一车道上,另一段时间内离开目标车道的情况下发生的事件;路内事件是指在驾驶过程中,目标车与前车均在同一车道情况下发生的事件。

警告的有效性因驾驶者而异,常见的分心警报包括目标车接近正在离开本车道的前车(转弯或变道)及目标车接近前车并打算超车时发出的警报。研究结果表明:路内事件警报有效率为 53%;变道事件警报有效率为 33%;路外事件警报有效率仅为 14%。很大比例的警报是不必要的或者是错误的。驾驶员对 FCW 系统的接受度差异很大,分心警报的频率是影响驾驶员接受度的主要因素,驾驶员建议降低分心警报的频率并在某些情况下关闭系统。

另一项是"道路偏移碰撞预警系统现场操作测试"(RDCW FOT),该测试采用类似的实验设计研究 LDW。当驾驶员在没有检测到障碍物的情况下偏移本车道时会发出警报。尽管 RDCW FOT 的单位行驶距离 LDW 警报率大约是 ACAS FOT 的 6 倍,但驾驶员对 LDW 的接受率高于对 FCW 的接受率。其中一个假设是,与 FCW 相比,LDW 基于驾驶员能够理解和接收的标准设计,并提供了对驾驶员可见的明确阈值。与 FCW 相比,驾驶员对 LDW 何时发出警报的意见差异较小,因为可以准确地预测何时可能发生 LDW 警报。

警报的可预测性是决定系统信任度和警报有效性的重要因素,抑制某些类型的干扰警报不仅有助于提高系统的接受度,而且这种接受度在一定程度上决定了预警系统的安全效益。

9.6.4 自适应对策

当预警系统不考虑驾驶员状态时,不能假设驾驶员完全处于驾驶分心状态或完全没有执行驾驶分心任务。系统制动反应时间采用反应时间上限(接近于 3s)更为安全,但其警报产生频率会降低驾驶员对系统的接受度和信任度;预警系统也不能总是假定驾驶员能在 1s 内做出反应,因为驾驶分心状态下驾驶员反应时间可能会超过 1s。

如果系统不能确定驾驶员是否处于驾驶分心状态,并且无法获取驾驶员状态数据,则须采用折中参数(如制动反应时间采用 1.5s)。这代表了一种折中方案,即为驾驶分心驾驶员提供足够响应时间,同时避免出现过多干扰警报。警告系统同样必须在安全效益和驾驶员接受度之间做出妥协，选择相对缓和并能引起驾驶员注意的警告（如愉快的警报音调），产生适度的安全效益和驾驶员接受度。

最新的研究将驾驶员状态实时检测技术引入汽车系统中，可以监测驾驶员的睡意、头部姿势和眼睛注视，但这些技术的使用成本通常过高。目前较为常用的是头部姿势监测技术，利用计算机视觉算法来区分头部姿势是向前还是不向前，其成本相对较低。该技术只能应用于驾驶员的视觉驾驶分心检测，无法检测认知驾驶分心。

SAVE-IT 项目为 FCW 和 LDW 系统制定了初始适应策略表（表 9-4），分别是差异显示位置策略、差异显示方式策略、差异警报定时策略和警报抑制策略。差异显示位置策略和差异显示方式策略适应性地修改人车交互界面；差异警报定时策略和警报抑制策略适应性地修改警报生成算法。差异显示位置策略适应性地将警告的视觉刺激显示在驾驶员当前关注的视觉分散位置；而差异显示方式策略适应性地为驾驶分心驾驶员提供更紧急或更吸引注意力的警报；警报抑制策略防止在驾驶员注意力集中时生成警报；差异警报定时策略在驾驶分心时提供早期警报和在驾驶员专注驾驶时提供延迟警报。

初始适应策略表 表 9-4

基于注意力的适应策略		消极适应-注意前方目标：提高接受度	积极适应-未注意前方目标：提高安全性
非适应		自适应	自适应
修改人机界面	差异显示位置	标准警报	驾驶员注意位置的视觉警示
	差异显示方式	较少的干扰或紧急警报	更具吸引性或更紧急的警报
修改算法	差异警报定时	延迟警报	早期警报
	警报抑制	无警报	标准警报

当驾驶员的注意力集中在道路上时，消极适应会削弱警告，其目标是通过减少不必要错误警报来提高驾驶员的接受度。虽然消极适应直接针对不必要警报，但警报总数的减少也会显著降低错误警报发生率。而当驾驶员的注意力不在道路上时，积极适应会增加警告，其目标是提高预警系统的安全效益。消极适应和积极适应的目标是分开的，但驾驶员接受度和安全效益不是独立的。

驾驶员对自适应碰撞预警系统的接受度主要受警告方式的影响，在驾驶员头部面向前方和不面向前方的两种情况下发出警告，对系统理解不足的驾驶员可能会认为两种情况下的警告类型不一致，驾驶员可能认为此预警系统不能提供有效的安全信息。驾驶员希望在注意力集中时预警系统能提供微型警报（如触觉或视觉），而不是完全抑制警报。SAVE-IT 研究表明，对系统的运行方式足够了解的驾驶员会意识到，当系统决定何时发出警告时，自己的行为会被考虑在内，驾驶员的心理因素是决定是否接受不同适应技术的关键。

如果没有自适应，系统很可能会向驾驶员发出不必要的警告，或者无法及时向驾驶员发出警告，驾驶时对预警系统的信任度和接受度可能会因此下降。自适应技术的应用可能会使驾驶员觉得系统以一种无规律的方式运行，进而导致对系统的信任度和接受度下降。信任度取决于驾驶员对系统绩效、过程、目的的评估。信任的过程取决于驾驶员理解算法的能力及环境条件与警告之间的映射能力。自适应系统涉及更复杂的算法。如果不谨慎地实施,可能会破坏驾驶员的信任基础,而信任基础取决于驾驶员对系统开发原因的理解。为了实现自适应预警系统的最大安全效益,下一代预警系统应考虑3个信任基础,对积极和消极适应方法进行组合。

随着传感技术的发展,能提供更精确、敏感的驾驶员状态检测技术。自适应碰撞预警系统是未来的发展方向,支持驾驶员认知分心和分心意图识别。高精度驾驶员状态检测技术也可用于检测酒精或其他药物导致的驾驶员反馈能力降低,以及驾驶员认知与注意力等相关信息。

第 10 章　驾驶分心应对策略

本章从减少车内次任务分心、驾驶员教育和培训等角度提出减少驾驶分心的应对策略,并从多角度阐述了政府和行业对减少驾驶分心的看法。

10.1　减少车内次任务分心的应对策略

10.1.1　基于驾驶主任务需求的自适应分心干预策略

根据实时道路交通状况预测驾驶主任务需求,可将驾驶主任务需求分为低、中、高 3 类,并采取相应的驾驶分心干预对策。当驾驶主任务需求超过特定指标阈值时,对某些车内次任务的执行做出限制或者禁止,以减轻驾驶分心。为此,提出了不同驾驶主任务需求下的车内次任务分心预防策略,见表 10-1。

不同驾驶主任务需求下车内次任务分心预防策略　　表 10-1

车内次任务	驾驶主任务需求		
	低	中	高
调节车载收音机	—	—	—
无线电广播	—	—	警告
播放车载 CD 播放器	—	—	—
操作车载 MP3 播放器	—	警告	警告
电话拨号	警告	警告	禁止
回拨电话	—	—	警告
通话	—	—	警告
输入目的地地址	警告	禁止	禁止
车载可视导航	—	警告	警告
车载视听导航	—	警告	警告
阅读/发短信	警告	禁止	禁止

由表 10-1 可知,是否禁止或限制某些车内次任务的执行取决于驾驶主任务需求的高低。在驾驶过程中,即使驾驶主任务需求较低,也需限制驾驶员手动拨号、手动输入目的地地址、阅读和发送短信。当驾驶主任务需求处于中等水平时,应禁止驾驶员手动输入目的地地址、阅读和发送短信。当驾驶主任务需求较高时,应禁止手动拨号、手动输入目的地地址、阅读和发送短信。在驾驶过程中,除调节车载收音机及播放 CD 外,所有使用其他设备的行为都应予以限制。

10.1.2　基于驾驶员扫视行为的自适应分心预防策略

采用视扫描次数和任务完成时间定量分析车内分心源对驾驶员的影响，如完成某项次任务需进行 9 次以上的扫描，或需在静止车辆时操作 15s 以上，则认为在车辆行进时不宜执行此车内次任务。

在驾驶过程中，执行车内次任务时的视扫描次数及任务完成时间见图 10-1。

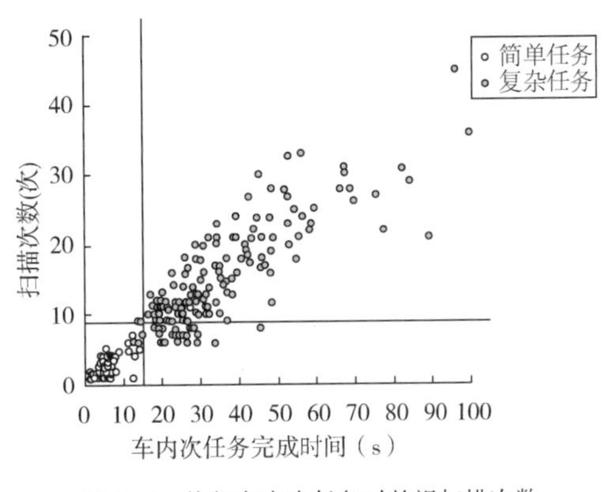

图 10-1　执行车内次任务时的视扫描次数及任务完成时间

采用车内次任务完成时间及视扫描次数推荐值作为限定标准，简单任务符合标准，扫描次数在 9 次以内，可在 15s 内完成；然而，复杂任务平均需要进行 15 次扫描、花费 35s 才能完成。因此，在驾驶车辆时，驾驶员不宜操作该复杂车内次任务。类似方法也可用在其他车内次任务分析上。

10.1.3　减少车内次任务分心的政策性建议

10.1.3.1　进行法制宣传与教育

调查显示，少数驾驶员缺乏法律常识，忽视在驾驶过程中禁止使用手机的法律规定。故需重视驾驶员的理论学习，对驾驶员进行宣传和教育，使其熟知相关法律法规，知法懂法，清楚驾车时使用手机的危险性。

开展宣传教育，使相关法律能发挥长效性。宣传途径包括公路沿途广告、报纸、广播、电视、网络等。此外，进行社区宣传也能取得较好的效果。

加强教育力度，不仅要求培训机构加强法律方面的教育，而且交通管理部门也应该推出一系列的安全教育培训活动，驾驶员取得驾驶证后仍应进一步接受交通安全教育。

10.1.3.2　加大处罚力度

目前全世界已有 50 多个国家明令禁止驾驶员在驾车时使用手机。美国有 14 个州制定了相关法律，以限制或禁止驾驶员在驾车时使用手机。新加坡对初犯者实施最高 1000 新元的罚款和监禁 6 个月的处罚，对再犯者实施最高 2000 新元的罚款和监禁 1 年的处罚。我国《道路交通安全法实施条例》第六十二条规定：拨打接听手机、观看电视等妨碍安全驾驶的行为，处以 200 元以下罚款、记 2 分的处罚。

调查发现，驾驶员不希望因交通违章被罚款或扣分，因此交管部门需要合理调整处罚力度。建议借鉴国外对于交通违章处罚的规定，对于初次违章的驾驶员进行小额度罚款，对于多次违章且情节恶劣的要加大处罚力度。

10.1.3.3 应用科技手段

免提通话不会降低交通事故率,因此可以利用其他科技手段防止驾驶员驾车时使用移动电话。如在手机中加入相关芯片或者配备相关设备,在驾车时如果有电话打入,提示对方正在驾驶车辆,手机被禁止使用。

车载电话也可以实现车辆启动后自动调节至行驶状态,即自动关机或者有来电时自动回复对方"驾驶员正在开车,请稍后来电",但目前很少有驾驶员愿意主动使用这项功能。但若IVIS自动采取强制措施,必然影响驾驶员的满意度。因此,只能结合驾驶分心监测装置来开展功能设计,规避手机分心的不利影响。

10.2 驾驶员教育和培训的应对策略

10.2.1 驾驶员教育与培训的区别

对驾驶员的教育和培训往往忽视驾驶分心,导致公众对驾驶分心概念、驾驶分心活动、驾驶分心源以及其对行车安全的影响理解不足,甚至有部分驾驶员认为交警不会查处驾驶分心。驾驶员培训资料中基本没有驾驶分心相关内容,道路交通安全法律、法规中也很少提及驾驶分心的问题。

驾驶员教育和培训应当提高驾驶员安全管理驾驶分心的能力。驾驶员培训侧重于驾驶技能培训,而驾驶员教育侧重于安全驾驶行为、知识和态度的价值观指导。然而,两者在实践中往往难以区分,驾驶员教育往往包括驾驶员培训。

驾驶员教育目标(The Goals for the Driver Education,GDE)矩阵提供了一个概念框架,用以说明驾驶员教育和培训各要素之间的关系。在该矩阵中,通过驾驶员教育和培训获得的安全驾驶技能可用矩阵单元定义。

10.2.2 驾驶分心的多级控制过程

驾驶作为一种控制过程,包含3个层面(操作、战术及战略),每个层面对应不同的时间。在战略层面,驾驶主任务包括行程规划、交通方式选择和路线选择,驾驶员主要控制潜在的风险环境。在战术层面,驾驶主任务包括给其他道路使用者让路以及超车,驾驶员主要控制任务时间。在操作层面,驾驶主任务包括对车辆进行横向和纵向控制,而驾驶员主要控制资源分配。驾驶分心本质是一个维度或多个维度的多级控制失效,对安全驾驶有重要影响。研究表明,任何一个层面的控制失灵及控制问题的累积与叠加都可能导致驾驶分心事故。驾驶员需要通过教育和培训,获得驾驶分心相关知识和技能,以保持对驾驶主任务的多级控制。

10.2.3 驾驶员教育目标矩阵

驾驶员教育目标(GDE)矩阵是为确定驾驶员安全驾驶所需能力以及驾驶员教育和培训目

标而建立的一个理念框架。其理念是,在高层次目标和动机的指导下,低层次技能可以得到提升。这意味着,除基本驾驶技能外,驾驶员培训和教育还应该考虑驾驶目标与驾驶员个人特性。本部分将从宏观和微观两个角度对 GDE 矩阵进行叙述。

10.2.3.1　宏观角度

对矩阵单元进行编号,并从层面结构和驾驶员教育内容两个方面进行了宏观概述,见表 10-2。

GDE　矩　阵　　表 10-2

层面结构	驾驶员教育内容		
	知识和技能	风险意识	自我评价
驾驶目标和背景	1.知识和技能: ①出行目标对规划的影响。 ②规划和选择路线。 ③驾驶时间评估。 ④社会压力对驾驶过程影响。 ⑤出行必要性评估	2.相关风险因素: ①驾驶员状况。 ②驾驶目的。 ③驾驶环境。 ④社会背景。 ⑤其他动机	3.自我评价: ①个人规划技能。 ②驾驶目标。 ③危险驾驶动机
掌握交通情况	4.知识和技能: ①交通规则。 ②观察、选择信号。 ③道路情况预测。 ④速度调整。 ⑤通信。 ⑥行驶路径。 ⑦车流情况。 ⑧与他人的距离、安全距离	5.造成风险原因: ①错误预期。 ②危险驾驶风格。 ③速度调节不当。 ④易受伤害的道路使用者。 ⑤不遵守规则,不可预测行为。 ⑥信息超负。 ⑦困难的条件(如黑暗)。 ⑧无意识行为/能力不足	6.自我评价: ①基本交通情况判断能力。 ②驾驶风格。 ③安全界限。 ④危险情况下的驾驶技能。 ⑤现实的自我评估
车辆操纵	7.知识和技能: ①控制方向、位置。 ②轮胎抓地力和摩擦力。 ③车辆属性。 ④物理现象	8.相关风险因素: ①无意识行为。 ②驾驶能力不足。 ③速度调节不当。 ④不良条件	9.自我评价: ①驾驶技能优缺点。 ②危险情况应对能力。 ③现实的自我评价
生活目标和基本技能	10.了解生活目标和个人喜好如何影响驾驶行为并加以控制: ①生活目标。 ②行为。 ③动机。 ④自我控制。 ⑤个人价值观	11.个人风险倾向: ①风险接收。 ②驾驶感受。 ③寻求刺激。 ④适应社会压力。 ⑤酗酒和吸毒。 ⑥价值观,社会态度	12.自我评价: ①情感控制能力。 ②风险倾向。 ③消极安全动机。 ④个人风险动机

GDE 矩阵是垂直层面结构,前 3 个层面从上到下分别为驾驶控制的战略、战术和操作层,第 1 个层面与“驾驶目标和背景”有关,在这个层面,驾驶员决定驾驶的目的、地点、乘客以及行车时间。第 2 个层面是“掌握交通状况”,涉及驾驶行为适应交通环境的相关知识和技能,

包括对其他道路使用者的行为感知和预测以及对交通规则的了解和遵守。第3层的“车辆操纵”涉及车辆操纵的相关知识和技能。最高层为“生活目标和基本技能”,指的是广义上的动机和目标。

GDE矩阵的水平层面(从左到右)描述安全驾驶所需的能力。第1项“知识和技能”描述了驾驶员在4个垂直层面上如何安全驾驶车辆,上半部分包含培训驾驶员基本安全驾驶能力,下半部分包含传统驾驶员培训项目中所涉及的驾驶技能。第2项“风险意识”与第1项相关,重点介绍风险因素的相关知识和应对技能,包括与驾驶条件直接相关的风险、源自社会压力和生活方式的风险等。第3项“自我评价”指的是反思性思考的过程,驾驶员从自身角度获得个人行为反馈。

10.2.3.2 微观角度

(1)单元1(驾驶目标和背景——知识和技能)

单元1涉及驾驶员必须掌握的驾驶知识和技能,如出行目标对规划的影响、规划和路线选择、社会压力对驾驶过程的影响、出行必要性的评估等。该单元处于战略层面,需要驾驶员掌握相应的知识和技能来优化战略控制。作用如下:

①向驾驶员提供有关驾驶路线、驾驶情况和最易导致驾驶分心场景的相关知识。

②了解驾驶员与周边事物的交互过程,给出避免发生交通事故的建议,如表10-3所示。

驾驶员与周边的交互及避碰措施　　表10-3

驾驶员交互类型	驾驶建议
与车内物品交互	①在使用纸质地图导航时,预先规划路线。 ②驾驶时尽量不要使用手机,如果必须使用手机,请使用免提形式,并保持通话简短
与车辆控制设备交互	①使用收音机预设按钮查找电台,减少查找时间。 ②如必须使用电话,只在白天的直线路段拨打电话
与车内乘客交互	①交谈时减少眼神交流。 ②让乘客协助完成车内次任务,如导航、接听电话等
与车内可移动物体交互	①出发前适当限制宠物的行动。 ②将饮料放置在不会被打翻和溢出的位置
与自我意识交互	减少发呆、走神的时长
与外部事物交互	①避免关注事故现场。 ②使用最佳搜索策略安全导航到目的地

③提高驾驶员和乘客的车内合作能力,使驾驶员具备预测驾驶主任务和协调竞争任务的能力,以支持前馈控制。提倡使用团队培训理念,如组员资源管理,即年轻乘客与年轻驾驶员一起出行时,年轻乘客具备副驾驶所需的技能、知识和态度,包括为驾驶员执行一些减少驾驶风险的次要任务、为驾驶员执行某些车内次任务(如导航、提醒驾驶员注意危险)等。

④建立驾驶员对车内系统的信任并平衡两者之间的关系。当驾驶员无法进行自我调节或由于驾驶分心而无法及时做出反应时,车内系统发出警告或直接控制车辆。在这种情况

下,驾驶员需要知道向系统授权的时间和情形,以及应采取的干预措施。当车内自动化系统需由驾驶员启动时,驾驶员必须接受相关培训,系统启动后车辆控制权会转移给车内自动化系统。

(2)单元 2(驾驶目标和背景——风险意识)

单元 2 包括驾驶员必须意识到并能避免的风险因素,这些因素与驾驶员状态(如疲劳、醉酒)、驾驶目的、年龄、经验、社会压力等有关。人车交互技术提供了一种调节驾驶分心程度来降低风险的机制,其中不同的分心缓解策略以不同的方式调节驾驶分心,如表 10-4 所示。

人机交互技术缓解驾驶分心的策略　　表 10-4

自动化水平	驾驶相关策略		非驾驶相关策略	
	系统启动	驾驶员启动	系统启动	驾驶员启动
高级	强制介入	进行授权	锁定和中断	控制预设定
中级	发出警告	增强警告	排序和筛选	保持车辆控制
低级	发出通知	增强认知	建议	需求减少

一般而言,驾驶时不需要驾驶员集中全部的注意力。高度自动化的缓解策略可提高驾驶绩效,容许驾驶员能将一部分注意力转移至其他车内次任务。作用是使驾驶员认识到驾驶分心风险。

(3)单元 3(驾驶目标和背景——自我评价)

单元 3 包括个人规划技能、典型驾驶目标以及驾驶动机的认识和自我评估。在此情况下,驾驶员能够自我评估其分心管理能力。具有以下作用:

①让驾驶员清楚地意识到自己在计划出行时的优势、劣势,使其能够自我评估其分心管理能力,从而限制分心。

②使驾驶员意识到影响其进行分心活动的不同因素(如对处理分心需求能力的评价、应对分心风险和其他压力的能力、社会文化和规范)。

③让驾驶员意识到不同的危险驾驶动机、态度和情绪影响其进行分心活动时的选择。

(4)单元 4(掌握交通情况——知识和技能)

单元 4 包括交通规则、速度调整、行驶路径、驾驶顺序等知识和技能。在该单元中,驾驶员在战术控制层面上进行操作。驾驶员必须同时控制资源投入(操作控制)和任务时间(战术控制),才能对驾驶分心进行有效管理。具有以下作用:

①为驾驶员提供与驾驶分心相关的道路法律知识。

②通过培训支持反馈控制,使驾驶员能够充分利用反馈,在驾驶分心的情况下提高驾驶绩效,如通过培训使驾驶员适当回应来自实时分心缓解系统和道路压线反馈系统的警告和反馈。

③使驾驶员提高预测和应对驾驶需求及其他分心需求的能力,来支持前馈控制,或开发提高驾驶员检测、感知和应对交通危险能力的培训产品和技术来改善前馈控制。也可通过增强交通情况感知的培训项目,建立交通系统的精确模型来支持前馈控制。

④提高驾驶员平衡主、次任务的能力,实现操作控制水平上的自我调节。采用分级控制,使驾驶员在战术控制层面上进行自我调节以补偿次任务施加的预期负荷(如接近交叉路口、听到救护车警报或遇到恶劣天气时);同时,驾驶员应对何时避免执行车内次任务有所了解,以尽量减少对驾驶主任务的干扰(如避免复杂或情绪化的通信、避免阅读和发送短信等)。

⑤提高驾驶员中断竞争性任务并返回安全驾驶主任务的能力,实现即时反馈。

⑥在与竞争性任务交互时,培训驾驶员进行分级资源分配和绩效权衡。

(5)单元5(掌握交通情况——风险意识)

单元5包含了错误的预期、危险的驾驶行为、恶劣的驾驶环境等风险因素。有以下作用:

①让驾驶员了解各种驾驶分心活动。

②让驾驶员了解不同干扰任务对驾驶绩效的不利影响,以及缓解这些影响的机制。

③让驾驶员了解不同干扰源的相关风险。

(6)单元6(掌握交通情况——自我评价)

单元6分别从优势和劣势两个角度关注驾驶员意识及其对个人技能、驾驶风格、危险感知等的自我评估。可以发挥以下作用:

①在安全环境中,让处于高度分心状态的驾驶员意识到分心因素对其驾驶绩效的影响。

②使驾驶员意识到在不同的驾驶状态(如正常、疲劳、瞌睡、烦躁、醉酒等)以及行驶速度、路线和其他情况下,驾驶分心对驾驶绩效的不同影响,并在操作层面上支持反馈控制。

③使驾驶员意识到其应对分心时的自我调节能力及在预测和应对驾驶需求方面的优缺点,以决定是否执行车内次任务。

④对驾驶状态进行调整,使驾驶需求与驾驶能力相匹配,支持和增强自适应控制。

(7)单元7(车辆操纵——知识和技能)

单元7涉及与车辆操作相关的知识和技能,即对车辆的控制和性能进行了解,如轮胎的抓地力、摩擦力和物理现象等。该单元与驾驶员对车内系统的操作有关,取决于驾驶员操作车内系统所需的知识和技能(如设计特点和功能),最大限度地减少控制操作层的影响,从而减少驾驶分心。对此提出以下建议:

①驾驶员应以尽量减少分心的方式操作车内系统并执行车内次任务,确保驾驶员了解车辆设计特点(如转向盘上的控制装置、限速器、车载导航系统、自适应巡航控制系统等),并且能够以最低限度分心的方式使用这些功能。如果车辆配备有实时分心缓解系统(如工作负荷管理器和分心警告系统),驾驶员必须能够以预期的方式操作系统。

②提高驾驶员的安全意识,合理使用各种系统功能。

③对驾驶员进行培训,使其熟悉车辆的自动化操作,以确保驾驶员可接收到系统信息。在驾驶相关策略中,如果系统警告驾驶员应采取必要的行动(如减速、增加车头间距等),但驾驶员未能在一系列事件中对分心任务及时做出反应,那么就可能是驾驶员未能充分理解符号信息的含义和意图。对于“非驾驶相关策略”,驾驶员培训更为重要。这些策略是针对自动化程度较低的远程通信设备制定的,由驾驶员启动自动化设备。在这种情况下,驾驶员必须充

分了解这些远程信息处理设备，以减少设备启动导致的驾驶分心。

(8)单元8(车辆操纵——风险意识)

在单元8中，驾驶员必须意识风险并避免车辆操纵对行车安全的影响。具有以下作用：

①确保驾驶员了解分心对其驾驶绩效的不利影响(如横向和纵向控制)。

②确保驾驶员了解车内系统设计和功能及对车辆的不当操作可能会产生的驾驶风险。

③确保驾驶员了解实时分心缓解系统的局限性，避免驾驶员在系统无法检测到驾驶风险的情况下将注意力从驾驶主任务转移开。

④确保驾驶员意识到恶劣路况对车内次任务的影响。

(9)单元9(车辆操纵——自我评价)

单元9侧重于评价危险情况下驾驶员操纵车辆的优点和不足。作用是使驾驶员在使用车内系统、设计和功能时，能够反思自己在限制分心能力方面的优缺点和分心因素对其驾驶绩效的影响，以支持反馈控制。

(10)单元10(生活目标和技能——知识和技能)

单元10涉及日常生活目标和价值观、行为方式、社会规范和其他因素对驾驶的影响。作用是让驾驶员意识到这些因素与驾驶分心的关系。

(11)单元11(生活目标和技能——风险意识)

单元11涉及驾驶员对行为方式、社会压力等风险的个人控制能力。作用是为驾驶员提供知识和技能，以降低这些高阶目标产生的分心风险。

(12)单元12(生活目标和技能——自我评价)

单元12涉及驾驶员的冲动控制、动机、生活方式、价值观等。作用是让驾驶员意识到如何通过这些个人因素调节驾驶分心。

10.2.4　驾驶分心缓解策略

新技术(如车载导航、智能速度自适应、自适应巡航控制)的引入对教育和培训有着重要的意义。通过调节驾驶主任务和非驾驶主任务的需求，能够适用于不同级别的自动化系统，以减轻驾驶分心。表10-4给出三级自动化(高、中和低)水平下的驾驶分心缓解策略，可以用于设计驾驶分心缓解系统，并针对驾驶相关任务(如转向和制动)和驾驶无关任务(如调收音机)进行了区分。驾驶相关策略侧重于支持驾驶员对车辆的直接控制，非驾驶相关策略侧重于调节驾驶员与远程信息处理设备的交互。每一种驾驶和非驾驶相关策略提供的技术支持可以由系统或驾驶员启动。在这个框架内，驾驶员与技术的交互程度取决于所采用的特定缓解策略。这些技术引入了新的培训需求，且培训需求根据所采用的策略是系统启动还是驾驶员启动而变。

10.2.5　驾驶员教育和培训注意事项

近年来我国驾驶员人数迅速增长，虽然驾驶员培训行业发展迅速，但仍存在驾驶培训形式化、应试化的现象，难以保证培训质量。驾驶员的心理教育未得到重视，对驾驶分心的教育更少,这导致驾驶员安全意识淡薄,对 IVIS 安全风险意识不足。当前驾驶培训内容更新缓慢,形式单一,极少有关于新型 IVIS 的培训内容,与汽车产业发展水平脱节。在驾驶员理论培训中,未能有效加强驾驶员对交通安全法规的学习,考试现场又与实际驾驶场景差距较大,这都给道路交通安全留下隐患。

为减少由 IVIS 分心导致的交通事故,对驾驶员的教育和培训要注重以下方面:

①培训驾驶员合理分配注意力的能力。在驾驶过程中,注意力应重点分配在驾驶主任务上,合理执行车内次任务,减轻干扰。

②汽车厂商在销售车辆过程中应当对 IVIS 的安全使用方式进行详细介绍,使驾驶员能熟练掌握 IVIS 操作方法,使用各项设备时尽量减少将注意力分配到车内次任务中,并能精确估计操作所占用的注意力水平。

③培养驾驶员的安全风险意识,使驾驶员了解车载信息系统分心的原因、方式及易引起分心的功能,还应使驾驶员熟悉驾驶分心对车辆行驶状态的影响。

④培养驾驶员的自我评估能力,使驾驶员能了解自身的驾驶弱点及不良习惯、IVIS 引起分心时需要采取的驾驶补偿措施,保证车辆处于安全状态。

⑤加强对青年驾驶员的培训,调查结果显示,年轻人使用 IVIS 更加频繁,青年驾驶员通常在驾驶操作过程中更倾向于冒险驾驶,安全风险较大。

⑥加强对老年驾驶员使用 IVIS 的培训。老年驾驶员接受新事物普遍较慢,而 IVIS 发展较快,老年驾驶员通常难以掌握其操作方法。因此引导老年驾驶员合理使用 IVIS,减少 IVIS 操作难度,能够有效降低驾驶分心对驾驶绩效的影响。

此外,还需考虑不同时间尺度反馈对预防和减轻分心的作用,对驾驶员传递不同类型的驾驶反馈。前文将时间尺度分为 4 种——并发、延迟、回顾和累积,4 种时间尺度都会对驾驶员教育和培训的设计产生影响。回顾反馈和累积反馈适用于驾驶分心教育和培训项目的设计。回顾反馈在行程结束后立即向驾驶员提供本次行程中的一些行为信息(如在危险情况下执行分心任务的数量、眼睛离开道路的时间等)。这些反馈可以告知驾驶员什么是安全驾驶、何时不应从事分心活动以及在不同的驾驶条件下应保持何种行驶速度,从而影响未来的驾驶行为。累积反馈整合了数周或数月的驾驶数据,通过强调持续的危及驾驶安全的分心行为,帮助驾驶员评估其整体驾驶表现。研究表明累积反馈能够导致持久的行为改变,而即时反馈可以提高驾驶绩效。新技术能在多个时间尺度上提供反馈,并积极地改变驾驶员的不良驾驶行为。

新手驾驶员是驾驶员教育和培训中最重要的目标群体,因为他们比经验丰富的驾驶员更容易受到外界干扰。营运车辆驾驶员,特别是公共汽车驾驶员,则需接受特殊的教育与培训。

在大多数国家,驾驶员教育和培训由专业驾驶教练和其他监督驾驶员来执行,越来越多的汽车公司、车辆销售人员甚至租车公司也开始参与驾驶员教育和培训。驾驶员培训课程的设计由多个单位(道路交通管理部门、教育机构、驾驶培训机构、车辆制造商、供应商和销售商等)共同完成。因此,在提供驾驶员教育和培训时,需要仔细界定和描述各方的责任。

面向公众的宣传活动可以作为驾驶员教育和培训的一个良好补充,可提高公众对驾驶分心概念、从事分心活动的危险、分心对驾驶绩效和安全的影响、导致驾驶分心的因素、应对分心的策略及其他交通安全问题的认识。

理想情况下,驾驶分心的教育和培训应安排在早期驾驶技能培训中,并保证其获得的驾驶知识、技能和态度能够应用到日后的驾驶中。随着技术的不断发展,如何通过驾驶员教育和培训来实现对驾驶分心的反馈和前馈控制,是需要进一步研究的问题。

本节使用了 3 个组织框架来定义一系列分心管理能力,这些能力会在驾驶员教育和培训中得到提升。第 1 个框架将驾驶分心视为 3 个层面(操作、战术和战略)的控制问题。驾驶分心事故是由任何一个层面上的控制崩溃以及控制问题的累积所导致的。了解每种控制类型在每个时间范围内失败的原因和方式,促进教育和培训举措的进步。第 2 个框架是 GDE 矩阵,强调教育和培训之间的重叠以及更高层面的目标和动机在指导较低层面技能的开发和部署方面的作用。然而,该框架的重点是提高驾驶员安全驾驶的能力,并未研究车内系统的自动化程度。第 3 个框架是驾驶分心缓解策略,通过调节驾驶主任务和竞争任务的需求来减少驾驶分心,同时考虑了对驾驶员教育和培训的影响。

10.3　减少驾驶分心的政府对策和汽车行业观点

驾驶过程中存在许多分心源,尽管有些驾驶分心活动是无法避免的,但驾驶员能自由决定何时、何地以及以何种方式进行驾驶分心活动。制订有效对策来预防和减轻驾驶分心影响,需要多个行业的共同努力。每个行业在解决驾驶分心问题时都面临着不同的挑战,理解各行业对驾驶分心的不同观点对制订驾驶分心对策十分重要。

汽车制造商在研发车载技术时,必须在成本、消费者需求以及安全性等竞争项之间做出权衡。交通安全管理部门在制定政策和计划时,除了要预防和减轻驾驶分心影响外,还应在各行业(如科研、设计、供应、政府)的冲突需求之间做出权衡。

10.3.1　政府部门对减少驾驶分心的观点

道路运输系统作为一个开放系统,有许多行业参与其中,行业之间主要通过标准和法规联系,但这种联系往往不够紧密。法律法规对系统各组成部分都提出了要求,但大多没有考虑道路使用者的行为。大多数国家制定了道路使用者应遵守和禁止的规则,如禁止使用手机或进行驾驶分心活动,但这些规则及其执行很少符合道路使用者期望。主动预防和被动预防以往是相对独立的,但现在预防技术正在向综合安全链的方向发展。综合安全链是指从正常驾驶到碰撞过程全阶段的干预措施。在制定过程中须明确对驾驶员的要求。

综合安全链的第 1 阶段要求所有的驾驶员满足基本驾驶要求,即保持清醒、正确使用安全带、与前车保持安全距离、不醉酒驾车且不超过规定限速。但如果将这些基本要求扩展到禁止驾驶分心,大多数驾驶员都无法满足,因为驾驶员在驾驶过程中或多或少地会产生分心。综合安全链的第 2 阶段是帮助驾驶员在偏离安全驾驶模式时恢复正常驾驶,如驾驶员偏离预定的道路时,车内技术协助驾驶员重新控制车辆以恢复正常驾驶,LDW 系统可以通过提供警告来实现这一功能。综合安全链的第 3 阶段一般在危急情况下使用,如当车辆驶离道路时,如果车内系统判断驾驶员不再控制车辆,会接管车辆控制权。目前比较成熟的车内系统有电子稳定控制系统(Electronic Stability Control,ESC)和车道偏移辅助系统(Lane Departure Assist,LDA),这些系统可以帮助驾驶员重新控制车辆或为下一阶段做准备。在综合安全链的第4阶段,如果驾驶员还没有恢复车辆控制权,车辆可以通过自动制动等方式为碰撞做好准备。在综合安全链的最后阶段——碰撞阶段,利用车内技术手段和车外防撞设施帮助驾驶员避免严重伤害。综合安全链刺激驾驶员在各阶段重新控制车辆,可显著提高行车安全性,并减轻驾驶分心影响。但驾驶员可能会因此改变其驾驶行为并依赖于安全系统。在系统应用前,必须仔细检验和评估用于预防、减轻驾驶分心影响的新技术。

道路基础设施也能减轻驾驶分心后果,在车道边缘采用具有压线反馈功能的标线是一种常用的处理方法,可在驾驶员偏移道路时发出警告。良好的道路及交叉口设计也可以减少驾驶分心相关交通事故。

减少驾驶分心的政府对策必须考虑到以下几个方面:

①驾驶分心是一个严重问题,通常是导致交通事故的一连串事件中的最初事件。

②虽然法律不允许驾驶分心,但驾驶分心在现在和将来都会一直存在。

③道路运输系统中的所有系统、产品和服务都必须考虑干扰因素。

④既要减少驾驶分心,又要为综合安全链做好准备。

⑤在开发减少驾驶分心后果的技术时,需考虑驾驶员与技术交互所带来的行为改变可能会降低预期的安全效益。

交通安全管理政策的制定必须以驾驶分心引发的安全问题为基础,道路运输系统设计应该基于驾驶分心无法消除的假设,同时应该尽量减少驾驶分心。目前,综合安全链是处理驾驶分心问题的最佳工具。

10.3.2 宝马汽车公司减少驾驶分心的观点

10.3.2.1 驾驶分心问题的本质

当驾驶员因车内外的某些事件、活动、物体或人员导致注意力从驾驶主任务转移时,容易造成驾驶分心。触发事件的存在将分心驾驶员与仅是注意力不集中、打盹或沉思的驾驶员区分开来。驾驶分心本质上不是一种新问题,也不是技术问题。研究表明,在驾驶员参与的所有车内次任务中,对行车安全影响最大的是使用便携式设备,其次是外部干扰、阅读、化妆和拨打电话。因此,驾驶分心是一个涉及多行业(包括车辆设备制造商、系统制造商、服务提供商、驾驶员和道路管理部门)的社会问题,解决这一问题需要各行业的共同努力。

10.3.2.2 HMI 对宝马汽车公司的重要性

对于德国宝马汽车公司来说,HMI 在实现纯粹驾驶的目标方面起着关键作用。宝马汽车公司一直积极致力于 HMI 界面的研究、标准化和指导开发,参与了国际标准研究及信息和通信系统 HMI 界面设计指南制定。以此为基础,在改进产品中推出了几项创新,如避免视觉分心的信息和通信系统 HMI 界面设计。宝马汽车公司对 HMI 界面设计的研究主要集中于其有效性、可接受性和驾驶绩效影响评估,这为通信系统、控制系统和 HMI 界面设计的改进和创新奠定了基础。

10.3.2.3 HMI 的设计目标

交通事故概率取决于 3 个主要因素:驾驶员(如年龄、经验、出行动机、谨慎性、出行模式)、车辆(如车辆类型、车龄、保养情况、安全性、HMI 界面)和环境(如道路类型、道路曲率、道路状况、时间、天气)。驾驶员需要决定是否与其他人员、对象或界面和控件交互。正确驾驶决策的先决条件是对车辆行为、交通状况与交互相关的手动、视觉和认知工作量的正确预测。一旦开始交互,驾驶员需要确定是继续还是中断交互。交互设计必须考虑到对交通状况的监控,如果任何时候均可中断,就无须驾驶员的主观感知。

研究表明,有约 54%的驾驶员会在驾驶过程中从事非驾驶主任务。这可能是由于与驾驶主任务相关工作量相对较低,但也可能是驾驶员希望充分利用驾驶时间。由于车辆制造商不能直接影响驾驶行为,HMI 系统的主要设计目标是提供一个满足以下标准的界面:

①与驾驶主任务兼容(如显示器高度固定及交互可中断)。

②驾驶员能够预测与交互相关的视觉、听觉、手动和认知工作量。

③尽量减少驾驶分心,保证驾驶员在交互过程中能够监控道路交通状况。

因此,在关于 HMI 的欧洲原则说明(European Statement of Principles,ESOP)中,并没有采用仅基于驾驶主任务的安全标准(如单任务扫视时间及总任务扫视时间)。因为这些简单化标准可能会排斥潜在安全效益,阻碍新型 HMI 发展。

10.3.2.4 减少驾驶分心的建议措施

向驾驶员提供信息和通信功能是多个行业的共同责任,职责分配主要取决于系统类型(如集成系统、售后服务系统或便携式设备相关系统)及 HMI 特定功能(安装、信息显示、交互)。安装可由集成系统、经销商/供应商(售后系统)、个人或驱动程序完成。信息显示不仅由系统制造商决定,还受信息服务提供商的影响。交互由系统硬件和软件决定,系统硬件和软件可以来源于一个设备供应商,也可以来源于不同的设备供应商。因此,所有行业都需要按照相同的标准开发信息和通信系统。

ESOP 总结了信息与通信系统 HMI 界面设计准则,但到目前为止,只有车辆制造商承诺按照 ESOP 开发其车内系统。该设计准则不足以确保所有系统均可依照 ESOP 开发并以可靠的方式运行。欧洲人机交互安全工作组的研究报告对减少驾驶分心的必要措施进行了全面总结。关于便携式设备(如移动电话),欧洲人机交互安全工作组建议各相关行业应确保在驾驶过程中驾驶员无法访问与驾驶主任务不兼容的特定功能,还应根据 ESOP 和驾驶员信息,提供基于 HMI 界面设计准则的安装工具包。

从欧洲人机交互安全工作组的角度来看,道路管理部门在积极确保 ESOP 在所有行业有效传播和使用方面发挥着决定性作用,应向驾驶员提供关于安全使用 IVIS 的一般信息,并要求售后系统和便携式设备制造商提供遵守 ESOP 的承诺;还应监测 ESOP 对售后服务和便携式设备制造行业的影响,通过收集和分析交通事故数据以评估信息和通信系统对交通安全的影响。此外,道路管理部门还应采取措施,如在驾驶过程中关闭电影、电视和视频游戏功能,以确保设备安全性符合 ESOP 的指导方针。

10.3.3 通用汽车公司减少驾驶分心的观点

10.3.3.1 驾驶分心现况

驾驶分心日益成为道路交通领域最严重的安全问题,多任务生活方式对驾驶员注意力提出了前所未有的需求。IVIS 变得越来越复杂和普遍,目前,大多车辆都配备了 HMI 系统、导航系统及集成电话,由中央彩色触控屏幕、转向盘和仪表盘开关组合控制。大多数系统都是为了辅助驾驶员驾驶和提供导航而设计的,但这些系统可能会导致驾驶分心。

只有理解驾驶分心的产生机理,才能找出有效对策,并设计出能够安全使用的交互界面。

为了减少干扰,系统必须基于人机工程学开发,确保易于学习和便于使用。此外,系统还必须进行减少驾驶分心的方案设计,如利用驾驶主任务分析模块控制用户与系统交互效率。如果 IVIS 具备这些功能,相比于传统方法,驾驶员获取信息就更加安全。

驾驶分心是导致碰撞事故的最重要原因。许多碰撞事故没有被正确分类,通常被归因于行驶速度过快、跟车距离过短或其他因素。弗吉尼亚理工大学交通研究所的研究结果表明,大多数追尾事故是由驾驶分心造成的。瑞典政府提出了一个"零愿景"道路安全理念,即最终不会有人在道路运输系统中死亡或受伤。"零愿景"理念明确指出,道路安全责任由交通系统设计者和道路使用者共同承担。

10.3.3.2 车辆设计

在设计 IVIS 时,交互界面必须根据人机工程学原理构建,加入管理驾驶分心和工作量的具体设计功能。良好的交互界面设计应是直观且易于学习和使用的,在满足所有用户基本需求的基础上还应考虑到不同人群的特殊需求。设计良好的交互界面可减少驾驶分心。常见的减少驾驶分心的车辆设计如下:

①显示器安装在仪表盘的高处,以减少驾驶员眼睛离开前方道路的时间,保持道路场景处于驾驶员的中心视野,并通过控制驾驶员与系统交互的频率,保证驾驶员的注意力在安全驾驶主任务和系统操作之间实现平衡。

②驾驶员在低工作负荷或安全驾驶风险较低时才能操作系统,如果完成某项任务的多项步骤之间存在较长的时间间隔,则必须将任务分阶段进行。系统设计应保证驾驶主任务在短时间内可中断和恢复,信息应该简短且易于理解。

③2s 是交互界面的最长允许浏览时间。根据任务复杂性的不同,平均浏览时间通常在 0.6~1.7s。

在设计 IVIS 和界面时减少驾驶分心,但仍要满足客户的需求。在像汽车工业这样庞大的跨国行业中,必须制定一致的全球行业准则,以便在全球实现道路安全方面的社会效益。

10.3.3.3　技术对策

(1)避撞技术

避撞技术是一种很有发展前景的降低驾驶分心风险的方法。在交通状况突然发生变化时,向驾驶员发出危险警告,使其调整注意力,及时采取措施。防撞技术包括:警告标志、车道偏移警告、超速预警、碰撞预警、视野盲点预警、行人识别、夜视仪、驾驶分心警告。这些技术正逐步用于汽车上,将大幅降低驾驶分心带来的交通事故风险。

(2)语音识别

语音识别能减少驾驶员因执行复杂任务所产生的驾驶分心。相对于手动控制而言,语音对驾驶主任务产生的干扰更少,而且语音控制一般不需要转移驾驶员的视觉注意力。

虽然一些车辆上已经安装了语音识别系统,但仍有很大的局限性,如无法准确识别某些口音、在高噪声环境下不能可靠运行等。随着科技的发展,这些问题有望在未来得到解决。

10.3.4　行业标准和指南

IVIS 设计越来越重视如何降低系统对驾驶员注意力的吸引。欧洲、美国和日本的汽车工业都已经发布了 IVIS 设计指南。这些指导方针是各方研究成果的集合,并提供了一个比法律更新颖的、更灵活的监管方式。在科技快速发展的时代,相关法规可能很快就会过时,不再适用于现实情况,甚至可能成为创新的障碍。例如,新的双视图显示屏技术允许驾驶员和乘客看到不同的图像,但由于法规限制,采用这种新技术的汽车将无法在一些国家(如加拿大)使用。汽车工业一直支持适用的法律,并且许多重要的道路安全成果都是适当立法的结果,如强制系上安全带。但是,立法进展往往缓慢,而且一旦颁布就会保持长期不变。因此,在将法律条文应用于快速发展的技术领域之前需要仔细斟酌。

10.3.5　展望

解决驾驶分心问题,以提高行车安全,需经历以下步骤:

①全球汽车行业积极建立一套 IVIS 设计准则。

②汽车供应商参与驾驶分心研究。

③解决车内使用便携式设备导致的驾驶分心问题。

④重视驾驶员教育和培训。驾驶分心会对道路安全造成严重影响,对驾驶员进行特殊培训,以助其意识到并减少驾驶分心。由于年轻驾驶员经常高估自己的驾驶能力,对风险判断能力差,频繁使用 IVIS,可以为年轻人专门设计特殊培训。

匆忙起草法律或采取其他快速补救措施无法解决驾驶分心问题。要想对道路安全这一领域做更深入的研究,就需要对驾驶行为、驾驶分心、人机工程学以及相关对策有效性进行更全面的理解。

参考文献

[1] National Highway Traffic Safety Administration. Traffic safety facts—older population[R]. National Highway Traffic Safety Administration, 2005.

[2] REGAN M A, LEE, J D, YOUNG K L. Driver distraction theory, effects, and mitigation[M]. Boca Raton, FL:CRC Press, 2009.

[3] REGAN M A, LEE J D, VICTOR T W. Driver distraction and inattention:advances in research and countermeasures[M]. Boca Raton, FL:CRC Press,2016.

[4] KHANI, KHUSRO S. Towards the design of context-aware adaptive user interfaces to minimize drivers' distractions[J]. Mobile Information Systems, 2020, 2020:1-23.

[5] YOUNGK L, OSBORNE R, GRZEBIETA R, et al. Using naturalistic driving data to examine how drivers share attention when engaging in secondary tasks[J]. Safety Science, 2020, 129:104841.

[6] METZ B, LANDAU A, JUST M. Frequency of secondary tasks in driving—results from naturalistic driving data [J]. Safety Science, 2014,68:195-203.

[7] MORGENSTERN T, WGERBAUER E M,Naujoks F, et al. Measuring driver distraction—evaluation of the box task method as a tool for assessing in-vehicle system demand[J]. Applied Ergonomics, 2020, 88:103181.

[8] LU D, GUO F, LI F. Evaluating the causal effects of cellphone distraction on crash risk using propensity score methods[J]. Accident Analysis & Prevention, 2020, 143:(12):105579.

[9] MA Y, HU B, CHAN C, et al. Distractions intervention strategies for in-vehicle secondary tasks:an on-road test assessment of driving task demand based on real-time traffic environment[J]. Transportation Research Part D: Transport and Environment, 2018, 63:747-754.

[10] PIECHULLA W, MAYSER C, GEHRKE H, et al. Reducing drivers' mental workload by means of an adaptive man-machine interface[J]. Transportation Research Part F:Traffic Psychology and Behaviour, 2003, 6 (4):240-248.

[11] BEEDE K E, KASS S J. Engrossed in conversation:the impact of cell phones on simulated driving performance [J]. Accident Analysis & Prevention, 2006, 38(2):415-421.

[12] BIRRELL S A, YOUNG M S. The impact of smart driving aids on driving performance and driver distraction [J]. Transportation Research Part F:Traffic Psychology and Behaviour, 2011, 14(6):484-493.

[13] DINGUS T A, GUO F, LEE S, et al. Driver crash risk factors and prevalence evaluation using naturalistic driving data[J]. Proceedings of the National Academy of Sciences of the United States of America, 2016, 113 (10):2636-2641.

[14] HUEMER A K, SCHUMACHER M, MENNECKE M, et al. Systematic review of observational studies on secondary task engagement while driving[J]. Accident Analysis & Prevention, 2018, 119:225-236.

[15] JIN L, XIAN H, NIU Q, et al. Research on safety evaluation model for in-vehicle secondary task driving [J]. Accident Analysis & Prevention, 2015, 81:243-250.

[16] OZBOZDAGLI S, MISIRLISOY M, OZKAN T. Effects of primary task predictability and secondary task modality on lane maintenance[J]. Transportation Research Part F:Traffic Psychology and Behaviour, 2018, 57: 97-107.

[17] TOBIAS I, EMMA J, SIRI S, et al. An exploratory study of long-haul truck drivers' secondary tasks and rea-

sons for performing them[J]. Accident Analysis & Prevention, 2018, 117:154-163.

[18] GENEVIEVE M H, CHRISTINA M R B, KRISTIE L Y. A simulator study of the effects of singing on driving performance[J]. Accident Analysis & Prevention, 2013, 50:787-792.

[19] KIDD D G, TISON J, CHAUDHARY N K, et al. The influence of roadway situation, other contextual factors, and driver characteristics on the prevalence of driver secondary behaviors[J]. Transportation Research Part F: Traffic Psychology and Behaviour, 2016, 41:1-9.

[20] LAVOIE N, LEE Y, PARKER J. Preliminary research developing a theory of cell phone distraction and social relationships[J]. Accident Analysis & Prevention, 2016, 86:155-160.

[21] NAUJOKS F, BEFELEIN D, WIEDEMANN K, et al. A review of non-driving-related tasks used in studies on automated driving[J]. Advances in Human Aspects of Transportation, 2017, 597:525-537.

[22] ANTTILA V, LUOMA J. Surrogate in-vehicle information systems and driver behaviour in an urban environment:a field study on the effects of visual and cognitive load[J]. Transportation Research Part F, 2005, 8(2):121-133.

[23] MERAT N, JAMSON A H. The effect of stimulus modality on signal detection:implications for assessing the safety of in-vehicle technology[J]. Human Factors, 2008, 50(1):145-58.

[24] XIE C, ZHU T, GUO C, et al. Measuring IVIS impact to driver by on-road test and simulator experiment [J]. Procedia-Social and Behavioral Sciences, 2013, 96(5):1566-1577.

[25] Technical Insights. Human-Vehicle Interface[R]. Technical Insights, 2001.

[26] TSIMHONI O, SMITH D, GREEN P. Address entry while driving:Speech recognition versus a touch-screen keyboard[J]. Human Factors. 2004, 46(4):600-610.

[27] NEALE V L, DINGUS T A, KLAUER S G, et al. An over-view of the 100-car naturalistic driving study and findings[C]//19th International Technical Conference on Enhanced Safety of Vehicles,2005.

[28] STUTTS J C, REINFURT D, STAPLIN L, et al. The role of driver distraction in traffic crashes [R]. Washington D. C. :AAA Foundation for Traffic Safety, 2001.

[29] ONATE-VEGA D, OVIEDO-TRESPALACIOS O, KING M J. How drivers adapt their behaviour to changes in task complexity:the role of secondary task demands and road environment factors [J]. Transportation Research Part F:Traffic Psychology and Behaviour, 2020, 71:145-156.

[30] MA J, GONG Z, TAN J, et al. Assessing the driving distraction effect of vehicle HMI displays using data mining techniques[J]. Transportation Research Part F:Traffic Psychology and Behaviour, 2020, 69(1):235-250.

[31] BACKERGRØNDAHL A, SAGBERG F. Relative crash involvement risk associated with different sources of driver distraction[C]//First International Conference on Driver Distraction and Inattention,2009.

[32] MIKOSKI P, ZLUPKO G, OWENS D A. Drivers' assessments of the risks of distraction, poor visibility at night, and safety-related behaviors of themselves and other drivers[J]. Transportation research Part F:Traffic Psychology and Behaviour, 2019, 62:416-434.

[33] P OYSTI L, RAJALIN S. Factors influencing the use of cellular phone during driving and hazards while using it[J]. Accident Analysis Prevention, 2005, 37(1):47-51.

[34] JUDITH L. Older driver distraction:a naturalistic study of behaviour at intersections[J]. Accident Analysis & Prevention, 2013,58:271-278.

[35] LAWRENCE C, BARR C Y, DAVID YANG, et al. Assessment of driver fatigue, distraction, and performance

in a naturalistic setting[J]. Transportation Research Record,2005,137(1):51-60.

[36] LI G, BRAVER E R, CHEN L. Fragility versus excessive crash involvement as determinants of high death rates per vehicle-mile of travel among older drivers[J]. Accident Analysis and Prevention, 2003, 35(2): 227-235.

[37] LANGFORD J, METHORST R, HAKAMIES-BLOMQVIST L. Older drivers do not have a high crash risk—a replication of low mileage bias[J]. Accident Analysis and Prevention, 2006, 38(3):574-578.

[38] MCEVOY S P, STEVENSON M R, WOODWARD M. The prevalence of, and factors associated with, serious crashes involving a distracting activity[J]. Accident Analysis and Prevention, 2007, 39(3):475-482.

[39] SHERIDAN T B. Driver distraction from a control theoretic perspective[J]. Human Factors, 2004, 46(4): 587-599.

[40] 刘畅，丁荣，赵琼．基于驾驶模拟器的使用手机对车辆驾驶可靠度的影响[J]．公路交通科技，2011，28:129-135.

[41] 白玉，何熊，龙力．手机使用对驾驶员行为影响研究综述[J]．交通信息与安全，2013，31(03):136-142.

[42] 彭丹丹，田伟，石京．手机导航方式对驾驶行为的影响研究[J]．中国安全科学学报，2017，27(09): 39-44.

[43] 孙奥，朱桂斌，江铁．车载导航系统的研究现状及未来发展[J]．微型机与应用，2012，31(02):1-4.

[44] 徐伟，陈法安，王迪．开车打手机对交通安全的影响研究[J]．交通标准化，2009(23):57-60.

[45] 陈林．智能手机使用行为对驾驶可靠性的影响研究[D]．重庆交通大学，2018.

[46] 马艳丽，顾高峰，高月娥．基于驾驶绩效的车载信息系统操作分心判定模型[J]．中国公路学报，2016，29(4):123-129.

[47] 唐智慧，王志鹏，党珊，等．手机打车软件操作驾驶分心检测模型研究[J]．交通运输工程与信息学报，2018，16(01):9-14+31.

[48] 郭翔，王颖，张剑桥，等．检测反应任务(DRT)在驾驶员认知负荷研究中的应用和发展[J]．人类工效学，2017，23(01):73-77.

[49] 吴志周，贾俊飞．驾驶分心行为及应对策略研究综述[J]．交通信息与安全，2011，29(05):5-9.

[50] 施臻彦，葛列众，胡晓晴．驾驶分心行为的测量方法及其应用研究进展[J]．人类工效学，2010，16(03):70-74.

[51] COSTA M, OLIVEIRA D, PINTO S, et al. Detecting driver's fatigue, distraction and activity using a non-intrusive AI-based monitoring system [J]. Journal of Artificial Intelligence and Soft Computing Research, 2019, 9(4):247-266.

[52] CRAYE C, RASHWAN A, KAMEL M S, et al. Multi-modal driver fatigue and distraction assessment system [J]. International Journal of Intelligent Transportation Systems Research, 2016, 14(3):173-194.

[53] DONMEZ B, BOYLE L N, LEE J D, et al. Drivers' attitudes toward imperfect distraction mitigation strategies [J]. Transportation Research Part F:Traffic Psychology and Behaviour, 2006, 9(6):387-398.

[54] YUSOFF N M, AHMAD R F, GUILLET C, et al. Selection of measurement method for detection of driver visual cognitive distraction:a review[J]. IEEE Access, 2017, 5:22844-22854.

[55] DONMEZ B, BOYLE L N, LEE J D. The impact of distraction mitigation strategies on driving performance [J]. Human Factors, 2006, 48(4):785-804.

[56] FASANMADE A, HE Y, AL-BAYATTI A H, et al. A fuzzy-logic approach to dynamic bayesian severity level

classification of driver distraction using image recognition[J]. IEEE Access, 2020, 8:95197-95207.

[57] GUO Y, ZHANG Z, YUAN W, et al. Accelerated failure time model to explore the perception response times of drivers in simulated car-following scenarios[J]. Journal of Advanced Transportation, 2020:1-10.

[58] HANSEN J H L, BUSSO C, ZHENG Y, et al. Driver modeling for detection and assessment of distraction [J]. LEEE Signal Processing Magazine, 2017, 34(4):130-142.

[59] IRANMANESH S M, MAHJOUB H N, KAZEMI H, et al. An adaptive forward collision warning framework design based on driver distraction[J]. LEEE Transactions on Intelligent Transportation Systems, 2018, 19 (12):3925-3934.

[60] JIN L S, NIU Q N, HOU H J, et al. Driver cognitive distraction detection using driving performance measures [J]. Discrete Dynamics in Nature and Society, 2012:1555-1565.

[61] HYUNMIN K, HEE H K, JAESIK L. Differences in drivers' pedestrian avoidance response based on warning timing, stimulus-response compatibility and drivers' distraction of auditory pedestrian collision warning system [J]. Korean Journal of Industrial and Organizational Psychology, 2016, 29(2):257-277.

[62] LIU T C, YANG Y, HUANG G B, et al. Driver distraction detection using semi-supervised machine learning [J]. IEEE Transactions on Intelligent Transportation Systems, 2016, 17(4):1108-1120.

[63] MORGENSTERN T, WOGERBAUER E M, NAUJOKS F, et al. Measuring driver distraction—evaluation of the box task method as a tool for assessing in-vehicle system demand [J]. Applied Ergonomics, 2020, 88:103181.

[64] BJORN O, HANNAH P, FABIAN R, et al. Evaluating the impact of penalising the use of mobile phones while driving on road traffic fatalities, serious injuries and mobile phone use:a systematic review[J]. Injury Prevention:Journal of the International Society for Child and Adolescent Injury Prevention, 2020, 26(4):378-385.

[65] REAGAN I J, CICCHINO J B. Do not disturb while driving—use of cellphone blockers among adult drivers [J]. Safety Science, 2020, 128:104753.

[66] KATHARINA R, ANDREA K, MARCO S. Adverse behavioral adaptation to adaptive forward collision warning systems:an investigation of primary and secondary task performance[J]. Accident Analysis and Prevention, 2020, 146:105718.

[67] RIAZ F, RATHORE M M, SHARIF T, et al. Internet of things based driver distraction detection and assistance system:a novel approach[J]. Ad Hoc & Sensor Wireless Networks, 2019, 44(3-4):305-337.

[68] SALMON P M, YOUNG K L, REGAN M A. Distraction on the buses:a novel framework of ergonomics methods for identifying sources and effects of bus driver distraction[J]. Applied Ergonomics, 2011, 42(4): 602-610.

[69] YANG S Y, KUO J, LENNE M G. Effects of distraction in on-road level 2 automated driving: impacts on glance behavior and takeover performance[J]. Human Factors, 2020,63(8):001872082093679.